Enquête sur les anges

Anne Bernet

ENQUÊTE SUR LES ANGES

ARTÈGE POCHE

La première édition de cet ouvrage a été publiée
par © Librairie Académique Perrin, 1997

Éditions Ephata
9 espace Méditerranée – 66000 Perpignan
10 rue Mercœur – 75011 Paris

www.editionsephata.fr

ISBN : 978-2-38550-038-2

« Qu'y a-t-il de meilleur, dis-moi ? Parler du voisin et de ses affaires, s'enquérir curieusement de toutes choses ? Ou s'entretenir des anges et des choses qui sont propres à nous enrichir ? »

Saint Jean Chrysostome

1
S'entretenir des anges

S'entretenir des anges… N'est-ce pas une étrange ambition, vaine d'ailleurs, et presque ridicule ? Tant d'autres questions, en apparence plus graves, ne sollicitent-elles pas la société actuelle ? N'est-ce pas perdre son temps qu'aborder un pareil sujet, se passionner pour l'une de ces querelles que le langage continue d'appeler *byzantines* par allusion moqueuse à ces théologiens de Constantinople qui dissertaient du sexe des anges, précisément, tandis que Mehmet II plantait sa tente sous les murs de la ville ?

Est-ce bien sérieux, en un mot, de prétendre écrire tout un livre d'angélologie ?

Et puis, est-ce besogne d'historien ? La tentation est grande, assurément, de répondre non. L'incompatibilité n'est-elle pas évidente entre le métier d'écrire l'histoire, qui, par définition, se déroule dans le temps, et le discours sur des êtres que leur nature place dans l'éternité, c'est-à-dire hors du temps ?

Et d'abord, les anges existent-ils ? Relevant du domaine de l'invisible, si facile à confondre avec l'inexistant, ils appartiennent à la foi. De la foi, saint

Augustin disait qu'elle « était le fait de croire en ce que l'on ne voit pas ». Une telle affirmation, recevable au ve siècle, l'est-elle encore aujourd'hui ?

Selon les statistiques des instituts de sondages, un grand nombre de nos contemporains, même parmi ceux qui se disent encore chrétiens, regardent comme enfantillages bons à mettre au rebut tout ce qui relève, dans la religion, du supranaturel : l'âme, la vie éternelle, la résurrection, le paradis, l'enfer, le diable... Rien de vrai dans tout cela. L'existence de Dieu même doit leur paraître quelque peu problématique. Comment, dans ces conditions, pourraient-ils encore croire aux anges !

Le très scientiste Littré, au XIXe siècle, donnait de l'ange la définition suivante : « Être créé d'une nature purement spirituelle. » Vers la même époque, le *Grand Catéchisme de saint Pie X* définissait les anges comme « des créatures intelligentes et purement spirituelles, les plus nobles créées par Dieu ».

De telles définitions impliquent déjà d'une part l'existence préalable d'un Créateur, d'autre part la possibilité d'une nature spirituelle, étrangère à la matière dont est composé notre univers. Deux notions que notre civilisation n'est guère apte à accepter.

Le philosophe Alain a exprimé cette rupture entre notre monde rationnel occidental et le système de pensée dans lequel s'inscrit l'angélologie : « La philosophie moderne commença quand la philosophie cessa de parler de l'Ange. »

C'est au XIVe siècle que se produisit en Europe cette rupture. Elle n'a fait qu'aller en s'aggravant. Au sein de l'Église catholique, la personnalité des anges intéressa moins et s'affadit lentement. Figurants à la beauté troublante et ambiguë dans les scènes bibliques et évangéliques peintes par les artistes de la Renaissance, gardes d'enfants vigilants de plus en plus relégués dans la piété populaire entre le XVIIe et le XXe siècle ; à cela devait désormais se borner leur rôle. Mièvres, niais, efféminés, ignoblement enlaidis par une certaine imagerie sulpicienne, les anges ne se ressemblaient plus. Était-ce leur faute, ou la nôtre ?

À cette interrogation, saint Bernard avait déjà répondu : « Malheur à nous si nos péchés nous rendent indignes de recevoir la visite des anges et de jouir de leur présence[1] ! »

Privée de l'intelligence de l'âme qui la mettait en contact avec l'invisible, notre civilisation ne pouvait que continuer sur sa lancée, qui était la négation pure et simple de l'existence du monde angélique. L'Église, ou plutôt des hommes d'Église, y contribua.

Il n'était plus opportun de s'encombrer davantage des anges et des démons. Survivances archaïques des mythologies babyloniennes récupérées par le judaïsme au temps de l'Exil. Images de nos pulsions, de nos passions humaines servant d'alibis faciles à nos peurs, nos démissions, notre refus d'assumer nos actes et nos désirs, ainsi que l'affirme la psychanalyse. Dans tous les cas, les anges appartenaient au passé. L'avenir était au monde sans ange, à la relation directe entre l'homme et Dieu, sans la terreur qu'avait si longtemps inspiré le Grand Cornu, ni l'aimable légendaire qui peuplait le ciel d'esprits ailés. Sans y paraître, l'affirmation était infiniment grave.

---

1. Premier sermon pour la fête de saint Michel.

Reléguer l'ange aux oubliettes, parmi les crédulités dépassées, c'est démolir une maison sous prétexte d'y faire le ménage. Car la croyance aux anges est partie importante de la révélation chrétienne. La Bible, qu'il s'agisse de l'Ancien ou du Nouveau Testament, y fait sans cesse allusion. Leur place est fondamentale dans l'économie du salut. C'est la faute d'un ange, le séraphin Lucifer, qui prélude à la faute de l'homme. C'est la faute d'Adam qui rend la rédemption nécessaire afin de réconcilier dans le sacrifice christique la création avec son Créateur. C'est un ange, Gabriel, qui annonce à Marie qu'elle sera miraculeusement mère du Fils de Dieu. Un ange encore qui, au matin de Pâques, annonce la Résurrection.

Dira-t-on qu'il s'agit d'un langage ancien et imagé ? Dans ce cas, et il est vrai que beaucoup ne s'en privent pas, le pas est vite franchi qui nie l'incarnation, la filiation divine de Jésus, la virginité de Marie et le Christ ressuscité. Le christianisme est ainsi vidé de sa raison d'être. Pourquoi, alors, s'arrêter aux passages des Évangiles où Jésus parle, maintes fois, des anges et des démons ? Langage imagé, là encore, pour être compris des gens de son temps ? Ou interpolations maladroites des auteurs des Évangiles ? Les dernières découvertes de l'archéologie biblique tendent à prouver, contre les assertions trop rapides qui furent à la mode, que la rédaction des Évangiles est bien datable des années qui suivirent la Passion du Christ, et non des commencements du IIe siècle.

En fait, la science moderne a tendance à donner raison aux croyances traditionnelles du christianisme…

Le Nouveau Testament et Jésus lui-même affirment l'existence des anges. Le *Credo*, tel qu'il fut fixé en 325 par le concile de Nicée, en fait un dogme de foi, en imposant aux fidèles de confesser leur croyance en « Dieu le Père tout-puissant, créateur du *ciel* et de la terre, de l'univers visible et *invisible* ». Les mots ciel et invisible désignant sans ambiguïté l'univers angélique, bon et mauvais. Enfin, le *Notre Père* demande que la volonté de Dieu « soit faite sur la terre comme au *ciel* », c'est-à-dire que les hommes soient aussi prompts à obéir à Dieu que le sont ses anges.

Dans le christianisme, l'ange n'est pas une curiosité folklorique ; il est une nécessité.

Selon les théologiens, l'ange est nécessaire à l'harmonie de la Création. Reprenant la pensée de saint Thomas d'Aquin, l'Italien Germano explique : s'il n'existait pas d'anges, l'harmonie de l'univers serait brusquement interrompue ; elle cesserait brusquement pour faire place à un vide désolant qui répugne et déconcerte[2]. Il y aurait rupture, discontinuité entre la créature à la fois matérielle et spirituelle qu'est l'homme, et le pur esprit par excellence qu'est Dieu. Quant à Bergson, il trouve à l'existence des anges une raison plus tendre : « Les hommes, sourds, indifférents et souvent rebelles à l'amour qui les interpelle nous donnent la tentation de dire : "Seigneur, tu t'es trompé car bien peu s'élèvent jusqu'à te suivre." Si, au contraire, les anges existent, il y a en permanence une réponse plus conforme à cette forte

2. A. Arrighini, *Gli Angeli buoni e cattivi*.

interpellation de Dieu-Amour. Et cela satisfait notre cœur de croyant[3]. »

L'ange est nécessaire à l'harmonie cosmique; il est nécessaire à l'Amour; il est nécessaire à la cohésion du christianisme. Il est aussi nécessaire à l'homme et à sa soif d'absolu.

Dans un monde devenu exclusivement matérialiste, dévoré par la soif de profits et de confort, mais qui génère tant de solitaires, de malheureux, de désorientés, l'ange retrouve sa triple vocation de guide, de consolateur et de protecteur. Cela explique pourquoi tant de gens à travers le monde cherchent à redécouvrir l'univers angélique qui leur avait été occulté. Il suffit de se promener dans les rues de n'importe quelle grande ville, aux États-Unis comme en Europe, pour en être convaincu. Les anges sont partout. Plus seulement dans le langage usuel qui disait d'un enfant qu'il était sage comme un ange ou d'une femme qu'elle était belle comme un ange. Oui, les anges sont partout. Sur les emballages cadeaux, les calendriers, les agendas, les blocs-notes, en affiches ou en statuettes, en poupées de chiffon… Tout un commerce s'est mis en place autour d'eux, qui ne fait que répondre à la vieille loi de l'offre et de la demande. Toute une littérature fleurit sur les étagères des librairies. Des gens, célèbres ou inconnus, racontent comment ils ont rencontré leur ange gardien au cours de ce type d'expérience dite en anglais *Near Death Experiences* (NDE) ou en français « Expériences au seuil de la mort ». D'autres lui attribuent l'intervention providentielle qui les sauva

3. H. Bergson, *Les deux sources de la morale et de la religion.*

d'un accident mortel. Les adeptes du Nouvel Âge invitent à tenter le contact avec ces guides, ces entités, disposés à favoriser notre passage dans l'ère du Verseau. Des stages sont organisés pour permettre aux participants d'apprendre les techniques de relaxation propres à favoriser les relations entre humains et esprits.

Faut-il s'en réjouir ? Oui et non.

Oui parce que l'Église n'a jamais cessé, y compris dans le concile de Vatican II et l'enseignement des papes, de réaffirmer le dogme de l'existence des anges. Oui, parce que les anges jouent un rôle capital. Dans l'histoire du salut, dans l'histoire personnelle de chacun d'entre nous et dans l'histoire du monde.

Non, parce que approcher le monde invisible sans préparation ou avec une préparation erronée n'est pas une démarche sans danger. Car il y a anges et anges, bons et mauvais ; et commercer avec les seconds, serait-ce sans le vouloir, est une aventure périlleuse. La mode actuelle, qui invite à entrer en relation avec des entités spirituelles, expose à rencontrer autre chose que ce que l'on espérait. Nombreux sont les mystiques chrétiens qui ont côtoyé tour à tour les deux sortes d'esprits, les malfaisants n'hésitant pas à se faire passer pour les bienveillants. Saint Paul déjà, dans la Seconde Épître aux Corinthiens (11,14), mettait en garde contre Satan, « qui peut aussi se transformer en ange de lumière ». Et saint Jean dans sa Première Épître (4,1-3) avertissait : « Bien-aimés, n'ajoutez pas foi à tout esprit. Mais éprouvez les esprits pour savoir s'ils sont de Dieu. »

Plus d'une démarche actuelle, menée de bonne foi, peut se révéler imprudente faute de posséder le discernement des esprits. Une inquiétude semblable existait dans la primitive Église, et elle explique les restrictions sévères qui furent apportées à la dévotion angélique, sujette, livrée au tout-venant, aux déviations magiques, aux pratiques superstitieuses, voire, dans les cas extrêmes, au satanisme.

Donc, s'il est bon et nécessaire d'essayer de retrouver les anges, encore faut-il le faire avec sagesse, sans s'abandonner à la tentation de la théosophie ou du spiritisme.

L'ange est la plus noble et la plus belle des créatures de Dieu. S'entretenir de lui ne peut être qu'un sujet de joie. Encore faut-il retrouver son visage véritable, celui que nos ancêtres savaient découvrir et que certains saints ont pu admirer avec les yeux de la chair autant qu'avec ceux de l'âme. La dévotion aux anges ne devrait être ni puérile ni bébête. Le Moyen Âge en était conscient qui honora infiniment saint Michel comme ce grand prince méritait de l'être : virilement.

Car les anges sont redoutables, terribles, au point qu'ils doivent voiler leur majesté, insupportable de splendeur pour les humains. Et, en même temps, ils sont amour rayonnant, soif d'aider et d'instruire. Toutes choses qui nous dépassent.

S'entretenir d'eux revient à demander à des aveugles de parler des couleurs. Tous les théologiens, qui depuis deux mille ans ont élaboré l'angélologie chrétienne, ont mesuré la petitesse de nos mots humains et de notre cerveau.

Saint Thomas d'Aquin, pourtant qualifié de « Docteur angélique » tant était grande sa science du monde invisible, soupirait : « Les substances du monde angélique étant supérieures à notre intelligence, celle-ci ne saurait les appréhender selon ce qu'elles sont en elles-mêmes[4]. » Quant à saint Bernard, il s'exclamait : « Que dirai-je des esprits angéliques, moi qui ne suis qu'un chétif ver de terre[5] ? »

Nous ne pouvons appréhender le mystère des anges. Le but de ce livre est simplement de rappeler aux lecteurs l'existence du monde invisible et de ses habitants et de parler d'eux conformément à la doctrine catholique. C'est donc sur les textes bibliques, la patristique, l'enseignement des docteurs, des papes et des conciles, dans une moindre mesure sur les écrits des grands mystiques et les révélations privées qui ne sont pas articles de foi que s'appuie cette étude. Elle cherche à faire le point en évitant le byzantinisme autant que les affirmations hasardeuses. Outre le point sur les connaissances de l'angélologie, ce livre montre comment, sans quitter l'éternité, qui est leur dimension, les anges se glissent, souvent, dans notre temps humain et historique. Et la place considérable qu'ils n'ont jamais cessé d'occuper au cours de leurs relations avec l'humanité.

Enfin – faut-il le préciser ? –, ce livre pose un postulat évident : l'existence des anges…

Beaucoup, sans doute, en riront. Reste que cet ouvrage s'adresse d'abord aux curieux désireux, selon la formule du pape Pie XII, d'apprendre à connaître ceux qui seront leurs « compagnons d'éternité ».

---

4. *Somme théologique*, I, q 50, art 2.

5. Premier sermon pour la fête de saint Michel.

2
Tout ce que vous avez toujours voulu savoir sur les anges sans jamais oser le demander !

Qu'est-ce qu'un ange ? Poser la question autour de soi réserve d'étranges surprises. Même parmi les catholiques pratiquants, les réponses sont hésitantes, incertaines, floues, erronées.

Est-ce de l'indifférence ? Souvent. De la timidité aussi. Demander, c'est avouer son ignorance. Et d'ailleurs, qui interroger sans craindre de passer pour un naïf, un faible d'esprit ? Croire aux anges ! Pourquoi pas au Père Noël ! Les questions, prudemment, sont ravalées. D'autres vont chercher ailleurs, dans les ouvrages d'ésotérisme où renaissent les anges douteux des vieilles théories gnostiques. La méconnaissance se mue en erreur.

Qu'auraient-ils aimé savoir, ces curieux demeurés sur leur faim ? Tout, ou presque. Et, entre autres, ceci[1] :

1. Sauf mention contraire, les développements de ce chapitre sont empruntés à la *Somme théologique* de saint Thomas d'Aquin.

Qu'est-ce qu'un ange ?

« Dieu fit ses anges esprits », affirme le psalmiste[2].

Le *Catéchisme de l'Église catholique*[3] enseignait jadis qu'un ange est une créature intelligente et purement spirituelle. Il n'a ni figure ni formes sensibles étant un pur esprit, créé par Dieu pour subsister sans devoir être uni à un corps. Cette qualité spirituelle fait du moindre des anges un être supérieur à tous les hommes prisonniers de la matière, et au Christ lui-même, par son incarnation, abaissé en dessous de la nature angélique dont il était l'auteur. Les anges, et le concile de Vatican II l'a confirmé, ne sont pas des symboles de nos pulsions, mais des individualités, capables de connaissance et de volonté. Ils ont une triple vocation d'adorateurs perpétuels de la Trinité, de messagers entre Dieu et les hommes, et de protecteurs de l'humanité.

Ces réponses ne font qu'ouvrir la porte sur de nouvelles questions et sur le désir d'aller plus loin.

Pourquoi Dieu a-t-il créé les anges ?

Dans l'absolu, Dieu se suffit. L'infini de sa perfection est tel qu'il n'a nullement besoin de créatures. Mais Dieu étant vie et amour parfaits, il est désireux de communiquer cette vie et cet amour. Saint Grégoire de Nazianze expliquait la création en ces termes : « Par bonté infinie et bien qu'il se suffise parfaitement à

2. Psaume 103,4.

3. *Grand Catéchisme de saint Pie X.*

lui-même, Dieu s'est fait créateur afin de communiquer à ses créatures sa perfection et sa béatitude. »

C'est donc afin de manifester la perfection de son être adorable que Dieu créa le monde visible et invisible. Infinie en Dieu, cette perfection ne pourra jamais être parfaitement manifestée que par Dieu lui-même et par son Fils unique, Jésus Christ, le Verbe divin. Il n'en est pas moins vrai qu'il pouvait la faire éclater, cette perfection, dans la multitude et la variété de ses créatures. À côté du corps purement matériel des plantes et des animaux dénués de raison, à côté de l'homme, à la fois âme et matière, il y avait place pour des êtres intelligents dégagés de tout lien matériel. C'était aussi une nécessité puisque, sans les anges, la chaîne des créatures, privée de son premier et plus brillant maillon, eût été brisée et imparfaite[4].

Dieu créa donc les anges afin qu'ils reproduisent, dans toute la mesure du possible, sa spiritualité et son exemption de toute matière. Il le fit par pur amour et désireux de les associer le plus possible à son infinie béatitude.

Quand Dieu créa-t-il les anges ?

Le moment de la création des anges a laissé perplexes les Pères de l'Église et les théologiens qui ne sont jamais parvenus à une certitude. Ils ne purent que constater l'absence de précisions dans les textes bibliques.

4. *Somme théologique*, I, q 50, a 1.

La Genèse[5] et l'Ecclésiaste[6] ne sont guère explicites : « Au commencement, Dieu créa le ciel et la terre » dit l'une ; et l'autre : « Celui qui vit dans l'Éternité créa tout en même temps. »

Origène, saint Augustin, saint Thomas d'Aquin, avouèrent tour à tour leur embarras. D'un passage du livre de Job[7], il était possible de déduire l'antériorité de la création angélique sur la création matérielle : « Qui a posé la pierre angulaire, quand les astres du matin chantaient en chœur et que tous les fils de Dieu poussaient des cris d'allégresse ? »

Les *astres du matin*, pour les commentateurs sacrés, ce sont les anges, les *fils de Dieu*, au sens où toute créature a Dieu pour père. Cette idée de matin laisse supposer qu'ils furent créés les premiers. L'appellation d'*antique serpent* donnée[8] au démon, ange déchu, qui tente Adam et Ève, confirme cette antériorité. Saint Augustin, dans *La Cité de Dieu*, émet l'hypothèse que les anges ont été créés au même instant que la lumière.

La seule certitude posée par l'Église est que tous les anges furent créés en même temps[9].

Combien y a-t-il d'anges ?

Connaître, ou, plutôt, tenter de connaître le nombre approximatif des anges n'est pas une préoccupation aussi

5. Genèse 1,1.

6. Ecclésiaste (Ben Sira) 18,1.

7. Job 38,5-7.

8. Apocalypse 12,9.

9. Conciles de Latran IV (1215) et Vatican I (1870).

puérile qu'il y paraît, et, si cette question a longuement retenu l'attention des Pères et des docteurs de l'Église, c'est qu'elle est liée au grand combat entre les forces du Bien et celles du Mal. Partie prenante du conflit, exposée en première ligne, l'humanité est soucieuse de savoir combien de troupes sont engagées de chaque côté.

La Bible met en scène les immenses armées du Seigneur. « Peut-on dénombrer ses troupes ? » demande le livre de Job[10] ; et le prophète Daniel lui fait écho : « Mille milliers le servaient, myriades de myriades debout devant lui[11]. » Le Christ, au soir du jeudi saint, quand arrivent les hommes chargés de l'arrêter, ordonne à Pierre de remettre son glaive au fourreau et ajoute : « Penses-tu donc que je ne puisse faire appel à mon Père, qui me fournirait sur-le-champ plus de douze légions d'anges[12] ? » Saint Jérôme estime à quelque soixante-douze mille anges les secours en question.

Chiffres symboliques qui ne suggèrent que l'incalculable… Saint Grégoire le Grand en a conclu que le nombre des anges, fini aux yeux de Dieu, est infini selon l'intelligence humaine. Saint Cyrille de Jérusalem renchérit : « Vois, ô homme, devant quelle foule de témoins tu entreras en jugement. Toute la race des hommes sera présente. Évoque dans ton esprit tous ceux qui ont existé depuis Adam jusqu'au jour présent. C'est une foule immense. Elle est encore petite. Car les anges sont plus nombreux. Ils sont les 99 brebis tandis

10. Job 25,3.

11. Daniel 7,10.

12. Saint Matthieu 26,53.

que l'humanité n'en représente qu'une[13]. Il est écrit en effet que ses serviteurs sont mille fois mille, non que ce nombre définisse leur multitude, mais parce que le prophète n'a pu en exprimer un plus grand[14]. »

Saint Thomas d'Aquin justifie cette multitude[15] par divers arguments :

Les anges sont les créatures de Dieu les plus parfaites, or c'est dans la perfection que Dieu se complaît. Il s'est donc plu à multiplier son chef-d'œuvre et à faire bien plus d'anges que de créatures matérielles, ou matérielles et spirituelles à la fois.

L'une des fonctions angéliques est de former la cour divine et de chanter perpétuellement la louange de Dieu. Cette cour se doit d'être immense et magnifique, et ce, en dépit de la défection des anges rebelles qui suivirent Lucifer.

Chaque homme est, sa vie durant, sous la protection d'un ange. Il en faut donc au moins autant que d'humains morts, vivants et à naître. Et ces anges gardiens étant recrutés dans le dernier chœur, constituant, en quelque sorte, un prolétariat angélique, il faut en déduire qu'un seul chœur angélique est au moins égal en nombre à toute l'humanité passée, présente et future. Mais, Dieu se complaisant dans la perfection, les anges des premiers chœurs, ceux de l'élite céleste, sont beaucoup

13. Allusion à l'évangile selon saint Matthieu 18,12-13, traditionnellement interprété comme l'image du Christ quittant le ciel et la compagnie des anges pour se mettre en quête de la brebis perdue, l'humanité pécheresse.

14. Saint Cyrille de Jérusalem, *Catéchèse* XV, 24.

15. *Somme théologique,* I, q 50, a 3.

plus nombreux que les autres. Revoilà les chiffres astronomiques.

Enfin, et c'est l'ultime argument de saint Thomas, la justice divine ne saurait admettre que le nombre des maudits soit plus grand que celui des élus. Prévoyant à la fois la défection des démons et la perte des hommes qu'ils entraîneraient à leur suite en enfer, Dieu prit la précaution de créer des anges à profusion pour peupler le paradis.

Tous les mystiques dans leurs révélations sont éblouis par la profusion des anges. Sainte Brigitte de Suède confirme qu'ils sont beaucoup plus nombreux que les humains. Sainte Françoise Romaine les voit « sortir des mains du Créateur comme une neige serrée ». Sainte Angèle de Foligno parle « d'innombrables troupes flamboyantes », de sorte qu'elle aurait cru ces splendeurs sans nombre si elle n'avait su que Dieu fait tout avec mesure.

Quant au padre Pio, se souvenant de l'enseignement de saint Hilaire affirmant que ce qui nous semble vide est en vérité rempli d'anges, il surenchérit : « Il est possible qu'une pointe d'aiguille contienne des milliers d'anges. »

Quels dons les anges ont-ils reçus ?

En créant les anges, Dieu leur donna la grâce qui devait les préparer au bonheur suprême qu'il leur réservait[16] : la vision béatifique. Il leur donna une intelligence immense, une volonté sans faiblesse. Mais il leur donna aussi la liberté. À eux de choisir sans contrainte ce

16. *Somme théologique*, I, q 62, a 2 et 3.

qu'ils souhaitaient faire des dons qu'il leur avait gratuitement consentis. Cependant, ces dons devaient leur permettre de se décider sans risque d'égarement, sinon monstrueusement volontaire. Tout était programmé pour leur félicité éternelle. « Les anges ont reçu leur nature par le Verbe ; leur sainteté y a été ajoutée par le Saint-Esprit. Ce n'est pas par un exercice progressif des vertus que les anges sont devenus dignes de recevoir le Saint-Esprit, mais c'est par un don gratuit qu'ils ont reçu la sainteté, un don ajouté à leur nature au moment de leur création et pénétrant leur être ; c'est pourquoi ils ne peuvent que difficilement pécher[17]. »

L'intelligence angélique est sans commune mesure avec la nôtre. Pour connaître, les anges n'ont pas besoin de ces relais qui nous sont indispensables, les sens. La connaissance est chez eux entièrement d'ordre spirituel[18]. Cette nature et cette connaissance spirituelles parfaites, doublées de leur sainteté innée, les fait aptes, dès l'instant de leur création, à connaître la vérité et à aimer le Bien, dans des proportions qu'aucun homme ne peut imaginer. Quand il nous faut apprendre péniblement, au prix d'un effort et d'un apprentissage, l'ange connaît immédiatement et parfaitement. Cette promptitude leur permet de voir en un éclair jusqu'aux ultimes conséquences de leurs décisions. Étrangers à nos inquiétudes, nos doutes, nos tergiversations et notre maladresse à prévoir les suites de nos actes, ils sont incapables d'hésitation puisqu'ils savent toujours exactement ce qu'ils

---

17. Saint Basile.

18. *Somme théologique*, I, q 55, a 1, 2 et 3. et q 57, a 2.

font et ce qu'ils veulent, sans aucun risque de se tromper. Leur intelligence est droite, leur logique d'une implacable rigueur.

L'esprit humain se lasse et se fatigue, exige du repos, celui de l'ange est inlassable et infatigable étant libéré des pesanteurs de la matière. La mémoire humaine est capricieuse, celle de l'ange est incapable du moindre oubli ; ce qu'il sait, il le sait définitivement et parfaitement. Encore ne cesse-t-il jamais d'enrichir ses connaissances, dans une perpétuelle soif d'apprendre et de savoir. Cette intelligence est fermée aux distractions, se donnant entièrement à ce dont elle s'occupe, sans jamais cesser pour autant d'être tournée vers Dieu et absorbée dans la contemplation.

L'intelligence naturelle des anges était parfaite dès le commencement car, en les créant, Dieu leur fit connaître l'idée de tout ce qu'il créait. Ils se connaissaient entre eux, connaissaient toutes les âmes, toutes les créatures et tous les secrets de la création. Toutes les évolutions naturelles possibles leur étaient familières. Ils pouvaient envisager dans le moindre détail toutes les hypothèses de toutes les conduites humaines en vertu de toutes les circonstances avec une grande probabilité, seulement entravée par l'exercice de la liberté laissée aux enfants de Dieu.

Toutefois, cette connaissance naturelle était insignifiante comparée à celle que Dieu leur réservait lorsqu'ils s'en seraient montrés dignes. Alors, ils connaîtraient tout non par eux-mêmes, mais par la connaissance même de Dieu et en Dieu. Ce serait pour eux comme de passer de la nuit au jour. La théologie nomme donc la connaissance naturelle des anges *vespertina*, connaissance du soir, et *matutina*, connaissance du matin[19], celle qu'ils tirent directement de Dieu. La première impliquait de ne percevoir qu'une image de la divinité, la seconde était le face-à-face éternel.

Dieu ne priva pas les anges rebelles de l'intelligence naturelle qu'il leur avait donnée en les créant, d'autant plus que les démons, par leur péché, avaient irrémédiablement faussé le cadeau divin. Mais, quoique abîmée, cette intelligence demeure celle des anges d'avant l'épreuve et elle dépasse infiniment la nôtre. Toutefois, le plus petit des anges fidèles, éclairé par l'intelligence divine, surpasse en sagesse le Prince des Enfers, réduit à ses propres lumières.

Les anges connaissent l'avenir autant que Dieu le veut et le permet et selon qu'ils en ont besoin pour mener à bien les missions qui leur sont confiées. Ils ne se risquent jamais à le prédire sans avoir la garantie qu'il s'accomplira et que la liberté divine et la liberté humaine conjuguées ne le modifieront pas en profondeur, un scrupule dont les démons, menteurs entre les menteurs, ne s'embarrassent pas, prophétisant à tort et à travers.

N'étant pas ubiquistes, les anges ne peuvent connaître naturellement le passé dans son intégralité. Mais ils peuvent s'instruire mutuellement des événements dont ils ont été acteurs ou témoins.

Avec l'intelligence, Dieu leur donna la volonté[20], et il la leur donna parfaite. La nôtre est sujette aux désirs,

19. *Somme théologique*, I, q 62, a 1.

20. *Ibid.*, I, q 59, a 1.

aux passions, aux concupiscences, la leur en est exempte et ne peut donc faire d'acte qui ne soit moral. Pas plus que leur intelligence, elle ne réclame de repos, et cette volonté incessante est libre. Un ange ne peut agir qu'en étant pleinement éclairé sur ses actes, en les voulant absolument et en toute liberté[21]. Ainsi, les anges, sachant toujours ce qu'ils font, n'ont pas d'excuse à des erreurs qui ne peuvent être que volontaires.

Dieu, cependant, par respect pour la liberté de ses créatures, n'avait pas voulu former ces intelligences et ces volontés privées entièrement de la disposition à pécher. Mais, pour les en défendre, il leur avait donné sa grâce et sa sainteté, leur rendant ce malheur presque impossible. Toute faute angélique, par conséquent, ne pourrait plus être que le fruit d'un acte de volonté monstrueusement vicieux et totalement pesé, soupesé et prémédité. Cette perfection de l'intelligence et de la volonté condamnait les anges qui fauteraient à ignorer la notion de repentir et à être privés de la miséricorde divine.

Les anges sont-ils heureux ?

Possédant la connaissance du matin, les anges qui demeurèrent fidèles virent Dieu face à face, furent illuminés par sa lumière, irradiés par son intelligence, éblouis par ses mystères, ses grâces, ses grandeurs. Pour toute créature douée d'une nature spirituelle, c'est le sommet absolu du bonheur puisqu'il la restitue à son Créateur qui est sa fin et sa raison d'être. Toutes les

21. *Somme théologique*, I, q 59, a 3.

aspirations de l'esprit sont comblées au centuple. Il ne s'agit pas d'une dissolution du moi dans la divinité, telle que l'enseignent les philosophies d'Extrême-Orient, mais d'une joie personnelle sans égale et sans limite, encore exaltée d'un bonheur supplémentaire : voir Dieu glorifié à travers soi.

L'intelligence angélique, et celle des bienheureux, est donc perpétuellement comblée sans être jamais rassasiée par la vision de Dieu. La capacité d'amour des anges s'abreuve à l'Amour absolu. Leur joie est au plus haut.

Cette contemplation et ce bonheur font d'eux les créatures saintes par excellence. Leur unique souci est de voir manifester la gloire et l'amour du Créateur. De là vient que les anges sont les adorateurs parfaits, débordants d'amour et d'abnégation, prêts même à renoncer à leur béatitude si ce renoncement pouvait augmenter la gloire du Bien-Aimé.

Ce souci de la glorification divine confère au monde angélique une source de joie supplémentaire, nommée *béatitude accidentelle*. Car, bien que déjà parfait et maximal, le bonheur angélique est accru chaque fois que Dieu est glorifié sur la terre. La victoire emportée par le Christ sur les puissances des ténèbres, la conversion des pécheurs, les triomphes des saints et des martyrs enthousiasment les anges et les poussent à aider de tout leur pouvoir l'humanité dans son combat contre Satan. Cette béatitude accidentelle n'atteindra sa plénitude qu'au jour du Jugement dernier, quand sera accompli le plan de Dieu et manifestée sa gloire.

Mais si les anges se réjouissent du Bien qui s'accomplit sur la terre, comment ne seraient-ils pas désolés du Mal qui s'y commet ? Et si ce mal peut les affliger, comment leur bonheur pourrait-il être parfait ?

Saint Jean de la Croix résout ce dilemme d'une manière qui peut de prime abord paraître déroutante, voire scandaleuse : « Les Anges comprennent mieux que personne les effets du Mal, sans en ressentir nulle douleur, et s'acquittent des œuvres de miséricorde sans en éprouver de compassion affligeante[22]. »

Ainsi, quelles que soient les atrocités qui se déroulent dans le monde, les anges les voient sans révolte ni colère, sans tristesse ni compassion douloureuse. Est-ce à dire qu'ils sont insensibles, indifférents, cruels ? Nullement.

Il appartient aux hommes d'éprouver ces sentiments d'impuissance, de chagrin et de stupeur rageuse devant l'incroyable patience divine à tolérer les crimes et les blasphèmes. Et ils les éprouvent parce qu'ils ne comprennent pas quelle place peut tenir le Mal dans le plan de Dieu. Les anges, eux, sont informés de tout ce que Dieu fit, fait et fera ; ils connaissent les aboutissements de tout.

Dieu tolère le Mal car il est la rançon de la liberté. Ne voulant pas que ses créatures fussent des esclaves, il leur a donné la possibilité de choisir la révolte du péché d'où découle toute la misère du monde. Mais, de cette misère, il a l'intention de tirer un bien souverain qui demeure caché à nos yeux de chair.

---

22. Saint Jean de la Croix, *Cantique spirituel.*

Saint Paul, face à la persécution déclenchée contre les premiers chrétiens, affirmait avec assurance : « Toutes choses tournent au bien de ceux qui aiment Dieu[23]. »

Julienne de Norwich, une mystique anglaise, se désolant des maux et des fautes de l'humanité, dans une vision, entendit le Christ lui répondre : « À la fin, tu verras que tout était bien. »

Cette fin qui nous est cachée, les anges la voient. Ils savent comment Dieu retournera contre l'enfer la malice de Satan et comment la souffrance incompréhensible, injuste et révoltante se muera en l'accomplissement de la deuxième béatitude : « Bienheureux les affligés, car ils seront consolés[24]. »

Voilà ce qu'entendait Jean de la Croix et ce qu'explicite saint Thomas d'Aquin quand il écrit que les anges ne sont pas attristés par la souffrance et le Mal[25]. Et il ajoute aussitôt : « L'ange ne peut être peiné que par ce qui est contraire à sa volonté qui est celle de Dieu. Or, rien ne se produit que Dieu ne permette afin d'en tirer un bien plus haut. Il tolère le Mal pour le faire servir à ses plans et au bonheur de ses élus[26]. »

Les anges ont-ils un corps ?

La définition classique de l'ange, un être créé, personnel, intelligent et spirituel, devrait éviter de poser

23. Épître aux Romains 8,28.

24. Saint Matthieu 5,4.

25. *Somme théologique*, I, q 62, a 9.

26. *Somme théologique*, I, q 113, a 7.

la question du corps angélique, dans la mesure où le corps est la marque tangible de l'incarnation, de la chute dans la matière, à laquelle les anges sont étrangers. Cependant, les Pères et les docteurs de l'Église se sont interrogés, se demandant si les esprits bienheureux ne possédaient pas un corps subtil, fait de feu ou de lumière. Cette opinion, assez répandue, fut finalement condamnée d'abord par le concile de Nicée en 325, puis par celui de Latran IV en 1215. Arrighini résume la position de l'Église catholique : « Il faut se convaincre que, chez l'ange, il n'y a rien de matériel, pas même l'ombre la plus ténue d'un corps, si mince et si impondérable puisse-t-on l'imaginer[27]. »

Toutefois, c'est sous des formes accessibles à nos sens que les anges se manifestent aux humains[28]. Ces corps ne sont que des apparences, quand même ils seraient solides. L'union de l'esprit et de la matière demeure accidentelle, ils restent étrangers l'un à l'autre. Ils ne parlent pas avec une voix humaine, ils produisent des sons humains. Ils ne mangent pas mais le semblent, ainsi que l'archange Raphaël le révèle à Tobie, son protégé[29].

Ces corps sont toujours beaux et lumineux. Mais ces jeux ne provoquent aucune complaisance chez les anges qui ne s'y plient qu'afin d'obéir à Dieu. Au contraire, se revêtir d'apparences fausses et mensongères amuse les démons.

---

27. *Op. cit.*

28. *Somme théologique*, I, q 51, a 2.

29. Tobie 12,19.

Quel est le sexe des anges?

La question du sexe des anges est oiseuse par excellence. Le simple bon sens apporte la réponse évidente : si la nature angélique est purement spirituelle, il va de soi que les anges sont asexués et qu'ils ne se reproduisent pas. Ils sont par conséquent libérés de l'esclavage des sens et, s'ils connaissent l'amour, ils ignorent tout du désir humain. Jésus le dit expressément.

En effet, des saducéens, négateurs du monde angélique et de la résurrection des morts, lui posent une question qu'ils espèrent embarrassante. Se référant au lévirat, cette loi mosaïque commandant qu'une veuve sans enfant devienne l'épouse de son beau-frère, ils imaginent une femme mariée tour à tour à sept frères. Duquel sera-t-elle l'épouse dans l'éternité? Et le Christ répond : « Vous êtes dans l'erreur, car vous méconnaissez les Écritures et la puissance de Dieu. À la Résurrection, en effet, on ne prend ni mari ni femme, mais on est comme des anges dans le ciel[30]. »

Une semblable réponse devrait clore définitivement le débat; si tel n'est pas le cas, peut-être faut-il en tenir pour responsable le passage de la Genèse[31] contant comment les *fils de Dieu* s'unirent aux *filles des hommes* et en conçurent une postérité. Se basant sur cette citation, et sur un apocryphe vétéro-testamentaire, le livre d'Hénoch, certains Pères de l'Église ont attribué à un péché de chair la faute des anges. Il ne faut y voir

30. Saint Matthieu 22,29-30. Saint Marc 12,24-25. Saint Luc 20,34-36.
31. Genèse 6,1-4.

qu'une mauvaise interprétation de ce titre de Fils de Dieu qui, ici, ne désignerait pas les anges. Interprétation d'autant plus aberrante, comme le souligna saint Jean Chrysostome[32], que la nature angélique exclut la possibilité de commettre le péché de la chair. Et que c'est précisément la chair, la matière, qui révulse de dégoût et d'horreur le séraphin Lucifer, au point qu'il refuse d'adorer le Christ, Homme-Dieu, et sa mère.

Cette nature spirituelle n'empêche pas les anges de se manifester sous des enveloppes corporelles qui, leur étant étrangères, peuvent emprunter l'apparence qui leur chante, masculine, féminine, voire enfantine. Certains théologiens estiment qu'un ange prendra un visage d'homme pour exprimer sa force secourable et protectrice ; de femme pour manifester qu'ils ont, pour l'humanité, une tendresse maternelle, et afin d'honorer la Vierge Marie, reine des anges. Ce serait pour honorer l'enfance du Christ et rappeler qu'ils sont, comme nous, enfants de Dieu, qu'il leur arriverait d'emprunter les traits d'un enfant, ainsi que leurs anges gardiens apparurent à sainte Françoise Romaine et à sainte Catherine Labouré. Catherine, d'ailleurs, constatera au cours de la double apparition de son ange gardien et de la Vierge, rue du Bac, le 18 juillet 1830, que l'enfant, qui devait avoir quatre ans, n'en parlait pas moins « comme un homme et avec les paroles les plus fortes » quand il s'agit de convaincre la jeune religieuse de l'identité de sa visiteuse[33].

---

32. Homélie 22, sur la Genèse.

33. Récit écrit des apparitions de la rue du Bac par sainte Catherine Labouré, rédigé à la demande de ses supérieures le 30 octobre 1876, cité par l'abbé Laurentin dans son livre *Vie de sainte Catherine Labouré.*

Les anges ont-ils des ailes ?

N'ayant pas de corps, étant de purs esprits, les anges n'ont aucune raison d'avoir des ailes. Leurs déplacements s'effectuent à la vitesse de la pensée puisqu'ils ne sont pas soumis aux lois de la matière. Les doter d'ailes est une façon symbolique d'exprimer leur vélocité et leur résidence céleste.

L'Ancien Testament décrit souvent les anges comme des êtres ailés, ce que certains commentateurs ont interprété comme un emprunt à la mythologie babylonienne, une récupération des génies ailés qui gardaient les lieux sacrés. Quoi qu'il en soit, c'est tardivement, au IVe siècle, que l'iconographie paléo-chrétienne donne des ailes à ses anges. L'idée qu'il s'agissait d'une christianisation de divinités païennes, du type des Victoires ailées semblables à celle de Samothrace, longtemps répandue, est aujourd'hui contestée. Le Bas-Empire, récupérant l'imagerie traditionnelle du dieu Hermès, que l'on retrouvera souvent associé aux anges, donnera aux esprits bienheureux les petites ailes aux talons de Mercure-Hermès, messager de l'Olympe.

L'image de l'ange ailé supplantera rapidement l'iconographie primitive qui figurait les anges sous les traits de jeunes hommes vêtus de blanc et resplendissants.

Les séraphins, au sommet de la hiérarchie angélique, seront peints dans l'imagerie médiévale avec six ailes, comme les montre Isaïe : « Des séraphins se tenaient devant lui, ayant chacun six ailes, deux pour se couvrir la face, deux pour se couvrir les pieds, deux pour voler[34]. »

Ces ailes dont ils se couvrent la face témoignent de la majesté insoutenable de Dieu dont même les premiers entre les anges ne peuvent supporter l'éclat.

Les anges sont-ils beaux?

Il en va de la beauté des anges comme de tout ce qui touche à leurs apparitions sous forme corporelle : elle est empruntée. Mais cet emprunt n'est pas gratuit puisqu'il traduit en un langage compréhensible pour nous l'indescriptible splendeur de leur nature magnifiée par la grâce de Dieu. Ce qui est saint et parfait ne peut être que parfaitement beau. Tous les mystiques chrétiens s'entendent donc, de siècle en siècle, pour célébrer la beauté des anges.

L'Allemande sainte Gertrude décrit son ange gardien sous « la forme d'un noble prince, si fastueusement paré qu'on ne pouvait le comparer à aucune beauté terrestre ». Sainte Angèle de Foligno, pourtant habituée aux apparitions du Christ et qui se croyait blasée devant toute autre vision céleste, s'étonne d'éprouver tant de joie et d'admiration devant la cour angélique. Saint Jean de la Croix, familier de son ange gardien qu'il nommait Lauriel, dit de lui qu'il est ailé, divinement beau, plus brillant que le soleil, vêtu de blanc, une couronne sur la tête et une croix sur le front. À la fin du siècle dernier, la petite sainte italienne Gemma Galgani qui ne perd jamais la vision

34. Isaïe 6,2.

de son ange, soupire : « Comme il est beau! » En 1910, un saint prêtre, l'abbé Lamy, fondateur d'un pèlerinage marial et commerçant avec le monde spirituel, présente son ange gardien : « Mon ange gardien a une tête assez ronde, une très belle figure, les cheveux noirs et ondulés. »

Si ces gens n'étaient pas, à l'instar de l'infatigable abbé Lamy, doués d'un insoupçonnable équilibre mental, peut-être faudrait-il en conclure qu'ils prêtent à leur ange les traits et les caractéristiques en accord avec leurs propres désirs et leurs propres aspirations. La foi conseille plutôt d'y voir la marque de la sollicitude angélique désireuse de présenter aux hommes un visage à leur portée.

Quel âge ont les anges?

Créatures spirituelles, les anges ne sont pas soumis à la mort à laquelle sont asservies toutes les créatures matérielles. Habitants de l'éternité, ils existent hors du temps et ignorent les flétrissures de l'âge. C'est à cet état que fait allusion le Christ s'adressant aux saducéens lorsqu'il leur dit : « Ceux qui auront été jugés dignes d'avoir part à ce monde-là et à la résurrection d'entre les morts ne prennent ni femme ni mari; aussi bien ne peuvent-ils plus mourir, car ils sont pareils aux anges, et ils sont fils de Dieu, étant fils de la résurrection[35]. »

Double privilège de l'immortalité et de l'éternité, les anges jouissent d'une perpétuelle jeunesse. « Les Jeunes » est un des titres que l'Écriture leur donne. L'émeraude

35. Saint Luc 20,35-36.

dont Ézéchiel pare Lucifer[36] est la pierre de l'éternelle jeunesse. Mais cette jeunesse symbolise d'abord l'impossibilité pour les anges qui demeurèrent fidèles à Dieu de perdre désormais sa grâce.

Comment les anges s'habillent-ils ?

Dans l'absolu, le costume des anges n'est qu'un accessoire venant revêtir l'apparence corporelle dont il leur arrive de se servir. Mais, comme tout autre détail dans les apparitions angéliques, il est régi par une symbolique forte. C'est ce que veut faire comprendre le Pseudo-Denys quand il écrit : « La divine sagesse donne des vêtements aux esprits et arme leurs mains d'instruments divers[37]. »

Saint Grégoire de Nazianze, s'appuyant sur la lecture de la Bible, affirme que les anges sont ordinairement vêtus de blanc, en l'honneur, dit-il, de leur parfaite pureté.

L'ange du matin de Pâques, qui annonce la résurrection de Jésus aux saintes femmes, porte « une robe blanche comme neige[38] ». Plus intéressante encore est la précision apportée par saint Luc qui parle d'un « habit éblouissant[39] ». « Ce vêtement resplendissant » frappe également les regards du centurion romain Corneille,

---

36. Ézéchiel 28,13.

37. Longtemps confondu avec saint Denys l'Aréopagite, disciple de saint Paul, cet autre Denys, moine byzantin du VIe siècle, est l'auteur d'un traité d'angélologie regardé comme fondamental : *Le Livre de la Hiérarchie céleste.*

38. Saint Matthieu 28,3 et Saint Marc 16,5.

39. Saint Luc 24,4.

favorable à la nouvelle foi, à qui un ange conseille d'envoyer chercher Pierre et de demander le baptême[40].

Ce blanc, en fait, n'a rien à voir avec la couleur terrestre, comme tentera de l'expliquer Bernadette Soubirous décrivant la robe de Notre-Dame de Lourdes. Le Pseudo-Denys a sans doute raison lorsqu'il évoque des habits « de feu et de lumière ». « Le vêtement radieux et tout de feu figure la conformité des anges avec la divinité, par suite de la signification symbolique du feu, et de leur vertu d'illumination, précisément parce que leur héritage est dans les cieux, pays de la lumière purement intelligible. »

Le vêtement de feu et de lumière est donc d'abord un reflet de la nature angélique toujours baignée par la lumière divine.

Cette blancheur éblouissante devient pourpre royale incandescente dans l'iconographie primitive des Églises orientales. Il est vrai que Denys, lorsqu'il peint l'archange Michel et les légions célestes revêtus de l'uniforme byzantin, leur octroie des cuirasses « de feu, d'hyacinthe et de soufre ».

Saint Grégoire de Nazianze ajoute une ceinture dorée au costume, précisant qu'elle est symbole de zèle et de chasteté. Saint Basile, s'appuyant sur Ézéchiel[41], déploie toutes les gemmes sur les robes angéliques, en rapprochant chaque pierre d'une vertu. Le saphir honore la pureté, le cristal la transparence de l'être, l'hyacinthe l'union à Dieu, l'émeraude l'éternelle jeunesse de la grâce.

---

40. Actes des Apôtres 10,30.

41. Ézéchiel 28,13.

Les écrits des mystiques et les révélations privées laissent supposer, parfois avec beaucoup de poésie, que la mode, au paradis, n'est pas aussi fixe et immuable qu'il y paraît.

L'ange gardien de sainte Françoise Romaine porte une tunique blanche à rayures bleues et rouges. L'abbé Lamy voit Gabriel et d'autres anges couverts « de plaques d'or de formes irrégulières placées en mosaïque dont tout le haut du corps est revêtu. L'une de ces plaques étincelle par-ci, puis l'autre par-là. C'est un va-et-vient constant et successif des plaques. Ils reçoivent la lumière de Dieu ».

La mystique allemande Mechtilde Thaller, au début de ce siècle, reconnaissait les anges des différents chœurs et les sentiments qu'ils souhaitaient lui manifester grâce à la diversité de coloris de leur habillement. Les anges gardiens des pécheurs portaient des bleus ou des verts sombres symbolisant leur tristesse d'être si peu entendus de leurs protégés. Suivant une croyance constante depuis Denys, Mechtilde voyait des anges revêtus des ornements sacerdotaux.

Les anges ne sont jamais chaussés et pourtant ne se salissent jamais les pieds.

Quelques artistes n'ont pas hésité à peindre des anges nus en hommage à leur parfaite innocence, à leur inviolable pureté. Toutefois, ce n'est certainement pas cette idée de chasteté que l'évêque Cauchon avait en tête quand il demandait à Jeanne d'Arc si saint Michel lui apparaissait nu… Question insidieuse sur laquelle le prélat comptait appuyer une accusation de sorcellerie et de commerce avec le démon et qui fut contrée d'une tranquille et insolente interrogation : « De ses vêtements je ne sais rien, mais pensez-vous que Dieu n'ait pas de quoi le vêtir[42] ? »

Où les anges vivent-ils ?

La tentation est de répondre aussitôt : dans le ciel, sans précision puisque le ciel, au sens religieux, ne saurait être localisé géographiquement. Et il est vrai que le ciel, le paradis, est la résidence normale des anges qui n'ont pas failli. Toutefois, tous les théologiens, et d'abord saint Ambroise et saint Hilaire, s'entendent pour affirmer qu'un très grand nombre d'anges sont perpétuellement, si l'on ose dire, « à l'étranger » ou en « déplacements professionnels ». Ce sont les anges gardiens des créatures vivantes et les puissances en charge de la bonne marche de l'univers et des éléments. « L'air est tout entier empli d'anges », affirme ainsi saint Jean Chrysostome.

Toutefois, la nature spirituelle de l'ange lui permet, même s'il n'est pas doué d'ubiquité, de se mouvoir à la vitesse de sa pensée. Surtout, l'ange n'est jamais absent du ciel puisqu'il ne perd jamais, où qu'il soit, la vision béatifique, la contemplation de Dieu. Il joint ainsi ce qui semble inconciliable à l'homme : la contemplation et l'action. Saint Thomas d'Aquin précise que cette action découle précisément de cette contemplation, puisque l'ange réalise dans le monde les desseins de Dieu qu'il

42. J.-É. Quicherat, *Procès de condamnation et de réhabilitation de Jeanne d'Arc, dite la Pucelle…*

a contemplés en Dieu[43]. Cette théorie thomiste est solidement fondée sur l'Évangile.

« Je suis Gabriel, qui me tiens devant Dieu[44] », dit l'archange à Zacharie, en lui annonçant qu'il ne tardera plus à être père. Et l'emploi du présent n'est pas fortuit. Gabriel ne cesse pas de se tenir devant le trône du Très-Haut, tout en étant réellement présent dans le Temple.

Il ne s'agit pas là d'une prérogative princière conférée à ces très grands seigneurs de la cour divine que sont les séraphins Michel, Gabriel et Raphaël, mais d'un bien commun à toute la hiérarchie angélique et qui s'étend au dernier des anges gardiens. Jésus le précise : « Gardez-vous bien de mépriser aucun de ces petits ; car, je vous le dis, leurs anges, aux cieux, voient constamment la face de mon Père qui est aux cieux[45]. »

Cette présence des anges répandus à travers le monde répond à une nécessité : contrer l'action des anges déchus chassés du ciel et qui, pour la plupart d'entre eux, ne sont pas obligés de rester en enfer.

Comment les anges communiquent-ils ?

Pour l'homme, communiquer ne peut se faire que par des moyens matériels : la parole, l'écriture, le geste et les signes.

L'ange, n'ayant pas de corps, n'a pas de voix, et même celle qu'il emprunte dans les apparitions n'est pas la

---

43. *Somme théologique*, I, q 110, a 1, 2, 3, 4 et 5.

44. Saint Luc 1,19.

45. Saint Matthieu 18,10.

sienne. Il ne peut pas non plus écrire ni communiquer par une quelconque gestuelle, du moins selon sa nature angélique. Et, cependant, saint Paul, s'exclame : « Quand je parlerais les langues des anges et des hommes, si je n'ai pas la charité, je ne suis qu'un airain sonore, une cymbale retentissante[46]. »

Il existerait donc un langage propre aux anges qui ne peut, par conséquent, qu'être supérieur au nôtre.

Les anges dialoguent avec Dieu, avec l'humanité, et entre eux.

D'ordre spirituel, leur conversation avec Dieu ne cesse jamais, bien que Dieu n'ait pas besoin de ce dialogue pour tout connaître de ses créatures. Saint Grégoire le Grand pense que les anges lui parlent par leurs cantiques d'actions de grâce, leur tendre et brûlante aspiration à connaître davantage sa lumière et sa splendeur, et qu'ils trouvent un motif supplémentaire à s'entretenir avec lui lorsqu'ils lui rendent compte de leurs missions auprès des hommes et lui transmettent leurs prières.

Les conversations que les anges tiennent entre eux sont pareillement d'ordre purement intellectuel. « Car parler consiste uniquement à lui [à l'interlocuteur] manifester l'idée que l'on a[47]. »

Pour saint Thomas, il s'agit d'un procédé comparable à la transmission de pensée. Il suffit d'un acte de volonté, et ce quelle que soit la distance entre eux, pour que deux anges dialoguent. La pensée de l'un devient lisible et

46. Première Épître aux Corinthiens 13,1.

47. *Somme théologique*, I, q 107, a 1.

limpide pour l'autre et demeure cachée à tous ceux à qui le message n'est pas destiné[48].

Ce dialogue se fait de haut en bas et de bas en haut de la hiérarchie angélique, les anges des chœurs supérieurs instruisant ceux des chœurs inférieurs des mystères divins qui ne leur sont pas directement intelligibles, et les chargeant d'exécuter les volontés de Dieu, et les anges du dernier ordre venant rendre compte[49].

Rares sont les humains qui communiquent consciemment avec les anges et, cependant, cette communication est constante. Mais comment les anges s'y prennent-ils ?

Dans son langage philosophique médiéval, saint Thomas d'Aquin écrit : « Les anges agissent en nous par secousses imprimées aux esprits vitaux[50]. »

Par sa double et déchirante nature, spirituelle et charnelle, l'homme possède assez d'esprit pour n'être pas totalement sourd et aveugle aux réalités du monde invisible, et trop de matière pour se mouvoir à l'aise dans une dimension qui n'est pas encore faite pour lui. Aussi la voix des anges, qui est celle de Dieu, lui parvient-elle sans qu'il sache toujours l'identifier.

Un commentateur, le cardinal Journet, disait : « Plus souvent que nous ne le pensons, cette soudaine inspiration nous est soufflée à l'oreille par notre ange gardien. »

Ce premier mode de communication est qualifié d'ordinaire. Il opère par une suggestion si discrète au

48. *Ibid.*, I, q 107, a 5.

49. *Ibid.*, I, q 107, a 1 et q 108, a 1 et 2.

50. *Ibid.*, I, q 140, a 3.

niveau de notre conscience que nous ne le différencions pas de nos propres réflexions et l'adoptons comme venant de nous-mêmes.

L'autre est qualifié d'illuminatif. L'inspiration et l'illumination se font avec une grande force. Elles sont inconfondables avec le processus de pensée naturelle, comme si elles portaient nettement la signature de l'esprit bienheureux qui les a suscitées. Cette marque inconfondable est le sceau de l'authenticité du dialogue, plus probant encore quand il apparaît comme la réponse nette à une demande exprimée dans la prière et quand elle s'unit à une longue expérience de l'oraison et de la contemplation[51].

Une croyance héritée du judaïsme dit que les anges gardiens des peuples sont les créateurs des langues nationales.

Comment les anges nous apparaissent-ils ?

Les anges, pas plus que les démons, ne peuvent agir directement sur notre âme et notre volonté qui, sauf péché mortel les livrant au diable, sont cadenassées pour tous excepté Dieu.

Il leur est loisible, par contre, d'agir sur nos sens et notre imagination[52] au moyen d'apparitions sensibles. Pour les avoir lui-même expérimentées, saint Jean de la Croix les décrit ainsi : « Il arrive souvent aux personnes avancées en spiritualité de voir des personnages et

51. *Ibid.*, I, q 111, a 1.
52. *Ibid.*, I, q 111, a 2.

des figures de l'Autre Vie, tels que des saints ou des anges, bons ou mauvais ; d'être éclairées de quelque lumière extraordinaire. Quelquefois, elles entendent des paroles insolites prononcées par les personnes qui leur apparaissent, ou par d'autres qu'elles ne voient pas. D'autres fois, leur odorat est affecté d'odeurs très agréables, sans qu'elles sachent d'où proviennent ces odeurs. Il en est de même par rapport aux saveurs[53]. »

Ce type d'action est dit *more humano*, à la façon humaine.

L'autre mode est appelé *more angelico*, à la façon angélique.

Il peut exercer son action sur le monde matériel de manière visible pour nous. Ainsi s'explique le vent mystérieux qui, le 11 février 1858, agite les bords du gave de Lourdes sans, cependant, faire bouger les arbres. Ainsi s'explique aussi le célèbre miracle du soleil tournant de Fatima, le 13 octobre 1917.

Un autre mode angélique agit directement sur les sens d'un voyant, provoquant ce qu'il est convenu d'appeler une apparition. Autrement dit, « toute manifestation sensible d'une personne ou d'un être dont la présence dans les circonstances où elle se produit ne saurait s'expliquer par le cours naturel ou ordinaire des choses[54] ».

Cette intervention peut être si forte qu'elle suspend les sens du voyant, provoquant un phénomène d'extase.

L'apparition, qualifiée d'*imaginaire*, ne signifie pas qu'elle est le produit d'un esprit abusé mais que l'ange utilise notre imagination, notre mémoire, nos passions.

---

53. Saint Jean de la Croix, *La Montée du Carmel*.

54. *Dictionnaire de théologie catholique*.

C'est à ce type que sont rattachées les apparitions sous forme onirique.

Reste le mode le plus fréquent et le plus ordinaire, l'*insensible*, qui se confond avec notre propre pensée jusqu'à nous sembler naturel.

Dieu a donc comblé ses anges de tous les dons ; c'est cette perfection, cette excellence, que proclame la Bible[55] quand elle les désigne simplement du nom de *Vertus*. Une vertu, au sens primitif du mot, est une excellence intrinsèque qui constitue le degré de perfection d'un être, et son énergie à produire les actes qui lui sont propres. Le mot latin *virtus* ne se traduit pas par vertu mais par courage, bravoure, la qualité qui, aux yeux des Romains, était propre à l'homme (*vir*), lui étant essentielle.

La qualité intrinsèque des anges les rend aptes à servir parfaitement Dieu. Tels sont donc leur unique but, leur unique préoccupation, ceux qui justifient toutes leurs interventions.

Les anges sont les messagers de Dieu

Voilà même exactement ce que signifie étymologiquement leur nom, en hébreu comme en grec. *Malaak* – *Malachim* au pluriel – veut dire « porteur de message ». La traduction grecque de la Bible des Septante emploie naturellement le mot *angelos* dont la racine renvoie à

---

55. Psaumes 102, 110, 148 ; Daniel 3,61 ; 4,32 ; saint Matthieu 24,29 ; saint Marc 13,25.

l'idée de nouvelle, d'information et, par conséquent, de messager.

Saint Augustin le rappelle à ses lecteurs, au IVe siècle, quand le sens chrétien du mot commence à en voiler la signification première :

« Ange désigne la fonction et non pas la nature. Tu demandes comment s'appelle cette nature ? Esprit.

« Tu demandes la fonction ? Ange.

« D'après ce qu'il est, c'est un esprit. D'après ce qu'il fait, c'est un ange[56]. »

Ce rôle de messager, d'ambassadeur de Dieu auprès des hommes, tous les anges, même les princes des séraphins, le tiennent un jour, ainsi que le prouve la visite de Gabriel, qui n'est certainement pas un esprit subalterne, à Nazareth[57] ; ou celle de Raphaël, qui se présente lui-même comme étant « un des sept qui se tiennent toujours devant Dieu », à Tobie et à sa famille[58].

Tous les esprits célestes sont donc un jour messagers de Dieu, mais seuls les derniers d'entre eux ne sont que cela : envoyés de Dieu auprès des hommes. C'est pourquoi le neuvième chœur est celui des anges[59].

Le Pseudo-Denys, s'appuyant sur les premiers Pères et leur enseignement théologique, n'hésite pas à voir dans les anges les initiateurs de l'humanité aux mystères divins. « Dans les temps qui ont précédé la Loi et au temps même de la Loi, les Anges ont guidé nos ancêtres vers les réalités

56. *La Cité de Dieu.*

57. Saint Luc 1,26.

58. Tobie 12,15.

59. Le Pseudo-Denys, *Le Livre de la Hiérarchie céleste.*

divines, en leur prescrivant des règles de conduite, en leur révélant, comme interprètes, les saintes ordonnances, les visions secrètes des mystères qui ne sont pas de ce monde, ou diverses prophéties[60]. »

Mais la visite de l'ange et son enseignement ne sont pas une fin en soi. Son seul but, comme le dira saint Bernard, est de préparer la rencontre de l'âme avec Dieu et de s'effacer à l'instant où cette rencontre se produit, comme le négociateur d'un mariage royal qui s'éclipse à la porte de la chambre nuptiale.

Porter la parole de Dieu aux hommes est la mission par excellence des anges, mais ce n'est qu'un aspect des actes qu'ils ne cessent d'accomplir au service du Créateur.

Saint Augustin l'affirme : « Toutes les créatures angéliques servent le Christ[61]. »

Ce service consiste en une association des créatures spirituelles supérieures au gouvernement divin. Dieu trace les plans de ce gouvernement et donne directement ses instructions aux séraphins ; à cela se borne son action. Il en confie l'exécution aux anges. Ceux-ci ne cessent de lui rendre compte afin qu'il les guide et les éclaire. « Ne sont-ils pas tous des esprits administrateurs ? » demande saint Paul[62]. « Toute créature visible est régie par l'action d'un esprit céleste[63]. »

« Dans le monde visible, tout est gouverné par les créatures invisibles[64]. »

60. *Ibid.*

61. *La Cité de Dieu.*

62. Épître aux Hébreux 1,14.

63. Saint AUGUSTIN, *La Cité de Dieu.*

64. Saint GRÉGOIRE LE GRAND.

Ces affirmations fondent toute la croyance aux anges gardiens, depuis les plus hauts d'entre eux qui président à la course des astres et des planètes jusqu'à ceux qui protègent les individus.

Car les anges ont un rôle de tutelle.

Jouissant déjà de la vision béatifique, les anges ne peuvent mériter davantage pour eux-mêmes, quelque désir qu'ils en aient. Ainsi que le dit l'un d'entre eux à Mechtilde Thaller : « Si nous étions capables d'envier les hommes, nous les envierions de pouvoir souffrir pour la gloire de Dieu… »

Ne pouvant s'immoler à l'Amour, les anges travaillent à augmenter la gloire divine par l'humanité. Mais ils le font aussi parce qu'ils sont emplis d'une immense charité et d'une compassion agissante envers les hommes. Ils savent qu'ils forment avec nous une seule cité de Dieu[65] et travaillent à en augmenter le nombre des citoyens de tout leur pouvoir.

Les anges portent les prières de l'humanité

Accablés de malheurs incompréhensibles, Tobie et sa famille, loin de se révolter, continuent patiemment de louer Dieu et de suivre ses commandements. De son côté, la jeune et belle Sarra, poursuivie par une volonté démoniaque acharnée à l'empêcher de fonder un foyer, s'en remet au ciel. Dieu, les ayant assez éprouvés, intervient et met un terme à leurs épreuves en leur envoyant Raphaël. Intervention miraculeuse, décisive.

---

65. Saint AUGUSTIN.

Or, pourquoi s'est-elle produite ? Quel a été l'événement qui a motivé le secours puissant de l'archange ? Raphaël, à l'instant de remonter auprès du trône de Dieu, en donne la clef : « Vous saurez donc que, lorsque vous étiez en prière, toi et Sarra, c'était moi qui présentais vos suppliques devant la gloire du Seigneur et qui les lisais ; et de même lorsque tu enterrais les morts. Quand tu n'as pas hésité à te lever, et à quitter la table, pour aller ensevelir un mort, j'ai été envoyé pour éprouver ta foi, et Dieu m'envoya en même temps pour te guérir, ainsi que Sarra, ta belle-fille[66]. »

L'ange est par excellence celui qui peut présenter à Dieu les prières des justes en les enrichissant de sa propre sainteté. Cette certitude de l'Ancien Testament se retrouve au dernier livre du Nouveau. « Un autre ange vint alors se placer près de l'autel, muni d'une pelle en or. On lui donna beaucoup de parfums pour qu'il les offrît, avec les prières de tous les saints, sur l'autel d'or placé devant le Trône[67]. »

Clément d'Alexandrie en conclut que l'homme, même s'il prie seul, est mêlé à la prière des chœurs angéliques, et Origène montre les anges se rassemblant autour de ceux qui prient afin d'unir leurs prières à la sienne. « Car, s'ils montent au Ciel, c'est pour y porter nos prières ; s'ils en descendent, c'est pour nous rapporter les dons de Dieu[68]. »

66. Tobie 12,12-14.

67. Apocalypse 8,3.

68. Origène, *Contre Celsius*.

Ce faisant, ils accomplissent une œuvre sacerdotale, justifiant la tradition iconographique qui les revêt des ornements sacrés.

Mais la prière des anges, selon une tradition bien ancrée, est d'abord un chant de louange perpétuelle.

Les anges sont-ils musiciens ?

« Les anges entourent le trône de Dieu et louent parfaitement la divine majesté ; ils sont des milliers de milliers ; ils sont des armées, des chœurs de flammes, sans tache dès le premier instant de leur existence, le peuple des premiers-nés de Dieu, chœur étincelant d'astres allumés par le Très-Haut autour de son trône dans le firmament[69]. »

Toute la Création se doit de célébrer les splendeurs du Créateur, comme ne cesse de l'y convier le psalmiste. Et telle est l'une des fonctions angéliques. Dès le premier instant de la création, Job montre les anges assistant, émerveillés, à la naissance de l'univers et le faisant retentir de leurs chants d'allégresse : « Qui posa la pierre angulaire, parmi le concert joyeux des astres du matin et les acclamations unanimes des fils de Dieu[70] ? »

Ces chants n'ont rien à voir, évidemment, avec les harmonies terrestres, même les plus sublimes, car ils sont purement spirituels et non matériels ; ils ne recourent ni aux instruments de musique ni à la voix. Se les figurer est

69. Saint Grégoire DE NAZIANZE.

70. Job 38,6 et 7.

impossible à la compréhension humaine. Cependant, la Bible évoque le contenu de ces chants angéliques.

Isaïe, dans une vision, contemple les séraphins prosternés autour du trône de Dieu et les entend proclamer : « Saint, saint, saint est Yahvé Sabaoth ! Sa gloire emplit toute la terre[71] ! »

Saint Luc, la nuit de la Nativité, montre le ciel de Bethléem empli par « une troupe nombreuse de l'armée céleste, qui louait Dieu en disant : "Gloire à Dieu au plus haut des cieux et paix sur la terre aux hommes de bonne volonté[72] !" »

Et l'Apocalypse ouvre ses visions sur le concert des élus et des anges : « J'entendis la voix d'une multitude d'anges rassemblés autour du Trône, des Vivants et des Vieillards – ils se comptaient par myriades de myriades et par milliers de milliers ! – et criant à pleine voix : "Digne est l'Agneau égorgé de recevoir la puissance, la richesse, la sagesse, la force, l'honneur, la gloire et la louange[73]." »

Des passages d'Isaïe et de saint Luc, la liturgie, aussi bien latine que grecque, a fait les hymnes du *Gloria* et du *Sanctus* que les orthodoxes nomment le *Trisagion*. Ce dernier est parfois appelé hymne séraphique, et les exégètes le comprennent comme l'expression de l'effroi sacré qui agite jusqu'aux plus saintes des créatures devant la majesté divine. Saint Jean Chrysostome, par respect pour les séraphins, considérait que leur chant ne devait être redit que par les baptisés, tandis que le *Gloria in*

71. Isaïe 6,3.

72. Saint Luc 2,13-14.

73. Apocalypse 5,11-12.

excelsis, hymne des chœurs inférieurs, était accessible aux catéchumènes[74].

À ces anges chanteurs, l'Apocalypse ajoute la remise aux Sept qui se tiennent devant Dieu des sept trompettes annonciatrices des fléaux[75].

Toutefois, ce n'est pas cet aspect terrible que retiendra la chrétienté, sinon dans le chant du *Dies irae*. Dans la piété populaire comme dans l'iconographie, les concerts angéliques sont infiniment plus paisibles et sereins. Si paisibles et si sereins qu'ils seront tôt associés à la mort des martyrs, des justes et des saints.

Pour diverses raisons, les anges sont regardés comme les guides et les défenseurs des âmes sur le chemin du ciel. Très vite, l'Église persécutée, bouleversée par l'inaltérable sérénité dont font preuve les martyrs jusque dans des supplices si atroces que leur seule description soulève le cœur, y voit l'effet d'un phénomène mystique, d'une grâce qui arrache l'âme à elle-même, rendant les témoins insensibles aux tourments de la chair. Cette extase est liée à la vision des anges. « Il faut savoir qu'il arrive souvent que les esprits bienheureux chantent agréablement les louanges de Dieu, lorsque les âmes des élus sortent de ce monde, afin qu'occupées à entendre cette harmonie céleste, elles ne sentent pas la séparation d'avec leur corps[76]. »

Dans une passion souvent regardée comme apocryphe, ou partiellement apocryphe, celle de sainte

74. Saint Jean Chrysostome, Homélie sur l'Épître aux Colossiens.

75. Apocalypse 8,2.

76. Saint Grégoire le Grand, *Dialogues*.

Cécile, la jeune patricienne est ainsi réconfortée dans son agonie par le chant des anges. Une mauvaise lecture médiévale comprendra que c'était Cécile elle-même qui chantait de la sorte. Cette erreur poétique fera de la martyre romaine la patronne des musiciens…

Les anges prendront-ils leur retraite ?

À la fin de son grand discours sur la réalité de la résurrection de la chair, saint Paul conclut : « Puis ce sera la fin, lorsqu'il [le Christ] remettra la royauté à Dieu le Père après avoir détruit toute Principauté, Puissance et Domination[77]. »

Ces titres de Principauté, Puissance, Domination, désignent des anges du second ordre. Mais ils peuvent aussi s'appliquer à des anges rebelles appartenant, à l'origine, aux mêmes chœurs. Il est plus vraisemblable de supposer que Paul, ici, fait allusion à des démons comme c'est le cas dans d'autres épîtres où il désigne nettement sous ces vocables des esprits mauvais[78]. C'est donc les puissances du mal que le Christ, à la fin des temps, subjugue à jamais.

Cependant, certains auteurs ont voulu voir dans ce verset de saint Paul une allusion aux anges d'autant plus appropriée qu'elle corroborait leurs thèses. En effet, se basant toujours sur la théologie paulienne et cette affirmation : « Ne sont-ils pas tous des esprits administrateurs, envoyés comme ministres en faveur

77. Première Épître aux Corinthiens 15,24.

78. Épître aux Éphésiens 2,2 et 6,12. Épître aux Colossiens 2,15.

de ceux qui recueilleront l'héritage[79] ? », ils arrivaient à la conclusion que la mission des anges s'arrêtait au Jugement dernier, quand le nombre des élus serait au complet, et comblés les vides laissés au Ciel par la désertion de Lucifer et de ses troupes.

Si la mission des anges se bornait à assurer le salut à un maximum d'humains, il est évident que l'instant où Dieu créera toute chose nouvelle[80] entraînerait pour eux un inévitable « chômage technique ». Mais la nature des anges est d'abord d'adoration et de contemplation. Et cette adoration, cette contemplation sont destinées à n'avoir pas de fin. Seule l'intrusion de la révolte, du péché et du Mal dans la création a entraîné pour les anges la nécessité de conduire les hommes au salut. Rétabli l'ordre initialement voulu par Dieu et refusé par Lucifer puis par l'humanité, les anges retourneront à la contemplation éternelle de Dieu, à la vision béatifique.

Saint Hilaire écrit : « Une fois tous établis dans la béatitude éternelle, le chœur des Vertus et des Puissances célestes se rassemble pour chanter les louanges de Dieu. La vanité du siècle est dissipée. La création entière des anges est libérée des grands travaux de ses ministères. Et, respirant en quelque façon dans le Bienheureux royaume de l'éternité, dans la joie et la paix, elle célèbre son Dieu[81]. »

La hiérarchie céleste n'est pas abolie ; Dieu l'a fixée, elle aussi, pour l'éternité. Son rôle est seulement modifié,

79. Épître aux Hébreux 1,14.

80. Apocalypse 21,5.

81. Commentaire sur le Psaume 148.

allégé des responsabilités les plus pesantes. Car il reste à chacun des ordres angéliques une tâche à assurer.

Le Pseudo-Denys a défini la hiérarchie céleste comme une gradation de haut en bas, du sommet à la base des trois ordres. Seuls les anges du chœur supérieur ont les capacités intellectuelles nécessaires permettant de comprendre spontanément les mystères divins. Mais ces secrets ne sont pas cachés pour autant aux chœurs inférieurs qui ont cependant besoin, pour y accéder, d'être illuminés par les Princes des anges[82]. La nature angélique ayant aussi pour particularité d'être fixe, immuable, incapable de progresser puisque créée au sommet de sa perfection intrinsèque, un ange du neuvième chœur ne deviendra jamais un séraphin. Par conséquent, il aura toujours besoin du concours des huit chœurs au-dessus de lui pour communier aux grandeurs de Dieu.

Il en ira d'ailleurs de même pour les élus qui, dans la Jérusalem nouvelle, auront reçu une intelligence des choses divines proportionnée aux mérites qu'ils ont eus sur la terre. À l'exception de quelques saints qui se seront égalés aux séraphins, le royaume de Dieu entraînera une chaîne de solidarité entre les bienheureux qui auront besoin les uns des autres, les lumières des uns devenant celles de tous.

Cette perspective ouverte sur la vie éternelle entraîne obligatoirement une dernière question, qu'il est légitime, au demeurant, de se poser.

82. *Somme théologique*, I, q 108, a 1 et 2.

Deviendrons-nous des anges ?

Une tradition populaire anglo-saxonne affirme joliment que, chaque fois qu'une cloche tinte, l'âme d'un juste reçoit les ailes qui feront de lui un ange à part entière. Encore est-ce au prix d'une épreuve probatoire destinée à vérifier que l'impétrant possède les qualités d'un bon ange gardien !

Frank Capra s'est inspiré de cette légende pour réaliser l'un des plus beaux films du cinéma américain, *La Vie est belle*.

Mais, si jolie soit-elle, cette tradition est erronée parce qu'elle s'appuie sur une mauvaise lecture des Évangiles.

On se souvient qu'à la question insidieuse des saducéens concernant la condition des ressuscités le Christ répond : « À la Résurrection, en effet, on ne prend ni mari ni femme, mais on est comme des anges dans le ciel[83]. »

Il ne dit pas que les ressuscités deviendront des anges, mais qu'ils seront semblables aux anges, ce qu'explicite l'évangile selon saint Luc[84], en précisant que les justes sont désormais libérés de la mort, double rançon de la matière et du péché. Ils n'en seront pas libérés par une transformation radicale en êtres purement spirituels, mais par une glorification royale de la chair, renouvelée après être passée par l'épreuve de la mort et de la corruption. C'est précisément ce que proclame saint Paul : « En un instant, en un clin d'œil, au son de la trompette finale, car elle

83. Saint Matthieu 22,30.

84. Saint Luc 20,36.

sonnera, la trompette, et les morts ressusciteront incorruptibles, et nous, nous serons transformés[85]. Il faut, en effet, que cet être corruptible revête l'incorruptibilité, que cet être mortel revête l'immortalité. Quand donc cet être corruptible aura revêtu l'incorruptibilité et que cet être mortel aura revêtu l'immortalité, alors s'accomplira la parole qui est écrite : "La mort a été engloutie dans la victoire[86]." »

En effet, le glorieux mystère de l'incarnation signifie la place grandiose, incompréhensible presque aux natures spirituelles, réservée à la matière, à la chair des hommes, associée contre toute attente au triomphe définitif du Christ qui s'est abaissé jusqu'à elle.

Saint Paul ajoute même cette affirmation troublante, voire scandaleuse : « Ne savez-vous pas que nous jugerons les anges[87] ? »

Il entend par là que les hommes, dans leur nature glorifiée, l'emporteront sur les anges rebelles qui, justement, se sont rebellés contre une glorification de la nature humaine dont, pourtant, ils ne connaissaient pas l'étendue. Les élus recevront alors les places et les privilèges des esprits déchus. Mais il ne s'agit pas de devenir à notre tour de purs esprits ; la grandeur promise à l'Homme est bien supérieure. Nous ne deviendrons pas des anges, nous resterons des créatures humaines, douées d'une double nature spirituelle et charnelle, mais nous

85. Saint Paul fait ici allusion aux élus qui seront en vie le jour du jugement dernier.

86. Première Épître aux Corinthiens 15,52-54.

87. Première Épître aux Corinthiens 6,3.

recevrons, malgré ce handicap primitif, les pouvoirs et les privilèges jusque-là réservés à la seule nature angélique[88].

Les théologiens s'entendent même à penser que les plus grands parmi les élus s'élèveront au niveau des chœurs supérieurs. Devenus les égaux des Princes angéliques, ils l'emporteront en gloire, malgré leur nature matérielle, sur le monde des esprits.

Certains se sont aventurés à un classement, à des prévisions qui demeurent, bien sûr, invérifiables.

Les apôtres de la charité, les mystiques qui brûlaient d'amour pour Dieu rejoindraient ainsi, en toute justice, les séraphins.

Les grands docteurs qui ont mis leur intelligence au seul service de la science de Dieu seraient associés à l'infinie connaissance divine qui rayonne dans les chérubins.

Les ascètes qui ont tout supporté en vue du ciel ne supporteraient plus, à l'instar des trônes, que Dieu.

Les humbles, les doux, les pauvres de cœur régneraient parmi les dominations.

Les grands pénitents qui triomphèrent des tentations et des révoltes de la chair seraient élevés au rang des vertus.

Les sages et les justes siégeraient au milieu des puissances.

Quant aux gens plus ordinaires, et même aux pécheurs rattrapés de justesse, ils se partageraient les places à remplir parmi les archanges et les anges, et ce serait, pour la majorité d'entre eux, infiniment plus que ce qu'ils méritaient…

---

88. *Somme théologique*, I, q 108, a 8.

3
Guerre civile au paradis

Dieu s'est donc complu à créer les esprits angéliques ; en eux, il a multiplié les perfections. Il les a comblés de grâces. Ils sont innombrables et, cependant, chacun d'entre eux possède sa propre personnalité, inconfondable avec aucune autre. Tant de diversité et de splendeur réunies suffiraient pleinement à magnifier le Créateur. Mais le chef-d'œuvre des chefs-d'œuvre, la merveille des merveilles à laquelle le Seigneur a donné l'être en ces premiers instants de la création, est un séraphin. En lui, le génie divin s'est surpassé. Tous les autres anges s'extasient devant ce prince.

« Tu es un modèle de perfection, plein de sagesse, merveilleux de beauté. Tu es, en Éden, le jardin de Dieu. Toutes les pierres précieuses forment ton manteau : sardoine, topaze, diamant, chrysolithe, onyx, jaspe, saphir, escarboucle, émeraude ; d'or travaillé sont tes pendeloques et tes paillettes[1]. »

1. Ézéchiel 28,12-13. Ce passage sur la chute du roi de Tyr est traditionnellement compris par les exégètes comme s'appliquant à Lucifer.

Séraphin, cet esprit est déjà au sommet de la hiérarchie angélique et, premier du premier chœur, il est sans conteste le chef de cette cour qui se presse, éblouie, autour de l'insondable pénombre où Dieu se tient caché.

Brûlant d'amour et de ferveur, il réverbère la lumière divine, la projetant sur les autres anges, leur révélant, par son intelligence sublime, la plus haute que Dieu ait créée, les secrets divins que, seul, il est apte à comprendre presque dans leur plénitude.

Pour cela, il a reçu un nom magnifique, intimement lié au rôle qui lui a été confié auprès du Très-Haut : *Lucifer*, le « Porteur de la Lumière[2] ».

Mais, pas plus que le dernier ange du dernier chœur, Lucifer n'est au sommet de sa science, de sa ferveur et de sa gloire. Ce qu'il contemple, dans son indicible extase et déjà incapable de s'en rassasier, n'est pas Dieu, seulement son reflet. Le temps n'est pas encore venu pour les anges de connaître et de voir la face du Tout-Puissant. La connaissance du matin ne doit être leur récompense qu'au terme d'une épreuve dont ils ignorent ce qu'elle sera.

Intuitivement, dès le premier instant de leur création, Lucifer et ses frères ont vu le mystère de la Trinité et celui de l'incarnation. Toutefois, ils n'en ont pas compris entièrement les implications. Et voilà que Dieu le met devant l'incroyable, l'incompréhensible, devant ce que l'intelligence angélique est la moins apte à saisir.

---

2. Lucifer est aussi le nom parfois donné à l'étoile du matin, celle qui annonce le soleil. Ce n'est pas pour rien que les litanies de la Vierge transmettront à Marie ce titre de *Stella Matutina* qui fut à l'origine celui de l'ange tombé pour avoir refusé de la saluer comme sa reine.

En les créant, eux, les anges, il a créé des êtres purement spirituels. En créant l'univers, en le peuplant de plantes et d'animaux, il a fait des êtres purement matériels et incapables de connaître son adorable présence.

L'étape suivante, le nouveau projet de Dieu, c'est la création d'un être hybride, la naissance d'une espèce de monstre... l'Homme. Un esprit capable de s'élever vers les sphères célestes et de concevoir l'idée de Dieu, mais prisonnier d'un corps de chair. L'esprit privé de ses ailes, encagé dans la matière... Un monstre, un être infirme. Et pourtant, tout comme eux, les anges, l'Homme sera une image de Dieu[3]. Cette image sera même plus fidèle.

Un frisson de stupeur passe sur les esprits. Comment l'image divine, si haute que les séraphins n'osent ni ne peuvent la contempler, pourrait-elle s'abaisser jusqu'à la matière ? Le croire, n'est-ce pas déjà un blasphème ? Une inquiétude étrange s'empare de ces intelligences d'ordinaire si sereines. La matière et l'esprit unis en une seule nature... Comment cela serait-il possible ? Comment une telle créature, écartelée entre deux extrêmes si totalement inconciliables, ne sombrerait-elle pas ? Des anges dans des corps de bêtes... N'est-ce pas l'échec garanti ? Comment l'Homme, le Malheureux, prisonnier d'un destin si démesuré, serait-il à la hauteur du don qui lui est fait : la capacité de comprendre l'idée de Dieu ?

Le plan divin continue de se dérouler devant la cour céleste, de plus en plus interloquée. Il est vrai que la matière entraînera l'homme vers le bas, mais son âme l'entraînera vers le haut et Dieu l'y aidera. Dieu se fera

---

3. Genèse 1,26.

homme, s'unira à l'homme, pour que l'homme et Dieu ne fassent qu'un[4].

Si les anges criaient, un long cri de surprise douloureuse, indignée chez certains, secouerait les sphères célestes. Ce Dieu, dont aucun d'entre eux ne peut soutenir la majesté terrible et dont ils proclament incessamment la sainteté aux accents éblouis du *Trisagion*, ce Dieu se fera homme, et, ce faisant, s'abaissera en dessous des anges !

Des interrogations fiévreuses jaillissent, dans l'indicible communication des esprits. Aucun d'entre eux ne comprend.

Le plus choqué, le plus indigné, n'est autre que Lucifer. Le prince des séraphins est confronté brutalement à l'insondable du Divin ; son intelligence extrême défaille devant cet abîme dont il savait l'existence sans en mesurer la profondeur. Il n'ignorait pas que sa science de Dieu était incomplète ; il lui semble soudain qu'elle est dérisoire, inexistante presque. À moins que…

Une terrifiante, une invraisemblable idée s'est présentée fugitivement à Lucifer, avant qu'il la rejette avec horreur. La pensée fugace que Dieu pourrait être dans l'erreur, et lui, Lucifer, dans la vérité. Il se retient d'entrer en discussion avec le Créateur, de lui dire, frémissant : « Non, Seigneur, cela ne t'arrivera pas[5] ! »

---

4. Pour Tertullien, saint Cyprien, saint Basile et saint Bernard, l'épreuve angélique qui décida du sort éternel des esprits célestes fut l'annonce de l'incarnation, la promesse de l'union hypostatique par excellence accordée au Christ, à la fois vrai Dieu et vrai homme.

5. Saint Matthieu 16,22-23. C'est le cri de saint Pierre ne comprenant pas la nécessité de la mort du Christ, et qui lui attire la cinglante réprimande : « Arrière, Satan ! Tu me fais obstacle, car tes pensées ne sont pas celles de Dieu ! »

Et ce cri qu'il contient si difficilement est encore l'expression de son amour, de sa ferveur et de son respect. Cela ne sera pas, car le Tout-Puissant ne doit pas s'humilier.

Près de Lucifer, un autre séraphin, Michaël, s'interroge lui aussi. Lucifer sent le tourbillon de pensées qui se heurtent dans l'intelligence, presque aussi sublime que la sienne, de son frère. Il sent également, peu à peu, ce que Michaël projette vers lui, avec cette ardeur propre à la nature séraphique, mais qui est, chez lui, plus forte que chez tout autre : des images d'apaisement, de confiance, d'abandon à ce qui les dépasse tous. La certitude paisible et inébranlable que la sagesse de Dieu sait d'obligation ce qu'elle fait et où elle va. « N'essaie pas de comprendre ! Accepte ! Accepte[6] ! »

Mais Lucifer ferme son esprit aux exhortations de Michaël. Ne l'emporte-t-il pas en intelligence sur tous les autres anges ? Pourquoi s'étonner, alors, qu'il comprenne plus vite et seul ce que la cour angélique appréhende lentement et grâce à son aide ?

Dans l'âme du plus beau des séraphins se lève ce qui n'est pas encore la révolte, mais déjà le prélude insidieux du doute.

Dieu se fera homme. L'incroyable, la choquante affirmation résonne de haut en bas des neuf chœurs angéliques, suscitant de nouvelles questions, de nouveaux émois.

---

6. C'est ce que saint Thomas d'Aquin nomme la persuasion mutuelle des anges par charité parfaite. *Somme théologique*, I, q 106, a 2.

Et voici qu'apparaît l'image de cet Homme-Dieu et, près de lui, une créature humaine, rien qu'humaine, complètement humaine : une simple fille des hommes.

Les anges, ahuris, l'entendent nommer du nom qu'ils croyaient impossible de jamais entendre : Mère de Dieu.

Une créature mère du Créateur, enfantant l'Incréé !

« Voici votre Seigneur, et voici votre Reine. Adorez-le. Inclinez-vous devant elle. »

Lucifer contemple, hagard, ces deux êtres prisonniers de la matière, cette abominable matière qui révulse de dégoût et d'horreur sa nature angélique et spirituelle. Adorer ce qui lui est si effroyablement, si incurablement inférieur ! Comme peut-il, lui, son Roi bien-aimé, lui demander cela !

Le prince des séraphins prend soudain une conscience suraiguë de ce qu'il possède : la beauté, l'intelligence, la science, une volonté parfaite, la grâce et la sainteté, ces dons gratuits qui distillent en lui la paix, le bonheur et l'amour. Cet homme et cette femme ne peuvent rien posséder de tout cela, ou à des degrés si infimes qu'ils en sont ridicules.

Les adorer !

Mais, si Dieu veut unir sa sublime nature à une nature créée, pourquoi déchoit-il si bas ?! Quand il pourrait faire l'honneur de cette union hypostatique à la seule de ses créatures qui puisse presque en être digne : lui, Lucifer, le « Sceau de ressemblance, plein de sagesse et d'une beauté parfaite[7] ». Si quelqu'un mérite

7. Ézéchiel 28,12.

cet incroyable bonheur, n'est-ce pas lui, qui brûle d'un amour fou, qui se consume d'aimer[8] ?

Les adorer !

En même temps, l'intelligence de Lucifer, cette intelligence angélique suprême, portée chez lui à sa plus haute expression naturelle, et qui saisit aussitôt jusqu'aux plus extrêmes conséquences de tout acte et toutes les hypothèses, et toutes les possibilités, lui dévoile, sans aucune incertitude, le choix qui s'offre à lui.

Il adore, surmontant sa peur, son incompréhension, sa déception. La plénitude du bonheur qui en découlera pour lui dépasse son entendement.

Il n'adore pas. Il refuse. Et alors…

Si atroce, si irréparable serait ce malheur que la pensée du beau séraphin ne devrait pas même s'y arrêter.

Cette alternative, c'est la liberté. Dieu ne veut pas être servi par un peuple d'esclaves tremblants. Il ne force personne à l'aimer ni à profiter de ses dons. La liberté de toute créature, c'est le droit de prétendre se passer de Dieu.

Se passer de Dieu ! Jusqu'au tréfonds de son être, Lucifer sait que se passer de Dieu lui est impossible. Un tel châtiment serait pire, infiniment pire, qu'être précipité à nouveau dans le néant d'où le Créateur l'a sorti. Dieu l'a créé séraphin, amour pur, brûlure inguérissable d'une flamme inextinguible. Sa nature est d'aimer. De l'aimer,

---

8. « Cette union hypostatique de l'homme avec le Verbe lui parut intolérable ; il désira que cette union hypostatique se fît avec lui et refusa de reconnaître pour son supérieur un homme créé par Dieu en vue de l'incarnation. Dieu ayant refusé de répondre à ses vœux, il se révolta contre le Christ et contre lui » (Cornélius a Lapis).

lui, plus que tout. Et Lucifer n'est pas n'importe lequel des séraphins. Il est le premier parmi les premiers, la plus noble, la plus sublime des créatures sorties des mains de Dieu. Entre tous, c'est lui qui possède la plus grande potentialité d'amour. Une potentialité si grande que rien ne saurait jamais la combler, sinon Dieu lui-même…

Renoncer à Dieu serait renoncer à cet assouvissement de l'amour qui est sa raison d'être. Il ne serait plus que du creux, du vide. Un vide insondable, égal seulement à l'insondable profondeur de son deuil, de sa perte, de son désespoir, de sa souffrance. Il serait le vide.

Tout cela, rempli d'horreur, au bord du vertige, Lucifer le comprend. Près de lui, Michaël le comprend également et il supplie : « Adore ! »

Lucifer perçoit tout ce qu'il y a dans la prière de Michaël. Elle n'est pas uniquement exigence de rendre à Dieu ce qui lui est dû ; elle est supplication arrachée par l'amour fraternel horrifié à la pensée de ce qui menace le prince séraphique.

Mais, soudainement, l'amour de Michaël lui paraît odieux, insultant, insupportable. Qui est-il, pour croire en savoir plus long que lui ?

Surexcités, les deux séraphins ne voilent pas leurs pensées ni leur dialogue dont les accents se répercutent sur les chœurs inférieurs.

Adorer ; ne pas adorer. Habitués à recevoir leurs illuminations de Lucifer, le porteur de Lumière, innombrables sont les anges en proie au doute et qui ne savent quel parti prendre. Celui de Dieu, qu'ils ne comprennent pas et dont ils ressentent, répercutée par l'émotion du grand séraphin, la scandaleuse humiliation ? Celui de Lucifer, leur maître habituel, l'autorité constituée ? De quel côté est l'obéissance ? De quel côté la rébellion ?

Terrible dilemme. Choix effrayant.

Au pied du trône divin, caché dans la pénombre, Michaël, enivré d'amour et de foi, aveuglément confiant et sûr de Dieu, se prosterne. Il adore, abaissant sa splendide nature séraphique devant ces êtres en partie matériels.

À ce spectacle, d'autres anges se prosternent à leur tour.

Plus bas, le tumulte continue. Lucifer sent le doute qui tenaille ses frères, la fidélité qu'ils lui vouent. Il est leur prince, leur chef. À tous ! La soumission de Michaël, contre son avis, lui semble une intolérable désobéissance, une odieuse trahison. Sa supplication désolée le hérisse : « Adore, Lucifer ! Adore ! »

Misérable esclave, indigne des vertus qui lui furent prodiguées !

Lucifer se voit, magnifique, incomparable. Prosterner cette merveille devant la matière ? Jamais ! Son intelligence, sa logique lui crient pourtant qu'il va commettre l'irréparable, qu'il va faire son propre malheur, qu'il doit se soumettre, tant que le choix lui est offert, ou ce sera le vide, le vide atroce et éternel… Tout en lui se révolte contre ce choix monstrueux. Il sait qu'il devrait tourner sa volonté, son esprit, son être tout entier vers cette présence dans laquelle Michaël semble maintenant plongé, radieux comme jamais il ne l'a été. Mais le faire, c'est renoncer à ce qu'il regarde désormais comme ses droits intangibles. Ses droits, à lui qui est la beauté, la perfection, la grâce, la sainteté.

Lucifer ne se pense plus par rapport à Dieu ; il se pense par rapport à lui-même… Il n'a jamais vu Dieu et voilà qu'il se voit, lui. Et il s'éblouit ; et il se complaît dans cet éblouissement mensonger et trompeur. Son cœur s'enorgueillit de sa beauté[9].

L'amour qui le brûlait se détourne de son objet et de sa source, le brasier s'étouffe en son esprit sans qu'il y prenne garde, absorbé qu'il est dans la découverte de sa propre splendeur. Se détourner de ce mirage, il le peut encore ; il ne le veut pas. Il sait qu'il va commettre une erreur monstrueuse, mais cette erreur le séduit, lui semble plus belle que la Vérité. Obstiné, le beau Lucifer se regarde.

Il s'aime. Dieu, lointain, caché, va être perdu pour lui, il le sait. Cela ne le soucie plus. Qu'a-t-il besoin de Dieu ? Il peut s'en passer ! La béatitude ? Mais la béatitude n'est pas en Dieu elle est en lui-même[10] !

Lucifer a oublié de qui il tient ses dons et son être. Il se regarde et sa complaisance ne cesse de croître.

La plainte de Michaël retentit encore quelque part, infiniment lointaine :

« Adore !

— Non ! Non, je ne servirai pas ! Je n'adorerai pas ce qui m'est postérieur et inférieur[11] ! »

---

9. Ézéchiel 28,16.

10. « Les anges rebelles prétendirent se passer de la béatitude surnaturelle que Dieu leur offrait pour chercher en eux-mêmes et par leurs propres forces une béatitude naturelle. Ils firent, en un mot, mépris de la grâce de Dieu et affectèrent de vouloir s'en passer » (saint Thomas d'Aquin).

11. D'après l'apocryphe vétéro-testamentaire *La Vie d'Adam et Ève*.

Adorer des êtres matériels, quand on est le plus sublime des séraphins !

Quand on était…

Car, comme il proférait ces paroles insensées, et qu'il savait telles, un voile de ténèbres s'est abattu sur Lucifer. En lui, pour lui, la lumière de Dieu s'est à jamais éteinte. Le porteur de Lumière n'est plus qu'obscurité[12].

La beauté, l'intelligence, la volonté, tous ces dons dont il avait été comblé, il les possède toujours, mais défigurés, méconnaissables. Cette nature angélique dont il s'est imprudemment glorifié, son égoïsme, son mensonge conscient l'ont détruite sans retour.

La beauté ? Misérable illusion… Lucifer peut encore se donner la plus séduisante apparence et tromper les crédules. Lui se voit, et il recule d'horreur tant il est devenu hideux.

L'intelligence ? Déviée, irrémédiablement faussée. Ce qui est juste, ce qui est vrai, maintenant qu'il est privé de celui qui est la Vérité, il ne pourra plus jamais les atteindre. Son esprit sublime, de prémisses exactes, aboutira toujours à des résultats faux sans qu'il lui soit possible de comprendre où l'erreur s'est glissée. Lucifer est devenu l'erreur, le mensonge. Sa logique implacable, qui saisissait tout, ne l'a pas abandonné, mais elle n'est plus que folie et révolte. Il raisonnera, il ne cessera plus de raisonner, obstinément, mais ses raisonnements seront fous, absurdes en dépit de leur cohérence apparente.

---

12. « Les saints anges, en se tournant vers le Verbe, devinrent lumière ; les mauvais, demeurant en eux-mêmes, devinrent ténèbres » (saint Augustin, *La Cité de Dieu*).

L'intelligence de Lucifer est une boussole qui ne connaît plus le nord.

La grâce ? Hélas, il savait ce que c'était, il s'en souvient. Il en est privé. Et c'est une intolérable douleur. Dieu et la grâce de Dieu à jamais inaccessibles ! Il vaudrait mieux mourir !

Mais Lucifer, glacé de désespoir, sait bien qu'il est un ange et qu'il est immortel.

Revenir en arrière ! Il ne le peut pas. La possibilité de pécher était si infime, si improbable, eu égard à la nature angélique, que Dieu ne lui a pas donné la notion du repentir.

Et, quand il l'aurait, voudrait-il en user ? Le fol orgueil de Lucifer s'inclinerait-il devant Dieu ? Réclamerait-il son pardon ? Sûrement non.

Lucifer n'est plus que ténèbres et folie, vide et vanité. Cette obscurité sourd de lui comme en sourdait tantôt la lumière divine. C'est elle qu'il répand sur les chœurs inférieurs, y semant le mensonge et l'erreur. Des myriades d'anges de tous ordres s'engluent dans ce mensonge séduisant : la béatitude n'est pas en Dieu, elle est en nous. Ils ne voient pas la blessure béante dans l'âme de Lucifer, cette blessure qu'il se dissimule à lui-même tant elle l'épouvante. Par milliers de milliers, des séraphins, des chérubins, des trônes, des dominations, des puissances, des vertus, des principautés, des archanges et des anges reprennent le cri insensé de leur prince : « Nous ne servirons pas ! Nous n'adorerons pas ce qui nous est postérieur et inférieur ! »

Et, au fur et à mesure qu'ils lancent à leur tour l'absurde défi, les ténèbres fondent sur eux, les engloutissent.

Lucifer est semblable à l'un de ces phénomènes cosmiques que l'on nomme trous noirs, où s'engouffrent des étoiles assassinées. Du fond de l'abîme de souffrance où le beau séraphin est tombé, voir le voile noir du Malheur absolu s'abattre sur les lumineuses intelligences de ses frères lui apporte, sinon un réconfort que rien ne pourra plus lui donner, au moins une amère jouissance. Il a perdu Dieu, inconsolable deuil, mais tous ceux-là vont le perdre aussi… Il ne sera pas seul à se débattre dans l'horreur innommable et c'est justice, car comment ont-ils pu l'écouter et se détourner de cette beauté, de cette splendeur, de cet amour qui frappent Lucifer de tout leur éclat, maintenant qu'il les sait perdus pour lui ?

Chaque nouvel esprit foudroyé provoque chez le séraphin le même sursaut de satisfaction. Ce n'est plus seulement l'idée que ses compagnons n'auront pas de part à ce bonheur dont il s'est privé qui le réjouit. C'est la pensée qu'il a dérobé à Dieu ce qui lui appartenait.

Affolés d'angoisse et de douleur, les anges fourvoyés l'appellent, l'insultent, le maudissent, l'accusant de les avoir trompés. Et, certes, il leur a menti en leur promettant la découverte en eux-mêmes d'une impossible joie, mais n'avaient-ils pas une intelligence suffisante, un jugement éclairé, pour leur permettre de se tourner non vers lui mais vers Dieu ? C'est librement qu'ils l'ont suivi, qu'ils l'ont écouté, détournant leur adoration de son véritable objet pour se complaire dans celle de leur misérable nature. Ils n'attendaient que l'occasion, il la leur a fournie[13]...

Ah, certes, maintenant, ses frères ne le saluent plus de ces noms glorieux qu'ils lui donnaient : « Fils de l'aurore, beauté parfaite... » C'en est fini. Mais les titres qu'ils lui jettent ne lui déplaisent pas : « Prince du mensonge ! Maître d'erreur ! Seigneur des ténèbres ! »

Mensonge, erreur, ténèbres, il est tout cela, mais il reste prince, maître et seigneur, ces honneurs que l'Autre[14] prétendait lui retirer pour les donner à son Verbe fait homme et à la femme qu'il veut nommer sa Mère...

Non, ce n'est pas encore assez que ces multitudes d'anges qui ne cessent de le rejoindre dans sa chute, parmi les cris et les malédictions. L'homme, la femme, il les poursuivra sans relâche ; ce bonheur auquel il n'aura jamais droit, il les empêchera de l'atteindre ! Matière ils sont en partie, matière ils seront complètement grâce à lui, car il tuera cette âme que l'Autre disait supérieure à celle de ses anges. Il tuera ces âmes si précieuses et mieux aimées que ne l'était la sienne[15].

Il divisera éternellement ce que l'Autre voulait uni[16] ! Quelle vengeance !

Car à la souffrance s'ajoutent maintenant chez Lucifer une colère furieuse que son esprit vicié ne peut

---

13. « Deux amours ont fait les deux cités : l'une, Jérusalem, l'amour de Dieu jusqu'au mépris de soi ; l'autre, Babylone, l'amour de soi jusqu'au mépris de Dieu » (saint Augustin, *La Cité de Dieu*).

14. L'Autre, c'est le nom qu'emploient les démons pour parler de Dieu. Paradoxalement, c'est parfois ainsi que l'on nomme le diable.

15. « Il [le diable] était homicide dès le commencement » (saint Jean 8,44).

16. Le Diviseur, en grec *Diabolos*, dont nous avons fait le mot diable.

plus orienter contre lui-même, cause de tout le Mal, et une haine aussi immense que l'était son amour. Ce vide insondable qui s'est installé en lui, seule la haine peut un peu le remplir, et il ne s'en prive pas. Sa folie ne cesse de croître. Abominablement déchiré par la torture[17] qu'il s'est lui-même infligée dans son obstination et son orgueil, incapable de l'apaiser, Lucifer retourne sa fureur contre Dieu.

Dieu l'a piégé, s'est amusé de lui, l'a trompé ! Il les a tous trompés. Il a commis envers eux une intolérable injustice dont il les châtie par pure cruauté. Tyran ! Ignoble tyran ! Il n'est pas digne de trôner sur les nuées ! À bas le tyran !

L'intelligence pervertie de Lucifer a renversé méthodiquement toutes les données du problème pour reposer la question à sa manière. L'amour, il l'appelle la haine. La vie, il l'appelle la mort. La vérité, mensonge, la justice tyrannie, et blanc le noir et noir le blanc[18]…

Et, prisonnier de son système, de sa logique malade[19], Lucifer est le premier à croire ce qu'il dit…

Il croit même, en cet instant, animé qu'il est par la fureur et la détestation, aveugle au réel et au juste, que sa puissance d'esprit angélique a la capacité de s'en

---

17. Il s'agit d'une torture spirituelle consistant en un inextinguible regret de la présence de Dieu et de ses dons qu'il continue pourtant à repousser éternellement. Les théologiens l'appellent le Dam, la privation de Dieu.

18. C'est l'*inversion des valeurs*, une méthode par essence diabolique qui travestit la réalité et cherche à égarer les âmes en faussant leur perception du Bien et du Mal.

19. Les théologiens appellent *logique intempestive* cette déviation de l'intelligence angélique chez les démons.

prendre à ce Créateur déshonoré par sa volonté de se faire homme, matière… De le jeter à bas de son trône et de s'en emparer. De devenir Dieu en somme[20].

Tel est l'invraisemblable programme qu'il hurle à ses troupes : « J'escaladerai les cieux, au-dessus des étoiles de Dieu, j'élèverai mon trône, je siégerai sur la montagne de l'Assemblée, aux confins du Septentrion. Je monterai au sommet des nuages. Je m'égalerai au Très-Haut[21]. »

« Je serai l'égal de Dieu ! Je serai comme Dieu ! »

Le délirant blasphème frappe l'univers de consternation. Les anges rebelles eux-mêmes en demeurent saisis à l'idée que Dieu pourrait les anéantir ; il suffirait pour cela qu'il cesse de les penser et, en les pensant, de les maintenir dans l'être.

Mais rien ne se passe. Dieu n'anéantit pas Lucifer, car Dieu ne se repent jamais de ce qu'il a créé. Le séraphin délirant a déjà oublié ce qu'est la sagesse divine et il ne voit dans ce silence, cette tolérance, que la preuve de la faiblesse de ce Créateur devant lequel il se prosternait en se voilant la face.

Ivre de ce qu'il prend pour la victoire toute proche, il hurle de plus belle, au milieu du silence épouvanté des esprits : « Je suis l'égal de Dieu ! Je suis comme Dieu ! »

Lucifer est dressé devant le trône de ce Dieu, qui n'est plus pour lui que ténèbres impénétrables, menaçant. Il est l'Adversaire irréconciliable. Entraînés par son exemple,

---

20. Le péché des anges est « une luxure spirituelle, en ce sens qu'ils se complurent en eux-mêmes, allant jusqu'à souhaiter, s'il eut été possible, de supprimer Dieu pour prendre sa place » (Jean Scot).

21. Isaïe 14,13-14.

ses compagnons avancent, encouragés par l'inaction des anges fidèles.

C'est alors qu'un cri ébranle les cieux, un cri plus fort que le monstrueux blasphème luciférien. « Qui ose se dire l'égal de Dieu ? Qui est comme Dieu ? »

Lucifer sait aussitôt qui est l'audacieux prêt à le défier. Peut-être même l'espérait-il quand il a lancé son appel à la révolte en ces termes précis et qui entraînaient cette réponse précise… « Qui est comme Dieu ? » N'est-ce pas le nom donné par le Créateur au second des séraphins, le fraternel lieutenant de Lucifer, l'ami parfait. Ou plutôt, l'ignoble traître qui lui a désobéi et s'est humilié le premier devant les deux créatures matérielles… « Qui est comme Dieu ? » Dans ce langage humain qui sera celui des Hébreux, cette question ineffable se dit *Mi-Ka-El*?

C'est bien Michaël qui se tient entre Lucifer et le trône. Mais Michaël tel que Lucifer ne l'avait jamais vu. Michaël le pacifique et le miséricordieux[22] transformé par une sainte colère, prêt à défendre sans faiblir le Bien-Aimé insulté. Le Bien-Aimé caché et invisible, dont Lucifer, ravagé de jalousie et de souffrance, réalise brusquement que Michaël le voit, qu'il le contemple et que c'est sa lumière qu'il irradie…

Michaël transfiguré, sublime, flamme vivante de Dieu, brasier d'amour et de vérité, et exécutant serein de la justice divine.

« Qui est comme Dieu ? »

---

22. *Ange de la Paix* est l'un des titres de saint Michel dans la liturgie catholique. *Prince des Miséricordes* l'un de ceux que lui donnent la liturgie juive.

Des milliards d'anges, soulevés d'indignation, reprennent interminablement la question.

Pour la première fois, Lucifer s'avise de compter ses troupes. Quand il les voyait mourir à la grâce, à la sainteté, au bonheur et à la lumière, étoiles aspirées dans le trou noir de sa révolte, de son orgueil, de son obstination, elles lui semblaient innombrables. En réalité, elles sont bien moins nombreuses que les armées demeurées fidèles à l'Autre et qui se rangent autour de Michaël… Un tiers, un tiers seulement des anges a abandonné le camp de Dieu pour le suivre[23].

La lumière qu'irradie Michaël, et qu'il répand à profusion sur les esprits des neuf chœurs, est insoutenable pour Lucifer. Elle le brûle, mais pas de cette ardeur délicieuse, de cette souffrance exquise qu'il connaissait quand il était encore le prince des séraphins. Non, d'une brûlure atroce, insupportable, qui le dévore sans le détruire, comme l'amour, jadis, le dévorait sans le consumer[24].

Mais cette souffrance agit sur Lucifer comme un aiguillon et pousse sa folie à son comble. De toute sa haine, de toute sa révolte, il se lance contre Michaël. Ce combat pour la première place, il est décidé à le livrer et à l'emporter. Combat d'esprits, d'intelligences pures. Et si Lucifer a moins de troupes, il demeure persuadé de

23. Interprétation traditionnelle de l'Apocalypse 12,3-4 : « Puis un second signe apparut dans le ciel : un énorme dragon rouge feu, à sept têtes et dix cornes, chaque tête surmontée d'un diadème. Sa queue balaie le tiers des étoiles du ciel et les précipite sur la terre. »

24. Les théologiens pensent que le châtiment des anges révoltés et celui des damnés est double : l'irréparable perte de Dieu qu'ils ont refusé, c'est le dam. Et un feu spirituel qui est peut-être la perversion intolérable de leurs facultés d'aimer.

leur supériorité, à commencer par la sienne. Il ne craint pas Michaël qu'il a toujours dominé de sa science, de sa compréhension de l'univers. Il est sûr de triompher.

« Alors, il y eut une bataille dans le ciel : Michel et ses anges combattirent le Dragon. Et le Dragon riposta avec ses anges[25]. »

Lorsqu'il a engagé le combat, Lucifer croyait à sa victoire. Il s'aperçoit, trop tard, qu'il ne l'emportera pas. Non seulement Michaël, mais tous ses compagnons, jusqu'au dernier des anges du dernier chœur, lui opposent une résistance triomphale, que rien ne peut ébranler. Lucifer recule devant des esprits sur lesquels il régnait, qui ne pouvaient rien sans son secours[26]. Que se passe-t-il ? Comment ces natures inférieures à la sienne peuvent-elles le repousser victorieusement ?

Faute de l'avoir éprouvée, Lucifer ignore la puissance de l'union des esprits à Dieu. Il pensait affronter des créatures spirituelles, dont aucune n'était son égale ; et c'est la force de Dieu qui lui fait barrage, la force de Dieu déversée dans ses anges fidèles. « Quiconque, homme ou ange, adhère à Dieu, devient spirituellement un avec lui et, par là même, supérieur à toute autre créature[27]. »

La lumière, l'amour, la vérité, la beauté, la justice, le bien, tous ces trésors que Lucifer et les siens ont méprisés resplendissent devant eux, infranchissable muraille, brasier qu'ils ne peuvent approcher, clarté qu'ils ne peuvent soutenir. La splendeur de Dieu les repousse ;

25. Apocalypse 12,7.

26. *Somme théologique*, I, q 109, a 4.

27. *Ibid.*, I, q 112, a 1 et 4.

ils ne peuvent tenir en sa présence. Telles les ténèbres devant le soleil, les anges rebelles reculent. Le ciel, le séjour de leur bonheur détruit, les brûle. Ils ne pensent plus qu'à le fuir[28].

Lucifer tombe, aspiré par ce vide insondable qui s'est creusé en lui[29].

Une immense clameur emplit l'univers : « Comment es-tu tombé du ciel, étoile du matin, fils de l'aurore? As-tu été jeté à terre, vainqueur des nations[30] ? »

Lucifer tombe, tombe, de plus en plus loin du paradis perdu. Plus il chute, plus croissent en lui le désespoir et la haine, et le désir de faire du mal, le plus grand mal possible[31].

Il vient de perdre sa première bataille, mais il n'a pas encore perdu la guerre. Sa vengeance ne fait que commencer. Le ciel lui est fermé à jamais. Désormais, son seul souci sera d'empêcher l'Homme d'y entrer.

---

28. Apocalypse 12,8 : « Mais ils [le Dragon et ses anges] eurent le dessous et furent chassés du ciel ».

29. Saint Luc 10,18 : « Je voyais Satan tomber du ciel comme un éclair. »

30. Isaïe 14,12.

31. Apocalypse 12,9 : « On le jeta donc, l'énorme dragon, l'antique serpent, le diable, ou Satan, comme on l'appelle, le séducteur du monde entier; on le jeta sur la terre et ses anges furent jetés avec lui. »

4
Et toutes les armées célestes…

Un ange est un esprit remplissant une fonction de messager de Dieu, ainsi que le rappelait déjà saint Augustin. Reste que le mot ange, passé dans le langage courant, ne rend compte exactement ni de la nature ni de la diversité des créatures qui peuplent l'univers invisible. Et, pourtant, le monde innombrable des esprits allie en chaque être la perfection et la différence.

La Bible est la première à le laisser entendre par la diversité des noms qu'elle attribue aux habitants du monde angélique. Or, pour les civilisations antiques, rien de plus essentiel que le nom. Nommer quelqu'un ou quelque chose ne se fait pas en fonction de la mode ou des caprices individuels, car il s'agit d'un acte sacré. Le nom et l'être sont intimement liés, indissociables. À plus forte raison quand ce nom n'a pas été donné par les hommes mais par Dieu lui-même. Dieu ne saurait donner à ses créatures que le nom qui leur est parfaitement convenable.

Employer des mots différents pour nommer les anges ne relève donc ni de la fantaisie ni d'une exigence de style. Mais bien d'une transcription en langage humain d'une vérité céleste.

Partant de cette certitude primitive : les différences de noms sont essentielles, puisque chaque créature a reçu de Dieu le nom qui lui était approprié, saint Athanase affirme ensuite que ces noms angéliques signifient non seulement ce qui convient à tous les esprits célestes, mais encore ce qui appartient en propre à quelques-uns, et à chacun en particulier.

Ce qui entraîne la conclusion suivante : il existe des différences naturelles entre les anges, et, par conséquent, une inégalité entre les différentes catégories.

Ces différences et ces inégalités ont très tôt intéressé les docteurs et les Pères de l'Église.

À la fin du chapitre 14 de l'Apocalypse, les anges, sous les ordres de l'un d'entre eux, s'emploient à moissonner la terre et à vendanger le vin de la colère de Dieu. Saint Ambroise[1], réfutant d'ailleurs une opinion de Clément d'Alexandrie, soutint donc que ces différences n'étaient point accidentelles, mais qu'elles relevaient bel et bien de la nature angélique.

Saint Grégoire de Nysse, commentant le passage d'Ézéchiel de la chute de Lucifer[2], reconnaissant, dans le séraphin déchu, le prince des milices célestes, concluait que l'existence d'un prince, d'un chef, présupposait celle d'une hiérarchie et, par conséquent, l'inégalité entre esprits inférieurs et supérieurs.

---

1. Saint Ambroise, *Lettre à Orontius.*

2. Ezéchiel 28,13. Voir chapitre précédent.

Mais comment l'inégalité pouvait-elle se manifester en des créatures que l'on savait, par ailleurs, en possession de toutes les sortes de perfection ?

Origène avait émis l'hypothèse que ces inégalités provenaient de la correspondance des anges à la grâce au moment où ils avaient été soumis à l'épreuve. Cette théorie était peu admissible et saint Augustin avait répondu : la diversité angélique provenait de la bonté créative de Dieu, non de la malignité des créatures. Cette diversité était en tout conforme à la perfection intrinsèque du plan divin. Il fallut attendre saint Thomas d'Aquin pour que l'angélologie aboutisse en ce domaine à une explication cohérente.

Ayant déjà démontré la nécessité d'une infinie variété d'esprits, saint Thomas affirmait[3] qu'il ne pouvait donc y avoir deux anges de même espèce, c'est-à-dire de même capacité intellectuelle, parce que la diversité dans la perfection est nécessaire et aussi nombreuse que les anges. En effet, parfait et immortel, un seul ange réalise pleinement son espèce sans avoir jamais besoin ni d'un double ni d'un remplaçant. Cette différence est cependant compatible avec l'appartenance de ces individus à une classe commune. Les anges diffèrent par la nature et l'intelligence, la grâce que Dieu leur a dispensée étant elle-même proportionnée à cette nature et à cette capacité intellectuelle. Les distinctions sont donc fondées sur la façon de comprendre et de connaître. L'intelligence d'un ange supérieur embrasse d'une seule vue et d'une seule idée un très grand nombre de

3. *Somme théologique*, I, q 50, a 4.

choses ; celle d'un inférieur les appréhende une à une. Plus un ange est élevé, plus il comprend sublimement et parfaitement.

Toutefois, ces esprits sont tous unis entre eux par une ressemblance spéciale dans les qualités de la nature et les dons de la grâce. Ces qualités sont portées à leur sommet, à leur perfection ; mais cette perfection est dispensée de trois façons : la participation, la propriété et l'excellence.

Un chérubin est un esprit qui a reçu la perfection de la science de Dieu. Cette science est sa perfection propre, sa propriété.

Les anges inférieurs aux chérubins ne sont pas pour autant privés de la science de Dieu, qu'ils possèdent par l'enseignement des chérubins, l'illumination. Ils possèdent la perfection de la science par participation.

Quant aux séraphins, qui sont les esprits les plus hauts, quoique la science de Dieu ne soit pas leur propriété, ils la possèdent de par leur qualité d'élite : c'est l'excellence.

Ainsi, tous les anges ont la science de Dieu, mais les chérubins la regardent comme essentielle, comme primordiale. Elle est plus marquée chez eux que chez tout autre esprit[4].

Reconnues ces inégalités, il était tentant d'essayer de percer les mystères de cette hiérarchie. Qu'en savait-on ? Peu de choses en fait et, d'ailleurs, il n'existait aucune tentative de classement chez les auteurs de l'Ancien Testament.

La Bible parlait cent quarante-neuf fois des anges, sans préciser s'il s'agissait là, pour reprendre la remarque

4. *Somme théologique*, I, q 107, a 1. et q 108, a 1 et 2.

augustinienne, de la nature ou de la fonction. Isaïe mettait en scène les séraphins[5]. Plusieurs livres sacrés faisaient allusion aux chérubins[6]. L'épître de saint Jude employait le mot archange[7]. En fait, le tour le plus complet du sujet était l'œuvre de saint Paul qui, en disciple de l'éminent Gamaliel, possédait à fond l'angélologie juive. À travers ses épîtres, Paul ébauchait une classification à laquelle il reviendrait régulièrement en l'approfondissant.

Déjà, il assurait aux Romains : « Oui, j'en ai l'assurance, ni mort ni vie, ni anges ni principautés, ni présent ni avenir, ni puissances, ni hauteur, ni profondeur, ni aucune créature ne pourra nous séparer de l'amour de Dieu manifesté dans le Christ Jésus notre Seigneur[8]. »

Aux Éphésiens, il annonçait la résurrection et la royauté du Christ qui siégeait « bien au-dessus de toute Principauté, Puissance, Vertu, Domination, et de tout autre nom qui se pourra nommer[9] ».

Et, s'adressant aux Colossiens, il aboutissait à un commencement de classement : « Il [le Christ] est l'image du Dieu invisible, premier-né de toutes créatures, car c'est en lui qu'ont été créées toutes choses, dans les cieux et sur la terre, les visibles et les invisibles, Trônes, Dominations, Principautés, Puissance[10]. »

---

5. Isaïe 6,2.

6. Genèse 3,24. Exode 25,18. Premier Livre de Samuel 4,4. Second Livre de Samuel 6,2. Ézéchiel 1,5-10. Daniel 3,55.

7. Épître de Jude 9.

8. Épître aux Romains 8,38-39.

9. Épître aux Éphésiens 1,21.

10. Épître aux Colossiens 1,15-16.

Encore saint Paul confond-il fréquemment sous les mêmes dénominations des esprits dont une lecture attentive suffit à montrer que les uns sont bons et les autres mauvais[11].

Au IVe siècle, saint Cyrille de Jérusalem élabore une classification appuyée sur saint Paul et sur les différentes sortes d'anges signalées dans la Bible, et qui se présente ainsi de bas en haut : anges, archanges, vertus, dominations, principautés, puissances, trônes, chérubins, séraphins[12].

À la même époque, saint Grégoire de Nazianze et saint Jean Chrysostome aboutissent à des classements très similaires, en dépit d'interversions mineures sur les places respectives des dominations, principautés et puissances.

Mais, curieusement, c'est des milieux païens que va venir le système auquel se rallieront les théologiens chrétiens.

Au Ve siècle, le philosophe néo-platonicien Proclos élabore une théorie teintée de cette forte religiosité qui se manifeste à l'époque chez les derniers païens. Selon lui, les dieux sont inconnaissables. Ils se manifestent par leurs émanations : les anges. Ceux-ci transmettent aux univers l'énergie divine, ne forment qu'un tout avec leur divinité d'origine dont ils peuvent emprunter le nom puisqu'ils en sont la théophanie.

---

11. La démonologie chrétienne en conclut que les anges déchus ont conservé une partie des dons qu'ils avaient reçus lors de la création, avec une inégalité intrinsèque, ce qui entraîne un minimum de hiérarchie même en enfer.

12. Saint Cyrille de Jérusalem, *Catéchèse*, XXIII.

Cette théorie des dieux-anges de Proclos connaîtra une certaine postérité dans des sectes hérétiques. Cependant, il est une de ses allégations qui est appelée à un bel avenir au sein de l'orthodoxie chrétienne.

Proclos, en effet, selon la théorie platonicienne renouvelée par Plotin des illuminations successives, établit une hiérarchie de ses dieux-anges en neuf degrés et trois ordres.

À la fin du Vᵉ siècle, ou au début du VIᵉ, un religieux grec, disciple du philosophe Hiérothée[13], néo-platonicien et lui-même probable disciple de Proclos, entreprend une œuvre considérable dont le mérite, à la suite de saint Augustin, est d'introduire la pensée platonicienne et la philosophie grecque dans la réflexion théologique, l'enrichissant et lui ouvrant de nouveaux champs.

Sans doute conscient que la hardiesse de ses thèses demande, pour les imposer, une caution morale plus forte que la sienne, l'auteur, coutume des plus fréquentes à l'époque, n'hésite pas à les faire passer pour l'œuvre d'un autre ; en l'occurrence, celle de saint Denys l'Aréopagite.

Lors de sa tentative d'évangélisation en Grèce, saint Paul a prêché devant l'Aréopage, le conseil d'Athènes. La prédication n'a pas obtenu le succès espéré ; un seul notable athénien s'est converti. Il se nommait Denys[14]. L'histoire perd là sa trace. Tout juste peut-on peut-être se fier à une tradition grecque qui voit en Denys l'Aréopagite le premier évêque d'Athènes.

13. Plusieurs textes du Pseudo-Denys citent Hiérothée, son maître très cher.

14. Actes des Apôtres 17,34.

Au ve siècle, ce Denys, dont personne ne sait au juste ce qu'il est advenu de lui, est soudain confondu avec un homonyme qui fut, lui, le premier évêque de Lutèce, et qui mourut martyr dans le courant du IIIe siècle. La notoriété de l'un et l'autre redouble.

C'est le patronage de ce saint Denys au double visage que revendique le religieux oriental en signant de son nom ses traités.

L'un d'eux, capital pour l'angélologie chrétienne, s'intitule *Le Livre de la Hiérarchie céleste.*

Reprenant les ordres et les degrés de Proclos, le Pseudo-Denys divise le monde angélique en neuf chœurs et trois ordres, eux aussi soumis à l'illumination successive, du sommet vers le bas, le premier ordre étant seul directement au contact de la lumière divine. Le chiffre trois est compris par Denys, puis par la tradition chrétienne, comme un hommage à la Sainte Trinité.

Très vite, la construction dionysienne s'impose à l'Église, au point que c'est elle que reprend et confirme le pape saint Grégoire le Grand, passionné d'angélologie[15].

Saint Jean Damascène, au VIIe siècle, la fait sienne à son tour.

En 827, le basileus byzantin Michel le Bègue offre à Louis le Pieux un exemplaire du traité du Pseudo-Denys, lui préparant en Occident une carrière qui culminera dans les interprétations qu'en feront saint Thomas d'Aquin et saint Bonaventure.

Ce classement ternaire, devenu traditionnel, se présente ainsi :

---

15. Saint Grégoire le Grand, Homélie XXXIV.

– Premier ordre : séraphins, chérubins, trônes.
– Second ordre : dominations, vertus, puissances.
– Troisième ordre : principautés, archanges, anges.

Chacun de ces ordres transmet à ses inférieurs les illuminations qui lui sont propres, tandis que les supérieurs possèdent, par excellence, les qualités propres aux chœurs inférieurs.

Ce que sont exactement les esprits de cette hiérarchie céleste est une question difficile à résoudre.

« L'année de la mort du roi Ozias, je vis le Seigneur assis sur un trône grandiose et surélevé. Sa traîne emplissait le sanctuaire.

« Des séraphins se tenaient au-dessus de lui, ayant chacun six ailes, deux pour se couvrir la face, deux pour se couvrir les pieds, deux pour voler. Ils se criaient l'un à l'autre ces paroles : "Saint, saint, saint est Yahvé Sabaoth ! Sa gloire emplit toute la terre[16]." »

Voilà le seul passage biblique qui mette en scène les séraphins. Le mot hébreu qui nomme ces esprits supérieurs signifie « brûlant ». Parce qu'ils sont les plus proches du trône divin, ces anges flambent perpétuellement de l'amour de Dieu qu'ils ont pour mission de communiquer au reste de l'univers. Si l'on se réfère à saint Paul, il ne fait aucun doute que, des trois vertus théologales, la charité, l'amour de Dieu, est la première[17]. Il est donc raisonnable de regarder les esprits de l'amour divin comme les princes de la hiérarchie céleste, ce que firent

16. Isaïe 6,1-3.

17. Première Épître aux Corinthiens 13,13 : « Maintenant, donc, demeurent foi, espérance, charité, ces trois choses, mais la plus grande d'entre elles, c'est la charité. »

Cyrille de Jérusalem, Jean Chrysostome et Grégoire de Nazianze. Ce n'est pourtant qu'à la fin du IVe siècle[18] que les constitutions apostoliques ont ajouté le nom des séraphins à la liste des anges reconnus par l'Église, en se fondant sur le passage d'Isaïe.

C'est ce même chapitre d'Isaïe qui permet au Pseudo-Denys d'ajouter une précision supplémentaire : les séraphins sont des purificateurs par le feu, purifications opérées par l'intermédiaire des anges inférieurs[19].

Saint Thomas d'Aquin s'applique à mettre en évidence le rôle éminent du premier ordre : instruction des chœurs inférieurs en leur faisant connaître ce qu'ils ignorent, illumination par la communication du mode de connaissance le plus parfait, et perfectionnement par l'approfondissement de la connaissance. Il appartient également aux séraphins de consumer dans les âmes ce qui empêche leur conformité à Dieu et de les embraser d'amour[20].

Saint Thomas pense également que cette éminence des séraphins les empêche de se manifester directement aux hommes, d'accomplir des missions terrestres, et il réfute, pour cela, l'identification des trois grands archanges de la Bible, Michel, Gabriel et Raphaël, à des princes séraphiques.

---

18. Approximativement en 380…

19. Isaïe 6,6-7 : « L'un des séraphins vola vers moi, tenant dans sa main une braise qu'il avait prise avec des pinces sur l'autel. Il m'en toucha la bouche et dit : "Voici, ceci a touché tes lèvres, ta faute est effacée, ton péché est pardonné." »

20. *Somme théologique*, I, q 108, a 1, 2 et 5.

Il est vrai que, en ce domaine, ni la piété ni la tradition ne sont d'accord avec l'enseignement thomiste.

Le rang glorieux qui était primitivement celui de Lucifer, sa primauté sur les autres esprits angéliques, l'identifiait au premier des séraphins. Ce rang étant revenu, de droit en quelque sorte, à son vainqueur, et la nature des anges étant fixe parce que parfaite, il fallait bien en conclure que Michaël était, lui aussi, dès l'origine, un séraphin, et sans doute le second de Lucifer.

L'amour mystique est acceptation pleine et entière de l'association à la croix. Acceptation dont l'une des éventuelles manifestations visibles est le phénomène de la stigmatisation. Faut-il s'étonner si des apparitions séraphiques vont de pair avec l'imposition des stigmates ?

Souffrir par amour du Christ et des âmes, telle est la prière que, le 14 septembre 1224, fête de l'Exaltation de la croix, Gian-Francesco Bernardone, saint François d'Assise, ose prononcer.

Il y a bientôt trois ans que François, malade, éprouvé dans son âme et sa chair, a renoncé à diriger ses fondations religieuses et qu'il a choisi de se retirer dans la solitude du mont Alverne. C'est là qu'il rédige l'admirable *Cantique du Soleil*, premier chef-d'œuvre de la littérature italienne.

Ce 14 septembre, François, qui sent sa fin prochaine – il n'a plus que deux ans à vivre – implore Dieu : « Seigneur Jésus, il n'y a que deux grâces que je vous demande de m'accorder avant ma mort : la première est que, autant que cela se pourra, je ressente les souffrances que vous, ô mon doux Jésus, avez dû subir dans votre cruelle passion ; la seconde, que je ressente dans mon cœur, autant que cela se pourra, cet amour démesuré dont vous brûlez, vous, le Fils de Dieu, et qui vous a conduit à souffrir volontiers tant de peines pour nous, misérables pécheurs. »

Or, comme il fait cette demande, François voit ce qu'il décrira « comme un séraphin, ayant des ailes éclatantes et toutes de feu, qui descend vers lui des hauteurs du ciel. Et alors, apparut entre ses ailes la vision d'un homme crucifié ».

Les *Fioretti* de saint François content avec une joliesse infinie le colloque du moine et de l'ange, lui demandant s'il est prêt à recevoir tout ce que l'Amour lui donnera. Et, comme François, bien entendu, acquiesce, les plaies du Crucifié viennent miraculeusement s'imprimer dans les mains, les pieds et le côté du Poverello. La souffrance physique est atroce, mais elle s'accompagne d'une joie et d'une ardeur qui ne sont plus de la terre.

Feu ardent, l'ange que rencontre François ne saurait être qu'un séraphin. Or, trois ans plus tôt, en 1221, François et quelques-uns de ses frères ont entrepris le pèlerinage au grand sanctuaire michélien de l'Italie, la basilique du mont Gargan. La dévotion de François envers Michel était si grande que, pris de scrupules, le Pauvre d'Assise ne s'est pas jugé digne d'entrer dans l'église de l'archange… Ses frères, stupéfaits, l'ont retrouvé au matin prosterné sur le parvis où il avait passé la nuit.

Le séraphin du mont Alverne est-il saint Michel ? La vision de François est-elle suscitée par sa foi et son amour ? La science moderne a constaté à loisir sur des stigmatisés contemporains que l'autosuggestion ne suffisait pas, et de très loin, à expliquer les stigmates, ne pouvant provoquer de pareilles lésions cutanées, ni des hémorragies comparables. Plus stupéfiant encore, les blessures de certains mystiques sont si graves qu'il est médicalement impossible de comprendre comment ils n'en meurent pas en quelques minutes…

Carmel d'Alba de Tormès, province de Salamanque, 4 octobre 1582. La madre Teresa Sanchez Cepeda y Ahumada vient de succomber au cancer dont elle souffrait depuis plusieurs années. Personne n'éprouve plus envers la réformatrice de l'ordre les doutes et les soupçons qui entourèrent les commencements de sa tâche. La sainteté de Thérèse a éclaté à la face du monde. C'est pourquoi, en ces heures qui suivent sa mort, on se dispute ses reliques. N'a-t-elle pas fondé seize couvents qui se jugent tous des droits sur sa dépouille ? Le corps de Thérèse qui, aux dires des témoins, répand un parfum merveilleux et pas du tout cadavérique, va être quelque peu disséqué. Le cœur de la supérieure est retiré ; les médecins et les personnes présentes se taisent, saisis : le cœur de Thérèse porte, parfaitement visible, une blessure comme celle d'un coup de lance[21]. Une blessure dont la carmélite souffrait sans qu'elle fût visible. L'affaire avait commencé de façon singulière :

« Le Seigneur voulut à plusieurs reprises que j'eusse cette vision : je vis un ange près de moi, du côté gauche, sous forme corporelle, ce qui ne m'arrive que par un miracle extraordinaire. Bien que, souvent, des anges

21. Le cœur de sainte Thérèse d'Avila est conservé au carmel d'Alba, intact ; la blessure mystérieuse est toujours apparente et déjoue toute explication médicale.

m'apparaissent, je ne les vois pas, sinon par une vision intellectuelle [...]. Cette vision, le Seigneur voulait que je la visse ainsi ; il n'était pas très grand, plutôt petit, très beau, le visage tellement enflammé qu'il semblait être un ange d'un rang très élevé, de ceux qui ne sont que feu. Ce doit être ceux qu'on nomme chérubins, car ils ne disent pas leur nom. Mais, je vois bien que, dans le ciel, il y a une telle différence d'un ange à l'autre et de ceux-ci à ceux-là, que je ne saurais le dire. Je lui voyais, dans les mains, un long dard qui était d'or, avec une pointe de fer qui me semblait avoir un peu de feu. Il me parut qu'il me le plongeait dans le cœur, à plusieurs reprises, et que ce dard me pénétrait jusqu'aux entrailles. En le retirant, il me sembla qu'il les entraînait avec lui et qu'il me laissait tout embrasée d'un grand amour de Dieu. La douleur était si forte qu'elle me faisait pousser les gémissements que j'ai dits. Et si excessive était la suavité que mettait en moi cette extrême douleur que l'on ne voudrait pas qu'elle fût ôtée, et que l'âme ne peut se contenter qu'en Dieu. Ce n'est pas une douleur corporelle, mais spirituelle, bien que le corps ne laisse pas d'y participer, et même assez durement. C'est une caresse si suave entre l'âme et Dieu, que je supplie sa bonté de la faire goûter à ceux qui penseront que je mens[22]. »

Les prétendues explications psychanalytiques qui font allusion à un délire érotique et à l'autosuggestion n'allant pas jusqu'à fournir une explication à cette plaie réelle et constatable, il faut admettre que Thérèse

---

22. Sainte Thérèse D'AVILA, *Autobiographie*.

a bien eu la vision d'un ange. Et, quoiqu'elle l'appelle chérubin, sa description d'un esprit enivré de l'amour divin tendrait à laisser croire qu'il s'agissait plutôt d'un séraphin.

Ce type de phénomène mystique, dit transverbération, ne constitue nullement un cas unique.

L'exemple le plus récent, et des mieux étudiés, est celui du padre Pio, mort seulement en 1968, stigmatisé et transverbéré. La dévotion que portait le prêtre capucin aux anges, dont il était familier, et particulièrement à saint Michel – le mont Gargan n'est qu'à trente kilomètres de San Giovanni Rotondo, le couvent de padre Pio –, sa tendresse envers saint François, son saint patron[23], ont poussé nombre de gens à lui demander si ces phénomènes étaient également d'origine séraphique. Padre Pio fit allusion à un être de lumière dont il ne précisa jamais s'il était un ange ; en revanche, il affirma toujours avoir reçu les stigmates directement du grand crucifix de l'autel, à la fin de sa messe du 20 septembre 1920[24].

Les séraphins brûlent, les chérubins brillent. Du moins est-ce ce que veut suggérer l'étymologie hébraïque de leur nom[25]. Ils brillent de l'intelligence même de Dieu qu'ils contemplent et adorent sans cesse. Leur rôle est

---

23. Dans le siècle, le padre Pio se nommait Francesco Forgione ; les Capucins sont un ordre franciscain.

24. Comme Yves Chiron le souligne dans sa biographie du padre Pio, ce qui n'empêche pas nombre de gens d'attribuer les stigmates à un séraphin, fabriquant ainsi, plus ou moins consciemment, un doublet de la stigmatisation de saint François…

25. *Kerubim*, les « Brillants ».

de transmettre aux anges la science divine. Illuminer, connaître est leur bonheur. Ils se meuvent dans la Vérité comme dans leur élément, et, comme la nature humaine est incapable de concevoir intellectuellement cette Vérité sublime, sinon par la foi, les chérubins sont regardés comme les anges de la foi.

La science, Dieu ne la dispense qu'à bon escient et quand il le veut. Tel est le reproche que lui fait le serpent d'Éden, serviteur de Lucifer obstiné à voir dans le Créateur un abominable tyran. Le serpent pousse donc Ève à cueillir et à manger la pomme sur l'arbre de la connaissance du bien et du mal. Le châtiment sera à la mesure de la désobéissance du premier couple : Adam et Ève sont bannis d'Éden. Le plus logiquement du monde, ce sont les chérubins que Dieu poste à l'entrée du jardin interdit. Les anges de la connaissance deviennent les gardiens des secrets de Dieu[26].

Protecteurs des secrets de leur Roi, mais, par la suite, instruments privilégiés de ses révélations, qui se font par l'intelligence : telle est la signification des images de chérubins placés autour de l'arche d'Alliance par Moïse, et ce alors que le judaïsme interdit en principe toute représentation.

« Tu feras deux chérubins d'or repoussé, tu les feras aux deux extrémités du propitiatoire. […] Les chérubins auront les ailes déployées vers le haut et protégeront le propitiatoire de leurs ailes en se faisant face[27]. »

---

26. Genèse 3,24 : « Il bannit l'Homme et il posta devant le jardin d'Éden les chérubins et la flamme du glaive fulgurant pour garder le chemin de l'arbre de vie. »

27. Exode 25,18-21.

Le livre de Samuel dira que Yahvé trône sur les chérubins[28]. C'est donc naturellement qu'Ézéchiel leur identifiera les étranges animaux de sa vision qui tirent le char de Yahvé[29].

Cette description surréaliste de monstres mi-humains mi-animaux à quatre faces et quatre ailes est en fait celle de divinités secondaires protectrices des sanctuaires que les Babyloniens plaçaient à l'entrée de leurs temples. Ces génies bénéfiques se nommaient *karibus*. De cette racine, effectivement rapprochable de *kerubim*, des commentateurs ont tiré des conclusions hâtives : désireux de réduire les anges du christianisme à des survivances d'une mythologie païenne récupérée par le judaïsme de l'Exil, ils ont hardiment prétendu que chérubins et karibus ne faisaient qu'un. Oubliant seulement que l'on rencontre des chérubins dans l'Ancien Testament bien avant l'époque de la déportation à Babylone…

Cette fonction de gardiens des sites sacrés confiée aux chérubins explique pourquoi la mystique allemande Mechtilde Thaller affirme qu'ils protègent les grands sanctuaires de la chrétienté et que quatre d'entre eux entourent toujours le souverain pontife.

« Dieu trône sur les chérubins », dit le livre de l'Exode, faisant allusion aux figures sculptées dans l'or qui entouraient l'arche d'Alliance. Ce rôle glorieux de sièges du pouvoir royal, cependant, n'est leur que par excellence, puisqu'il appartient en propre aux esprits du troisième chœur dont le nom, précisément, est trônes.

---

28. Premier Livre de Samuel 4,4.

29. Ézéchiel 5,5-25.

À l'instar des séraphins et des chérubins avec lesquels ils composent le premier ordre, les Trônes sont des anges qui brûlent de l'amour de Dieu et de l'intelligence divine, ainsi que l'écrit Daniel : « Son trône était flammes et feu[30]. »

Porter Dieu, tel est leur rôle. Le porter non seulement dans le ciel, mais l'apporter à ceux auxquels il veut se communiquer. Ils sont exécuteurs des décrets de sa justice, et annonciateurs de sa miséricorde. La vertu théologale qui leur est habituellement associée est l'espérance. Saint Bonaventure leur attribuait en sus l'humilité. Force et stabilité sont les trônes, à jamais inébranlables. C'est ce qu'exprime le Pseudo-Denys :

« Ils s'écartent sans compromission de toutes bassesses. Ils sont tendus vers les hauteurs avec une intensité inconnue de notre monde. [...] et ils se maintiennent avec toute la force, de manière inébranlable et bien ordonnée autour de celui qui est, au sens plénier de ce terme, le Très-Haut[31]. »

Séraphins, chérubins, trônes, les anges du premier ordre, sont éclairés directement par Dieu dont ils sont les assistants privilégiés. Saint Thomas d'Aquin supposait pour cela qu'ils ne le quittaient jamais.

Parce qu'ils sont investis de l'autorité suprême de leur Maître (en latin *Dominus*), les anges du quatrième chœur sont appelés dominations. Ce Maître et Seigneur, les dominations ne vivent que pour le servir et l'aimer. Leur désir éternel est de lui ressembler le plus parfaitement

30. Daniel 7,9.

31. *Le Livre de la Hiérarchie céleste.*

possible, de le suivre et de l'imiter en toutes choses. Cette ressemblance à laquelle s'essaient les dominations les délivre de la tentation de suprématie comme de la servilité. Aux chœurs inférieurs, ils transmettent le besoin d'imiter le Très-Haut afin de lui être mieux unis.

Cette autorité divine met sous leurs ordres vigilants tous les esprits qui leur sont inférieurs par lesquels les dominations gouvernent l'univers, mais ces ordres qu'ils font exécuter ne leur sont pas donnés directement par Dieu. Les dominations, en effet, sont soumis aux anges du premier ordre. Ils leur obéissent librement, non sous la contrainte, en sachant obéir à Dieu, en écoutant ses assistants.

Prudence et justice, qui sont qualités capitales d'un bon roi, sont les vertus propres aux dominations ; saint Bonaventure y ajoutait la bonté et la sévérité. Les dominations aspirent à l'édification du règne de Dieu sur cette terre ; ils y œuvrent de tout leur pouvoir. Aussi sont-ils parfois invoqués pour la conversion des hérétiques, des pécheurs et des infidèles. Ils soutiennent les missionnaires et défendent les âmes contre la lassitude et le découragement.

Le cinquième chœur angélique est celui des vertus. « Leur nom signifie un courage viril[32] et inflexible [...] constamment fixé sur la vertu suressentielle et productrice de vertu en leur faisant don de vertu et sur un mode déiforme[33]. »

---

32. Vertu vient du latin *virtus*, qui signifie primitivement qualité propre à l'homme, puis, par extension, bravoure, courage physique.

33. Pseudo-Denys, *Le Livre de la Hiérarchie céleste*.

Les manifestations bibliques de Dieu sont toujours spectaculaires ; il suffit de relire le chapitre 19 du livre de l'Exode, lorsque Yahvé s'apprête à donner les tables de la Loi à Moïse. Coups de tonnerre, déchaînement de l'orage, mugissement de la tempête comme une trompe, foudre, éclairs zébrant les nuées et, pour finir, tremblement de terre aux alentours du mont Sinaï.

À quelques jours de l'ultime Pâque qu'il passera en ce monde, Jésus prêche dans le Temple à Jérusalem ; à ses disciples et à la foule venue l'entendre, il montre les signes des derniers temps :

« Aussitôt après la tribulation de ces jours-là, le soleil s'obscurcira, la lune ne donnera plus de lumière, les étoiles tomberont du ciel, et les vertus des cieux seront ébranlées[34]. »

Le vendredi suivant, 7 avril 30, quand, à 3 heures de l'après-midi, le Christ expirait sur la croix, « voilà que le voile du Sanctuaire se déchira en deux, du haut en bas ; la terre trembla, les rochers se fendirent[35]… »

Sur l'île de Patmos, Jean[36], à ses frères effrayés par le déchaînement des persécutions, découvre les secrets de l'Agneau : « Alors, il se fit un violent tremblement de terre, et le soleil devint noir comme une étoffe de crin, et la lune devint tout entière comme du sang, et les astres du ciel s'abattirent sur la terre, comme les figues avortées

34. Saint Matthieu 24,29-30.

35. Saint Matthieu 27,51-52.

36. Bien que certains commentateurs tiennent à regarder l'Apocalypse comme l'œuvre d'un autre Jean, homonyme de l'apôtre, ou simplement d'un de ses disciples, on se tiendra ici à la tradition qui confond l'auteur du livre avec l'évangéliste.

que projette un figuier tordu par la tempête, et le ciel disparut comme un livre qu'on roule[37], et les monts et les îles s'arrachèrent de leur place [...]. Après quoi, je vis quatre anges debout aux quatre coins de la terre pour qu'il ne soufflât point de vent, ni sur la terre, ni sur la mer, ni sur aucun arbre. Puis je vis un autre ange monter de l'Orient, portant les sceaux du Dieu vivant ; il cria d'une voix puissante aux quatre anges auxquels il fut donné de malmener la terre et la mer : "Attendez pour malmener la terre, et la mer, et les arbres que nous ayons marqué au front les serviteurs de notre Dieu[38]." »

Toutes ces manifestations naturelles et cosmiques qui parsèment les textes de l'Ancien et du Nouveau Testaments ont leurs maîtres d'œuvre attitrés, les vertus. Notre époque, même les milieux croyants, admet mal l'idée que des anges soient derrière ces phénomènes dont nous possédons l'explication scientifique. En fait, au-delà de l'aspect extraordinaire de ces phénomènes, et de cette construction très poétique, le rôle des vertus est essentiellement celui de régulateurs, de surveillants. Leur tâche est de veiller au bon fonctionnement de l'univers et de ses forces, selon ce que Dieu a voulu en les créant. Leur intervention réelle dans ce mécanisme demeure de l'ordre de l'exceptionnel, c'est pourquoi les vertus sont d'abord des anges des miracles. Encore ces miracles doivent-ils être à leur portée et ne pas modifier les lois naturelles en vigueur, prodige réservé à Dieu seul.

---

37. Ce qu'on appelle livre (*liber*) à l'époque, c'est un rouleau que l'on déroule et enroule au fur et à mesure de sa lecture et que l'on range dans des boîtes spéciales dans des tiroirs appropriés.

38. Apocalypse 6,12-14 et 7,1-3.

Un ange, une vertu, à moins que Dieu lui prête sa force, ne pourra pas réaliser un acte impossible à la nature, une résurrection par exemple. En revanche, les vertus, commandant aux vents, peuvent apaiser une tempête, mettre fin à une sécheresse en faisant tomber la pluie.

Les vertus sont parfois invoqués pour obtenir le courage et la force ; ils président aux conversions et soutiennent les pécheurs repentants qui cherchent à se corriger de leurs défauts.

Le dernier chœur du second ordre est celui des puissances.

Ce sont des anges guerriers dont la mission est de combattre les légions de Lucifer à l'œuvre dans le monde. Ils sont exorcistes par excellence.

L'humanité ayant cédé une première fois, par l'intermédiaire d'Ève et d'Adam[39], aux sollicitations mensongères du diable, le Mal est entré dans le monde. Depuis lors, exception faite du Christ et de sa Mère, toute créature humaine est en butte aux assauts répétés du Tentateur. Or, si bas qu'ils soient tombés, au point que les Écritures les désignent fréquemment par des métaphores animales[40], les anges rebelles n'en demeurent pas moins des anges, encore doués de capacités prodigieuses et qui dépassent vertigineusement celles des malheureux

---

39. Même si l'histoire d'Adam et Ève telle que la raconte la Genèse n'est pas un document historique à proprement parler, elle illustre admirablement le problème des commencements du Mal : une rupture entre l'Homme et Dieu provoquée par les insinuations mensongères de l'ange déchu, décidé à dresser l'humanité contre son Créateur et à l'entraîner, pour sa perte, dans sa folle rébellion.

40. Les démons ont si gravement perverti leur nature angélique qu'ils se sont eux-mêmes ravalés au niveau de la bête.

humains. La lutte entre eux et l'Homme serait donc disproportionnée et sans espoir si Dieu et ses anges ne venaient à la rescousse en rétablissant l'équilibre des forces. Tel est le rôle primordial des puissances. Ils doivent empêcher le diable de tendre aux hommes des pièges imparables, l'empêcher, en quelque sorte, de tricher en recourant à son arsenal angélique dépravé. Lourde besogne, Lucifer étant le tricheur absolu, ce que ses victimes ont trop tendance à oublier.

Les puissances veillent à ce que les esprits mauvais, lorsqu'ils prennent l'apparence d'anges de lumière, restent cependant identifiables pour les hommes qui veulent s'en donner la peine. Ils les empêchent d'opérer prodiges et miracles tapageurs qui éblouiraient trop facilement les crédules.

Anges du sixième chœur, les puissances, par la nature, sont généralement inférieurs aux démons dont beaucoup, avant la chute, siégeaient parmi les chœurs supérieurs. Pourtant, ils commandent en maîtres à tous, même à l'ancien prince séraphique Lucifer. Saint Thomas démontre que les puissances dominent les légions infernales de trois manières :

– En dialoguant avec les esprits mauvais, c'est-à-dire en s'adressant à ce qui subsiste de leur intelligence angélique faussée par leur logique intempestive, pour leur démontrer la vanité de leurs efforts et la victoire certaine de Dieu et des siens.

– En invoquant le nom du Seigneur qui les met invinciblement en déroute[41].

– En leur commandant, par le don de la grâce qui unit Dieu et la créature, de telle sorte que l'une dispose de la force même de l'Autre.

Les puissances peuvent aussi retourner les plans du diable contre l'enfer, le contraignant finalement à servir le Bien malgré lui. Ou utiliser la malignité démoniaque pour châtier ses propres complices.

Cette première mission, empêcher le Mal, ou plus exactement, le contenir dans certaines limites, entraîne la seconde : maintenir la paix dans le monde. Les puissances sont les anges qui président à la politique mondiale et au destin des empires, tout en laissant l'exécution de leurs ordres au chœur inférieur des principautés.

Les puissances sont parfois invoqués pour calmer la colère, enseigner la patience qui est de leurs vertus, combattre l'aridité spirituelle et chasser les distractions dans la prière.

Dominations, vertus et puissances forment le second ordre ; ils sont des anges ministres.

La troisième hiérarchie regroupe les esprits chargés d'exécuter immédiatement les ordres de Dieu parmi les créatures matérielles et les hommes. Tout ce qu'ils font est pour le Bien de l'humanité et à son usage. Anges des derniers chœurs, leur puissance est limitée à des communautés, des lieux, des personnes ou une certaine catégorie de créatures matérielles, plantes ou animaux.

---

41. Épître aux Philippiens 2,9-11 : « Aussi Dieu l'a-t-il exalté et lui a-t-il donné le Nom qui est au-dessus de tout nom, pour que tout, au nom de Jésus, s'agenouille, au plus haut des cieux, sur la terre et dans les enfers. »

Les principautés sont les anges gardiens des peuples, des nations, des cités, des diocèses, voire des paroisses. Leur rôle est de contrecarrer, au sein des communautés qu'ils ont en charge, l'influence constante du démon, et d'inspirer à leurs responsables des décisions conformes à la loi de Dieu. Ils tournent leurs protégés vers le Bien.

Saint Thomas d'Aquin, s'appuyant sur le passage de Daniel[42] qui présente Michel comme l'ange gardien du peuple d'Israël, en avait conclu que Michel devait être une principauté, ce qui ne cadre guère avec ce que l'on sait de lui et de sa place éminente. Cette ambiguïté s'explique si l'on se souvient qu'Israël a une vocation qui n'est pas ordinaire, d'où la nécessité d'avoir pour protecteur non n'importe quel ange du septième chœur, mais le chef des milices célestes, le prince des séraphins.

La dévotion aux principautés n'a jamais été généralisée, et le Portugal constitue une exception remarquable.

En 1578, le roi Sébastien IV, jeune homme enthousiaste, pas encore revenu des belles chimères de la chevalerie, entreprend ce qu'il croit être une croisade triomphale contre l'islam. L'expédition à peine commencée s'achève par un désastre lorsque l'armée marocaine, le 4 août, taille en pièces les troupes portugaises. Les rares survivants tentent de se rembarquer, avant de constater, assommés d'horreur et de désespoir, que leur jeune roi a disparu dans la bataille.

Ce qu'il est advenu de l'infortuné Sébastien IV, personne ne le saura jamais, l'hypothèse la plus plausible

42. Daniel 10,21.

étant qu'il a trouvé la mort lors de la dernière contre-attaque de ses soldats.

Le roi perdu n'avait pas d'enfants ; la couronne échoit à l'un de ses cousins, un cardinal-infant octogénaire qui disparaît à son tour en 1581. L'Espagne se jette sur le Portugal sans souverain et l'annexe en se souciant comme d'une guigne de l'opinion publique lusitanienne, unanimement opposée à ce coup de force. La situation du petit royaume occupé par son puissant voisin semble désespérée.

C'est dans ce contexte de malheur et de tragédie nationale que l'Église portugaise, désireuse de sauvegarder l'âme de son peuple, demande à Rome l'autorisation de célébrer solennellement la fête de la Principauté, ange gardien du Portugal. Splendide manifestation de résistance à l'occupation espagnole et affirmation sereine que le pays ne demeurera pas province ibérique.

Sixte Quint[43] y consent. La fête de la Principauté est magnifiquement honorée chaque année. En 1640, après plusieurs tentatives inutiles, le Portugal se débarrasse de la présence espagnole et porte au trône la maison de Bragance.

1917 : la Première Guerre mondiale fait rage. Dans la prairie de la Cova de Iria, près du village de Fatima, trois enfants gardent le troupeau de leur famille. Un ange leur apparaît. Il précède la Vierge. À Lucia, Jacinta et Francisco, il se présente : « Je suis l'ange gardien du Portugal. Je suis l'ange de la paix. »

43. Sixte Quint fut pape de 1585 à 1595.

Trois fois, le même esprit bienheureux visitera les jeunes voyants.

Rarement principauté aura manifesté aussi clairement sa puissance et sa protection. Confirmant la croyance selon laquelle ils sont des anges de prière, celui de Fatima travaillera à en donner le goût à ces petits bergers très frustes.

Le huitième chœur est celui des archanges, une appellation qui prête à confusion. *Arch* est une racine grecque qui renvoie à l'idée d'un commandement, d'un rôle de chef. Mais associée à ange, elle prend une double signification : chef des anges, et c'est le sens dans lequel le mot archange est employé pour désigner saint Michel ; ou bien, qui est au-dessus des anges, c'est-à-dire esprit qui appartient au chœur supérieur à celui des anges. Et c'est ce deuxième sens que lui donne le Pseudo-Denys.

Le rôle des archanges, esprits du huitième chœur, est de révéler aux particuliers ce qui est du domaine commun : les choses de la foi, de la morale, du culte divin, etc. Ils exercent aussi les fonctions d'ange gardien supplémentaire auprès des personnes qui ont de lourdes responsabilités religieuses, depuis les simples prêtres jusqu'au souverain pontife. Une tradition veut que les archanges soient les esprits qui veillent sur les églises.

Saint Thomas considérait, d'après la théorie de l'illumination successive, qu'ils s'en remettaient, pour l'ordinaire, aux soins des esprits du neuvième chœur, ne se déplaçant eux-mêmes qu'en des circonstances exceptionnelles. Il en concluait, sans avoir été très suivi, que Gabriel devait être le chef des archanges.

Le nom du neuvième chœur, celui des anges, est passé dans le langage courant jusqu'à désigner tous les esprits bienheureux. Pourtant, comme leur appellation de messager l'indique, les anges ont pour mission unique d'être, auprès des individus, les interprètes des volontés d'En Haut. C'est par leur intermédiaire que passent tous les dons et toutes les vertus propres aux chœurs supérieurs. Les anges gardiens sont choisis parmi eux.

Innombrables sont les esprits des neuf chœurs, et pourtant tous sont parfaitement individualisés. Leurs pouvoirs sont immenses, comme leur bienveillance envers l'humanité qu'ils veulent conduire au salut. L'angélologie enseigne qu'ils peuplent l'univers, que ce qui nous semble vide est en réalité empli d'esprits bons ou mauvais ; que chacun d'entre nous a près de lui toute sa vie un ange attaché à sa protection, physique mais surtout spirituelle. Et cependant, il nous manque, dans la connaissance de cet univers, une information essentielle : nous ignorons complètement les noms de chacun de ces anges.

Parler de noms angéliques est, au demeurant, une facilité imposée par le monde matériel où nous évoluons. S'il est certain que l'individualité des esprits impose qu'ils aient une identité, elle ne se traduit pas en langage terrestre par le recours à un certain nombre de syllabes articulées. Les noms des anges sont par essence ineffables. Les véritables noms angéliques nous demeurent impénétrables, tout au moins dans la réalité où nous sommes.

Quoique consciente de n'avoir pas accès à la désignation vraie des esprits, l'humanité n'a pourtant jamais cessé de chercher les noms des anges. Souci curieux et dérisoire? Peut-être, selon les mentalités modernes, certainement pas jadis.

Le nom, dans les consciences antiques et dans toutes les civilisations, est d'une importance primordiale. Nommer est un acte décisif qui relève du sacré. Il peut établir un lien personnel; il peut surtout donner un pouvoir, une emprise sur l'être ou la chose ainsi nommé. Lorsque Dieu a achevé de créer les animaux, il les conduit devant Adam et lui demande de leur donner un nom à sa convenance[44]. Le nom est toujours expression de l'essence de celui qui le porte. Adam prénomme son épouse Ève, d'une racine hébraïque signifiant « vie », parce qu'elle est destinée à être la mère du genre humain. Gabriel ordonne à Zacharie de donner au fils qui lui naîtra le prénom, non usité dans sa famille, de Jean, qui signifie « Yahvé est favorable[45] ». Et, quelques semaines plus tard, il demande à Marie de nommer l'enfant Jésus, « Yahvé sauve[46] ».

Prénoms étroitement liés aux missions terrestres du Précurseur et du Rédempteur. Les noms des anges procèdent de la même logique; ils reflètent la mission de l'esprit.

Or la Bible ne cite nommément que trois anges : Michel, Gabriel, Raphaël. Pour les autres, c'est le silence complet. Ce silence ennuie les curieux qui aimeraient entrer en rapport serré avec l'univers invisible; il est impossible de se concilier un esprit du Bien que l'on ne

---

44. Genèse 2,19-20.

45. Saint Luc 1,13.

46. Saint Luc 1,31.

peut invoquer, comme il est impossible d'avoir barre sur un esprit du Mal qui cache son identité.

Connaître le nom des esprits, c'est accéder à un autre niveau, c'est s'emparer d'un pouvoir, bénéfique ou négatif. Utilisé avec prudence et sagesse, ce pouvoir aboutit à la pratique de l'exorcisme ; entre de mauvaises mains, le danger d'arriver à des pratiques magiques dangereuses, néfastes, est évident. Cette crainte explique le secret, les interdits qui entourent les noms des anges.

Les esséniens, dans leurs monastères de Qumran, priaient beaucoup les anges et vivaient dans leur familiarité. Mais l'une des premières obligations faites aux jeunes gens qui rejoignaient les communautés était de garder secrets les noms des anges[47].

Ce besoin d'avoir accès aux secrets du monde angélique, avec les dérapages obligatoires qu'il entraîne, qui était donc déjà connu du judaïsme, passa ensuite dans le christianisme où il se répandit. Les Églises copte et éthiopienne, qui pratiquaient une médecine traditionnelle sacrée, se servaient, pour soigner les maux imputés aux démons, de la récitation litanique des noms donnés aux anges[48]. Ailleurs, ces pratiques ne tardèrent pas à favoriser des usages douteux, voire franchement hérétiques. C'est contre eux que l'Église entreprit de réagir.

Le concile de Rome, en 492, condamna l'usage, fort fréquent, d'affubler les anges de noms de fantaisies sous lesquels ils étaient invoqués par les fidèles. Cette mesure

---

47. Flavius Josèphe, *Antiquités judaïques*.

48. Ces pratiques d'exorcisme ont survécu très longtemps dans ces Églises.

fut si peu suivie qu'il fallut la renouveler ponctuellement. Le second concile de Rome, en 745, ne se bornait plus à jeter l'interdit sur une pratique jugée superstitieuse ; elle la condamnait comme invocation démoniaque pure et simple, en condamnant la prière d'un clerc, Aldebert, qui invoquait « Les Sept qui se tiennent devant Dieu » sous des appellations invérifiables s'agissant de quatre d'entre eux. L'évolution était capitale.

Les capitulaires de Charlemagne, cinquante ans plus tard, se référaient au concile de Rome II pour interdire l'usage d'autres noms que ceux attestés par la Bible[49], preuve que les condamnations d'Église n'étaient toujours pas respectées.

Au début du XVIe siècle, un occultiste, Heinrich-Cornelius Agrippa von Nettesheim, entreprit de développer toute une « science » magique fondée sur la kabbale juive, la numérologie et les vertus attachées aux noms des anges et des démons.

En fait, seule la désaffection progressive envers les anges qui s'empara de l'Occident à la veille de la Renaissance mit un terme à ces prières superstitieuses et condamnées. Certaines survécurent cependant, dissimulées dans les recueils de magie blanche dont usaient les conjureurs campagnards. Les sorciers du Berry ou du Maine rejoignaient ainsi, sans le savoir, les prêtres éthiopiens.

---

49. *In eodem concilio praecipitur ut ignota angelorum nomina nec fingantur, nec nominentur, nisi illorum quos habemus in auctoritate. li sunt : Michael, Gabriel, Raphael.*

Mais, ces noms qui, précisément, n'existaient pas dans la Bible, où donc ceux qui les invoquaient étaient-ils allés les chercher ?

Essentiellement dans les livres apocryphes de l'Ancien et du Nouveau Testament. En premier lieu dans le livre d'Énoch[50] ; et dans deux apocalypses apocryphes, celle d'Énoch et celle d'Esdras. Il faut ajouter à ces sources un très vénérable texte de la primitive Église, *Le Pasteur* d'Hermas. Et quelques textes du Haut Moyen Âge, litanies carolines contemporaines de Charlemagne et livres de Bède.

De là viennent ces litanies étranges qui, au demeurant, désignent parfois le même esprit sous plusieurs dénominations. Raphaël est ainsi appelé Surjân dans certains textes ; il voisine avec des anges difficilement identifiables : Raguel, Saraquael, Zûtel, Rufael, Fanuel, Tobihel, Rumiel, Paniel, Renel, Azael, Barachael ; et d'autres dont les noms ont des consonances plus bizarres encore : Gabulethon, Aker, Arphugitonos, Beburos, Zebuleon, Pantasaron, Urjân, Arsjalâljun…

Faut-il vraiment s'étonner si des prêtres prudents ont craint qu'il s'agisse de démons ?

Pourtant, dans les premiers siècles de l'Église, certains des anges invoqués sous ces noms ont eu leur heure de gloire.

Le livre d'Énoch met en scène Phanuel ou Fanuel, esprit guerrier, combattant les démons, exorciste, toutes

---

50. Il faut noter d'ailleurs que le livre d'Énoch est regardé comme canonique par certaines Églises chrétiennes, principalement l'éthiopienne.

qualités qui le rattachent au chœur des puissances. Fanuel est un défenseur actif de l'humanité dans la mesure où il empêche les esprits rebelles d'approcher du trône de Dieu pour accuser les hommes devant lui[51]. Énoch le considère comme l'ange du repentir et de la pénitence. C'est très vraisemblablement ce Fanuel dont parlent, sans le nommer, Clément d'Alexandrie et Hermas lorsqu'ils évoquent « l'ange de la pénitence qui tient le diable sous sa puissance ».

Moins célèbres sont deux esprits rencontrés dans l'Apocalypse d'Esdras : Jérémiel et Praviel. Pour Esdras, Praviel est l'inspirateur des auteurs sacrés, Jérémiel l'ange de la mort, un psychagogue qui sera tôt oublié au profit de l'archange Michel, protecteur attitré des âmes dans leur voyage vers l'au-delà.

Dans son *Histoire ecclésiastique*, Eusèbe de Césarée, racontant la mort du martyr palestinien Procope, fait allusion à un ange Emmanuel, totalement inconnu par ailleurs, peut-être parce que son prénom messianique pouvait favoriser l'hérésie ébionite, qui voulait faire du Christ, non Dieu véritablement incarné dans une nature humaine, mais un ange en mission sur terre…

D'autres anges apparaissent ici ou là, dans des oraisons ou sur des bas-reliefs ou des peintures, sans qu'il soit possible de savoir ce qu'ils représentaient pour ceux qui les priaient…

---

51. Sur cette croyance du judaïsme selon laquelle Lucifer et ses compagnons n'auraient pas perdu le droit d'approcher Dieu, il est possible de relire un livre canonique, celui de Job (1,7-11), qui montre Satan demandant l'autorisation de mettre la foi du juste à l'épreuve en essayant de le pousser au blasphème.

Tel est le cas de Raguel, échappé de l'Apocalypse d'Énoch, et dont l'image est deux fois figurée, en compagnie de Raphaël, sur des sarcophages, datant du ve siècle, retrouvés à Poitiers.

Plus mystérieux encore sont les esprits cités par un calendrier germanique médiéval : Malkiel, Zadkiel, Peliel, Raziel.

Les condamnations successives poussèrent dans l'oubli ces anges à l'identité invérifiable. Elles y poussèrent également un esprit en qui certains Pères de l'Église, comme saint Ambroise, ou certains docteurs, comme saint Isidore de Séville, avaient vu l'un des princes du premier ordre, parfois appelé pour cela le quatrième archange.

Son nom était Uriel, ou bien Ouriel, qui serait l'Urjân du livre d'Énoch. Uriel signifierait « Feu de Dieu », ou « Dieu est ma Lumière ».

Parce qu'il figure en compagnie d'Adam sur une peinture palermitaine, Uriel pourrait être le premier des chérubins, celui qui chassa l'homme du paradis terrestre. Saint Isidore reconnaissait en lui l'ange qui arrêta le bras d'Abraham prêt à immoler son fils, et celui qui se fit près de Moïse le messager de Dieu dans le buisson ardent. Il était l'ange de la révélation patriarcale.

De telles références justifient la très vive dévotion qui entoura Uriel pendant les premiers siècles chrétiens.

Respectant la coutume qui plaçait sous l'invocation des archanges les tours des églises, plusieurs grands sanctuaires, y compris la cathédrale de Milan, placèrent leurs campaniles sous la quadruple protection de Michel, Gabriel, Raphaël et Uriel. Toute l'iconographie primitive le met avec eux sur un pied d'égalité, puisqu'il est peint, comme eux, debout devant le trône de l'Agneau.

À Sainte-Pétronille de Rome, le tombeau de l'impératrice Marie, épouse d'Honorius III, demande pour la défunte l'intercession des quatre archanges. Saint Bède le Vénérable invoque à plusieurs reprises « Uriel le protecteur ». Les Églises orientales le prient en ces termes : « Garde, Seigneur, ton peuple, par les prières des plus grands entre tes anges et la splendeur de Michel, de Gabriel, de Raphaël, d'Uriel et des trois âmes non incarnées[52]. »

La fête de saint Uriel est solennisée dans l'Église latine et dans l'Église grecque, le 15 juillet dans la liturgie romaine.

Et, brusquement, en 745, le deuxième concile de Rome raye Uriel du calendrier, des prières, de la liturgie, et interdit qu'il lui soit rendu la moindre dévotion…

Sévérité extrême, justifiée seulement par l'absence de mention nominale d'Uriel dans les livres canoniques et l'angoisse de rendre sous ce nom un culte inconscient à un ange déchu.

Sévérité que la chrétienté aura du mal à admettre. Les litanies carolines, qui datent de 783, continuent, alors que les capitulaires carolingiens répercutent dans l'Empire les décisions du concile de Rome, à invoquer,

52. Les trois âmes non incarnées sont les trois autres esprits dont le livre de Tobie dit qu'ils sont des sept qui se tiennent devant Dieu, mais dont le nom est inconnu….

après Michel, Gabriel et Raphaël, saint Uriel, saint Raguel et saint Tobihel.

Au XVe siècle, une formule d'exorcisme invoque encore Uriel, preuve qu'il est loin d'être unanimement pris pour un démon.

En Russie, les Vieux Croyants, qui ont refusé de se rallier aux réformes liturgiques du XVIIe siècle, tiennent toujours Uriel pour le quatrième archange ; et rien, au demeurant, ne prouve qu'il ne le soit pas.

Rien, sinon la prudence de l'Église.

« Excepté ceux de Michel, de Gabriel, de Raphaël, tous les noms donnés à d'autres anges sont des noms de démons ! »

Mise en garde sans ambiguïté que ne semblent pas connaître les amateurs d'un numéro de minitel en vogue, où s'égrènent des litanies de noms prétendus angéliques.

5
Le temps des anges

Dieu a donc créé l'homme, qu'il a promis au plus fabuleux des destins éternels, cette union hypostatique dans le Christ de la créature et du Créateur, dont l'orgueilleux Lucifer prit ombrage. Mais, à l'instar de ses anges, Dieu a créé l'homme libre. Libre d'accepter ou non la destinée offerte, libre de repousser l'amour absolu.

Le séraphin déchu, qui s'est fermé sans retour les portes du ciel, s'est juré que ce bonheur dont il s'est à jamais privé et dont il a privé ses séides, l'homme, l'être abhorré, le monstre à la fois spirituel et charnel, n'y aura jamais part. Par tous les moyens, par tous ses pouvoirs, qui demeurent immenses, Lucifer s'acharnera à fermer à l'humanité la route du ciel. Telle est sa vengeance.

Lui rêvait de monter jusqu'aux sommets, de s'asseoir sur le Trône divin, de renverser le Tout-Puissant que, dans sa logique folle, il n'appelait plus que le tyran.

« Je serai l'égal de Dieu », avait-il osé clamer à la face de l'univers, avant d'être foudroyé par la sainte colère de Michaël.

À l'homme, il va proposer le même programme, celui qui, au commencement, égara à sa suite le tiers des esprits : « Vous serez comme des dieux[1]. »

Lucifer, à la jeune humanité, va proposer sa vision caricaturale de Dieu. À l'amour et à la confiance, il substitue la méfiance et la crainte. Il s'acharne à pervertir le sentiment religieux naturel, à remplacer le culte divin par des contrefaçons grossières : adulation des passions humaines, qui glisse, peu à peu, vers l'adoration d'idoles dissimulant les anges maudits. Telle est bien la réflexion de saint Paul :

« En effet, la colère de Dieu se révèle du haut du ciel contre toute impiété et toute injustice des hommes, qui tiennent la vérité captive dans l'injustice; car ce qu'on peut connaître de Dieu est pour eux manifeste : Dieu en effet le leur a manifesté. Ce qu'il a d'invisible depuis la création du monde se laisse voir à l'intelligence à travers ses œuvres, son éternelle puissance et sa divinité, en sorte qu'ils sont inexcusables; puisque, ayant connu Dieu, ils ne lui ont pas rendu comme à un Dieu gloire et actions de grâces, mais ils ont perdu le sens dans leurs raisonnements et leur cœur inintelligent s'est enténébré : dans leur prétention à la sagesse, ils sont devenus fous et ils ont changé la gloire du Dieu incorruptible contre une représentation, simple image d'hommes corruptibles, d'oiseaux, de quadrupèdes, de reptiles.

« Aussi Dieu les a-t-il livrés selon les convoitises de leur cœur à une impureté où ils avilissent eux-mêmes leurs propres corps; eux qui ont échangé la vérité de

1. Genèse 3,5.

Dieu contre le mensonge, adoré et servi la créature de préférence au Créateur qui est béni éternellement[2]. »

Car, si Lucifer, pour l'énormité de sa faute et son zèle à détruire en son âme la profusion de la grâce, est condamné à demeurer prisonnier du royaume qu'il s'est inventé, cet enfer dont il est le seul créateur, en même temps que le roi et la première victime, ses complices demeurent libres d'aller et venir dans le monde et d'essayer d'y perpétrer leurs mauvais coups. Ils sont sans cesse en chasse, à l'affût de proies imprudentes[3].

Si grande est la ruse de ces chasseurs, si profonde leur intelligence, même dévoyée, si redoutable leur logique en dépit de sa distorsion, que l'homme, diminué par sa rupture avec Dieu, réduit à ses propres forces, est vaincu d'avance dans une lutte totalement inégale. C'est pour éviter que l'affrontement inévitable tourne à l'entière déconfiture de l'humanité que Dieu lui envoie en renfort les anges. S'il se réserve, en le plaçant sous la protection du fidèle Michaël, un peuple élu, les Juifs, d'où viendra le salut, Dieu n'abandonne pas les autres nations. En elles se jouera à travers les siècles le combat primordial : céderont-elles aux fallacieuses promesses des maudits ou écouteront-elles les gardiens commis à leur protection ?

À la suite de saint Paul, les théologiens chrétiens affirment l'existence d'une croyance primitive qui, en adorant la nature, adorait en fait son Créateur à travers la splendeur de ses créatures. La création jouait donc un rôle de révélateur de l'Irrévélé, elle était par essence

---

2. Épître de saint Paul aux Romains 1,18-25.

3. Première Épître de saint Pierre 5,8 : « Soyez sobres, veillez. Votre adversaire, le diable, comme un lion rugissant, rôde, cherchant qui dévorer. »

une théophanie. Eusèbe de Césarée énonça le premier l'idée que les anges fussent à l'origine de ce culte des commencements :

« Dieu a distribué toutes les nations, sauf les Juifs qu'il s'est réservés, aux gouverneurs invisibles des nations, les anges ; ces anges, gouverneurs et pasteurs, ont jugé bon que les hommes, incapables de contempler en esprit l'invisible et de s'élever à cause de leur faiblesse, se tournent vers les réalités visibles dans le ciel : le soleil, la lune et les astres. Ces objets, en effet, attiraient vers le haut, aussi près que possible et comme dans le vestibule du Roi de l'univers, les yeux de ceux qui les voyaient et, par leur grandeur et leur beauté, les amenaient à contempler par analogie le Créateur de l'univers[4]. »

Cependant, l'action démoniaque et la faiblesse des hommes aboutirent à dévoyer cette dévotion. De la révélation cosmique dont le but était de préparer la révélation de Dieu, les anges déchus firent l'idolâtrie. Et, plus cette idolâtrie s'enracinait et prenait de force, plus les démons voyaient croître leur puissance sur les idolâtres. Parallèlement, les anges préposés aux nations perdaient leur pouvoir, entravés qu'ils étaient par les fautes de leurs protégés. L'exercice de la liberté humaine aboutissait paradoxalement à plonger les hommes dans un esclavage sournois. L'humanité était enfermée dans un cercle vicieux produit par son péché et qui ne pouvait être brisé que par la venue du Rédempteur. La bonne volonté des anges n'était pas remise en cause, elle était entravée par des volontés qui se croyaient à tort éclairées.

4. *Histoire ecclésiastique.*

« Avant la venue du Christ, les bons anges pouvaient peu de choses pour l'utilité de ceux qui leur étaient confiés. Quand l'ange des Égyptiens aidait les Égyptiens, c'est à peine si un prosélyte croyait en Dieu. Dieu mettait tout en œuvre par les anges et rien n'allait mieux[5]. »

Eusèbe de Césarée renchérit sur cette vision pessimiste ; selon lui, les anges des nations, écœurés par les péchés redoublés de leurs ouailles, renonçaient…

Et cependant, il arrivait que les anges trouvent une âme plus attentive qu'une autre à leurs efforts ; ils s'en servaient alors avec une ardeur redoublée pour inspirer au reste du peuple le respect de la loi naturelle et des progrès contraires aux efforts des démons.

Ce fut en toute sincérité, et non seulement parce qu'ils avaient été formés à l'école de la pensée grecque – qu'ils admiraient, qu'ils aimaient et qu'ils ne pouvaient supporter de la croire asservie au Mauvais –, que les Pères de l'Église s'acharnèrent à découvrir chez les auteurs anciens des ferments de révélation chrétienne. Et ils en trouvèrent beaucoup. Ces ferments n'avaient pu être déposés que par les anges des nations.

Clément d'Alexandrie n'hésite pas à affirmer : « Dieu a donné la philosophie aux Grecs par les anges inférieurs. »

Origène va plus loin puisqu'il devine cette action angélique dans de nombreuses civilisations païennes. Pour lui, en découlent à coup sûr la philosophie grecque, surtout celle de Platon et d'Aristote, la sagesse égyptienne, la science des Chaldéens, comme

5. Origène, *De Principiis*.

le démontre la venue des trois rois mages, certaines croyances des brahmanes hindous et des druides gaulois, et le droit romain.

C'est tout naturellement que saint Justin met au rang des justes de l'ancien temps, outre Job, le héros biblique qui n'est pas israélite, Socrate et Platon.

En eux se réalisait malgré tout la mission angélique : « Les anges, chargés du soin sacré de chaque nation, élevèrent tous ceux qui voulurent bien les suivre vers l'unique principe universel[6]. »

Cette théorie de la révélation primitive, parfois appelée aussi Première Alliance, conclue entre Dieu et Noé après le déluge, symbolisée par l'arc-en-ciel et de portée universelle, ne fait pas l'unanimité parmi les ethnologues. Certains n'hésitent pas à la dire fausse de toutes parts et indéfendable.

Une chose est cependant certaine : il existe à travers le monde et les sociétés humaines une croyance universelle à la présence d'esprits, les uns mauvais, les autres bons, qui, par de nombreux traits, présentent des analogies avec les anges et les démons judéo-chrétiens. Certains sont l'objet d'un culte. Le critère ordinaire permettant de reconnaître une dévotion satanique est l'existence de rituels obscènes, tels que la prostitution sacrée ou les hiérogamies, et l'existence de sacrifices humains.

Jeter un bref regard sur les cosmogonies à travers le temps et le monde met donc en évidence des similitudes.

---

6. *Ibid.*

Tous les peuples altaïques vénèrent un dieu suprême régnant sur une cour d'esprits nommés *assistants* et parfois qualifiés de *fils*. Certains d'entre eux remplissant des tâches typiquement angéliques : guides, protecteurs, messagers. Ils se manifestent en rêve, sous des formes lumineuses ou animales.

Les Aborigènes d'Australie ont des croyances très similaires.

Les Indiens d'Amérique connaissent l'esprit gardien attaché à tout homme. Il transmet ses prières à Dieu, le protège et doit le conduire sans encombre au ciel après sa mort.

Toutes les religions animistes ou chamaniques recourent à l'invocation des esprits.

Lors de leurs premières missions en Chine, les jésuites crurent reconnaître des anges dans les génies de la religion chinoise. Comme les esprits chrétiens, les génies sont les ministres du Seigneur du Ciel. Êtres aériens, ils sont forts, actifs, intelligents. Ils sont protecteurs mais également chargés de gouverner les végétaux, les animaux, la nature, le cosmos, les hommes, les villes, les provinces et les royaumes.

Plus proche encore de l'univers biblique est la vision de Zarathoustra qu'un « être de lumière » guide jusqu'au trône céleste d'Ahura Mazda, qui siège entouré de puissances.

Georges Dumézil, qui s'est intéressé à ces puissances zoroastriennes, n'hésite pas à les appeler archanges. Ils sont sept, comme les sept dont Raphaël dit à Tobie qu'ils se tiennent toujours devant Dieu. Ahura Mazda leur délègue ses pouvoirs. Ces puissances sont sources de fécondité et de richesse pour ceux qui les invoquent. Leur rôle est de guider les armées et protéger les justes.

Le premier des sept se nomme Spenta Mayniu, ce qui signifie esprit saint ; il ne cesse de combattre Angra Mayniu, le révolté, le pervers, l'esprit du mal qui entraîna dans sa chute loin du ciel les *daeva*. Quant aux justes, ils sont protégés par une sorte d'ange gardien : la *fravarshi*.

Babylone connaît une construction très proche, avec ses *dieux* créés par le dieu suprême et dont le rôle de régulateurs de l'univers est voisin de celui des vertus. Chaque homme a un esprit protecteur, un *ilu*, pour veiller sur lui et le protéger des démons, à condition qu'il le prie selon les rites. D'autres esprits sont attachés à la protection des maisons, des temples, des palais, des pays. À l'instar des karibus, ou kuribus, gardiens du temple d'Assur, ils sont figurés sous la forme d'animaux ailés, une iconographie qu'emprunta le judaïsme afin de figurer ses chérubins antérieurs à la fréquentation par les Hébreux de Babylone et de sa mythologie.

En Italie, les Étrusques connaissent un ange protecteur et psychagogue, Lasa, qui conduit les défunts au séjour des morts en les protégeant des attaques de Charun, l'esprit du mal.

Les Romains connaissent d'autres esprits, les lares qui veillent aux carrefours, et les pénates qui protègent le foyer familial.

Cependant, c'est la philosophie grecque qui place les esprits au centre de certaines de ses théories. Hésiode évoquait déjà « les gardiens des mortels sur l'ordre de Zeus qui veillent sur les œuvres justes et les actions mauvaises et qui, invisibles, se répandent partout sur la terre[7] ».

Mais c'est Platon, se référant au fameux *daimon* familier de Socrate, qui en donne la meilleure définition : « Le daimon est un être personnel, médiateur entre le divin et les hommes, capable de les faire avancer sur la route du Bien[8]. »

Depuis l'Antiquité, l'Église n'a jamais hésité à identifier le curieux daimon socratique à l'ange gardien du sage athénien.

Que faut-il conclure de ce tour d'horizon ? Le besoin inhérent à une humanité inquiète de posséder des protecteurs invisibles qui la défendent des périls de l'existence ?

Ou leur réalité ? Répondre par l'affirmative à cette seconde hypothèse est affaire de foi.

Mais tandis que les anges et les démons se livrent une lutte perpétuelle chez les païens, lutte où l'ignorance idolâtre des hommes fait pencher la balance en faveur des esprits rebelles, la rédemption se prépare au sein du peuple que Dieu, selon l'expression d'Eusèbe de Césarée, s'est réservé. Et c'est par le ministère des anges qu'Israël est instruit de sa mission de prédestiné.

Tradition juive et théologie chrétienne l'affirment pareillement.

L'historien Flavius Josèphe, se faisant volontiers apologiste de sa religion auprès de la cour impériale, et ce en dépit de la prise de Jérusalem et de la destruction

7. *Les Travaux et les Jours.*

8. Platon, *Le Banquet.*

du Temple en 70, explique aux Romains : « Nous avons reçu de Dieu, par l'intermédiaire des anges, les plus belles des prescriptions et les plus saintes des lois[9]. »

Tel est d'ailleurs le compliment suivi d'un reproche amer qu'Étienne fera au sanhédrin dans un discours enflammé qui l'enverra au martyre : « Nuques raides, oreilles et cœurs incirconcis, toujours vous résistez à l'Esprit Saint ! Tels furent vos pères, tels vous êtes ! Lequel des prophètes vos pères n'ont-ils point persécuté ? Ils ont tué ceux qui prédisaient la venue du Juste, celui-là que maintenant vous venez de trahir et d'assassiner, vous qui avez reçu la Loi par le ministère des anges et ne l'avez pas observée[10] ! »

Saint Paul n'enseigne pas autre chose que la transmission par les anges de la loi mosaïque[11]. Origène, saint Augustin et saint Hilaire ne font que reprendre sa pensée en l'amplifiant.

Toute cette action angélique, tant chez les Juifs que chez les Gentils, ne vise qu'à un seul but : préparer l'humanité à la venue de son Rédempteur ; tout comme les efforts des démons ont pour raison de l'empêcher ou de la retarder. Cette venue, au demeurant, doit se solder par l'effacement des anges devant le Christ, leur mission de précurseurs étant accomplie.

Mais comment s'emploient-ils à hâter cette venue ? D'abord en resserrant l'alliance d'Abraham et de sa

9. *Antiquités judaïques.*

10. Actes des Apôtres 7,51-53.

11. Épître aux Galates 3,19 et Épître aux Hébreux 2,2-3.

postérité avec Dieu. Tel est le sens des manifestations angéliques dans les premiers livres de la Bible.

Encore ces manifestations appellent-elles une remarque. Les écrivains sacrés emploient volontiers une expression ambiguë : « Ange de Yahvé », qui peut aussi bien éviter d'écrire le nom ineffable de Dieu, c'est alors une périphrase qui désigne Dieu lui-même, qu'indiquer un envoyé céleste, un ange au sens exact du terme, simple instrument exécutant la volonté divine et confondu avec elle, au point que le même verset peut employer coup sur coup les deux sens…

Si la tendance de l'exégèse moderne est de traduire le plus possible l'expression comme voulant dire Dieu, les Pères, eux, l'ont généralement comprise au pied de la lettre – et commentée comme telle.

La première apparition des anges dans la Bible est pour marquer la condamnation de l'homme fautif, entraîné dans le péché par le serpent, émanation perfide de Lucifer. Les chérubins, anges de l'intelligence divine, maîtres en science, exécutent sans état d'âme la sentence prononcée par Dieu contre le couple imprudent qui goûta au fruit de la connaissance du Bien et du Mal[12].

Désormais, le monde des anges, en ordre avec la loi divine, et celui des hommes disgraciés, sont distinctement séparés. Rien ne pourra les réunir, sinon la naissance d'un Fils de la Femme[13] qui, écrasant la tête du serpent, effacera l'erreur d'Ève et rétablira l'humanité dans ses droits perdus.

---

12. Genèse 3,23.

13. Le Christ sera bien le Fils de la Femme, dans la mesure où, né de Dieu, il n'a pas de père selon la chair, mais seulement une mère.

Cette naissance réparatrice est d'ailleurs promise avant même que soit prononcée la condamnation. Et les anges qui interdisent l'entrée du paradis s'évertueront désormais à en préparer la glorieuse réouverture.

Ils sont trois, sous l'apparence de voyageurs ordinaires, à profiter de l'hospitalité d'Abraham en son campement de Mambré, à la fois anges et reflets de Dieu, préfiguration très sacrée du mystère de la Trinité[14].

L'ange de Yahvé, que certains commentateurs ont identifié à Michel, gardien et protecteur d'Israël, veillera patiemment sur Agar, l'esclave égyptienne de Sara, chassée dans le désert avec Ismaël son enfant, après qu'Isaac, le fils légitime, sera venu au monde. Il arrêtera la main, obéissante à l'extrême, du vieil Abraham, sur le point d'immoler à son Dieu le fils tant espéré et tant chéri.

À d'autres anges, qui avaient revêtu une apparence masculine sans doute trop séduisante, il appartiendra de déchaîner sur les habitants de Sodome et Gomorrhe, adeptes de l'homosexualité jusqu'à tenter de violer ces beaux hôtes de passage, la pluie de feu qui les anéantira. Et, si la colère de Dieu, à travers ses anges, châtie les sodomites, il appartient également à ces visiteurs de sauvegarder Lot, le frère d'Abraham, et sa famille, en les conduisant en lieu sûr.

Car les portes du Ciel, pour être momentanément fermées aux hommes, n'ont pas cessé d'exister, comme le montre le rêve de Jacob qui voit les anges montant

---

14. Suivant l'interprétation traditionnelle, Andreï Roublev, quand il peindra sa célèbre icône de la Trinité, figurera les trois personnes sous l'aspect des trois anges de Mambré.

et descendant l'échelle qui relie les deux univers l'un à l'autre[15].

L'apprentissage ne fait que commencer, de la lutte de Jacob avec l'ange[16] jusqu'aux manifestations spectaculaires qui marquent l'Exode, les commencements d'Israël, celui qui a osé lutter avec Dieu, être « fort contre Dieu », relèvent d'une politique éducatrice de Dieu envers son peuple élu.

Une politique selon laquelle qui aime bien châtie bien. Mais Dieu reste caché, manifesté à travers ses ministres. Dans le buisson ardent, le mal mortel qui frappe les premiers-nés d'Égypte, la nuée qui précède les Hébreux à leur sortie de la terre de Pharaon, la grandiose manifestation du mont Sinaï[17] ou la manne quotidienne[18], la Révélation progressive passe par les anges, et uniquement par eux.

En avançant dans la lecture des livres bibliques, les anges, à l'origine éducateurs, vont être obligés d'assurer la sauvegarde politique, physique, d'Israël, afin qu'il puisse servir de berceau à l'Enfant promis. Signes et miracles se multiplient, interventions et faveurs dans lesquelles les commentateurs chrétiens reconnaîtront la puissance de Michel.

Alors qu'il ne sait comment s'emparer de Jéricho, retranchée derrière ses fortes murailles, Josué lève les yeux et voit un homme, « qui se tenait debout devant

---

15. Genèse 28,12.

16. Genèse 32,2.

17. Épître de saint Paul aux Galates 3,19 : « La loi a été promulguée par les anges. » Et Épître de saint Paul aux Hébreux 2,2-3.

18. Saint Hilaire : « C'est par les anges que la manne a été donnée. »

lui, une épée nue à la main. Josué s'avança vers lui et lui dit : "Es-tu des nôtres ou de nos ennemis ?" Il répondit : "Non. Je suis le chef de l'armée de Yahvé, et maintenant, je suis venu[19]". »

Le chef de l'armée de Yahvé, c'est, évidemment, le Prince des Séraphins, le vainqueur de Lucifer qui entame sa mission guerrière au service des hommes. Il reparaîtra dans le même rôle auprès d'autres nations devenues héritières de la promesse faite jadis à Abraham et à sa descendance.

À Jéricho, Michel révèle à Josué quelle stratégie il doit adopter pour prendre la ville[20]. Par la suite, il appartiendra à l'ange, non de conseiller le général juif, mais de susciter ce général à Israël. Telle est sa mission, deux fois renouvelée, dans le livre des Juges.

À la mort de Josué, Israël se détourne de sa vocation de serviteur du vrai Dieu ; « il fait ce qui est mal aux yeux de Yahvé ». Le châtiment ne tarde pas : Israël est victime de guerres et de persécutions de la part de ses voisins. Après sept ans de conflit avec le peuple de Madian, le jeune Gédéon est occupé à battre le blé de la récolte paternelle, pressé d'achever la besogne avant la prochaine attaque des Madianites.

« Et l'ange de Yahvé lui apparut : "Yahvé est avec toi, lui dit-il, vaillant guerrier !" Gédéon lui répondit : "Je t'en prie, Monseigneur ! Si Dieu est avec nous, d'où vient tout ce qui nous arrive ? Où sont tous ces prodiges que nous racontent nos pères quand ils disent : *Yahvé*

---

19. Josué 5,13-14.

20. Les commentateurs le déduisent du texte biblique dont il manque manifestement quelques lignes.

ne nous a-t-il pas fait monter d'Égypte? Et maintenant, Yahvé nous a abandonnés, il nous a livrés au pouvoir de Madian."

« Alors, Yahvé se tourna vers lui et lui dit : "Va avec la force qui t'anime et tu sauveras Israël de la main de Madian. N'est-ce pas moi qui t'envoie?" "Pardon, Monseigneur, lui répondit Gédéon, comment sauverai-je Israël? Mon clan est le plus pauvre en Manassé et moi, je suis le dernier dans la maison de mon père." Yahvé lui répondit : "Je serai avec toi et tu battras Madian comme si c'était un seul homme[21]." »

Le plus intéressant dans ce bref dialogue entre Gédéon et le messager céleste qu'il n'a pas encore reconnu comme tel est certainement la patience avec laquelle l'ange accepte d'expliquer et d'instruire, supprimant une à une les objections polies du jeune homme. Dans quelques siècles, un autre envoyé de Dieu, Gabriel, agira pareillement avec la Vierge; il n'aura pas, d'ailleurs, été aussi patient avec Zacharie qu'il punira pour avoir refusé de le croire.

Car un autre aspect de la figure angélique que met en évidence l'angélologie biblique est précisément le côté redoutable de ces grands seigneurs du monde invisible. Si les anges prennent une figure humaine, c'est que, de toute façon, nul homme, nulle femme, ne pourrait supporter de les contempler dans leur splendeur qui est l'extraordinaire reflet de la splendeur divine. Si les anges délégués sur terre ne voilaient pas leur gloire, leur seule rencontre serait mortelle. Gédéon le sait bien qui,

21. Juges 6,12-16.

après avoir eu l'audace de réclamer un signe comme preuve de ce qui lui a été annoncé, désormais édifié sur l'identité de son visiteur, se prosterne et s'écrie : « Hélas, Monseigneur, c'est donc que j'ai vu l'ange de Yahvé face à face !

« Yahvé lui répondit : "Que la paix soit avec toi ! Ne crains rien ! Tu ne mourras pas[22]." »

La même réaction de stupeur et d'angoisse se retrouve chez le brave Manoah, le père de Samson, lorsque son épouse, stérile depuis son mariage, vient lui dire qu'elle a rencontré « un homme qui avait l'apparence de l'ange de Dieu tant il était majestueux », lequel lui a promis qu'elle serait enfin mère d'un fils et qu'il arracherait Israël à la domination des Philistins. Ayant voulu voir de ses propres yeux cet étrange personnage, Manoah découvre qui il est lorsqu'il remonte au ciel dans la flamme de l'holocauste offert à sa demande.

« L'ange de Yahvé ne se montra plus dès lors à Manoah et à sa femme, et Manoah comprit alors que c'était l'ange de Yahvé. "Nous allons certainement mourir, dit Manoah à sa femme, car nous avons vu Dieu !" "Si Yahvé avait eu l'intention de nous faire mourir, lui répondit sa femme, Il n'aurait accepté de notre main ni oblation ni holocauste, il ne nous aurait pas fait voir tout cela et, à l'instant même, fait entendre pareille chose[23]." »

Que l'ange de Yahvé est redoutable, même les animaux le savent, comme le rappelle l'histoire, proche du conte populaire, de l'ânesse de Balaam.

---

22. *Ibid.* 6,22-23.

23. Juges 13,22-23.

Balaam, un devin, a été mandé afin de jeter une malédiction contre Israël. Après maintes hésitations, car ce sage est averti de la protection divine sur le peuple juif, Balaam se laisse circonvenir par les cadeaux des Moabites et se met en route. Or, voilà que son ânesse, brave bête jusqu'à ce jour parfaitement docile, refuse avec l'entêtement propre à sa race d'aller où son maître veut la conduire. À bout d'énervement, Balaam rosse sa monture et, soudain :

« Yahvé ouvrit la bouche de l'ânesse et elle dit à Balaam : "Que t'ai-je fait, pour que tu m'aies battue ainsi par trois fois?" Balaam répondit à l'ânesse : "C'est que tu t'es moquée de moi! Si j'avais eu en main une épée, je t'aurais déjà tuée!" L'ânesse dit à Balaam : "Ne suis-je pas ton ânesse qui te sert de monture depuis toujours et jusqu'à aujourd'hui? Ai-je l'habitude d'agir ainsi envers toi?" Il répondit : "Non."

« Alors Yahvé ouvrit les yeux de Balaam. Il vit l'ange de Yahvé posté sur la route, son épée nue à la main et il se prosterna face contre terre. Et l'ange de Yahvé lui dit : "Pourquoi as-tu battu ainsi ton ânesse par trois fois? C'est moi qui étais venu lui barrer le passage; car, moi présent, la route n'aboutit pas. L'ânesse m'a vu et devant moi, trois fois, elle s'est détournée. Bien t'en a pris qu'elle se soit détournée, car je t'aurais déjà tué! Elle, je l'aurais laissée en vie[24]." »

Les anges de l'Ancien Testament sont donc présents aux hommes, impliqués dans l'histoire et la survie d'Israël, mais, et c'est de là que découle leur aspect

24. Nombres 22,28-33.

terrifiant, ils ne cessent point d'être présents à Dieu, de former sa cour triomphale, telle celle d'un souverain de l'Orient antique. Et, comme les courtisans d'un grand roi, ils vont devenir peu à peu le relais rassurant, indispensable, entre le peuple et la Divinité.

Ce changement des mentalités religieuses entraîne dans le judaïsme le développement croissant et continu d'une angélologie jusque-là réduite à sa plus simple expression, en même temps que celui de son inévitable corollaire, la démonologie. Les historiens du monde biblique expliquent ce phénomène par le grand drame de -587, la chute de Jérusalem et la déportation des Hébreux à Babylone.

Si l'influence des mythologies babyloniennes sur la pensée juive paraît avoir été exagérée et sans doute moins considérable qu'on l'a dit, ou, en tout cas, si fortement modifiée par la spiritualité juive qu'elles ont radicalement changé de sens, l'Exil aura eu une conséquence : mettre en relief, à travers le châtiment terrible qu'il inflige à son peuple infidèle, la transcendance absolue de Yahvé. De plus en plus regardé comme un Dieu terrible et vengeur, lointain et redoutable, Yahvé n'est plus abordable de front. Ses anges, alors, deviennent, en dépit de leur caractère spirituel, les intermédiaires requis pour continuer le dialogue entre Israël et Dieu. Que l'angélologie et la démonologie juives empruntent à Babylone ou à Canaan une terminologie religieuse en en renouvelant la signification n'entame pas la singularité de ces conceptions.

La littérature biblique contemporaine de l'Exil, comme les prophéties d'Ézéchiel, ou post-exilique, fait donc entrer en scène, avec un nouveau luxe de détails, des personnages déjà rencontrés auparavant. Il s'agit des grands archanges, que les Pères de l'Église reconnaissent dans les diverses manifestations de l'ange de Yahvé avant la déportation, et de leur ennemi Lucifer à travers ses complices dans le mal. Tous sont alors nettement individualisés, ainsi que le démontre l'usage, pour la première fois, de leurs noms propres. En cela, l'Exil aura été finalement bénéfique à Israël, en l'aidant, à travers l'épreuve, à épurer sa foi et à mieux cerner le problème du Bien et du Mal, et de la lutte qu'ils ne cessent de se livrer pour le salut ou la perte de l'humanité.

L'angélologie juive développe alors le triple thème de l'ange adorateur, guide et protecteur, qui se tient en présence de Yahvé, mais accepte de descendre du séjour de la gloire pour secourir le peuple élu dans sa détresse.

Adorateur et sujet de la cour céleste ? C'est ainsi qu'Isaïe découvre sa vision des séraphins[25], se voilant la face devant le trône du Très-Haut dont ils redisent la louange : « Saint, saint, saint est le Seigneur ! »

Assez proche de cette image est celle d'Ézéchiel[26] :

« Je regardai : voici que sur la voûte qui était sur la tête des chérubins, au-dessus d'eux, apparut comme une pierre de saphir dont l'aspect était semblable à un trône. [...] Les chérubins se tenaient à droite du Temple lorsque l'homme entra, et la nuée emplissait le parvis intérieur. La gloire de Yahvé s'éleva de dessus le chérubin

---

25. Isaïe 6,1-4.

26. Ézéchiel 10,1-6.

vers le seuil du Temple, le Temple fut rempli de la nuée et le parvis fut rempli de la lueur de la gloire de Yahvé. Et le bruit des ailes des chérubins s'entendit jusqu'au parvis extérieur, comme la voix du Dieu tout-puissant lorsqu'il parle. »

C'est encore cette cour céleste que montrent les psaumes 103 et 148 :

« Bénissez Yahvé, vous ses anges, héros puissants qui accomplissez sa parole, attentifs à sa parole. Bénissez Yahvé, toutes ses armées, serviteurs, ouvriers de son désir[27]. »

Ou encore le commencement et la fin du livre de Job, qui montre la tenue d'une vaste assemblée céleste où apparaît celui que l'on pourrait croire à jamais banni de la présence de Dieu, le Satan, mot à mot l'Adversaire, Lucifer le révolté, venu défier Yahvé en lui proposant d'accabler de maux Job, l'homme très pieux dont il faisait la louange, afin de voir si ce vertueux continuera de célébrer la bonté divine dans l'épreuve comme il la bénissait dans la prospérité…

Guides, aussi bien spirituels que physiques ?

Voici Gabriel, descendu éclairer le prophète Daniel sur le sens de ce qu'il voit : « Moi, Daniel, contemplant cette vision, j'en cherchai l'intelligence. Voici, se tenant devant moi, quelqu'un qui avait l'aspect d'un homme. J'entendis une voix d'homme, sur l'Ulaï, criant : "Gabriel, donne-lui l'intelligence de cette vision !" Il s'avança vers le lieu où je me tenais, et, comme il approchait, je fus saisi de terreur et tombai face contre terre. Il me dit :

---

27. Psaume 103,19-22.

“Fils d’homme, comprends : c’est le temps de la Fin que révèle la vision.” Il parlait encore que je m’évanouis[28]. »

Gabriel instruira Daniel. Mais, pour ce faire, il se manifestera sous sa véritable identité, celle d’un prince angélique en présence duquel le prophète défaille. Plus tendre est l’éducation amicale et progressive que Raphaël dispensera au jeune Tobie comme s’il s’agissait de son frère cadet, éducation sans laquelle le garçon ne pourrait ni venir à bout des épreuves de son voyage, ni arracher Sarra, sa fiancée, à la malveillance du puissant démon Asmodée, ni procurer à son vieux père aveugle le remède qui lui rendra la vue.

Cette histoire, roman peut-être historique mais certainement inspiré, destiné à faire passer dans la communauté des concepts religieux difficiles, du voyage de Tobie sous la protection fraternelle de Raphaël, est riche de maints enseignements. Ce n’est pas pour rien que Raphaël est regardé comme l’archétype de l’ange gardien, bien qu’il soit certainement d’un ordre angélique très supérieur. C’est à travers cette protection que se manifeste excellemment le rôle de protecteurs dévolus aux anges. Rôle que confirme, non plus au niveau individuel mais collectif, le livre de Daniel évoquant la lutte de Michel et de Gabriel, défenseurs d’Israël, contre les princes de Perse et d’Ionie[29]. Non, d’ailleurs, que Daniel ignore l’importance de la tutelle angélique pour la sauvegarde des individus. Deux épisodes du livre le prouvent.

---

28. Daniel 8,15-18.

29. *Ibid.* 10,13-21.

D'abord l'histoire des trois jeunes gens précipités dans une fournaise ardente pour avoir refusé d'adorer les idoles et qui en ressortent indemnes et frais :

« Alors, le roi Nabuchodonosor s'émut et se leva en toute hâte. Il interrogea ses intimes : "N'avons-nous pas jeté ces trois hommes tout liés dans le feu ?" Ils répondirent : "Assurément, ô roi." Il dit : "Mais je vois quatre hommes en liberté qui se promènent dans le feu sans qu'il leur arrive de mal, et le quatrième a l'aspect d'un fils des dieux[30]." Nabuchodonosor s'approcha de l'ouverture de la fournaise de feu ardent et dit : "Shadrak, Meshak, Abed Nego, serviteurs du Dieu très-haut, sortez et venez ici." Alors, du milieu du feu sortirent Shadrak, Meshak et Abed Nego. S'assemblèrent satrapes, magistrats, gouverneurs et intimes du roi pour voir ces hommes : le feu n'avait pas eu de pouvoir sur leurs corps, les cheveux de leur tête n'avaient pas été consumés, leur manteau n'avait pas été altéré et nulle odeur de feu ne s'attachait à eux. Nabuchodonosor dit : "Béni soit le dieu de Shadrak, Meshak et Abed Nego, qui a envoyé son ange et délivré ses serviteurs[31] ! »

L'autre épisode, plus célèbre encore, est l'aventure du prophète lui-même, précipité dans la fosse aux lions et protégé de leur fameux appétit par l'ange qui leur clôt la gueule[32].

---

30. Fils des dieux – *beni Elohim* – est une expression empruntée aux Cananéens qui désignait à l'origine les enfants du dieu suprême El. El deviendra une dénomination de Dieu et les beni Elohim seront assimilés aux anges.

31. Daniel 3,24-28.

32. Daniel 6,14-22.

Protecteurs contre les périls matériels, qu'il s'agisse du feu ou des bêtes féroces, des dangers naturels ou de la malignité humaine, les anges le sont bien davantage encore contre la malice des esprits rebelles.

L'ange de Yahvé, que la Tradition identifie ici à Michel, apparaît une dernière fois dans l'Ancien Testament pour défendre Josué devant Dieu contre les accusations du diable.

« Il me fit voir Josué, le grand prêtre, qui se tenait devant l'ange de Yahvé, tandis que le Satan était debout à sa droite pour l'accuser. L'ange de Yahvé dit au Satan : "Que Yahvé te réprime, Satan ! Que Yahvé te réprime[33] !" »

Parallèlement à cette angélologie et à cette démonologie bibliques, tirées des livres canoniques, le judaïsme antique développe aussi toute une littérature où anges et démons tiennent une place considérable.

Dans une ligne assez proche du livre d'Hénoch, considéré comme canonique dans l'Église éthiopienne, apparaissent les écrits dits « des Palais célestes », ou *Hekhalot* en hébreu. Il s'agit d'écrits initiatiques du ve siècle avant notre ère tous bâtis sur le même modèle. Un initié entame un périple spirituel à travers les sept cieux bien connus des mystiques juifs. L'âme affronte de ciel en ciel toute une série d'épreuves d'une difficulté croissante ; chaque nouvelle réussite lui ouvre les portes d'un palais gardé par un ange. Ces anges se montrent disposés à aider le voyageur dès lors qu'il leur présente deux sceaux sur lesquels sont inscrits des noms magiques et protecteurs. Mais, à la moindre défaillance de

33. Zacharie 3,1-2.

l'impétrant, les anges retrouvent leur terrible rôle de gardiens et chassent sans retour celui qui n'a pas su venir à bout de l'épreuve. De cette littérature des Palais célestes, saint Paul se fera encore l'écho à cinq cents ans de distance.

Mais ceux qui, en Israël, développent l'angélologie la plus vaste sont incontestablement les esséniens dans leurs monastères de Qumran.

Au centre du monde angélique avec lequel ils familiarisent leurs jeunes novices, sous serment de ne pas révéler les noms angéliques aux non-initiés, les esséniens placent un personnage quelque peu mystérieux, Métatron, qui est peut-être une figure et une appellation de Michel. Du moins peut-on se risquer à cette identification à partir des titres sous lesquels Metatron est invoqué à Qumran : « Serviteur du trône divin », « Grand prêtre du Temple céleste », « Ange de la Face », « Prince des milices célestes », « Prince de la justice ».

Dans ces enseignements esséniens émergent déjà des idées qui progresseront dans la théologie chrétienne. Ainsi en est-il de cette certitude que les hommes vivent sous le regard constant des anges ; elle sera assez familière au judaïsme du Ier siècle pour que tous les rabbins enseignent que l'homme est escorté toute sa vie d'un ange et d'un démon, affirmation promise à un très riche avenir dans le monde chrétien. Enfin, et l'Église y conformera sa propre liturgie, Qumran synchronise sa liturgie avec la liturgie céleste des anges. Tous ensemble attendent le Rédempteur, le Messie.

6
Le Désiré des Collines éternelles

L'ange, qui reflète la gloire de Dieu, est éminemment terrible. Il le sait bien et, tout l'Ancien Testament l'a montré, il n'hésite pas à en jouer. Les anges ont l'habitude de voir les prophètes s'évanouir d'émoi devant eux, les chefs de guerres se prosterner en se voilant la face et le vulgaire s'inquiéter à la pensée de ne pas survivre à la rencontre.

À cette règle, Gabriel, qui est Prince dans les cieux, n'a jamais dérogé. Le grand Gabriel est un personnage redoutable. Et il en est fier, car cette majesté n'est pas la sienne, mais celle du Roi très-aimé qu'il sert dans des transports de joie depuis le temps de l'épreuve, où il choisit de se rallier à lui, en dépit (ou à cause) du plan extravagant qu'il était en train de leur exposer.

Ce plan a été long à mettre en place. Israël, le peuple élu, n'a pas fait mentir son nom, s'ingéniant à être « fort contre Dieu ». Quant aux nations païennes, elles ont, à quelques exceptions individuelles près, abandonné la révélation primitive pour se donner aux idoles, qui ne sont rien d'autre que les masques obscènes, inquiétants ou séduisants de Lucifer et de ses troupes, passés maîtres dans l'art du mensonge et du déguisement. Pour toutes ces raisons, si les anges étaient sujets au découragement et au désespoir, ils se désoleraient, car ils n'ont pu mener efficacement à bout la mission dont ils étaient chargés en ces temps de préparation.

Pourtant, en dépit de ces traverses, le temps est venu pour Dieu d'accomplir la plénitude des promesses qu'il fit jadis à Ève et Adam, puis à Abraham et à sa postérité. Annoncer que les temps sont accomplis, que le Rédempteur va venir et que ce Rédempteur sera le Verbe en personne, réalisant cette incarnation par le refus de laquelle se perdit Lucifer, telle est la mission de haute importance de Gabriel en ce matin de printemps.

Et elle jette le prince angélique dans un certain trouble. Dieu sait pourtant que les anges, et leurs princes en particulier, ne sont point créatures faciles à troubler ! C'est que Gabriel connaît l'effet pétrifiant, terrifiant, mortel même s'il n'y prend garde, de sa visite sur les faibles humains. Or, il est exclu, totalement exclu, qu'il effraie celle qu'il est venu voir. Si quelqu'un devait défaillir d'émoi, se voiler la face et se prosterner, dans le cas présent, ce n'est pas la jeune fille, mais lui, Gabriel… Car l'ange sait ce que celle qu'il va visiter ignore encore : qu'elle est cette femme bénie entre toutes ses semblables, élue par Dieu pour devenir sa Mère. Indicible mystère qui divisa les esprits célestes… Ineffable merveille ! Gabriel mesure l'immense honneur que Dieu lui a fait en le chargeant de prévenir la jeune fille. Il mesure aussi les difficultés de sa tâche.

Que doit-il faire ? Surgir à l'improviste, dans toute la gloire de sa nature angélique ? L'émotion la tuera !

Apparaître de façon ordinaire ? Que pensera-t-elle en découvrant soudain ce jeune homme inconnu chez elle ? Gabriel, une fois n'est pas coutume, opte pour la solution la plus humaine possible : frapper poliment à la porte[1]...

L'ange est entré ; devant lui, dans cette maison de Nazareth, se tient une adolescente d'une quinzaine d'années, qui lui paraît très belle, si tant est que Gabriel ait la moindre notion de la beauté telle que les hommes la conçoivent. Mais lui, qui voit plus loin que la joliesse d'un visage ou l'harmonie d'un corps, voit que cette jeune fille n'a rien de commun avec le reste des femmes. Chez toutes, depuis qu'Ève, cette pitoyable imprudente, s'est laissée monter la tête par l'insidieux serpent, Gabriel décèle la faille monstrueuse du péché originel. Elles, et leurs compagnons, sont tordus, bancroches, bancals de l'âme. Du moins est-ce ainsi que les anges les voient ; et, dans leur bonté, ils s'en désolent. Mais cette petite fille qu'il a dérangée dans ses travaux de fileuse[2] et qui le regarde, étonnée, se demandant ce qu'il lui veut, n'est pas atteinte du mal commun. Elle n'est tout simplement pas assujettie au mal. En elle, la nature humaine rayonne dans sa plénitude, telle que Dieu l'avait voulue au premier jour. Ève avant le péché... Ève sourde aux propos fielleux du grand Menteur...

1. Les mystiques grecs ont beaucoup médité le mystère de l'annonciation et les hésitations de Gabriel. Tout ce passage est inspiré d'un texte d'un auteur du VIIe siècle, André de Crète.

2. C'est la tradition de montrer la Vierge occupée à tisser ou à filer lors de la visite de l'ange.

« Je mettrai une inimitié entre la femme et toi[3] », s'est écrié Dieu en maudissant le serpent.

Gabriel voit bien que cette jeune fille est la Femme, la véritable, la victorieuse de la tentation, la nouvelle Ève en un mot, et que le serpent peut siffler ses fausses promesses à son oreille, il ne trouvera jamais rien en elle sur quoi il ait prise. Par miracle, cette fille des hommes est née préservée du péché de sa race, exempte de la faute originelle. Dieu l'a créée dans la plénitude de la grâce[4]. Et cette grâce plénière est si belle que Gabriel en est ébloui. Lucifer prétendait qu'il était impossible à des anges de s'incliner devant une humaine, une pauvre âme prisonnière de la matière; c'est qu'il n'avait pas vu cette merveille... Gabriel est éperdu d'admiration. Il balbutie le plus banal des bonjours. S'arrête court, ne trouvant pas de mot de la terre digne de s'adresser à cette princesse. Lui qui expliquait leurs visions aux prophètes, le voilà muet!

Enfin, un cri lui échappe : « Je te salue, Pleine de grâce! Le Seigneur est avec toi[5]! »

« Pleine de grâce », jamais aucune femme dans le passé des hommes, et jamais aucune autre dans leur avenir, n'a entendu ni n'entendra résonner à ses oreilles ce titre prodigieux s'adressant à elle.

Marie s'est levée d'un bond. Ce que l'entrée intempestive dans sa maison de cet inconnu, trop beau, trop majestueux pour être un homme ordinaire, n'avait pas

---

3. Genèse 3,15.

4. C'est le dogme de l'Immaculée Conception, très ancien dans l'Église catholique, mais officiellement promulgué en 1854 par le pape Pie IX.

5. Saint Luc 1,28.

provoqué, cette incroyable salutation le provoque. Elle tremble d'émoi et de saisissement, stupéfaite, incrédule, ne pouvant penser, dans son humilité, que ce soit à elle qu'il parle[6].

Gabriel a retrouvé son aisance accoutumée et il débite son message dans les termes exacts que Dieu a formulés : « Sois sans crainte, Marie ; car tu as trouvé grâce auprès de Dieu. Voici que tu concevras dans ton sein et enfanteras un fils, et tu l'appelleras du nom de Jésus. Il sera grand, il sera appelé Fils du Très-Haut. Le Seigneur Dieu lui donnera le trône de David, son père ; il régnera sur la maison de Jacob pour les siècles des siècles et son règne n'aura pas de fin[7]. »

Et voici qu'arrive une chose invraisemblable. Cette toute petite jeune fille effrayée se met à discuter avec Gabriel. À cette juive très pieuse, l'ange vient d'annoncer ce qu'espèrent toutes les femmes d'Israël : qu'elle sera la mère du Messie. Et au lieu de crier de joie, elle lui répond :

« Comment cela sera-t-il possible ? Je ne connais point d'homme[8]. »

Certes, elle est fiancée au jeune charpentier de leur village de Nazareth, Joseph, mais l'un comme l'autre ont fait vœu de ne pas consommer leur union et de demeurer vierges. Marie a renoncé, en vouant sa virginité à Dieu, non seulement au bonheur de toute femme, être mère, mais à

6. *Ibid.* 1,29.

7. *Ibid.* 1,30-33.

8. *Ibid.* 1,34.

l'honneur suprême qu'ambitionnent ses coreligionnaires : enfanter le Messie. Et ce vœu, elle entend s'y tenir.

Il y a six mois, Gabriel s'est heurté déjà dans l'accomplissement de sa mission précédente à l'une de ces réticences humaines qu'il a du mal à comprendre et à admettre. Il était descendu dans le Temple à Jérusalem, envoyé annoncer au prêtre Zacharie que ses prières étaient exaucées, que le fils qu'il avait vainement attendu toute sa vie allait lui naître avant la fin de l'année. Il avait même ajouté que ce garçon, qu'il faudrait appeler Jean, était promis à un très haut destin. De quoi satisfaire toutes les ambitions paternelles refoulées du vieil homme[9] !

Et, au lieu d'avoir joie et allégresse, ainsi qu'il l'y incitait, Zacharie, acariâtre, lui avait répondu : « Comment connaîtrai-je cela ? Je suis un vieillard et ma femme est vieille... »

Pour le punir d'avoir douté de la parole d'un ange, le soupçonneux Zacharie avait été frappé de mutisme jusqu'à la naissance de son fils.

Mais il n'est pas question de châtier la jeune fille dont l'interrogation, d'ailleurs, ne manifeste que prudence et sagesse. Respectueux, Gabriel explique, avec cette clarté parfaite qui appartient aux intelligences angéliques : « L'Esprit Saint viendra sur toi, et la puissance du Très-Haut te prendra sous son ombre ; c'est pourquoi l'enfant saint qui naîtra de toi sera appelé Fils de Dieu[10]. »

---

9. Saint Luc 1,5-23.

10. *Ibid.* 1,35.

Puis, comme pour mieux marquer la véracité de ses dires en donnant à Marie un exemple concret qu'elle pourra vérifier, Gabriel ajoute : « Et voici qu'Élisabeth, ta parente, vient, elle aussi, de concevoir un fils en sa vieillesse ; elle en est à son sixième mois, elle qu'on appelait la stérile ; car rien n'est impossible à Dieu[11]. »

L'ange attend la réponse qui doit sceller l'accomplissement, non seulement de sa mission, mais de ce vaste plan destiné à glorifier l'humanité. L'exercice de la liberté des créatures est toujours périlleux, mais Gabriel ne doute plus du succès tant est droit le jugement de cette jeune fille. Il a raison :

« Je suis la servante du Seigneur. Qu'il m'advienne selon ta parole. »

C'est donc sur une double apparition angélique que s'ouvre l'évangile selon saint Luc. La première, classique, annonce à un couple stérile et trop âgé pour espérer désormais concevoir la naissance du fils vainement attendu. Jean le Baptiste, enfant prédestiné, rejoindra ainsi Isaac, Samson, Samuel et, selon les apocryphes, la Vierge elle-même, née d'Anne que Joachim, son époux, voulait répudier pour sa stérilité. Des enfants nés selon la chair donc, même s'il a fallu une intervention divine pour forcer la nature.

Mais la seconde apparition ne fait plus entrer en scène qu'un seul vouloir humain, celui de la mère choisie, et Dieu. Et cette conception contre nature, sans participation d'un homme, est un miracle absolu. Dieu en personne vient de s'incarner dans le sein de l'une de

11. *Ibid.* 1,36-37.

ses créatures. Dieu s'est fait homme et, ce faisant, il s'est abaissé en dessous de la nature angélique. Si prévenus qu'ils l'aient été depuis les commencements de cet incroyable mystère, les anges, et Gabriel le premier, restent saisis : « les initiés de l'incarnation[12] » ne comprennent pas encore toute l'étendue de cet événement et s'ils se réjouissent, ils s'étonnent aussi.

Cependant, c'est en foule qu'ils accourent en entendant leur jeune reine prononcer ce oui décisif et qu'ils se prosternent autour d'elle, devenue en une seconde le Temple du Saint-Esprit[13].

Mais la mission de Gabriel ne se borne pas là. Il faut un père en quelque sorte légitime à l'Enfant, ne serait-ce que pour veiller sur lui et sur sa Mère. Dieu veut que les choses paraissent le plus naturel possible, le plus ordinaire. Il faut aussi, pour que s'accomplissent les prophéties, que Jésus appartienne à la lignée royale de David. Marie est elle-même une fille de la maison davidique, mais, en Israël, si les femmes transmettent l'appartenance à la judaïté, c'est par les hommes que se transmet l'appartenance familiale. Il faut donc que Joseph le charpentier, son fiancé et lointain cousin, lui aussi issu de la race de David, accepte d'assumer cette paternité à laquelle il n'a aucune part.

Or Joseph, depuis qu'il a réalisé que Marie est enceinte, est en proie à un trouble fort compréhensible.

---

12. C'est un titre que leur donne saint Grégoire de Nazianze, même si, à la différence des Pères de l'Église latine, beaucoup de Pères grecs ne pensent pas que les anges aient connu dès l'origine le mystère de l'incarnation.

13. Dans son *Homélie sur Ézéchiel*, Origène montre les anges descendant avec le Fils à l'instant de l'incarnation.

Il n'envisage plus de l'épouser, mais répugne également à publier son infortune en rompant leurs fiançailles ; car, selon le Deutéronome, une fiancée qui connaît un autre homme que son promis, si elle ne peut prouver qu'elle a été violée, est traitée à l'instar des épouses adultères, c'est-à-dire lapidée. Or, Joseph, qui est « un homme juste », ne veut pas provoquer la mort de Marie, même infidèle. Il décide donc de rompre discrètement. Voilà ce que Gabriel[14] doit empêcher.

Avec le charpentier de Nazareth, il ne recourra pas aux mises en scène dont il a usé avec Zacharie, ni aux délicatesses de mise avec la très sainte et très pure Mère de Dieu. Il choisit un procédé qui abonde dans la Bible : le rêve, cette part de l'imaginaire humain à laquelle les esprits, bons ou mauvais, ont aisément accès.

« Voici que l'ange du Seigneur lui apparut en songe et lui dit : "Joseph, fils de David, ne crains pas de prendre chez toi Marie, ta femme ; car ce qui a été engendré en elle vient de l'Esprit Saint ; elle enfantera un fils et tu lui donneras le nom de Jésus, car c'est lui qui sauvera son peuple de ses péchés[15]." »

C'est encore le biais du rêve qui sera utilisé, après la naissance de l'Enfant, pour avertir les trois mages de ne point repasser par Jérusalem[16] et pour prévenir Joseph de mettre sa famille à l'abri en Égypte[17].

---

14. L'Évangile ne nomme pas expressément Gabriel comme l'ange qui apparaît en rêve à Joseph, mais la Tradition les identifie.

15. Saint Matthieu 1,20-22.

16. *Ibid.* 2,12.

17. *Ibid.* 2,13.

Car d'autres anges sont alors entrés en scène, les révoltés qui croient possible de tuer le Christ avant qu'il atteigne l'âge adulte et se servent d'Hérode pour tenter de parvenir à leurs fins.

Les Pères ont montré les anges se pressant à la suite de Gabriel dans la maison de la Vierge. Mais le thème qui les inspirera bien davantage est celui de la Nativité. Au long de la vie terrestre de Jésus, les esprits célestes se feront discrets, infiniment plus que les démons; ils ne réapparaîtront publiquement qu'après la Résurrection dont ils seront les témoins et les hérauts. Mais, à Noël, tous laissent éclater leur joie et leur émotion et en avertissent l'univers. Ils vont céder la place à celui qu'ils attendaient, ce « Désiré des Collines éternelles[18] », en sachant qu'il accomplira cette rédemption de l'humanité qu'ils ont aidé à préparer. Quand sera accompli le sacrifice christique, le pouvoir du Mal sera muselé et les efforts des anges ne se heurteront plus au règne triomphant du diable sur le monde. Mieux encore, les peuples païens jusque-là abandonnés presque sans secours aux idoles vont leur être arrachés.

Selon la Tradition, deux troupes d'anges vont se presser autour de la crèche dans la nuit de Bethléem : les anges qui ont leur résidence dans les cieux et qui sont descendus assister à la naissance du Sauveur; ils la proclament triomphalement et en avertissent leurs frères qui veillent sur les hommes : les temps sont accomplis, le Messie est né.

---

18. *Les Collines éternelles* est un nom donné aux anges dans la Bible car ils sont des éminences, des hauteurs, et ils sont immortels.

Les seconds sont précisément tous les anges des nations et des individus. Eusèbe de Césarée l'affirme : « Les anges des nations reconnurent aussitôt leur Seigneur venant à leur secours et vinrent à lui, joyeux, pour le servir[19]. »

Le ciel de Bethléem devient le grand rendez-vous angélique.

« Il y avait dans la même région des bergers qui vivaient aux champs et gardaient leurs troupeaux durant les veilles de la nuit. L'ange du Seigneur se tint près d'eux et la gloire du Seigneur les enveloppa de sa clarté ; et ils furent saisis d'une grande crainte. Mais l'ange leur dit : "Soyez sans crainte, car voici que je vous annonce une grande joie, qui sera celle de tout le peuple : aujourd'hui vous est né un Sauveur, qui est le Christ Seigneur, dans la ville de David. Et ceci vous servira de signe : vous trouverez un nouveau-né enveloppé de langes et couché dans une crèche." Et soudain se joignit à l'ange une troupe nombreuse de l'armée céleste, qui louait Dieu en disant : "Gloire à Dieu au plus haut des cieux et paix sur la terre aux hommes, objets de sa complaisance[20] !" »

Toute une tradition iconographique, largement inspirée des écrits apocryphes, représentera l'enfance du Christ dans la familiarité des anges, et les imagiers de Saint-Sulpice useront et abuseront de ce thème. Cette familiarité, l'Évangile ne la montre qu'à deux reprises, qui sont aussi deux moments d'intense tension dramatique :

---

19. Le même thème se retrouve chez saint Paul, Origène et saint Hilaire.

20. Saint Luc 2,8-14.

les deux grands combats intimes que le Christ livre au démon.

Lucifer sait depuis le début qu'il n'est qu'un usurpateur. La royauté sans partage qu'il exerce sur le monde, au point de s'en proclamer prince, ne peut avoir qu'un temps ; le souverain légitime viendra tôt ou tard reprendre son bien. Et Lucifer sait aussi qui est ce souverain et qu'il n'a aucune chance d'en venir à bout. Son intelligence angélique lui a toujours montré la défaite inévitable inscrite au bout de son chemin. Mais cette victoire de l'Autre, Lucifer entend la lui faire payer très cher. Il ne se rendra pas sans combattre et, abaissé jusqu'à revêtir la nature humaine, le Verbe lui semble vulnérable, puisque inférieur aux anges. C'est pourquoi le diable jette dans la bataille toutes ses forces.

Sa première tentative s'est soldée par un échec : Hérode et ses sbires ont pu massacrer tous les petits garçons de Bethléem et des environs, ils ont raté celui qu'ils cherchaient ; Gabriel avait été plus rapide.

Le Christ est devenu un homme et il est à la veille d'entamer sa prédication publique. Lucifer ne peut ignorer combien de gens, à travers l'Empire romain, se détournent déjà des idoles, en quête d'une espérance que l'enfer serait bien en peine de leur offrir. Il devine les ravages que fera la parole de Jésus, attirant invinciblement les païens. Il sent déjà son trône vaciller sur ses bases. Alors, il va tenter d'anéantir l'adversaire, non plus physiquement – il est trop tard ou trop tôt pour cela –, mais spirituellement. Lucifer connaît d'expérience le pouvoir de la tentation sous toutes ses formes ; grâce à elle, il a entraîné un tiers des anges dans sa chute, grâce à elle, il a brisé l'amitié entre Dieu et l'homme, ravissant à Adam le sceptre royal qui lui permettait de dominer le monde. Il ne doute pas encore de prendre au piège ce Dieu-Homme qui a voulu naître d'une humble mortelle.

Après son baptême par Jean, Jésus a quitté la rive du Jourdain et s'est enfoncé dans le désert. C'est là que Satan l'attend.

L'épisode évangélique de la tentation a beaucoup gêné les commentateurs modernes qui se sont acharnés à nier sa réalité, ne lui accordant qu'une valeur symbolique. Interprétation logique d'ailleurs si l'on se situe dans une perspective qui nie la réalité personnelle du diable, mais très fâcheuse puisqu'elle laisse entendre que la lutte menée toute sa vie par Jésus contre les puissances infernales relèverait d'un mythe.

En revanche, pour quiconque admet l'existence du Mal, non pas comme abstraction mais comme réalité, la triple tentation au désert apparaît comme un modèle du genre, dans la même ligne que celle employée contre les grands saints et les grands mystiques[21].

« Alors, Jésus fut emmené au désert par l'Esprit, pour être tenté par le diable. Il jeûna durant quarante jours et quarante nuits, après quoi, il eut faim. Et, s'approchant, le tentateur lui dit : "Si tu es le Fils de Dieu, dis que ces pierres deviennent des pains." Mais Jésus répondit : "Il est écrit : *L'homme ne vit pas seulement de pain mais de toute parole qui sort de la bouche de Dieu.*" »

---

21. Cf. à ce sujet l'excellente analyse qu'en fait l'abbé Laurentin dans son livre *Le Démon, mythe ou réalité.*

C'est la tentation la plus primaire, la concupiscence de la chair. Le Christ lui oppose l'aspiration spirituelle.

« Alors, le diable le prend avec lui dans la Ville sainte, et il le plaça sur le pinacle du Temple, et lui dit : "Si Tu es le Fils de Dieu, jette-toi en bas, car il est écrit : *Il donnera pour toi des ordres à ses anges, et sur leurs mains, ils te porteront de peur que tu ne heurtes du pied quelque pierre.*"

« Jésus lui dit : "Il est encore écrit : *Tu ne tenteras pas le Seigneur ton Dieu.*" »

C'est une tentation de vaine gloire, de miracle idiot, la tentation du merveilleux facile qui frappe les esprits crédules. La tentation de faire admettre aux foules le messianisme de Jésus en le dispensant du sacrifice de la croix… Lucifer sait faire de faux miracles et il en donne parfois la faculté à ses serviteurs. Ce merveilleux-là ne l'inquiète pas, c'est une contrefaçon sans danger pour lui.

À la fausse gloire, Jésus oppose l'humilité.

« De nouveau, le diable le prend avec lui, sur une très haute montagne, lui montre tous les royaumes de la terre avec leur gloire et lui dit : "Tout cela, je te le donnerai si, te prosternant, tu m'adores." Alors, Jésus lui dit : "Retire-toi, Satan ! car il est écrit : *C'est le Seigneur ton Dieu que tu adoreras et à lui seul tu rendras un culte.*" »

Voilà Lucifer au paroxysme de sa folie, de son orgueil, de sa jalousie, et de sa faculté maladive de tout inverser. Profitant de l'abaissement de Dieu dans la nature humaine, il ose demander à la seconde Personne de la Trinité, au Verbe divin, de l'adorer, lui, sa créature. En échange d'un empire terrestre, de ce messianisme mal compris dont rêve le peuple juif qui lui permettrait de chasser les Romains et de rétablir la royauté d'Israël,

Lucifer se dit prêt à déléguer son pouvoir sur le monde, avec la certitude de mieux le ressaisir par la suite, et définitivement puisqu'il aura anéanti la menace christique. Sa revanche serait grandiose. Il a été chassé du Ciel pour avoir refusé d'adorer le Verbe incarné ; quel triomphe s'il convainquait ce même Verbe de se prosterner devant lui…

Mais le procédé de l'inversion des valeurs ne fonctionne pas avec Jésus qui ne se laisse pas duper et rétablit l'ordre naturel : c'est Dieu seul qu'il convient d'adorer et c'est par sa puissance divine qu'il bannit Lucifer de sa présence.

Le nouvel Adam est demeuré étranger à la tentation. Il a manifesté son pouvoir.

« Alors le diable le quitte. Et voici que des anges s'approchèrent, et ils le servaient[22]. »

Tout à l'heure, le diable en personne a rappelé au Verbe qu'Il était le roi des anges et qu'ils accourraient en foule s'ils le voyaient en péril et s'il leur demandait secours. Jésus a refusé d'user de Ses serviteurs, mais, lorsqu'il a triomphé, c'est tout naturellement, spontanément, qu'ils viennent et qu'ils le servent. Et il y consent.

Le démon est battu par le Christ ; Lucifer n'a pas eu prise sur Jésus, mais il n'entend pas en rester là. Par sa royauté sur le monde, il exerce un immense pouvoir sur le troupeau humain. Il l'a déjà prouvé en se servant d'Hérode pour perpétrer le massacre des Innocents. Il n'a pu tuer l'enfant ; il tuera l'Homme, ignorant dans sa folie que l'immolation du Rédempteur est précisément

22. Saint Matthieu 4,1-11.

l'instrument de la rédemption, qu'en acceptant de mourir pour l'humanité pécheresse, le Christ l'arrache à l'enfer, mystère d'amour caché pour toujours à l'intelligence luciférienne en rupture définitive avec ce sentiment. C'est sa propre ruine que le diable s'acharne à tramer.

En attendant, entre lui et le Christ, la guerre est ouverte, qui s'achèvera par une seconde épreuve, plus terrible encore que la première.

Depuis le début, Jésus sait ce pour quoi il est descendu sur terre, s'est fait homme et prisonnier du Temps des hommes, c'est-à-dire de leur mort charnelle et inéluctable. Jésus est né pour mourir, et mourir de la mort la plus ignominieuse et la plus atroce qui soit : le supplice de la croix, qui châtie les pires criminels et les esclaves révoltés. Cette fin, à laquelle les hommes passent leur vie à essayer de ne pas penser et dont ils ignorent d'ailleurs les conditions, lui n'a cessé de l'avoir présente à l'esprit dans ses moindres détails. Épreuve terrifiante. C'est en sachant exactement ce qui va lui arriver qu'il est monté à Jérusalem et qu'il a vécu cette fête de Pâque[23] dans l'attente de cette nuit du jeudi au vendredi, du 6 au 7 avril de l'an 30.

Et c'est là que Lucifer le guettait. Ainsi que le rapporte l'évangile selon saint Luc[24], et celui selon saint Jean[25],

---

23. Proche, comme ses disciples, des milieux esséniens, le Christ fête Pâque avec anticipation, n'attendant pas le début du grand sabbat, le vendredi soir.

24. Saint Luc 4,13 : « Ayant ainsi épuisé toute tentation le diable s'éloigna de lui jusqu'au moment favorable. »

25. Saint Jean 14,30 : « Car il vient, le prince de ce monde, sur moi, il n'a aucun pouvoir. »

le diable, au désert, ne s'est retiré que pour attendre le moment le plus propice. Le voilà.

Lucifer a depuis longtemps identifié l'adversaire et n'a jamais nié sa divinité. Eh bien, qu'il s'en serve, de cette divinité, qu'il s'en serve sinon pour établir son règne sur cette terre, ce que le Christ a refusé, mais pour échapper au supplice abominable qui le menace. Car, s'il est véritablement Dieu, il est aussi véritablement homme, et le diable a eu mille occasions de vérifier ce qu'un humain est prêt à accepter pour sauver sa pauvre peau…

Jusque-là, le Christ a librement accepté de jouer ce jeu tragique, mais devant l'imminence et la réalité de sa mort physique, l'esprit du Mal est persuadé qu'il va se dérober. Quel condamné à mort, trouvant la porte ouverte la veille de son exécution, serait assez fou pour ne pas fuir ? C'est humain.

À cette tentation qui n'est que l'instinct de conservation exacerbé, s'ajoute infiniment pire. Jésus, lui-même exempt de tout péché, a volontairement accepté de porter celui de l'humanité. Ce qui déferle sur lui à partir de cet instant d'acceptation, c'est, confondues, toute l'abomination du monde, son injustice, sa souffrance, ses terreurs. Chaque crime, chaque mort, chaque maladie, chaque deuil, chaque lâcheté, chaque dérobade, chaque perfidie passés, présents et à venir lui tombent dessus. L'ignominie du bourreau et la panique de la victime, la noirceur de l'assassin et la révolte de l'innocent immolé, le Christ sent tout cela dans son âme, au point de perdre le sentiment de sa divinité. Il n'est plus qu'homme et il aspire, terrifié, à redevenir Dieu, arraché à cette innommable horreur. Et il lui suffirait d'un mot, d'un simple mot pour arrêter la machine infernale et son terrifiant compte à rebours.

Si Lucifer parvenait à lui extorquer ce mot, il gagnerait la partie : l'œuvre de la rédemption avorterait piteusement par désistement de son artisan. Et pour mieux lui montrer l'ingratitude affreuse de cette humanité pour laquelle il veut mourir, le diable pousse sournoisement les apôtres[26], fatigués, à laisser leur maître en proie à ses tourments pour sombrer dans un sommeil égoïste.

Ce plan semble bien près de fonctionner. Affolé de souffrance et d'angoisse, au point de suer du sang, symptôme médical de la terreur et de la douleur à leur sommet, le Christ implore son Père de ne pas pousser plus loin l'épreuve qui lui semble dépasser ses malheureuses forces humaines :

« Père, tout t'est possible ! Éloigne de moi ce calice[27] ! »

Satan sent son adversaire vaciller, au bord de la rupture. Il a compté sans la puissance de ce sentiment dont il est devenu incapable : l'amour. Il compte toujours sans, c'est pourquoi, tout ange qu'il soit, il commet tant de faux calculs.

« Voici quel est mon commandement : vous aimer les uns les autres comme je vous ai aimés. Il n'est pas de plus grand amour que de donner sa vie pour ceux qu'on aime[28]. »

---

26. Le Christ vient pourtant de les mettre en garde : « Priez pour ne pas entrer en tentation » (saint Luc 22,40).

27. Saint Marc 14,36.

28. Saint Jean 15,12-13.

Il y a trois heures à peine que Jésus a donné à ses disciples cet ultime enseignement et, pour le concrétiser, ne manque que sa signature, en lettres de sang.

Parce qu'il est homme, il donnerait n'importe quoi pour s'enfuir de ce jardin de Gethsémani ; mais parce qu'il est homme, il est incapable d'abandonner ceux qui lui ont fait confiance, si misérables soient-ils. Et, parce qu'il est Dieu, qu'il voit, jusqu'aux confins des temps, tous ceux qui n'ont et n'auront d'espoir qu'en lui, il sait qu'il doit tenir.

Alors, à peine a-t-il supplié que passe ce calice sans qu'il y boive qu'il ajoute : « Qu'il n'en soit pas fait selon ma volonté, Père, mais selon la tienne… »

Et les anges, si complètement absents de sa vie publique, et qui, le lendemain, ne manifesteront leur douleur et leur incrédulité que par la colère de la nature se refusant à assumer la complicité du déicide commis par les hommes, se manifestent soudain.

À Pierre, dans un instant, le Christ intimera l'ordre de remettre le glaive au fourreau, parce qu'il lui suffirait de le demander pour obtenir douze légions angéliques. En attendant, le réconfort dont Jésus avait besoin et que ses amis endormis lui refusent, il le trouve auprès de l'ange qui lui apparaît et l'encourage[29]. Dernière démonstration de l'abaissement auquel consentit le Créateur en s'incarnant : il a besoin du soutien de ses créatures dont la nature est supérieure à la sienne.

Seconde et ultime manifestation, privée pourrait-on dire, de la présence des anges autour de leur roi durant

29. Saint Luc 22,43.

sa vie terrestre. Mais, s'ils ne sont pas visibles aux foules qui suivent le Christ, lui n'omet jamais de parler d'eux.

Et Jésus, alors, met l'accent sur leur double mission d'adorateurs du Très-Haut formant sa cour royale, et de soutiens des hommes.

C'est d'abord dans les paraboles qu'il les fait acteurs.

À la foule qui le suit, il dit : « Il en va du Royaume des cieux comme d'un homme qui a semé du bon grain dans son champ. Or, pendant que les gens dormaient, son ennemi est venu, il a semé à son tour, de l'ivraie, au beau milieu du blé, et il s'en est allé. Quand le blé est monté en herbe, puis en épis, alors l'ivraie est apparue aussi. S'approchant, les serviteurs du propriétaire lui dirent : “Maître, n'est-ce pas du bon grain que tu as semé dans ton champ ? D'où vient donc qu'il s'y trouve de l'ivraie ?”

« Il leur dit : “C'est quelque ennemi qui a fait cela.” Les serviteurs lui disent : “Veux-tu donc que nous allions la ramasser ?” “Non, dit-il, vous risqueriez, en l'arrachant, d'arracher le blé en même temps. Laissez croître l'un et l'autre ensemble jusqu'à la moisson, et au moment de la moisson, je dirai aux moissonneurs : ramassez d'abord l'ivraie et liez-la en bottes que l'on fera brûler ; quant au blé, recueillez-le dans mon grenier[30].” »

Cette histoire n'est pas comprise par la foule, ni davantage par les disciples qui le questionnent alors afin qu'il leur fournisse les clefs de la parabole.

« Celui qui sème le bon grain, c'est le Fils de l'Homme ; le champ, c'est le monde ; le bon grain, ce sont les sujets du Royaume ; l'ivraie, ce sont les sujets du Mauvais ;

30. Saint Matthieu 13,24-30.

l'ennemi qui la sème, c'est le diable ; la moisson, c'est la fin du monde ; et les moissonneurs, ce sont les anges. De même donc qu'on enlève l'ivraie et qu'on la consume au feu, de même en sera-t-il à la fin du monde ; le Fils de l'Homme enverra ses anges, qui ramasseront de son Royaume tous les scandales et tous les fauteurs d'iniquité, et les jetteront dans la fournaise ardente : là seront les pleurs et les grincements de dents[31]. »

Ici, les anges sont d'abord serviteurs de Dieu, et serviteurs sévères sans état d'âme dans l'accomplissement de leur besogne justicière. En effet, s'il est toujours possible aux sujets du Mauvais de se convertir et de devenir les sujets du Royaume, ce à quoi les anges ne cessent de les inciter, une fois venu le temps de la moisson, il sera irrémédiablement trop tard et l'ivraie flambera dans la fournaise.

Pour adoucir cette image, saint Luc propose deux autres paraboles, très similaires : celle de la brebis égarée et celle de la drachme perdue[32].

Dans la première, un berger propriétaire d'un troupeau de cent brebis en perd une. Aussitôt, il laisse les quatre-vingt-dix-neuf autres et se met en quête de l'égarée, qu'il retrouve et ramène au bercail.

Dans la seconde, une ménagère égare l'une des dix drachmes qui composent ses économies. Elle fouille sa maison, balaie sous les meubles, et n'a de cesse de récupérer sa pièce. Et, dans les deux cas, Jésus conclut :

31. *Ibid.* 13,37-42.

32. Saint Luc 15,4-10.

« En vérité, je vous le dis : il y aura plus de joie dans le Ciel pour un seul pécheur qui se repent que pour quatre-vingt-dix-neuf justes qui n'ont pas besoin de repentir.

« C'est ainsi, je vous le dis, qu'il naît de la joie parmi les anges de Dieu pour un seul pécheur qui se repent. »

Les anges ne sont plus justiciers ici. Les temps propices au salut des hommes n'étant pas encore révolus, ils laissent éclater leur joie pour les pécheurs arrachés à l'ennemi[33].

Certains docteurs de l'Église[34] sont même allés plus loin dans l'exégèse de la parabole de la brebis perdue. Jouant sur l'analogie qui existe en grec entre le mot *angelos* (ange) et le mot *agelon* (troupeau), ils comprennent la parabole comme une symbolique du Christ (le Berger), quittant les anges (les quatre-vingt-dix-neuf brebis puisque les anges, selon tous les théologiens, sont incomparablement plus nombreux que les hommes) pour racheter l'humanité pécheresse (la brebis perdue).

Un autre enseignement implicite de l'Évangile à propos des anges concerne la surveillance bienveillante qu'ils exercent sur l'humanité. Les esséniens de Qumran enseignaient, et cette croyance était communément admise par le judaïsme, que l'homme vivait sous le regard des anges.

Le Christ le confirme.

« Je vous le dis : quiconque se sera déclaré pour moi devant les hommes, le Fils de l'Homme aussi se déclarera pour lui devant les anges de Dieu ; mais celui qui m'aura

---

33. Ce passage fonde en partie la théorie de la béatitude accidentelle des anges exposée dans le premier chapitre.

34. Entre autres Origène, Méthode de Philippes et saint Cyrille de Jérusalem.

renié à la face des hommes sera renié à la face des anges de Dieu[35]. »

Il l'affirme plus nettement encore dans un passage qui fondera toute la théologie des anges gardiens.

À ses disciples disputant pour savoir qui est le plus grand dans le Royaume des cieux, Jésus répond que nul n'y entrera qui ne se soit au préalable rendu semblable à un petit enfant. Ceux qui auront atteint à cette innocence évangélique, ce que sainte Thérèse de Lisieux nommera « la voie d'enfance », il ne faudra en aucun cas les scandaliser :

« Mais si quelqu'un doit scandaliser l'un de ces petits qui croient en moi, il serait préférable pour lui de se voir suspendre autour du cou une de ces meules que tournent les ânes et d'être englouti en pleine mer. Malheur au monde à cause des scandales ! Il est fatal, certes, qu'il arrive des scandales, mais malheur à l'homme par qui le scandale arrive[36] ! »

Quant à la raison pour laquelle il convient de ne pas scandaliser ces humbles, Jésus la lance sans ambages :

« Gardez-vous de mépriser un seul de ces petits, car, je vous le dis, leurs anges aux cieux voient constamment la face de mon Père qui est aux cieux[37]. »

À d'autres moments, c'est sur d'autres aspects que le Christ mettra l'accent : l'exemplarité angélique,

35. Saint Luc 12,8-9.

36. Saint Matthieu 18,6-7.

37. *Ibid.* 18,10.

hautement proclamée dans le *Notre Père* : « Que votre volonté soit faite sur la terre comme au ciel[38]. »

Étant entendu que ciel désigne ici les sujets de la Jérusalem céleste, les anges.

Ou la mission de psychagogues des esprits célestes, telle qu'elle est décrite dans la parabole du pauvre Lazare et du mauvais riche :

« Or, il advint que le pauvre mourut et il fut emporté par les anges dans le sein[39] d'Abraham[40]. »

C'est enfin la place que tiendront les anges au jugement dernier, place déjà évoquée dans la parabole du bon grain et de l'ivraie, que le Christ rappelle dans son grand discours eschatologique :

« Quand le Fils de l'homme viendra dans sa gloire, escorté de tous les anges, alors il prendra place sur son trône de gloire[41]. »

Au jardin des Oliviers, Jésus, finalement vainqueur de la dernière tentation, a décidé librement d'assumer jusqu'au bout son destin. C'est pourquoi il a interdit à Pierre de le défendre, et pourquoi il n'a pas fait appel à ces douze légions angéliques dont il est le Maître[42]. Respectueux de cette décision, les anges n'interviendront pas dans le dénouement sanglant du vendredi saint. Tout juste la Tradition voit-elle la main des vertus

---

38. *Ibid.* 6,10.

39. Expression désignant le séjour des justes morts avant la venue du Christ et auxquels le paradis demeure fermé tant que la rédemption ne leur en a pas rouvert les portes. Dans la tradition chrétienne, il est identifié aux limbes.

40. Saint Luc 16,22.

41. Saint Matthieu 25,31.

42. *Ibid.* 26,53.

dans l'orage, l'éclipse de soleil et le tremblement de terre qui marquent la mort du Christ. En revanche, les anges, absents de la tragédie, témoins silencieux de l'accomplissement du mystère d'iniquité, vont jouer, le dimanche matin, un rôle comparable à celui qu'ils tenaient la nuit de la Nativité.

Mais faut-il parler de l'ange ou des anges de la Résurrection ? Saint Matthieu et saint Marc parlent d'un seul messager ; saint Luc et saint Jean de deux. Cette contradiction s'explique sans doute par la stupeur angoissée et l'incrédulité qui s'empara du groupe des disciples. Le père Bruckberger[43] a admirablement souligné l'espèce de panique qui régnait ce matin-là parmi eux, déjà bouleversés par les événements de l'avant-veille, redoutant les poursuites des autorités et peut-être pas très fiers de la touchante unanimité avec laquelle tous, excepté Jean, ils avaient pris la fuite au moment crucial. Ce fut une matinée de chassés-croisés, les femmes d'un côté, les hommes de l'autre. Et les anges, ici, s'ils témoignaient de l'incroyable, disparurent derrière l'essentiel : la présence impossible et cependant réelle d'un homme mort l'avant-veille dans les atroces souffrances de la crucifixion et qui reparaissait vivant.

Il fallait au moins des apparitions angéliques pour préparer les esprits des disciples à quelque chose d'aussi énorme. Car les Douze étaient de surcroît des gens d'un robuste bon sens populaire totalement inaptes à imaginer une histoire pareille…

43. *La Vie de Jésus Christ.*

Tout commence dans la nuit par une apparition des plus classiques :

« Et voilà qu'il se fit un grand tremblement de terre : l'ange du Seigneur descendit du ciel et vint rouler la pierre sur laquelle il s'assit. Il avait l'aspect de l'éclair, et sa robe était blanche comme neige. À sa vue, les gardes tressaillirent d'effroi et devinrent comme morts[44]. »

La vue des anges est redoutable quand ils ne voilent pas leur gloire et, ici, ils la manifestent sans scrupules, terrassant les soldats placés devant le tombeau par le sanhédrin afin d'empêcher le très improbable enlèvement du cadavre par ses disciples, lesquels, à cette heure, sont cachés, terrorisés, chez des amis sûrs.

Selon la coutume juive, le tombeau était scellé par une pierre de taille, très lourde. Qu'une force étrangère l'ait fait basculer hors de l'entrée sera le premier signe qu'il s'est passé un événement inattendu.

Venues de très bonne heure le dimanche matin afin de rendre au mort les soins funéraires qu'elles n'avaient pu accomplir le vendredi soir car le sabbat commençait, les femmes se demandaient justement comment elles feraient pour déplacer cette pierre. Peut-être comptaient-elles sur l'aide apitoyée des gardes en question, puisqu'elles n'avaient pu convaincre aucun des hommes du groupe de les accompagner… Entreprise trop périlleuse selon eux…

Or la pierre avait été enlevée et le sépulcre était ouvert. Ni Marie Madeleine ni aucune de ses compagnes n'imaginèrent une seconde qu'un miracle sans précédent

44. Saint Matthieu 28,2-3.

avait eu lieu ; elles crurent, consternées, que le sanhédrin avait profané la tombe.

« Elles trouvèrent la pierre roulée de devant le tombeau, mais, étant entrées, elles ne trouvèrent pas le corps du Seigneur Jésus[45]. »

Et l'évangéliste ajoute qu'« elles en demeuraient perplexes » ; on le serait à moins.

Éperdue, indignée, Marie Madeleine courut prévenir Pierre et Jean de ce qui s'était passé et leur demander secours. Pendant ce temps, les autres femmes, restées sur place, indécises, « virent un jeune homme assis à droite, vêtu d'une robe blanche, et elles furent saisies de stupeur. Mais il leur dit : "Ne vous effrayez pas. C'est Jésus le Nazaréen que vous cherchez, le Crucifié ? Il est ressuscité, il n'est pas ici[46]." »

Selon saint Luc, les anges sont donc deux qui tiennent des propos presque identiques :

« Pourquoi cherchez-vous parmi les morts Celui qui est vivant ? Il n'est pas ici ; il est ressuscité. Rappelez-vous comment il vous a parlé, quand il était encore en Galilée : il faut, disait-il, que le Fils de l'homme soit livré aux mains des pécheurs, qu'il soit crucifié, et qu'il ressuscite le troisième jour[47]. »

Bien entendu, les femmes, quand elles rentrèrent à Jérusalem et racontèrent leur histoire aux disciples, se heurtèrent à leur incrédulité méprisante[48].

---

45. Saint Luc 24,2-3.

46. Saint Marc 16,5-6.

47. Saint Luc 24,5-7.

48. Saint Luc emploie même un verbe grec qui signifie « déparler », tenir des propos d'ivrogne…

Cependant, inquiets, Pierre et Jean se décidèrent à aller voir, dans l'espoir de trouver une explication cohérente à cette disparition d'un cadavre. Eux ne virent pas l'ombre d'un ange ; il est vrai que les voir demande une certaine disposition d'esprit dans laquelle les deux apôtres ne devaient pas se trouver ce matin-là. Mais, des anges, Pierre et Jean auraient d'autres occasions dans leur vie d'en rencontrer.

De son côté, Marie la Magdaléenne était revenue aussi au tombeau, désireuse de comprendre. Précisément, la jeune femme ne comprenait rien, sinon que le corps de l'homme qu'elle avait tant aimé avait été enlevé et qu'elle était privée de cette dernière consolation. Elle restait là, si accablée de chagrin qu'elle s'était mise à pleurer à chaudes larmes.

« Or, tout en pleurant, elle se pencha vers l'intérieur du tombeau et elle voit deux anges, en vêtements blancs, assis là où avait reposé le corps de Jésus, l'un à la tête et l'autre aux pieds. Ceux-ci lui disent : "Femme, pourquoi pleures-tu ?" Elle leur dit : "Parce qu'on a enlevé mon Seigneur et que je ne sais pas où on l'a mis."

« Ayant dit cela, elle se retourna, et elle voit Jésus qui se tenait là, mais elle ne savait pas que c'était lui. Jésus lui dit : "Femme, pourquoi pleures-tu ? Qui cherches-tu ?" Le prenant pour le jardinier, elle lui dit : "Seigneur, si c'est toi qui l'as pris, dis-moi où tu l'as mis, et j'irai le chercher !" Jésus lui dit : "Marie[49] !" »

Dans ce nouveau jardin d'Éden, où Dieu en personne a pris la place d'Adam et où, à travers la pécheresse repentie, c'est Ève qui va être pardonnée à jamais, où la femme,

49. Saint Jean 20,11-16.

instrument de la mort et du péché, sera métamorphosée en messagère de la vie et de la rédemption, qu'importent les anges à Marie ? À la différence de tous les personnages bibliques, exception faite de la Vierge, elle ne défaille pas de terreur à la vue des deux jeunes hommes en blanc. Ce qui la soucie, c'est Jésus et Jésus seul. Que sont les anges à côté de lui ?

Cette attitude de sainte Marie Madeleine qui, dans sa quête obstinée et angoissée de son Bien-Aimé disparu, tourne le dos aux messagers porte en germe toute l'attitude chrétienne envers les anges : ils sont là, mais ils ne doivent sous aucun prétexte voiler ou éclipser la présence du Christ. Et les anges, au demeurant, ne songent pas à s'offusquer de son attitude ; il est évident pour eux que Madeleine réagit comme il faut. Elle ne se trompe pas d'amour ni d'objet de son adoration, ce qui lui vaut d'être la première honorée de l'apparition du Ressuscité. À elle la place d'honneur, parce qu'elle a beaucoup aimé.

Le temps des anges est révolu avec l'avènement de Jésus ressuscité. Les anges étaient les médiateurs entre Dieu et son peuple élu ; le Christ sera le seul médiateur entre son père et l'humanité rachetée[50].

Quand l'Époux vient, les amis de l'Époux qui sont venus chercher la fiancée n'ont plus qu'à se retirer[51].

---

50. Première Épître de saint Paul à Timothée 2,5-6 : « Car Dieu est unique, unique aussi le médiateur entre Dieu et les hommes, le Christ Jésus, homme lui-même, qui s'est livré en rançon pour tous. »

51. Ce thème, inauguré par Origène dans son *Commentaire sur le Cantique des Cantiques*, sera repris entre autres par saint Bernard à propos des anges gardiens.

Saint Paul, dans l'Épître aux Hébreux, se servira de cette idée afin de démontrer la supériorité de la Nouvelle Alliance sur l'ancienne; car les anges avaient donné la première à Moïse, et c'est Dieu en personne, par son Verbe incarné, qui a révélé la seconde à l'humanité.

De ce changement, les anges ne sont donc pas jaloux. Ils n'ont raison que de s'en réjouir :

« Le Christ n'est pas mort pour les anges. Mais tout ce qui, par la mort du Christ, sert à la rédemption de l'homme agit aussi au profit des anges, parce que, par la rédemption des hommes, tous les dommages qui ont leur origine dans la ruine des anges, sont effacés. Et, bien sûr, les saints anges, qui connaissent Dieu et sont bienheureux dans la contemplation de la Vérité, savent combien de membres du genre humain ils attendent afin que soit rétabli le nombre des habitants de cette cité[52]. »

Il n'est pas anodin que la dernière apparition angélique relatée par les Évangiles soit celle à Marie Madeleine qui se détourne pour courir au-devant de son maître. Cependant, la tâche des anges n'est pas achevée parce qu'elle a changé de signification. Les anges vont guider la jeune Église, nouvelle et véritable figure du peuple élu. Et ce, dès la Résurrection, où ils ont rappelé aux femmes les prophéties de Jésus et leur ont dit de prévenir les Apôtres. Mais l'inauguration solennelle de cette mission différente a lieu quarante jours après le dimanche de Pâques.

Pendant ces quarante jours, les disciples, au contact de Jésus, ont approfondi leurs connaissances et leur foi.

---

52. Saint Augustin, *La Cité de Dieu*.

Ils sont loin, cependant, d'avoir compris quelle orientation ils devaient donner à leurs vies. Ils s'imaginent encore que Jésus, triomphant, va se manifester au peuple dans les rues de Jérusalem et rétablir la royauté d'Israël. Tant que l'Esprit n'aura pas soufflé, ils ne comprendront pas ce que Dieu attend d'eux. Aussi restent-ils plus incertains que jamais quand ils voient leur Maître s'élever dans les nuées et remonter vers son Royaume céleste jusqu'à la fin du monde. Les anges vont prendre les choses en main avec une autorité opportune.

« Sous leurs regards, il s'éleva, et une nuée le déroba à leurs yeux. Et, comme ils étaient là, les yeux fixés au ciel pendant qu'il s'en allait, voici que deux hommes vêtus de blanc se trouvèrent à leurs côtés ; ils leur dirent : "Hommes de Galilée, pourquoi restez-vous ainsi à regarder le ciel ? Celui qui vous a été enlevé, ce même Jésus, reviendra comme cela de la même manière dont vous l'avez vu s'en aller au ciel[53]." »

Ici, ce sont les anges qui ont les pieds sur terre et invitent à entamer le travail. Mais, s'ils veillent sur les commencements de l'Église, ils sont aussi, dans les cieux, les témoins émerveillés d'un miracle si prodigieux qu'aucun d'entre eux ne l'avait imaginé.

Eux, « les initiés de l'incarnation », savaient que le Verbe prendrait la nature humaine afin de réussir avec elle cette union hypostatique à laquelle l'amour divin aspirait. Mais ils ignoraient l'ampleur de la rédemption et jusqu'où allait la miséricorde de Dieu.

---

53. Actes des Apôtres 1,9-11.

Le Christ remonte vers son Père, comme il était prévu de tout temps; mais il ne remonte pas pur esprit. La seconde personne de la Trinité, en son ascension glorieuse, a gardé son corps humain. Vrai Dieu, le Roi de gloire demeure pour l'éternité vrai homme. l'incarnation était l'abaissement de Dieu dans son Verbe plus bas que ses anges; l'ascension est l'exaltation de l'homme dans le Verbe plus haut que les anges[54].

« Nous qui paraissions indignes de la terre, aujourd'hui, nous sommes élevés dans le ciel, exaltés au-dessus des cieux, nous atteignons le trône royal. La nature à cause de laquelle les chérubins gardaient le paradis, cette nature siège aujourd'hui au-dessus des chérubins. Ne suffisait-il pas d'être élevés au-dessus des cieux, de se tenir parmi les anges? Cette gloire n'était-elle pas déjà indicible? Mais il s'est élevé au-dessus des anges. Il a dépassé les chérubins, il est monté plus haut que les séraphins, il a dépassé les trônes; il ne s'est pas arrêté jusqu'à ce qu'il ait atteint le trône seigneurial[55]. »

---

54. Épître de saint Paul aux Éphésiens 1,20-22 : « Le faisant siéger à sa droite, dans les cieux, bien au-dessus de toute principauté, puissance, vertu, domination, et de tout autre nom qui se pourra nommer, non seulement dans ce siècle-ci, mais encore dans le siècle à venir. Il a tout mis sous ses pieds… » Épître de saint Paul aux Philippiens 2,6-11 : « Lui, de condition divine, ne retint pas jalousement le rang qui l'égalait à Dieu. Mais il s'anéantit lui-même prenant condition d'esclave et devenant semblable aux hommes. S'étant comporté comme un homme, il s'humilia plus encore, obéissant jusqu'à la mort, et la mort sur la croix. Aussi Dieu l'a-t-il exalté et lui a-t-il donné le nom qui est au-dessus de tout nom, pour que tout, au nom de Jésus, s'agenouille, au plus haut des cieux, sur la terre et dans les enfers, et que toute langue proclame de Jésus Christ qu'il est Seigneur à la droite du Père. » Épître de saint Paul aux Hébreux 1,3-4 : « Ce Fils qui soutient l'univers par sa parole puissante, ayant accompli la purification des péchés, s'est assis à la droite de la Majesté dans les hauteurs, devenu d'autant supérieur aux anges que le nom qu'il a reçu en héritage est incomparable au leur. »

55. Saint Jean Chrysostome, Sermon pour la fête de l'Ascension.

Les anges de la terre portent leur Seigneur en triomphe[56]. Mais, parmi les anges dont la résidence est dans les cieux, la stupeur est immense[57]. Ils hésitent à reconnaître le Verbe dans cet homme :

« Réponds à ceux qui doutent à cause de son corps et des signes de sa Passion, qu'il n'avait pas en descendant et avec lesquels il monte[58] ! »

Ainsi s'accomplit la parole du prophète Isaïe[59] :

« "Quel est donc celui qui vient d'Édom, de Boçra en habits éclatants, magnifiquement drapé dans son manteau, s'avançant dans la plénitude de sa force?" "C'est moi qui parle avec justice, qui suis puissant pour sauver." "Pourquoi ce rouge à ton manteau? Pourquoi es-tu vêtu comme celui qui foule au pressoir?" "À la cuve, j'ai foulé solitaire, et des gens de mon peuple, pas un n'était avec moi. Alors, je les ai foulés dans ma colère, je les ai piétinés dans ma fureur, leur sang a giclé sur mes habits et j'ai taché tous mes vêtements. Car j'ai au cœur un jour de vengeance, c'est l'année de ma rétribution qui vient. Je regarde : personne pour m'aider! Je montre mon angoisse : personne pour me soutenir. Alors mon bras est venu à mon secours, c'est ma fureur qui m'a soutenu." »

56. Emprunté à un apocryphe, *L'Évangile de Pierre*, ce thème a été repris maintes fois par l'iconographie depuis l'époque paléo-chrétienne.

57. Saint Athanase : « Les Puissances sont dans la stupeur en le voyant dans la chair. »

58. Saint Grégoire de Nazianze. Le même thème se retrouve chez Origène, saint Grégoire de Nysse, saint Ambroise.

59. Isaïe 63,1-5.

Les anges des hauteurs restent dans l'expectative ; il faut que leurs compagnons d'en bas les pressent d'ouvrir au Roi de gloire.

« Princes, levez vos portes ! Levez-vous, portes éternelles, et le Roi de gloire passera. »

« Lorsque le Christ ressuscita des morts et monta au ciel, les princes établis par Dieu dans les cieux reçurent l'ordre d'en ouvrir les portes, afin que le Roi de gloire entre et monte s'asseoir à la droite du Père, jusqu'à ce qu'il ait fait de ses ennemis l'escabeau de ses pieds. Mais, lorsque les princes des cieux le virent sans beauté, honneur ni gloire, ils ne le reconnurent pas et dirent : "Qui est ce Roi de gloire[60] ?" »

Mais les objurgations des anges de la terre éclairent les anges des cieux qui ouvrent à leur Seigneur, et la joie des esprits célestes éclate :

« Les anges ont obtenu ce qu'ils attendaient depuis toujours. [...] ils ont vu notre nature resplendissante sur son trône royal d'une gloire et d'une beauté immortelles. Bien qu'elle ait reçu l'honneur d'être exaltée au-dessus d'eux, ils se réjouissent de notre bien comme ils souffraient quand nous en étions privés[61]. »

Ce n'est donc pas seulement le Verbe qui est rétabli dans ses privilèges divins ; c'est l'Homme. L'Homme-Dieu est devenu ce que le Verbe était : Roi des anges.

Car, dans ses deux natures, Jésus est entièrement supérieur aux anges.

60. Saint Justin. Saint Irénée et saint Athanase traitent le même thème.

61. Saint Jean Chrysostome, Sermon pour la fête de l'Ascension.

Par son humanité, puisque parfaitement pure et exempte du péché, elle réalise pleinement la volonté divine de faire l'Homme à son image; parfait reflet des perfections de la Divinité, l'humanité du Christ ne peut qu'être un sujet d'émerveillement pour les anges.

Et parce que Jésus est Dieu. L'Homme comme l'ange, pour parvenir à la béatitude, ont besoin du don de la grâce dispensé par Dieu; alors que le Christ tire sa grâce de son unité avec Dieu. Il n'est pas seulement uni à Dieu, il est Dieu. Tel est l'enseignement de saint Paul au début de l'Épître aux Hébreux :

« Auquel de ses anges, en effet, Dieu a-t-il jamais dit : "Tu es mon Fils, moi, aujourd'hui, je t'ai engendré" ? Et encore : "Je serai pour lui un Père, et lui sera pour moi un Fils." Et de nouveau, lorsqu'il introduit le premier-né dans le monde, il dit : "Que tous les anges de Dieu l'adorent." Tandis qu'il s'exprime ainsi en s'adressant aux anges : "Il fait de ses anges des vents, de ses serviteurs une flamme ardente, il dit à son Fils : *Ton trône, ô Dieu, subsiste dans les siècles des siècles* et : *le sceptre de droiture est le sceptre de sa royauté*[62]." »

Le Verbe créateur ne peut être que le Roi des anges[63], cette place que Lucifer a osé lui contester. Satan a été battu chaque fois qu'il a revendiqué contre le Christ, contre l'Homme-Dieu dont la seule idée lui était insupportable. C'est donc contre l'Église qu'il va maintenant

---

62. Épître aux Hébreux 1,5-8.

63. Épître de saint Paul aux Colossiens 1,16-17 : « Car c'est en lui qu'ont été créées toutes choses, dans les cieux et sur la terre, les visibles et les invisibles, trônes, dominations, principautés, puissances; tout a été créé par lui et pour lui. Il est avant toutes choses et tout subsiste en lui. »

retourner sa hargne, parce qu'elle est le corps mystique de celui que le démon poursuit de sa haine.

Comme les anges ont veillé sur l'enfance du Rédempteur, la dérobant aux desseins meurtriers d'Hérode, ils vont veiller sur les premiers pas de l'Église.

7
Que tes anges habitent en ta demeure

Au jour de l'ascension, il a fallu que les anges secouent les Apôtres, frappés de stupeur, et qui restaient à regarder le ciel où avait disparu Jésus. Mais leur incertitude n'a pas été de longue durée. Confortés par la venue de l'Esprit Saint, les disciples qui, deux mois auparavant, se cachaient peureusement, ayant bouclé toutes les portes de leur refuge et pensant seulement à faire oublier leurs liens avec le Galiléen, vont sur les places publiques et haranguent la foule.

Renversement de situation qui sidère les autorités juives. Le 9 avril, lorsque les gardes placés en faction devant le tombeau du Crucifié étaient venus faire leur rapport, expliquer qu'un ange avait fait sauter la pierre de l'entrée après les avoir terrassés, et que le cadavre qu'ils devaient surveiller avait disparu, le sanhédrin s'était contenté de payer ces hommes pour qu'ils se taisent, leur enjoignant, si les autorités romaines les questionnaient, de répondre qu'ils s'étaient endormis et que les disciples avaient profité de leur sommeil pour dérober le corps[1].

1. Saint Matthieu 28,11-15.

En fait, les sanhédrites comptaient bien qu'ils n'entendraient plus parler ni de Jésus de Nazareth ni de la bande de traîne-savates qui l'avait suivi depuis la Galilée. Ainsi que le très sage, très avisé et très respecté rabbi Gamaliel[2] le rappellerait quelques semaines plus tard, ce n'était pas la première fois qu'un agitateur, se prétendant prophète ou messie, surgissait d'un peuple exaspéré par l'occupation étrangère et en proie à des accès de fièvre nationaliste. Chaque fois, la mort du chef avait dispersé ses partisans. Ceux du Galiléen semblaient ne pas faire exception, comme le prouvait leur lamentable attitude au moment de l'arrestation de leur Maître, leur absence à son procès et sur le lieu de son supplice. Et voilà que ces misérables couards, d'abord seulement soucieux de regagner leur région de Tibériade sans se faire pincer par les autorités, se mettaient à raconter leurs élucubrations au coin des rues…

Le comble étant qu'ils avaient un succès fou, renforcé par les miracles qu'ils opéraient à longueur de journée. Le sanhédrin décida de sévir.

La persécution fut déclenchée contre l'Église à Jérusalem ; l'un des élèves de Gamaliel, un étudiant brillant, originaire de la ville de Tarse, nommé Saul ou Paulus, car il avait la citoyenneté romaine, s'en fit la cheville ouvrière. Étienne, un disciple originaire des communautés hellénistiques de la diaspora, allait en être la première victime. De nombreuses autres suivraient,

2. Actes des Apôtres 5,34-39.

dont Jacques[3], le frère aîné de Jean, qui dirigeait la communauté hiérosolymite. C'est alors qu'intervint l'arrestation de Pierre.

Ce n'était pas la première fois que le chef des Apôtres se retrouvait en prison pour son zèle à prêcher l'Évangile. Mais le contexte était différent. Auparavant, Pierre en avait toujours été quitte pour quelques jours de cachot, une comparution devant le sanhédrin, voire quelques coups de verges. L'exécution de Jacques prouvait que le temps de cette relative clémence était passé.

Tandis que Pierre était ainsi gardé en prison, la prière de l'Église s'élevait pour lui vers Dieu sans relâche.

« Or, la nuit même avant le jour où Hérode devait le faire comparaître, Pierre était endormi entre deux soldats ; deux chaînes le liaient et, devant la porte, des sentinelles gardaient la prison. Soudain, l'ange du Seigneur survint, et le cachot fut inondé de lumière. L'ange frappa Pierre au côté et le fit lever : "Debout ! Vite !" dit-il. Et les chaînes lui tombèrent des mains. L'ange lui dit alors : "Mets ta ceinture et chausse tes sandales", ce qu'il fit. Il lui dit encore : "Jette ton manteau sur tes épaules et suis-moi." Pierre sortit, et il le suivait ; il ne se rendait pas compte que c'était vrai, ce qui se faisait par l'ange, mais il pensait avoir une vision. Ils franchirent ainsi un premier poste de garde, puis un second, et parvinrent à la porte de fer qui donne sur la ville. D'elle-même, elle s'ouvrit devant eux. Ils sortirent, allèrent jusqu'au bout d'une rue, puis, brusquement, l'ange le quitta. Alors, Pierre, reprenant

---

3. En fait, saint Jacques le Majeur, en tant que Galiléen et sujet d'Hérode, fut exécuté sur l'ordre de ce roi qui, détesté des milieux religieux, espérait se les concilier en persécutant les chrétiens, sans doute en 44.

ses esprits, dit : “Maintenant, je sais réellement que le Seigneur a envoyé son ange et m’a arraché aux mains d’Hérode et à tout ce qu’attendait le peuple des Juifs[4].” »

Ce récit en soi est déjà plein d’intérêt puisqu’il fait clairement la différence entre la vision, comme Pierre en a déjà eu dans le passé, et l’apparition, si réelle que l’apôtre sent le doigt de l’ange s’enfoncer entre ses côtes afin de le réveiller. Intéressant également parce qu’il montre la sollicitude angélique. Constatant que Pierre ne comprend pas ce qui lui arrive et qu’il est désorienté, l’ange veille à ce qu’il s’habille, se chausse, et pense à mettre son manteau, les nuits de printemps étant froides en Judée. Enfin, ce texte met en évidence le pouvoir de l’ange sur le monde matériel, qu’il s’agisse de laisser les gardes plongés dans un lourd sommeil, de faire tomber des chaînes ou de déverrouiller des portes de prison.

Ce n’est qu’en arrivant dans la rue que Pierre réalise qu’il ne rêve pas.

Cette évasion miraculeuse pourrait sembler abracadabrante ou poétiquement enjolivée sans l’existence d’un événement similaire et beaucoup plus proche de nous : l’évasion sans complicités humaines ni recours à des moyens matériels de la mère Yvonne-Aimée de Malestroit[5] qui, retenue pendant l’Occupation dans les locaux de la Gestapo, enchaînée, se retrouva sans savoir

4. Actes des Apôtres 12,6-11.

5. Les faits surnaturels sont si nombreux dans la vie de mère Yvonne-Aimée que l’Église a imposé un délai avant d’examiner sa cause.

comment dans son bureau de supérieure, au fond de son couvent[6]…

Cette apparition dans la prison et l'évasion de Pierre constituent le phénomène angélique le plus spectaculaire relaté dans les Actes des Apôtres, mais peut-être pas le plus décisif. En effet, c'est dans un autre domaine, celui de l'ouverture de la Nouvelle Alliance aux païens, que les anges multiplient leurs efforts.

Philippe, l'un des Douze, s'entend intimer l'ordre par l'ange du Seigneur d'être à midi sur la route qui descend de Jérusalem à Gaza. Là, à l'heure dite, l'apôtre voit arriver le char d'un haut fonctionnaire éthiopien, un eunuque de la reine Candace. Cet homme, sans doute prosélyte du judaïsme et certainement plein de bonne volonté, est venu en pèlerinage dans la Ville sainte. Il s'en retourne, plongé dans la lecture des prophéties messianiques d'Isaïe. Il se désole de ne pas les comprendre.

Philippe, sous l'inspiration de l'Esprit, aborde l'Africain et, partant de l'explication d'Isaïe, lui annonce la Bonne Nouvelle avant de le baptiser[7].

Telle est la première ouverture, presque accidentelle, du christianisme au monde païen. Elle est d'abord sans suite.

Il faut rien moins qu'une grande offensive angélique pour ouvrir les yeux des Apôtres.

« Il y avait à Césarée un homme du nom de Corneille, centurion de la cohorte italique. Pieux et craignant Dieu,

6. Sur ces phénomènes étonnants, et sur ceux de bilocation dont elle était familière, Marthe Robin disait qu'elle voyageait en Dieu et qu'il la portait où il voulait.

7. Actes des Apôtres 8,26-40.

ainsi que toute sa maison, il faisait de larges aumônes au peuple juif et priait Dieu sans cesse.

« Il eut une vision. Vers la neuvième heure du jour, l'ange de Dieu, il le voyait clairement, entra chez lui et l'appela : "Corneille !" Il le regarda et fut pris de frayeur. "Qu'y a-t-il, Seigneur ?" demanda-t-il. "Tes prières et tes aumônes, lui répondit l'ange, sont montées devant Dieu, et il s'est souvenu de toi. Maintenant donc, envoie des hommes à Joppée et fais venir Simon, surnommé Pierre. Il loge chez un certain Simon, un corroyeur dont la maison se trouve au bord de la mer[8]." »

De son côté, Pierre, qui priait sur le toit de la maison du corroyeur, a une étrange vision : une grande nappe descend du ciel, remplie à ras bord de tous les animaux que la loi juive interdit de manger.

« Une voix lui dit alors : "Allons, Pierre, immole et mange." Mais Pierre répondit : "Oh non, Seigneur, car je n'ai jamais rien mangé de souillé ni d'impur !" De nouveau, une seconde fois, la voix lui parle : "Ce que Dieu a purifié, toi, ne l'appelle pas souillé[9]." »

Ce n'est qu'à l'arrivée des envoyés de Corneille que Pierre comprend ce que Dieu attend de lui. Il les accompagne à Césarée. Convaincu qu'il ne doit appeler aucun homme impur, et que « Dieu ne fait pas acception des personnes mais qu'en toute nation celui qui le craint et pratique la vertu lui est agréable[10] », ayant vu l'Esprit

8. Actes des Apôtres 10,1-6.

9. *Ibid.* 10,13-15.

10. *Ibid.* 10,34-35.

descendre sur ces étrangers, ennemis d'Israël, Pierre ne peut pas leur refuser le baptême immédiat.

Les anges des nations continuent donc leur tâche qui est de conduire au salut les peuples païens qui leur sont confiés, mission plus facile qu'autrefois, le démon écrasé par la rédemption ne pouvant plus contrecarrer aussi efficacement leur action. C'est dans cette logique que se situe un rêve fameux de saint Paul.

Depuis plusieurs semaines, Paul voit tous ses projets missionnaires échouer et devine que Dieu n'attend pas de lui qu'il évangélise l'Asie Mineure. L'apôtre ne sait plus vers où tourner ses pas.

« Or, pendant la nuit, Paul eut une vision : un Macédonien était là, debout, qui lui adressait cette prière : "Passe en Macédoine ! Viens à notre secours !" Aussitôt après cette vision, nous cherchâmes à partir pour la Macédoine, persuadés que Dieu nous appelait à y porter la Bonne Nouvelle[11]. »

La Tradition a toujours identifié ce personnage anonyme en costume national de son pays avec l'ange gardien de la Macédoine. Des rêves similaires se retrouveront dans les vies d'autres grands missionnaires, entre autres saint Patrick qui entendra un Irlandais réclamer son aide, et saint François-Xavier, lors de sa première mission en Inde.

La garde angélique des Apôtres se manifeste en une autre occasion. Paul, déféré par les Juifs devant les autorités de Césarée, en a appelé à l'empereur, comme sa citoyenneté romaine lui en donne le droit. Il faut donc

---

11. *Ibid.* 16,9-10.

le transférer en Italie. Cependant, bien que l'automne soit déjà avancé, son escorte, pressée d'arriver, décide de continuer le voyage par mer[12]. Le temps se gâte au large de la Crète et le navire, après quatorze jours d'angoisse, finit par s'échouer sur la côte maltaise. L'équipage et les passagers se jugeaient perdus ; seul Paul était d'un avis contraire :

« Il fallait m'écouter, mes amis, et ne pas quitter la Crète ; on se serait épargné ce péril et ce dommage. Quoi qu'il en soit, je vous invite à avoir bon courage, car aucun de vous n'y laissera la vie, le navire seul sera perdu. Cette nuit, en effet, un ange du Dieu auquel j'appartiens et que je sers m'est apparu, et il m'a dit : "Sois sans crainte, Paul. Il faut que tu comparaisses devant César, et voici que Dieu t'accorde la vie de tous ceux qui naviguent avec toi[13]." »

La présence des anges dans l'Église naissante est donc visible et active. Les premières communautés, héritières spirituelles de l'angélologie juive, ne s'y trompent pas. Toutefois, ainsi que Paul ne cessera de le souligner dans ses épîtres, la nouvelle foi est christocentrique et le monde angélique doit être laissé à une place secondaire, bien qu'éminente, de témoin, veilleur et protecteur. Cette approche prudente et raisonnable, soucieuse d'éviter, surtout dans les milieux païens fraîchement convertis au monothéisme, la résurgence par ce biais de l'idolâtrie, n'empêchera pas les dérives. C'est pourquoi

12. Les moyens de navigation antiques rendaient si périlleux les voyages par mauvais temps que le transport maritime en Méditerranée était purement et simplement suspendu de novembre à février.

13. Actes des Apôtres 27,21-24.

l'Église s'appliquera à codifier la dévotion angélique, à la surveiller, voire à la restreindre de manière drastique.

Pour commencer, convenait-il de rendre un culte aux anges? À vrai dire, rien dans l'Écriture ne s'y opposait pourvu que les esprits ne bénéficient pas de l'adoration due à Dieu seul. Et pas davantage saint Paul, malgré l'interprétation[14] que certains voulaient donner à un passage de l'Épître aux Colossiens :

« Mais la réalité, c'est le corps du Christ. Que personne n'aille vous en frustrer, en se complaisant dans d'humbles pratiques, dans un culte des anges : celui-là donne toute son attention aux choses qu'il a vues, bouffi qu'il est d'un vain orgueil par sa pensée charnelle, et il ne s'attache pas à la tête[15]... »

Ce que saint Paul avait voulu empêcher était d'un autre ordre, comme saint Jean Chrysostome l'expliquerait :

« C'est que quelques-uns enseignaient que nous ne pouvons pas et ne devons pas aller à Dieu par Jésus Christ mais par les anges, parce que Jésus Christ est trop au-dessus de nous. Voilà pourquoi l'Apôtre inculque avec tant d'énergie que Jésus Christ est notre seul et vrai médiateur[16]. »

En vérité, le culte angélique, facilement accessible aux païens fraîchement convertis, s'imposait avec vigueur dans les jeunes milieux chrétiens dès les commencements; cette vigueur même entraînait des ferments d'hérésie, du type de celle dénoncée par Paul. Ce péril ne ferait qu'aller

---

14. Certains milieux protestants s'appuient sur ce passage pour interdire toute dévotion angélique.

15. Épître aux Colossiens 2,17-19.

16. Sixième Homélie sur l'Épître aux Colossiens.

en s'aggravant sous l'influence des gnostiques, grands amateurs d'êtres spirituels, démons et anges confondus, regroupés sous l'appellation d'éons; les néo-platoniciens achèveraient de jeter la confusion dans les esprits avec leurs dieux-anges. L'Église se trouvait donc prise entre le désir légitime d'honorer les anges et la crainte de sombrer dans l'hérésie. Ou, pis encore, d'offrir un culte démoniaque tout en spoliant Dieu.

C'est entre ces deux tendances que le christianisme balance en ses premiers siècles, tandis qu'il élabore son angélologie.

Venu du paganisme, formé à l'école de la philosophie grecque, saint Justin, fort apprécié de l'empereur Marc-Aurèle[17], et apologiste de sa foi, rétorque[18] volontiers à ceux qui accusent les chrétiens d'impiété[19], voire d'athéisme, qu'il n'en est rien puisqu'ils vouent « un culte au Père, au Fils, à l'armée des anges et à l'Esprit[20] ». Ce témoignage, l'un des plus anciens, prouve que les anges étaient très honorés dans l'Église au milieu du IIe siècle. Il faut toutefois attendre le début du IIIe pour voir les théologiens faire l'effort de mettre en forme les croyances un peu brouillonnes de la jeune Église. Le premier à s'y risquer est Clément d'Alexandrie.

---

17. L'estime que l'empereur portait au philosophe ne l'empêcha pas de le laisser exécuter comme chrétien vers 165…

18. Saint JUSTIN, *Apologie.*

19. Ne voulant pas avoir affaire aux idoles, les premiers chrétiens refusaient le culte, plus civique que religieux, dû à la personne de l'empereur et à *Dea Roma*, la déesse Rome. Ce refus d'honorer Rome et Auguste en envoya beaucoup au bourreau comme athées ou impies.

20. Il n'est pas peu surprenant de voir la troisième personne de la Trinité reléguée derrière l'armée céleste…

Sa mort, en 220, ne lui laissera pas le temps d'écrire le traité d'angélologie dont il rêvait. Cependant, il est possible de se faire une idée assez précise de l'ouvrage qu'il aurait pu rédiger grâce à certains passages d'un autre de ses livres, *Les Stromates*. Clément s'est manifestement beaucoup servi des apocryphes, surtout du Livre d'Hénoch, encore regardé comme canonique à son époque[21]. Il en retire sa théorie de la création des anges, et le récit de leur chute : « Les anges, qui avaient dédaigné la beauté de Dieu pour une beauté éphémère, tombèrent ainsi des cieux jusqu'à terre. »

Clément affirme, contre certains hérétiques, que la nature angélique a été créée bonne, que cette nature est spirituelle et incorporelle. Enfin, il avance l'hypothèse de la hiérarchie céleste : « Selon mon opinion, les dignités d'évêques, de prêtres, de diacres que nous trouvons dans l'Église ici-bas sont des imitations de la gloire angélique. »

La réflexion angélologique progresse considérablement avec le presque contemporain de Clément, Origène, mort en 254.

En ce qui concerne la dévotion angélique, Origène a fermement mis les choses au point : « Il n'existe nulle part un commandement qui nous oblige à leur [aux anges] offrir un culte dû à Dieu.

« Il n'est pas raisonnable d'invoquer les anges : nous ne devons offrir nos prières qu'à celui qui suffit à tout, à Dieu, par notre Sauveur, le Fils de Dieu.

---

21. Il est toujours canonique chez les Éthiopiens.

« Ces anges, nous les proclamons bienheureux ; Dieu, en effet, leur a confié ce qui est utile à notre espèce, mais nous leur refusons le culte qui n'est dû qu'à Dieu. »

Cela posé, Origène se passionne pour le monde des esprits célestes, soulevant plus de problèmes qu'il ne peut en résoudre, et hasardant parfois des opinions pittoresques, mais que l'Église ne ratifiera pas. Ainsi en est-il de la question du corps subtil des anges, ce corps de lumière auquel croiront beaucoup de théologiens désireux de laisser à Dieu seul le privilège de la totale spiritualité. Encore plus hasardeuse est l'idée d'Origène selon laquelle les anges ne seraient pas fixés immuablement dans la grâce et resteraient à tout moment susceptibles de pécher et de tomber. Enfin, ce n'est pas sans injustice qu'après avoir affirmé l'existence de l'ange gardien, il imagine que ceux des pécheurs morts sans repentance et damnés seraient, pour les punir d'avoir mal rempli leur mission, privés de la vision béatifique…

Les anges déchus, qui ne passionnent pas moins Origène, le conduiront aussi à des positions erronées.

Il est plus heureux quand il réaffirme, dans la droite ligne de l'angélologie juive, que l'âme humaine est le champ clos d'un impitoyable combat entre l'ange et le diable, quand il développe l'idée des anges des nations, d'ailleurs flanqués de démons des nations, et des anges qui veillent au bon fonctionnement de toute la création. Enfin, il réaffirme la croyance en leur rôle de psychagogues.

Toutes ces théories sont élaborées dans un climat de crise, alors que les communautés chrétiennes vivent sous la constante menace de la persécution. Dans l'impossibilité de confronter les points de vue et de les discuter, l'Église, à l'aube du IVe siècle, est encore loin d'avoir fixé sa doctrine sur la question angélique. La mesure est pourtant d'autant plus urgente que s'est développée, surtout en Asie Mineure, une hérésie dite de la christo-angélologie, qui reparaîtra à maintes reprises et sous divers aspects dans la suite des siècles. Cette christo-angélologie, avatar gnostique, nie tout à la fois la divinité du Christ et son incarnation pour faire de lui un ange, voir « l'ange suprême » cher à une autre secte hérétique, celle des ébionites. S'ajoutant aux théories, tout aussi fausses, du curé de Baucalis d'Alexandrie, Arius, qui, lui, prétendait que Jésus n'était qu'un homme meilleur que les autres, ces affirmations plus ou moins délirantes minent la foi chrétienne. Situation paradoxale en ces années où la conversion de l'empereur Constantin arrache l'Église à la crainte de la persécution...

C'est pour y remédier qu'est réuni en 325 le concile de Nicée. Cette première réunion œcuménique tenue à proximité de Byzance, en passe de supplanter Rome comme capitale de l'Empire, a pour but de clarifier la foi en définissant nettement un *credo* commun à toutes les communautés chrétiennes orthodoxes.

Le grand mérite du concile sera de confesser clairement le Christ comme vrai Dieu et vrai homme, condamnant du même coup toutes les dérives hérétiques, de la christo-angélologie jusqu'à l'arianisme[22]. C'est également à Nicée que les Pères posent le dogme de la

---

22. S'il a le mérite d'exposer clairement la position inébranlable de l'Église, Nicée ne pourra pas empêcher les triomphes ariens des Ve et VIe siècles ; en matière de christo-angélologie, il faudra attendre 451 et le concile de Chalcédoine pour que le dogme de l'incarnation éradique cette hérésie.

croyance au monde des esprits en confessant le Dieu créateur du monde visible et invisible.

Le IVe siècle continue à s'interroger sur cet univers angélique devenu officiellement objet de foi depuis Nicée. Toute l'école de théologie cappadocienne, à travers ses plus illustres représentants, Basile de Césarée (330-379), Grégoire de Nazianze (330-390), Grégoire de Nysse (335-394), confirme la nature spirituelle et intellectuelle des anges, l'antériorité de leur création à la création du monde, question qui avait tracassé Origène, mais nie sa théorie du corps subtil des anges, comme leur possibilité de pécher[23].

En 380, les constitutions apostoliques ajoutent à la liste des sept chœurs angéliques signalés dans le Nouveau Testament les deux ordres supérieurs des chérubins et des séraphins qui ne sont présents que dans l'Ancien.

Cette dévotion officielle, tenue dans des limites strictes, résulte toujours du même souci d'éviter les déviances hérétiques. En effet, les premiers avertissements ecclésiastiques n'ont pas suffi à rétablir l'ordre. La sévère condamnation du concile de Laodicée en 363 montre que l'Église n'a pas été obéie. Le canon 35 du concile décrète :

« Il n'est pas convenable que les chrétiens, se détachant de l'Église de Dieu, rendent un culte aux anges en dehors d'elle et dans des assemblées privées. Cette pratique est interdite. Quiconque sera trouvé adonné en secret à cette idolâtrie sera anathème parce qu'il abandonne Notre

23. « Feu sans matière et sans corps. » Les anges sont impeccables.

Seigneur Jésus Christ, Fils de Dieu et s'adresse aux idoles. »

En fait, c'est bel et bien un risque de sorcellerie, de recours aux démons que dénonce le concile.

C'est du même souci que procéderont d'autres interdictions : en 492, le premier concile de Rome condamne l'usage de placer, sous les images d'anges, des inscriptions portant des noms fantaisistes et non accrédités par la Bible[24].

En 745, le second concile de Latran condamne le dénommé Aldebert, un prêtre, auteur d'une prière aux anges Uriel, Raguel, Michael, Adimis, Tubuas, Sabaoth, Simihel. « À l'exception de celui de Michel, tous les noms d'anges insérés dans cette prière désignent des démons auxquels l'accusé demandait aide et protection. »

Mais comment la théologie a-t-elle évolué durant cette longue période ?

Essentiellement à travers l'œuvre de saint Augustin et de saint Grégoire le Grand, mais aussi, mais surtout, à travers *Le Livre de la Hiérarchie céleste* du Pseudo-Denys.

Dans *La Cité de Dieu*, l'évêque d'Hippone a défini la notion de connaissance du matin et de connaissance du soir. Il a posé l'hypothèse du mystère de l'incarnation comme cause de la chute des anges, affirmé que les esprits fidèles sont à jamais fixés dans le Bien. C'est du même livre que vient la croyance selon laquelle les justes

24. *Phylacteria omnia quae non angelorum, ut illi configunt, sed daemonum magis nominibus conscripta sunt.*

prendront la place des anges rebelles dans la Jérusalem céleste.

L'importance de l'œuvre du Pseudo-Denys a déjà été soulignée, avec l'apport définitif de la philosophie néo-platonicienne à l'angélologie chrétienne, apport qu'entérinera Grégoire le Grand, fondant en partie sa certitude sur le commentaire de la parabole de la drachme perdue[25].

Au fur et à mesure que l'Église reprend en main la dévotion angélique, écartant les déviances périlleuses, elle peut autoriser des pratiques qui l'effarouchaient primitivement. Au début du Moyen Âge, l'époque est bien oubliée où saint Augustin déconseillait de troubler les esprits simples en plaçant des sanctuaires sous l'invocation des anges ou des martyrs.

En consacrant son empire à saint Michel, réédition du geste de Constantin qui avait déjà placé Rome sous la protection de l'archange, Charlemagne inaugure une plus grande dévotion angélique en Occident, suivant un mouvement plus ancien en Orient. Tandis qu'en 787, le second concile de Nicée autorisait la représentation, au demeurant entrée dans les mœurs, des anges sous apparence humaine, le concile provincial d'Aix-la-Chapelle, en 789, encourageait et recommandait le recours des chrétiens aux saints anges.

Au vrai, la chrétienté n'avait pas attendu si longtemps pour honorer les esprits célestes.

---

25. Saint Luc 15,8. Pour saint Grégoire, les neuf drachmes restées dans la bourse correspondent aux neuf chœurs angéliques de Denys.

Très tôt, des églises de Syrie et de Pisidie avaient été dédiées aux anges. À la fin du IVe siècle, sous le règne de Théodose[26] au moins une église d'Ombrie, ancien temple romain christianisé, l'avait été sous l'invocation du Dieu des anges, des prophètes et des apôtres. Mais c'est peu après sa conversion que Constantin avait fondé près de Byzance le premier grand sanctuaire angélique, l'église dite Michaelion.

Enfin, la coutume s'était très vite imposée en Occident de placer les tours ou les porches des églises sous l'invocation des trois grands archanges[27]. Ainsi étaient-ils établis gardiens de la maison de Dieu, écrans nécessaires entre le monde et la divinité.

Mais ce fut du XIe au XIIIe siècle que l'Église latine connut ses plus grands théologiens de l'angélologie.

Amorcé par les textes de saint Anselme de Cantorbéry, puis par l'*Elucidarium* d'Honorius Augustodunensis (1080-1153), dont quatre chapitres, fortement teintés de néo-platonisme, résumaient l'angélologie chrétienne[28], le mouvement atteignit son apogée avec saint Bernard de Clairvaux, puis saint Bonaventure et saint Thomas d'Aquin.

---

26. Théodose régna de 378 à 395 et imposa à tous les sujets de l'Empire la conversion au christianisme, ceci afin d'empêcher une résurgence du paganisme persécuteur telle qu'elle s'était produite de 361 à 363 sous le règne de Julien l'Apostat, neveu de Constantin. Il fut aussi le premier monarque chrétien à reconnaître la primauté du religieux sur le politique en faisant amende honorable de ses péchés devant saint Ambroise.

27. Véritable best-seller du XIe siècle, ce traité inspira la mystique Herrade de Landsberg et, surtout, sainte Hildegarde de Bingen.

28. Parfois des quatre, certains bâtiments ayant une tour Saint-Michel, une Saint-Gabriel, une Saint-Raphaël et une Saint-Uriel…

Bernard est le grand promoteur de la dévotion à l'ange gardien avec lequel il familiarise le monde catholique, l'habituant à vivre sous le regard des esprits bienheureux. C'est par les innombrables fondations cisterciennes que cette idée se répandra en Europe. Il résumera sa doctrine par cette belle formule qu'il employait fréquemment avec ses moines : « Ne faites jamais devant les anges ce que vous ne feriez pas devant Bernard ! »

En même temps qu'il développe dans le *De consideratione* et dans ses sermons son angélologie, l'abbé de Clairvaux déclare, modeste : « Je connais bien leurs noms, mais c'est peut-être tout ce que je sais d'eux[29] ! »

Mais Bernard en sait bien plus que son humilité ne le pousse à l'avouer. C'est toute une angélologie cohérente qu'il dispense.

Selon lui, les habitants de la Jérusalem céleste sont glorieux, bienheureux, distincts, rangés selon leur dignité. Éthérés de corps, impassibles, immortels. Leur sainteté est sans défaut, leur douceur incomparable, leur chasteté parfaite, leur paix totale. Ils servent à la gloire et la louange de Dieu. Intermédiaires entre le Christ et les âmes, les anges ne s'interposent pas mais montrent Dieu à l'homme par de « gracieux symboles ».

Au XIIIe siècle, Bonaventure, un franciscain, et Thomas d'Aquin, un dominicain, à la lumière de la philosophie aristotélicienne redécouverte dans les bibliothèques arabes, arriveront à la plénitude de la science des esprits célestes, gagnant l'un le surnom de docteur séraphique, l'autre celui de docteur angélique.

---

29. Sermon pour la fête de saint Martin.

En matière d'angélologie, la *Somme théologique* de saint Thomas d'Aquin demeure le monument et la référence absolue, présentant une vue complète et argumentée de toutes les connaissances de l'Église et de la philosophie grecque.

Ce sommet annonce la chute. Le XIVe siècle découvre une nouvelle conception de la philosophie dans laquelle l'ange n'a déjà plus sa place. De haute spéculation intellectuelle, l'angélologie devient simple moyen de rassurer les croyants au milieu des cruelles épreuves de l'époque. La société laïque, sous l'influence cistercienne, puis sous celle de Gerson, recourt de plus en plus volontiers à l'ange gardien. Non sans superstition naïve parfois, ce qui justifiera la méfiance des réformateurs, Calvin et Luther en tête, tous deux violemment opposés à toute forme de dévotion angélique.

La réaction viendra de la Contre-Réforme et d'abord des milieux jésuites. Les *Exercices spirituels* de saint Ignace de Loyola, où le fondateur de la Compagnie de Jésus développe le thème des deux étendards et celui, essentiel, du discernement des esprits, et le traité de Francisco Suarez (1548-1617), *De Angelis*, largement diffusé, donnent aux anges une popularité nouvelle, relayée par la fondation de la confrérie des anges gardiens.

Saint François de Sales n'enseigne pas autre chose. Dans l'*Introduction à la vie dévote*, l'évêque d'Annecy conseille à sa destinataire, Philotée : « Rendez-vous fort familière avec les anges ; voyez-les souvent, invisiblement présents à votre vie, et surtout, aimez et révérez celui du diocèse auquel vous êtes, ceux des personnes avec lesquelles vous vivez, et spécialement le vôtre ; suppliez-les souvent, louez-les ordinairement, et employez leur aide et secours en toutes vos affaires, soit spirituelles soit temporelles, afin qu'ils coopèrent à vos intentions. »

Le XVIIIe siècle philosophe éteindra cette flambée de ferveur angélique, l'abandonnant aux humbles et à des milieux dévots trop souvent tournés en ridicule et dont le nombre s'amenuise considérablement. Il est assez révélateur que la seule précision de l'Église concernant les anges en cette période soit pour déplorer, en 1726, au concile de Fermo, la beauté lascive et trop charnelle des anges qui ornent les œuvres religieuses…

Refroidissement de mauvais augure.

Le XVIIIe siècle, et plus encore le XIXe bourrelé de préjugés scientistes, ravalent la religion au niveau de la superstition puérile, et nient d'une même voix l'existence des esprits bons et mauvais comme les phénomènes mystiques. C'est contre cette attitude que l'Église, elle, ne cesse de lutter, rappelant à temps et à contretemps la réalité du diable et des anges.

Les textes d'un simple concile provincial, comme celui qui se tient à Reims en 1853, illustrent nettement cette préoccupation : « Dans le bouleversement et l'agencement des vies humaines, le rôle et l'influence des anges, soit bons, soit mauvais, sont très importants ; quiconque veut en faire abstraction est assurément incapable de pleinement comprendre et exposer l'histoire et la vie des individus et des peuples. »

Il s'agit évidemment ici de restituer toute l'histoire du monde et les destins individuels dans une perspective eschatologique que l'époque réfute. Peut-être plus clairvoyants que les scientifiques et les historiens, les écrivains et les poètes, eux, sentent, dans cette négation même du monde invisible par le visible, un effet de la lutte terrible du Bien et du Mal. La période romantique et la fin du XIXe siècle marquent en littérature une grande offensive du thème diabolique. C'est bientôt la réalité, avec le cortège d'horreurs du XXe siècle, qui semblera obéir à un maître d'œuvre secret et animé d'une haine folle. Contre cette haine déchaînée, l'Église aura multiplié les avertissements et proposé des remèdes.

Au premier concile de Vatican, en 1870, Pie IX a solennellement réaffirmé l'existence des anges et des démons : « Dieu créa ensemble du néant dès l'origine du temps l'une et l'autre créature, la spirituelle et la corporelle, c'est-à-dire l'angélique et la terrestre. »

En 1887, Léon XIII, le pape du ralliement des catholiques français à la République et des grandes encycliques sociales, qui ne passe pas pour un souverain pontife réactionnaire, reconnaissant la main de Lucifer dans les crises qui secouent le monde, rend obligatoire la récitation, à la fin de chaque messe, d'une prière à saint Michel pour réclamer son secours contre les anges rebelles[30]. Il recommande aussi des prières d'exorcismes.

Pie XI, en de nombreuses occasions, invite à implorer l'aide des anges, la disant efficace[31]. Il n'hésite pas à les appeler familièrement « mes aides de camp ». Enfin, Mgr Angelo Roncalli, futur pape Jean XXIII, se

---

30. Cette prière a été supprimée après Vatican II.

31. Se référer, entre autres, à son discours aux éclaireurs du 10 juin 1923 et à son discours aux enfants catholiques du 2 septembre 1934 où il déclare : « Nous nous sommes toujours sentis merveilleusement assisté par notre ange gardien. Très souvent, nous sentons qu'il est là, prêt à nous aider. »

souviendra, partant pour sa première mission de nonce apostolique, de cette recommandation de Pie XI, qui lui avait confié, disait-il, « un très beau secret » : « Quand il nous arrive de devoir parler avec une personne difficilement accessible à nos arguments et avec laquelle notre langage doit avoir un ton d'autant plus persuasif, nous recourons à notre ange gardien. Nous lui recommandons l'affaire. Nous lui demandons d'intervenir auprès de l'ange gardien de la personne que nous allons rencontrer. L'entente une fois établie entre les deux anges, la conversation devient beaucoup plus facile[32]. »

Allant toujours à l'encontre des préjugés modernes, Pie XII, en 1950, dans l'encyclique *Humani generis*, rappelle, une fois encore, le caractère personnel des esprits angéliques, condamnant la thèse en vogue selon laquelle tous ne seraient que des figures de nos pulsions, de nos craintes et de nos angoisses... Caractère si personnel que, le 3 octobre 1958, lendemain de la fête des anges gardiens, il n'hésite pas à déclarer à un groupe de pèlerins américains : « Il faut entretenir une certaine familiarité avec les anges dont la constante sollicitude s'emploie à votre salut et à votre sanctification. Si Dieu le veut, vous passerez une éternité de joie avec les anges : apprenez à les connaître dès maintenant. »

Jean XXIII, pour sa part, voit dans les anges de « bons conseillers ». Il ne craint pas, en une période de grands départs estivaux, alors que se multiplient les accidents

32. Rapporté par Jean XXIII dans son discours du 9 septembre 1962 en la basilique romaine Santa Maria degli Angeli.

de la route, d'inviter les automobilistes à demander leur protection[33].

Vatican II, dans la convocation duquel Jean XXIII voyait une inspiration angélique, met l'accent sur un autre aspect, mal compris, voire un peu inquiétant, du rôle des anges : celui qu'ils tiendront dans la parousie, quand le Fils de l'Homme reviendra dans sa gloire, entouré de toute la cour céleste afin de juger les vivants et les morts.

Depuis ce dernier concile, tous les papes ont redit la place éminente des anges dans l'économie du salut, déplorant que la société actuelle n'en soit pas plus consciente.

Paul VI, dans *Lumen Gentium*, écrit : « L'Église a toujours vénéré avec une affection particulière la Bienheureuse Vierge Marie et les saints anges, les Apôtres et les martyrs. »

Il le répète dans le *Credo du peuple de Dieu* en définissant l'expression nicéenne, « l'univers invisible », comme désignant « les purs esprits que l'on appelle les anges », soulignant que leur existence est un dogme de foi.

Mais tous ces avertissements du magistère romain depuis cent cinquante ans ne rencontrent pas dans l'Église le retentissement désiré, arrachant ce soupir à Jean-Paul Ier qui n'était alors que le cardinal Albino Luciani : « Les anges sont les grands méconnus de notre époque… »

Grands méconnus, certes, dont l'absence pèse à beaucoup de croyants. Tandis que nombre de prêtres, redoutant d'être pris pour des simples d'esprit, chassent

33. Jean XXIII, discours du 9 août 1961.

de leur enseignement la moindre référence à ces personnages gênants, sectes et courants religieux plus ou moins héritiers des hérésies gnostiques récupèrent l'univers angélique. Comme le soulignait, avec un mélange d'amusement et de surprise, un journaliste auteur d'une enquête sur les anges[34], l'angélologie, presque introuvable dans les librairies religieuses, fleurit sur les rayons des libraires spécialisés en ésotérisme…

Outre qu'il abandonne ses ouailles à quelques périls bien réels, le clergé, ce faisant, les prive, et se prive, d'anciennes et authentiques richesses. Car, qu'il s'agisse de la liturgie traditionnelle depuis l'Antiquité ou des fêtes instaurées en leur honneur, la dévotion angélique est souvent d'une incomparable beauté.

L'idée que les liturgies humaines sont synchronisées aux liturgies célestes est bien antérieure à l'époque chrétienne puisque les esséniens de Qumran l'enseignaient déjà[35]. L'Église alla plus loin puisqu'elle conclut à la présence des anges au sacrifice christique du Calvaire qu'elle renouvelle par le ministère de ses prêtres. Double présence puisque l'assistance angélique est composée, d'une part des anges gardiens des personnes présentes et de ceux du sanctuaire, d'autre part d'une escorte royale qui accompagne le Christ descendant sur l'autel au moment de la consécration.

---

34. Pierre Jovanovic, *Enquête sur l'existence des anges gardiens*.

35. Le christianisme l'enseigne également. Dans son *Sermon sur l'Épiphanie*, saint Grégoire de Nazianze écrit : « Glorifie Dieu avec les bergers, célèbre-le avec les anges, forme un chœur avec les archanges. Que cette fête soit commune aux puissances célestes et terrestres. Car je suis persuadé que celles-là se réjouissent aujourd'hui et célèbrent la fête avec nous. »

Cette croyance, Origène la proclamait déjà. En même temps, il faisait des anges des censeurs discrets de la bonne tenue du clergé et des fidèles.

« Si ce que nous disons est conforme à la pensée et à l'intention des Écritures, les anges se réjouissent et prient avec nous. Et, parce que les anges sont présents dans l'Église, il est prescrit aux femmes qui prient d'avoir un voile sur la tête à cause d'eux. »

Saint Jean Chrysostome renchérit sur cette présence des puissances célestes pour mieux souligner la solennité de la messe :

« Réfléchis auprès de qui tu te tiens et avec qui tu vas invoquer Dieu : avec les chérubins. Représente-toi dans quels chœurs tu vas entrer. Que personne ne s'associe avec négligence à ces hymnes sacrées et mystiques. Que personne ne garde de pensées terrestres *(sursum Corda!)* mais que, se dégageant de toutes les choses terrestres et se transportant tout entier dans le ciel, comme se tenant à côté du trône même de la gloire et volant avec les séraphins, il chante l'hymne très sainte du Dieu de gloire et de majesté[36]. »

Enfin, il est possible de dire : « Quand le prêtre célèbre, il honore Dieu, il réjouit les anges, il édifie l'Église[37]. »

Cette présence des anges, la liturgie la souligne tout au long de la messe et tout au long de l'année.

Dans le rit traditionnel ante-conciliaire, et particulièrement en France, la messe dominicale est précédée de

36. Sermons.

37. *Imitation de Jésus Christ.*

l'aspersion, qui est une purification du sanctuaire et de l'assistance, le célébrant aspergeant l'autel, le clergé et l'assistance d'eau bénite au chant de l'antienne *Asperges me, Domine*[38]. Du même souci de purification procède l'oraison qui la suit : *Exaudi nos, Domine, sancte Pater, omnipotens aeterne Deus : et mittere digneris sanctum Angelum tuum de caelis, qui custodiat, foveat, protegat, visitet, atque defendat omnes habitantes in hoc habitaculo*[39].

Et aussi la bénédiction de l'encens au cours des messes solennelles : « Que par l'intercession du Bienheureux Michel archange, qui se tient debout à la droite de l'autel des parfums, et de tous les élus, le Seigneur daigne bénir cet encens, et le recevoir comme un suave parfum. »

Rituel de purification et d'exorcisme dans lequel est demandée l'aide du prince de la milice céleste, vainqueur de Lucifer.

C'est encore Michel qui est, en troisième lieu, invoqué dans l'ultime phase de ces purifications, la récitation du *Confiteor*.

Place éminente qui donne au premier des séraphins son rôle d'intercesseur privilégié en faveur des pécheurs.

La messe se poursuivant, le *Gloria*, directement inspiré du cantique des anges la nuit de la Nativité, rattache davantage l'univers visible et l'invisible dans un même chant.

---

38. Remplacée au Temps pascal par l'antienne *Vidi aquam*.

39. « Exaucez-nous, Seigneur, Père saint, Dieu éternel et tout-puissant, et daignez nous envoyer du ciel votre saint ange pour qu'il veille sur tous ceux qui se trouvent en ce lieu, pour qu'il les entoure et les protège, pour qu'il les garde et les défende. »

Le canon est précédé de la préface qui, dans le rit traditionnel, varie avec la période de l'année et la fête célébrée ; mais, quel que soit le jour, cette longue prière d'action de grâce met en scène la puissance du Seigneur et les honneurs à lui rendus par les forces cosmiques tout entières.

Ce que les hommes et les anges redisent sans fin, l'hymne de la gloire, c'est le *Sanctus*, introduit dans la liturgie orientale au IVe siècle, adopté par la liturgie romaine au Ve. Ce n'est autre que la louange des chérubins devant le trône de Dieu, au point que l'Église byzantine nomme souvent le *Trisagion* l'hymne chérubinique ou *Cherubikon*[40].

Après la consécration et l'élévation, c'est encore le ministère angélique que requiert l'officiant. Par une invocation qu'introduisit saint Grégoire le Grand au VIe siècle : *Supplices Te rogamus, omnipotens Deus : jube haec perferri per manus sancti Angeli Tui in sublime altare Tuum, in conspectu divinae majestatis Tuae*[41].

Il n'est guère d'occasion où la liturgie omet de rappeler le concours des anges. Qu'il s'agisse des antiennes de la Vierge, telles l'*Alma Redemptoris Mater*, ou l'*Ave Regina caelorum*, qui évoquent la mission de Gabriel auprès de Marie ou le titre marial de Reine des Anges, de l'hymne du commun des Apôtres, relatant

40. « Devant lui, les chœurs des anges avec toutes les puissances et les dominations, les chérubins aux yeux multiples et les séraphins aux six ailes se couvrent le visage et clament l'hymne : alléluia. »

41. « Nous t'en supplions, Dieu tout-puissant, fais porter ces offrandes par les mains de ton saint ange, là-haut, sur ton autel, en présence de ta divine majesté. »

l'évasion de saint Pierre, de la dédicace des nouvelles églises où l'on chante « Épouse sainte qui avez des millions d'anges pour couronne », des chants de la Fête-Dieu comme le *Lauda Sion* ou le *Sacra Solenmnis*, du *Victimae Paschali* des vêpres de Pâques ou du splendide *O Filii et Filiae* proclamant le message de l'ange de la Résurrection, l'année liturgique est une reconnaissance perpétuelle de la présence secourable des esprits bienheureux.

Mais l'assistance angélique, cette « double Église » comme la nommait Origène, ne se borne pas à la messe. Ce sont les anges que l'Église, aux complies du dimanche, institue gardiens, non seulement par la récitation du Psaume 90[42], mais par une très belle oraison : *Visita, quaesumus, Domine, habitationem istam, et omnes insidias inimici ab ea longe repelle : angeli Tui sancti habitant in ea, qui nos in pace custodiant*[43].

L'Église fait également des anges les témoins heureux des baptêmes, des ordinations, des consécrations épiscopales. Tertullien les montrait assistant aux mariages chrétiens : « La félicité du mariage dont l'Église confirme l'offrande, scelle la bénédiction ; les anges l'annoncent et le Père la ratifie. »

Il n'est pas jusqu'au sacrement de pénitence qui ne soit facilité par la vigilance de l'ange gardien, invoqué

---

42. « Il a donné ordre à ses anges de te porter en toutes tes voies de peur que ton pied heurte une pierre. » C'est le passage que Lucifer, bon théologien, utilise pour essayer de tenter le Christ.

43. « Nous t'en prions, Seigneur, visite cette demeure, et repousse loin d'elle l'ennemi et toutes ses tentations. Que tes saints anges l'habitent et qu'ils nous gardent dans la paix. »

jadis avant la confession dans ce type de prière : « Mon bon ange, fidèle et zélé gardien de mon âme, qui avez été témoin de mes chutes, aidez-moi à me relever, et faites que je trouve dans ce sacrement la grâce de ne plus retomber. »

Enfin, c'est encore les anges que l'Église appelle au chevet des malades et des mourants[44].

Parallèlement à ces grands textes liturgiques les mettant en scène, les anges voient leur place honorée de façon plus modeste mais touchante dans les cantiques populaires. Parfois associés à la Vierge, comme c'est le cas dans les premières strophes du très célèbre *Ave Maria de Lourdes*, ils sont surtout les indispensables chanteurs des mélodies de Noël. Qu'il s'agisse d'un chant élaboré, tel l'*Adeste Fideles*, composé en latin au début du XVIIe siècle, de son contemporain languedocien *Les Anges dans nos campagnes*, du moins célèbre *Entre le bœuf et l'âne gris*[45], ou du plus récent *Trois Anges sont venus ce soir*, ils n'en finissent pas de voler dans le ciel de Bethléem. Pas une église, autrefois, qui n'eût placé devant la crèche un ange en robe rose et aux grandes ailes dorées, dévotement agenouillé, et qui hochait interminablement sa tête aux boucles blondes lorsque vous glissiez une pièce dans le tronc qu'il surveillait.

Les fêtes proprement dédiées aux anges dans le calendrier sont relativement peu nombreuses dans l'Église catholique.

---

44. Ce rôle angélique sera étudié dans le chapitre consacré aux anges psychagogues.

45. « Entre le bœuf et l'âne gris / Dort, dort, dort le petit Fils / Mille anges divins, mille séraphins / Volent à l'entour de ce haut lieu d'amour. »

La plus ancienne est celle de saint Michel, célébrée le 29 septembre, date de la dédicace, au VIIe siècle, d'une basilique romaine placée sous la protection de l'archange et aujourd'hui disparue sans laisser de vestiges. La fête fut dite primitivement « de saint Michel et des saints anges », car, honorant le prince de la milice céleste, l'Église entendait célébrer toutes ses armées. Saint Michel, à la même époque, devait se voir attribuer deux autres solennités : le 8 mai, anniversaire de ses apparitions du mont Gargan, et, en Normandie, le 16 octobre, anniversaire des apparitions du mont Tombe.

Sans doute contemporaine fut la fête de l'archange Uriel, célébrée le 15 juillet et disparue au IXe siècle, quand les autorités ecclésiastiques bannirent ce séraphin absent de la Bible du culte officiel.

Il fallut attendre le XIVe siècle pour que, les figures de Gabriel et de Raphaël se popularisant dans la chrétienté occidentale, l'Église leur accordât une fête personnelle. La Saint-Raphaël fut fixée au 24 octobre. La Saint-Gabriel devait connaître un destin plus agité. D'abord célébrée le 5 décembre, elle fut ensuite déplacée au 18 mars, avant d'être définitivement fixée au 24 mars, veille de l'Annonciation, ce qui constituait d'ailleurs la date la plus logique.

Au début du XVIIe siècle, Sixte Quint avait autorisé le Portugal à célébrer la fête de son ange gardien. Bien que mise en avant par des théologiens français du Moyen Âge, saint Bernard et Gerson entre autres, cette dévotion connut sa plus grande expansion dans les pays hispaniques, et c'est sous leur influence qu'elle revint en force au XVIIe siècle. Se fondant sur le précédent hispanique et portugais où la fête des anges gardiens se célébrait depuis 1518, l'Église, en 1608, l'étendit à toute la catholicité ; elle fut définitivement inscrite au calendrier romain en 1670 et célébrée chaque 2 octobre, premier jour liturgiquement disponible après la Saint-Michel.

Enfin, l'Église encouragea la pratique des dévotions angéliques chaque lundi[46] et tout au long du mois d'octobre. C'était bien peu de chose comparé aux innombrables fêtes angéliques des calendriers orthodoxes, orientaux, coptes et éthiopiens[47].

Cette pratique différente des Églises d'Orient et d'Occident met surtout en évidence le désintérêt manifesté pour l'angélologie en Occident à la fin du Moyen Âge. C'est d'ailleurs dans une perspective christocentrique très paulinienne que la catholicité enseigne comment il convient de célébrer ces fêtes angéliques :

« Pour les célébrer saintement, il faut remercier Dieu de la grâce qu'il leur a faite de rester fidèles, tandis que Lucifer et ses partisans se sont révoltés contre lui. Demander la grâce d'imiter leur fidélité et leur zèle pour la gloire. Les vénérer comme les princes de la cour céleste, nos protecteurs et nos intercesseurs auprès de Dieu. Les prier de présenter à Dieu nos supplications et de nous obtenir sa divine assistance[48]. »

Ainsi l'Église ne cesse-t-elle de replacer les anges dans le rôle d'assistants discrets qui est devenu le leur au matin de Pâques.

---

46. En Italie, le lundi de Pâques est appelé *Giorno del Angelo*.

47. Les Éthiopiens, outre les célébrations des trois grands archanges, mensuelles, consacrent une fête à chacun des neuf chœurs angéliques.

48. *Grand Catéchisme de saint Pie X*.

8
Saint Michel

« Je serai l'égal de Dieu ! » L'incroyable blasphème de Lucifer, devenu fou d'orgueil, de colère et de souffrance, tonne au-dessus des nuées. Le silence qui s'est emparé de la cour céleste est effrayant. Les anges rebelles eux-mêmes sont frappés de stupeur, dépassés par l'incommensurable ambition de leur prince. Parmi les neuf chœurs, les esprits demeurés fidèles à Dieu attendent, tremblants, qu'éclate la colère du Créateur. En toute justice, cette ire divine doit foudroyer le séraphin qui s'est jeté, enivré de haine, à l'assaut du trône dont il prétend maintenant s'emparer.

Mais Dieu se tait, le Verbe qui a créé toute chose demeure silencieux. Et, enhardi par cet incroyable silence, Lucifer croit voir déjà son empire établi à la place de celui du Très-Haut.

Le plus miséricordieux des anges, celui à qui Dieu avait confié pour mission d'être le prince de la paix, un séraphin tout de tendresse et d'indulgence, le doux Michaël, ne peut en supporter davantage. Certes, nul esprit n'est moins porté que lui à la violence, mais comment tolérer la monstrueuse audace de Lucifer ? Il y a un instant, une éternité déjà, Michaël regardait le chef des séraphins comme son frère bien-aimé ; il lui obéissait en tout, tirait de lui sa sagesse et sa connaissance. Maintenant, Lucifer n'est plus que cette folie tragique et mortelle dont Michaël aurait pitié, infiniment, de toute sa puissance de compassion, si cette folie n'avait osé s'en prendre à Dieu. Si grande est l'indignation du Prince des Miséricordes qu'il ne peut la contenir.

Indignation devant l'audace ahurissante du rebelle, indignation devant l'inertie craintive des autres anges, qui ont choisi le camp du Bien mais ne savent comment le défendre. Il est vrai qu'ils n'ont plus de chef, puisque celui-ci a changé de bord, qu'il est devenu l'Ennemi par excellence...

Non, rien dans sa nature ne porte le tendre Michaël aux saintes violences, sinon l'amour.

Depuis qu'il s'est prosterné devant le Verbe incarné et sa mère, il a reçu la connaissance du matin. Il voit l'infinie beauté de Dieu, il contemple ses trésors. Comment supporter que Lucifer blasphème ces merveilles dont son fol orgueil l'a privé ? Alors, pour venger l'honneur outragé de son Seigneur, Michaël s'interpose entre le trône du Tout-Puissant et les cohortes des révoltés.

Seul. Magnifique. Vengeur.

« Qui est comme Dieu ? »

Et, levant l'étendard du Bien et de la vérité contre celui du Mal et du mensonge, Michaël boute Lucifer et les siens hors du ciel.

Telle est l'image la plus populaire de saint Michel dans la tradition judéo-chrétienne : celle d'un ange guerrier engagé dans une lutte sans merci contre les puissances infernales. Or, si ce rôle militaire de Michel est effectivement essentiel, il est loin d'épuiser tous les aspects de sa personnalité, d'une très grande richesse.

Mais d'abord, qui est Michel ?

Un théologien byzantin le dit laconiquement : « Le plus grand parmi ces princes, et le commandant en chef des armées du Seigneur. »

S'il est le plus grand des anges, Michel ne saurait donc être que le premier du premier chœur, autrement dit le prince des séraphins, le plus beau, le plus intelligent, le plus parfait d'entre eux. Place qui lui est échue automatiquement lorsque le prince séraphique des commencements, le splendide Lucifer, a perverti sa nature[1]. Car les anges, étant créés dans la perfection, sont incapables de perfectionnements. Si Michel l'emporte désormais sur Lucifer, son supérieur naturel, c'est que le diable a brisé en lui l'œuvre divine ; c'est aussi qu'il possède désormais la vision béatifique et la connaissance du matin dont le Malin s'est privé.

La conclusion semble s'imposer d'elle-même de la nature séraphique de Michel. Il n'en est rien.

En effet, dans la Bible, puis dans la Tradition, Michel ne cesse de manifester sa présence par les soins dont il entoure Israël, puis l'Église et les royaumes catholiques qui l'invoquent comme leur ange gardien. Or les anges des premiers chœurs sont des esprits qui ne s'éloignent jamais de Dieu. Par conséquent, comment le plus haut d'entre eux s'abaisserait-il à des missions à peine dignes d'un ange du

1. Certains théologiens affirment même que, l'amour étant la vertu essentielle de la nature séraphique, Lucifer, en cessant d'aimer, s'est rétrogradé au niveau du chœur inférieur des chérubins, titre que lui donne parfois la Bible.

troisième ordre ? Voilà pourquoi saint Grégoire le Grand et saint Thomas d'Aquin, pour ne citer qu'eux, réfutent catégoriquement l'idée que saint Michel soit un séraphin… Selon eux, il ne serait que le premier des principautés.

Que faut-il en penser ?

Lorsque la Bible parle de Gabriel et de Raphaël, qui se présentent eux-mêmes comme des esprits supérieurs, qui se tiennent toujours devant Dieu, le texte grec emploie le mot *angelos*, ange ; ce qui fait état, selon la distinction perspicace de saint Augustin, non de leur nature mais de leur mission. Mais, lorsque la Bible parle de Michel, c'est le mot grec *archangelos* qui est employé. Ce terme d'archange ne s'adresse à aucun autre esprit, et saint Paul, entre autres, l'utilise comme si ce titre ne pouvait s'appliquer à personne d'autre que Michel. Le préfixe *arch*, d'ailleurs, signifie bien la suprématie. C'est dans ce sens que l'utilise saint Jérôme quand il parle de l'« archange Michel », entendant par ce mot que Michel est le prince des anges, opinion corroborée tant par le Livre de Daniel que par l'Apocalypse.

Quant à l'idée que Michel serait trop puissant seigneur pour s'abaisser à descendre sur terre, outre qu'il est inimaginable qu'un ange fidèle, serait-ce un séraphin, se montre plus délicat en ce domaine que le Verbe divin, elle contredit le passage de l'Épître de saint Paul aux Hébreux où l'apôtre écrit à propos des anges : « Tous sont les ministres du Tout-Puissant, envoyés au service de ceux qui doivent hériter de la Vie éternelle[2]. »

---

2. 1,14.

La Tradition catholique, écartant les discussions théologiques[3] se borne avec prudence à ne parler de Michel que sous le terme ambigu d'archange, tout en lui reconnaissant les prérogatives et les qualités qui l'établissent sans conteste au sommet de la hiérarchie angélique comme prince des séraphins. Cette éminente dignité est expressément soulignée par la place de Michel dans le *Confiteor* ou les litanies, où il est nommé en troisième, juste après la Trinité et la Sainte Vierge[4].

Cette dignité méritée par son amour, sa fidélité et son courage, l'angélologie la proclame.

Parlant de saint Michel, le Pseudo-Denys écrit, soudain lyrique : « Il est l'image de Dieu, la manifestation de sa lumière cachée. Il est le miroir du Très-Haut, transparent, limpide comme le cristal, sans altération, sans tache[5]. »

Quant à un autre théologien grec, Pantaléon le Diacre, il souligne quelle fut, plus que la place jadis dévolue à Lucifer et devenue sienne, la véritable récompense de Michel après sa victoire : « Tandis que les autres esprits bienheureux sont frappés de stupeur en présence de la majesté divine, lui reste tout près de Dieu, sans effroi. »

---

3. Certains théologiens, compliquant encore le problème, ont imaginé qu'il pourrait y avoir deux anges nommés Michel, l'un, le séraphin vainqueur de Lucifer, et l'autre premier des principautés et ange gardien d'Israël et de l'Église. Cette hypothèse a été écartée.

4. Certains textes anciens des Églises copte et éthiopienne, très dévotes des anges, nomment même Michel avant Notre-Dame.

5. *Le Livre de la Hiérarchie céleste.*

Pourtant, si Michel a l'insigne privilège de contempler le Très-Haut sans défaillir de sainte terreur, il n'est pas capable d'en appréhender toute l'immensité : Dieu seul connaît parfaitement Dieu. Et le nom que nous donnons à l'archange signifie ses limites.

« Qui est comme Dieu ? » s'est écrié l'ange indigné de l'audace luciférienne. Et ce cri s'entend de deux façons. Il s'agit, certes, d'un cri de guerre : « Qui ose se prétendre l'égal de Dieu ? » Mais cette interrogation traduit d'abord le débordement de l'âme mystique saisie par la grandeur divine. Saint Grégoire de Nysse dit qu'« il est impossible d'exposer de façon adéquate ce qu'est Dieu qui dépasse tout entendement ». Et c'est ce qu'exprime le nom de Michel, en hébreu *Mi-Ka-El*, « qui est comme Dieu ? » Car la théologie juive place l'indicible question plus haut que les réponses trop évidentes. Ce que l'on sait de Dieu est moins que ce que nous en ignorons. Par conséquent, une affirmation est inférieure à une question sans réponse. Aussi le nom de Michel et son interrogation mystique au-delà de toute intelligence créée marquent encore la prédominance de l'archange sur les autres esprits dont les noms sont réducteurs et simplificateurs des mystères divins[6].

Car si Michel est un ange des combats et des victoires et, comme tel, toujours associé aux triomphes guerriers, il est d'abord un ange du mysticisme, un séraphin entièrement englouti dans la contemplation et enivré d'amour pour Dieu. Les plus belles victoires que Michel

---

6. Gabriel veut dire « Dieu est force », Raphaël « Dieu guérit », Uriel « Dieu est lumière ».

aide à remporter ne sont pas d'obligation sur les champs de bataille terrestres, mais dans le champ clos des âmes.

Bien d'autres titres qui lui sont donnés par la liturgie mettent en valeur ces deux niveaux.

Le Livre de Daniel le nomme le « Vigilant », et la prière juive du *Kadish* l'invoque sous l'appellation de « Prince des Miséricordes », intercesseur privilégié d'Israël devant Dieu.

Dans la liturgie catholique, il est qualifié de « Porte-étendard du Christ qui déploie la croix, l'étendard du salut », au jour du Jugement. Et, comme pour adoucir cette fonction militaire et l'allusion inquiétante au Jour de la colère, « Saint Michel est également appelé, dans la liturgie, *Angelus Pacis*, ange de la paix, qui ne veut pas la guerre[7] ».

La Bible apprend peu de chose concernant l'archange, du moins nominativement. Le premier texte à le nommer est le Livre de Daniel[8].

Gabriel apparaît au prophète et lui annonce qu'il est venu lui donner la signification de ses visions et lui révéler quel destin sera celui du peuple juif qui gémit encore dans la captivité de Babylone. Mais cette mission, Gabriel a eu les plus grandes difficultés à l'accomplir. Car la principauté qui veille sur la Perse souhaite voir se prolonger la déportation, ses protégés s'améliorant au contact du peuple élu. Les deux anges ont entamé une lutte spirituelle, désirant chacun convaincre Dieu de la justesse de ses arguments. Michel est intervenu en faveur

---

7. Jean XXIII, discours du 29 novembre 1960.

8. Daniel 10,13-21.

des espoirs de Gabriel et s'est chargé d'éclairer le prince des Perses. Cette mission d'ange gardien d'Israël, Daniel la signale une seconde fois, Gabriel qualifiant Michel de « grand prince qui se tient auprès des fils de [son] peuple[9] ».

Il faut attendre ensuite l'Épître de saint Jude pour retrouver Michel nommément cité. Faisant allusion à une ancienne croyance du judaïsme, l'apôtre raconte que Satan voulut s'emparer du cadavre de Moïse, sans doute dans le but de pousser les Hébreux à lui rendre un culte idolâtre. Mais Dieu envoya Michel ravir la dépouille au séducteur. Et Jude de louer la pondération de l'archange :

« Pourtant l'archange Michel, lorsqu'il plaidait contre le diable et discutait au sujet du corps de Moïse, n'osa pas porter contre lui un jugement outrageant, mais dit : "Que le Seigneur te réprime[10] !" »

Enfin, l'Apocalypse[11] met en scène le combat hors du temps, éternel, de Michel et de Lucifer, combat qui est celui des commencements où les rebelles furent chassés du Ciel, mais également celui de l'Église, et l'ultime bataille de la parousie, quand le démon, étant parvenu à se faire adorer à la place de Dieu, croira avoir emporté la victoire, avant d'être écrasé à jamais.

---

9. Daniel 12,1.

10. Épître de saint Jude 9.

11. Apocalypse 12,7.

Ce serait peu de choses si saint Jérôme et d'autres commentateurs à sa suite ne pensaient reconnaître Michel dans le mystérieux « ange de Yahvé[12] ».

Dès lors, c'est lui qui secourt Agar et le petit Ismaël abandonnés dans le désert; lui qui hésite avant de châtier Sodome et Gomorrhe, bien qu'il en ait fait sortir Lot et sa famille; c'est lui qui inspire à un enfant de dénoncer les accusations mensongères portées par les vieillards libidineux contre la belle Suzanne. Michel serait aussi le cavalier vêtu de blanc qui apparaît à Josué et l'aide de ses conseils[13], puis qui, selon Zacharie[14], se porte au secours d'un autre Josué, le grand prêtre, quand Satan ose se faire son accusateur devant Dieu.

Dans le Nouveau Testament, il est possible de reconnaître Michel dans deux passages des Épîtres de saint Paul aux Thessaloniciens.

Michel est la puissance qui retient le déchaînement des forces sataniques jusqu'au moment qui précédera de peu la parousie, quand l'apparente et éclatante victoire de l'enfer sur le Christ débouchera sur une défaite irrémédiable du Mal[15].

Il est souvent identifié aussi à l'ange qui apparaît à saint Jean pour lui dicter l'Apocalypse. Et la liturgie ne

---

12. Comme signalé plus haut, cette expression ambiguë peut aussi bien désigner un esprit céleste qu'éviter, au moyen d'une périphrase, d'employer le nom du Très-Haut.

13. Josué 5,14.

14. Zacharie 3,1s.

15. Première Épître aux Thessaloniciens 4,16 et Deuxième Épître aux Thessaloniciens 2,7-12.

s'y trompe pas qui reconnaît Michel dans « l'ange qui se tient à la droite de l'autel des parfums ».

Saint Michel ne se juge pas trop grand pour servir, qu'il s'agisse des autres esprits angéliques ou des hommes, ce qui est en parfaite conformité avec l'enseignement de Jésus.

Michel veille sur ses frères, les autres esprits angéliques ; et il le fit dès l'instant décisif, lorsque Lucifer, ayant failli à ce rôle, le salut de tous les anges se trouva suspendu, et dangereusement exposé. En les entraînant dans le camp du Bien qu'il avait hardiment choisi malgré les incertitudes lucifériennes, Michel les a sauvés d'eux-mêmes et de la tentation. C'est pourquoi saint Jérôme n'hésite pas à lui donner le titre de « père des anges », car, en cette occurrence dramatique, nul ne prit plus soin d'eux, ni ne fit plus pour leur bonheur éternel. En les éclairant sur le choix qu'il convenait de faire, en leur dévoilant l'étendue du mensonge du séraphin rebelle, Michel a très exactement rempli sa mission propre, qui est d'éclairer les chœurs inférieurs. Cette parfaite conformité à ses devoirs entraîne que les esprits inférieurs soient heureux de lui obéir en toutes choses. C'est sans répugnance aucune qu'ils se plient à ses ordres. L'attitude de Gabriel, qui ne manque pas de se présenter comme « l'un des sept qui se tiennent devant Dieu », autrement dit l'aristocratie de l'aristocratie céleste, envers Michel, le démontre.

« Gabriel, donne-lui l'intelligence de cette vision ! » ordonne une voix masculine traditionnellement attribuée à l'archange, parlant du prophète Daniel.

Et le grand Gabriel obtempère[16]. Tous l'imitent. Ainsi croit-on communément qu'il appartient à Michel de choisir, avant une naissance, l'ange gardien qui protégera l'enfant toute sa vie. Telle est la manière dont il veille personnellement sur chaque âme en particulier, lui accordant les secours nécessaires en toutes circonstances, par l'intermédiaire de l'esprit du neuvième chœur qu'il lui a donné.

Car Michel, l'archange guerrier, le vainqueur de Satan, le champion invincible des droits de Dieu, demeure, au milieu de toute cette gloire, le Prince des Miséricordes et l'ange de la paix à l'inépuisable charité.

C'est cette charité qui le pousse à servir l'humanité pécheresse selon les plans divins, afin de l'arracher à ce Lucifer dont il a déjà triomphé dans les cieux. Et à se constituer protecteur et gardien de ceux qui combattent, à son exemple, contre les enfers. Michel, après avoir été l'ange titulaire d'Israël, est donc devenu celui de l'Église, puis des défenseurs de l'Église : l'Empire romain après sa conversion, et la France. Michel est un ange qui n'hésite pas à pénétrer dans le temps des hommes pour influer sur leur histoire.

« Toutes les fois que Dieu veut opérer quelque merveille, il envoie saint Michel, comme pour nous apprendre qu'en son nom et par sa puissance se produisent les choses que nul autre ne pourrait obtenir. En l'honorant, les peuples attirent sur eux d'innombrables bienfaits[17]. »

---

16. Daniel 8,16.

17. Saint Grégoire le Grand, *Dialogues*.

Le Livre de Daniel l'affirme, d'après les révélations de Gabriel au prophète : Michel est le grand prince des fils de son peuple. Des livres sacrés plus anciens l'enseignaient déjà, sans toutefois nommer cet envoyé de Dieu qui apparaissait à Josué, ce cavalier blanc qui foudroyait les impies profanant le Temple de Jérusalem. Des apocryphes vétéro-testamentaires montraient Dieu confiant aux anges chaque nation païenne et conservant pour lui l'administration directe d'Israël. Cette croyance n'était pas en contradiction avec le protectorat michaélien, l'assistant privilégié du Très-Haut pouvait être chargé de protéger et de châtier son peuple d'élection.

À la limite, il est possible de lire toute l'histoire d'Israël comme celle des bienfaits de Michel travaillant à l'avènement en son sein du Messie. La liturgie juive n'a jamais cessé de le dire, et la grande prière du *Kippour*, aujourd'hui encore, s'achève ainsi : « Michel, Prince des Miséricordes, priez pour Israël afin qu'il règne dans les cieux et dans la lumière qui sort de la face du Roi assis sur le trône des Miséricordes. »

Et pourtant, Michel, le compatissant par excellence, en tant qu'adorateur premier du Verbe incarné, a cessé de protéger la nation d'Israël. Lui qui veillait jalousement sur le Temple l'abandonne, dans le double fracas de l'orage et du tremblement de terre, à l'instant où le Christ expire sur la croix.

Le voile du Temple a pour fonction de dissimuler aux profanes les sacro-saints mystères de Yahvé. Mais, en mourant, le Christ vient d'accomplir ce qu'il avait promis à la Samaritaine :

« Crois-moi, femme, l'heure vient où ce n'est ni sur cette montagne ni à Jérusalem que vous adorerez le Père. Vous, vous adorez ce que vous ne connaissez pas ; nous, nous adorons ce que nous connaissons, car le salut vient des Juifs. Mais l'heure vient, et c'est maintenant, où les véritables adorateurs adoreront le Père en esprit et en vérité, car tels sont les adorateurs que cherche le Père. Dieu est esprit, et ceux qui adorent, c'est en esprit et en vérité qu'ils doivent adorer[18]. »

En arrachant brutalement le voile, Michel, le gardien du Temple, signifie sans ambages que le sacrifice de l'ancienne Alliance n'a plus de raison d'être puisque le sacrifice parfait et éternel vient d'être accompli dans l'immolation du Fils de Dieu. Michel arrache le voile parce que Dieu a déserté le Temple. Désormais, l'ange passe au service de la Nouvelle Alliance ; au Nouvel Israël, qui est l'Église, là où sont les véritables adorateurs, qui adorent en esprit et en vérité. Michel, ce faisant, ne condamne pas Israël ; il lui indique le chemin de la conversion.

Que Michel était devenu, à 3 heures de l'après-midi, le vendredi 7 avril de l'an 30, son vigilant protecteur, l'Église l'a immédiatement cru.

Le Pasteur est l'un des textes les plus antiques et les plus vénérables de la littérature chrétienne, et, même si sa lecture paraît quelque peu obscure aujourd'hui, les premiers siècles chrétiens, qui le comprenaient mieux, l'ont lu et relu, regardant parfois ses prophéties comme canoniques. Il est attribué à un écrivain grec, Hermas,

18. Saint Jean 4,21-24.

esclave converti, vivant au milieu du IIe siècle, et qui fut peut-être le frère du pape Pie Ier[19]. Hermas se meut dans l'univers angélique avec une déconcertante aisance, sans que l'on puisse départager dans ses écrits ce qui est artifice littéraire et ce qui est fruit de ses révélations mystiques[20]. Il parle, dit-il, sous l'influence de l'ange de la Pénitence, et Michel, déjà, lui est très familier. Dans une vision, réelle ou simplement symbolique, Hermas montre un ange d'une exceptionnelle beauté, occupé dans un merveilleux jardin à élaguer les arbres :

« Cet ange, si bon et si majestueux, est Michel, qui gouverne ce peuple ; il grave la Loi, figurée par l'arbre, dans le cœur de ceux qui ont cru en lui. Il les visite ensuite pour voir s'ils l'ont gardée, il reconnaît les fautes de chacun par l'inspection de la branche que chacun lui apporte. »

Et Hermas précise : « Michel est celui qui a pouvoir sur l'Église et la gouverne. »

Qu'il avait pouvoir sur l'Église et s'en instituait défenseur, Michel le démontra dès le début, en faisant évader Pierre du cachot où le retenait Hérode, décidé à le faire périr. Il lui continua sa protection en assistant particulièrement les martyrs au milieu des supplices. Mais c'est en convainquant Constantin de se rallier au Christ qu'il devait à la fois emporter une victoire décisive et se mériter la place d'ange gardien de l'Empire romain, puis de patron de l'Italie.

---

19. Saint Pie Ier fut pape de 140 à 155, sous le règne de l'empereur Antonin.

20. Ce qui explique pourquoi ce livre vénéré fut finalement écarté du canon catholique.

La conversion de Constantin, comme, cent cinquante ans plus tard, celle de Clovis, s'explique à la fois par des facteurs politiques et psychologiques, et par un miracle. Celui du pont Milvius sera attesté par l'empereur lui-même, au lendemain de sa victoire, sur l'arc de triomphe qu'il fit élever, puis, très peu d'années après, par des écrivains contemporains, Lactance et Eusèbe de Césarée.

Constantin n'est pas un homme facile à cerner. Obligé, pour simplement protéger sa vie, souvent menacée, de beaucoup dissimuler, il offre à la postérité une image toute de contrastes sous laquelle il est malaisé de trouver sa véritable personnalité.

Après une période d'anarchie qui avait failli détruire l'Empire, Rome, en 284, avait porté au pouvoir suprême un général sorti du rang. Dioclétien, fils de colons latins de Dalmatie[21], appartenait au peuple, dont il avait hérité les vertus, à une époque où le patriciat romain, lui, n'en possédait plus guère. Avec une exceptionnelle force de caractère et un sens des réalités politiques rarement pris en défaut, il parvint à rétablir l'ordre et la sécurité. Espérant mettre un terme aux luttes d'influences entre candidats à la pourpre, luttes qui, en trente ans, s'étaient soldées par des tueries fratricides, Dioclétien imagina de satisfaire toutes les ambitions. L'énorme machine impériale serait divisée en deux parties, l'Orient et l'Occident, remises à deux empereurs. Cette dyarchie établie en 286, Dioclétien prit l'Orient et confia l'Occident à son

21. Certains historiens ont même soutenu qu'il était fils d'affranchis et de souche barbare…

meilleur ami, Maximien, ancien légionnaire, comme lui, qui, à défaut d'avoir l'intelligence de son collègue, était brave, fidèle et dévoué.

En 293, les deux Augustes, pour éviter des problèmes successoraux, choisirent leurs remplaçants futurs, qu'ils s'attachèrent en leur conférant le titre de Césars. Dioclétien désigna pour son compte un brillant général, Galère, et conseilla à Maximien le subtil Constance Chlore, doué de la finesse qui manquait à son Auguste. La tétrarchie se présentait donc comme un habile rééquilibrage des forces dont le relèvement de Rome démontra les mérites.

Il y avait malheureusement une contrepartie à cette réussite. Dioclétien n'était qu'un plébéien de la plus basse extraction, dépourvu de légitimité, et qui avait besoin de s'en forger une. Il introduisit à Rome des rituels monarchiques orientaux, destinés à sacraliser le prince. Au nombre de ces rituels en figurait un à l'appellation parlante : l'adoration[22]. Pour mieux souligner qu'il était une incarnation divine, l'empereur ajouta à ses noms celui de Jupiter… En même temps, le système glissait vers un totalitarisme absolu. Ce fut la catastrophe pour les chrétiens.

Dans le passé, déjà, et au prix de leur vie, ils avaient été innombrables à refuser de sacrifier au culte de Rome et d'Auguste, symbole d'ailleurs purement patriotique, mais que, dans leur pureté, ils interprétaient comme une concession honteuse aux idoles. Comment auraient-ils accepté d'aller plus loin encore et d'adorer l'empereur

---

22. *Adoratio* en latin.

vivant divinisé et assimilé au maître de l'Olympe, archétype à leurs yeux de l'image démoniaque ?

Cela faisait plus de trente ans que le christianisme bénéficiait, dans l'Empire, d'une tolérance généralisée ; cette paix, survenant après de cruelles persécutions, lui avait permis de faire de nombreux prosélytes, et peut-être même la femme et la fille de Dioclétien. Le défaut de cette tranquillité ? Du pape au dernier des fidèles, aucun chrétien ne croyait possible le retour des mauvais jours. Les règles élémentaires de la clandestinité, la prudence, nul ne s'en souciait plus. Déshabituée du danger, l'Église constituait une proie offerte et sans défense.

La crise survint dans l'un des milieux les plus surveillés, parce que vital pour l'État : l'armée. Officiers ou soldats, les chrétiens y étaient très nombreux, mais, en temps ordinaire, tolérés par une hiérarchie qui n'avait rien à leur reprocher. Or certains militaires jugèrent incompatibles la nouvelle politique impériale et leur foi.

Galère, qui comptait plus que tout sur le soutien de l'armée, avait eu beau jeu, s'appuyant sur de tels exemples, d'effrayer Dioclétien vieillissant et de lui montrer les chrétiens traîtres à l'Empire et à sa personne. S'y ajoutèrent, dans les mois qui suivirent, probablement pour forcer la main de l'empereur, encore hésitant, d'étranges incidents savamment orchestrés par Galère. Du jour au lendemain, les prêtres des idoles et les devins se plaignirent de ne plus rien lire dans les entrailles des victimes. Au cas où Dioclétien n'aurait pas compris qui était responsable de cette calamité publique – comment savoir, sans avoir pris les auspices, si les dieux favorisaient l'empereur ? –, l'oracle de l'Apollon de Milet, désignant les officiers chrétiens qui accompagnaient le souverain à la cérémonie, les accusa de s'être signés, lui interdisant de prédire l'avenir[23].

Les mesures que Dioclétien décida alors n'étaient pas assez radicales aux yeux de Galère. Des incendies, qu'il prétendit allumés par les chrétiens, éclatèrent, à plusieurs reprises, dans les communs de la résidence impériale. Cette fois, Dioclétien eut peur pour de bon et il frappa, au hasard, brutalement, impitoyablement. Jamais, même quand Néron éclairait ses jardins avec des torches humaines, l'Église n'avait connu pareille explosion d'atrocités. Des milliers de chrétiens périrent dans les tourments d'un bout à l'autre de l'Empire ; car, et la terreur des bourreaux s'en augmentait, on en livrait des milliers, et, même dans les pires supplices, les abjurations demeuraient l'exception.

Pourquoi Galère avait-il voulu cela ? Pas uniquement pour les raisons qu'il alléguait… En vérité, le César se moquait des chrétiens, il ne voulait qu'une tête : celle de son collègue d'Occident, Constance Chlore.

Quelque vingt ans auparavant, Constance Chlore, qui n'était encore qu'un jeune tribun plein de charme et de vaillance, avait rencontré le seul et grand amour de sa vie. Et il l'avait épousé. La jeune femme se nommait Hélène ; elle était aussi belle que son prénom pouvait le laisser espérer, remarquablement intelligente, douée d'un caractère volontaire et ardent. Mais, car il y avait un mais, Hélène, non contente d'être sans naissance ni

23. Bel hommage du vice à la vertu, puisque cet adorateur des démons admettait qu'un signe de croix suffisait à les réduire au silence…

fortune, était chrétienne. Constance aimait sa femme. Non seulement il la laissait libre de pratiquer sa religion, mais il s'y était intéressé ; sans aller jusqu'à se convertir, il s'était mis à éprouver envers le christianisme une sympathie agissante qu'il ne songeait pas à cacher.

Certes, quand Dioclétien l'avait élevé à la dignité de César, Constance, la mort dans l'âme, avait dû accepter l'union dynastique que l'empereur lui destinait ; il avait, en pleurant aussi fort que Titus renvoyant Bérénice, répudié Hélène. Il n'avait pas cessé de l'aimer, ni de respecter sa foi. C'était là que Galère entendait le faire chuter : si Constance refusait d'appliquer les édits de persécution, il avouerait qu'il était gagné aux chrétiens et donc traître à l'Empire…

Constance était beaucoup plus intelligent que Galère. Se bornant à frapper l'Église matériellement, appliquant à la lettre les ordres de confiscation, il eut l'air d'obéir à Dioclétien, mais empêcha le sang de couler en Gaule, en Bretagne et en Rhénanie.

C'est dans cette atmosphère de danger, de complots, de violence et d'angoisse qu'avait grandi le fils unique de Constance et d'Hélène, Constantin, né en 280. Son adolescence s'était passée à Nicomédie, auprès de l'empereur. Cette façon d'agir, pour honorifique qu'elle parût, était d'abord un excellent moyen de garder sous la main un otage, au cas où le César d'Occident eût songé à s'émanciper… Ce rôle, somme toute inconfortable, expliquait pourquoi le garçon ne s'était pas décidé à embrasser la religion de sa mère. Devenu adulte, Constantin pratiquait sans états d'âme le paganisme officiel de la cour et honorait le Soleil invaincu.

Sans états d'âme ? Qui sait… ?

En 305, Dioclétien, sexagénaire fatigué, avait déposé le diadème, avait exigé que le dévoué Maximien l'imitât, et s'en était allé planter ses choux dans sa propriété campagnarde, sans plus se soucier de l'avenir de Rome, de l'Empire, de la politique et de la religion. Tous ces problèmes, il les laissait à Galère et à Constance. Les deux nouveaux Augustes avaient nommé deux nouveaux Césars ; Galère avait choisi son neveu, Maximin Daïa, et Constance, un certain Flavius Sévère.

Il y avait au moins trois mécontents dans l'affaire : Maximien, qui n'avait pas envie de prendre sa retraite ; et les deux fils des deux Augustes, Maxence et Constantin, qui s'étaient jugés spoliés par ces arrangements. Tant et si bien que la guerre civile recommença de plus belle entre prétendants évincés et candidats légaux à la pourpre.

Constantin, son père étant mort en 306, obtint légalement d'être nommé César. Il n'avait pas l'intention de s'en tenir là. C'est probablement le moment où cet homme de trente ans, ambitieux, courageux, et très intelligent, décida de mettre les dieux de son côté. À moins que Dieu lui-même ait décidé de s'y mettre.

Dans les années 310, Constantin s'est rapproché de Maximien en épousant sa fille, Fausta. Ce qui n'a pas empêché Maximien de prendre son gendre en méfiance et d'essayer de l'assassiner, une nuit, dans la chambre conjugale. Mais Fausta a déjoué la ruse paternelle et sauvé son époux, qui s'est empressé de se débarrasser de son beau-père. Constantin n'a pas hésité, alors, à se dire protégé par les dieux. Il aurait été averti de la menace planant sur lui par une apparition, en rêve, d'un homme lumineux… Toujours fidèle à la religion officielle de l'Empire, Constantin a identifié son visiteur à Apollon[24].

En 312, le jeune César d'Occident, qui prend sur la scène du monde une place prépondérante, décide de s'emparer de Rome, toujours occupée par Maxence. Le 28 octobre, selon Eusèbe de Césarée, ou quelques nuits plus tôt selon Lactance, survient un événement qui va, d'un coup, faire basculer Constantin, païen tolérant, dans le camp chrétien.

Si l'on suit la version de Lactance, qui écrivait en 318, donc très peu de temps après les faits, Constantin se trouve sous sa tente quand il entend – est-ce en rêve, est-ce en extase ? – une voix masculine lui intimer l'ordre, s'il veut emporter la victoire, de placer sur les boucliers de son armée un signe invincible : deux lettres grecques entrelacées, le Chi et le Rhô, qui ne sont autres que les initiales du mot *Christos*.

Eusèbe, pour sa part, rédigera deux versions du miracle, une laconique[25] en 313, et l'autre au moins quinze ans après[26], mais, dira-t-il, directement d'après le récit que Constantin lui en aurait fait.

Dans la première, Eusèbe se borne à écrire : « Constantin invoqua le Christ et lui dut sa victoire. »

La seconde est infiniment plus circonstanciée.

Le 27 octobre 312, tandis qu'il arrivait avec ses troupes en vue de Rome et demeurait saisi, lui qui ne la connaissait pas, de la souveraine beauté de la ville,

24. On verra plus loin que cette confusion n'est pas dépourvue de sens.

25. Cette première version figure au Livre IX de *L'Histoire ecclésiastique*.

26. Eusèbe de Césarée, *Vie de Constantin*.

Constantin, peut-être pris de doute et d'angoisse, aurait invoqué le Christ de sa mère. Pourquoi s'angoissait-il ? D'un point de vue pratique, le César venait d'accomplir une campagne militaire exemplaire, arrivant de Gaule à marche forcée, franchissant les Alpes d'un seul élan, et disposant d'une flotte qui bloquait les côtes italiennes. Mais il n'avait emmené que quarante mille hommes, petite armée même si elle se composait de troupes d'élite. Maxence disposait de beaucoup plus de soldats ; surtout, il avait à son service une foule de devins et d'augures qui lui avaient prédit : « L'ennemi des Romains périra. »

Cette affirmation, quoique ambiguë et mitigée par un autre oracle, qui avertissait Maxence qu'il mourrait s'il sortait de Rome, suffisait à rendre Constantin nerveux.

Cela expliquerait pourquoi il en appelait à une puissance divine contre une autre puissance divine. Or, à peine avait-il terminé sa prière que le ciel, à l'ouest, parut s'embraser. Ce n'était pas le crépuscule, mais un stupéfiant phénomène : une croix gigantesque se dressait à l'horizon, soulignée d'une inscription en grec : « Par ce signe, tu vaincras ! »

La nuit suivante, Constantin aurait rêvé de cette croix et compris qu'il devait la placer à la tête de ses troupes. Le 29 octobre, au lieudit Saxa Rubra[27], Constantin écrasait les armées de Maxence qui, le Malheureux, trouvait, comme l'avait prédit l'oracle, une fin sans gloire en se noyant dans le Tibre.

Quel rapport avec Michel ? Ceci : en 314, Constantin aurait eu une autre apparition en rêve. Il reconnut

27. Les Roches rouges, aujourd'hui la banlieue romaine de Prima Porta.

immédiatement dans l'homme vêtu de lumière qu'il voyait celui qu'il avait pris jadis pour Apollon. L'ange, c'en était un, lui dit :

« Je suis l'archange Michel, le Maître de la milice céleste, le protecteur de la foi des chrétiens. C'est moi qui, lorsque tu combattais contre les tyrans impies, rendais tes armes victorieuses. »

Pieuses élucubrations sans aucun fondement[28] ? Indéniablement, Constantin n'a rien d'un saint et ne possède aucunement le profil d'un individu sujet aux extases et autres phénomènes mystiques. Sa vie et son règne sont tissés d'atrocités utiles. Pourquoi verrait-il des anges ?

Reste une certitude : il s'est passé quelque chose la veille de cette fameuse bataille du pont Milvius. Constantin lui-même l'atteste, dès 313, sur l'arc de triomphe qu'il fait élever à Rome, à l'entrée du forum qui porte son nom ; s'il a vaincu Maxence, c'est « par une inspiration de la divinité », formule qui a le mérite de ne choquer ni les chrétiens ni les païens. Il frappe ses monnaies du monogramme christique de sa vision. Cette aide du Dieu des chrétiens, il la paiera par la signature de l'édit de Milan, en 313, qui met un terme aux persécutions[29]. Il n'en fera

---

28. Cette apparition michaélienne, la seconde chronologiquement à l'époque chrétienne, est racontée par deux historiens byzantins, Sogomène et Nicéphore.

29. Constantin ne demandera le baptême (arien...) qu'en 325, à l'article de la mort, ou peu s'en fallait. Ce n'était pas tiédeur de sa part, mais prudence. En effet, de nombreux théologiens pensaient que les péchés commis après le baptême étaient plus difficiles à pardonner... Saint Augustin lui-même, presque cent ans après, bien que né dans une famille chrétienne, ne sera pas baptisé adolescent, comme il le demandait.

pas mystère, comme l'attestent les récits d'Eusèbe et de Lactance. Enfin, à Constantinople, l'empereur victorieux et reconnaissant fera bâtir le plus ancien sanctuaire dédié à l'archange, le Michaelion, dans la banlieue byzantine d'Anaple, et consacrera son Empire à Michel.

Il n'y a rien d'absurde à voir l'intervention de Michel dans l'apparition du 28 octobre 312. Toute la liturgie catholique nomme le prince des séraphins le « Porte-étendard du Christ », sachant que l'étendard du Christ, c'est la croix. Elle chante : « C'est lui, ce vainqueur, qui déploie la croix, l'étendard du salut. »

L'identification est donc plausible. Reste la possibilité que l'Église byzantine ait forgé après coup la légende du rêve et de l'apparition archangélique pour donner un lustre particulier au Michaelion, sanctuaire si vénéré que les orthodoxes célèbrent toujours sa dédicace, le 8 juin.

Le Michaelion est exemplaire de l'origine de la dévotion à l'archange. Car, partout où Michel arrive, il déracine un culte local antérieur qui préfigure le sien, et ce d'un bout à l'autre de la chrétienté. À Anaple, là où Constantin bâtira son église, c'était Vesta que l'on vénérait. Dans une autre église Saint-Michel de Constantinople, de peu postérieure au Michaelion, c'était Esculape, dieu guérisseur qui apparaissait en rêve aux malades venus implorer leur guérison. Or, Esculape est fils d'Apollon, le dieu-soleil qui est aussi un dieu de la mort et de la destruction[30], et partout où se trouvait un temple des divinités solaires[31],

30. Apollon veut dire « destructeur ».

31. Qu'il s'agisse de la Gaule où les Saint-Michel sont souvent d'anciens sanctuaires de Lugd, ou de son doublet, Belenos, de l'Angleterre, de l'Irlande ou de l'Allemagne.

se trouve un Saint-Michel. Plus curieux encore, Apollon, dieu archer, est le maître des épidémies, de la peste en particulier[32]. Plusieurs manifestations michaéliennes à travers l'histoire auront précisément pour but d'enrayer des épidémies de peste.

Mais quel est le plus ancien sanctuaire de Michel ? Il se situe en Phrygie, dans les faubourgs de Hierapolis, où Michel a très tôt chassé une divinité thermale guérisseuse. Un autre se crée à la même époque dans la ville voisine de Colosses, là encore sur un lieu de culte païen. Un historien byzantin, Siméon Melaphraste, propose une version des faits qui, si elle était exacte, attesterait la conversion de ce temple à la fin du Ier siècle !

Selon Siméon, les chrétiens de Colosses auraient bénéficié d'une apparition de Michel, ce que les prêtres de l'Esculape local n'auraient pas apprécié. Ils auraient alors décidé de détruire la modeste église en provoquant une inondation criminelle. Ils détournèrent les sources thermales. Seulement, leur forfait accompli, Colosses était sous l'eau, excepté le lieu de culte visé… Miracle éclatant qui aurait rallié tous les suffrages à l'archange[33] !

Mais, hélas, il ne s'appuie sur aucune donnée concrète, sinon la certitude de l'existence d'une communauté chrétienne à Colosses dans la seconde moitié du Ier siècle[34].

32. C'est la même résurgence du rapport entre la peste et les flèches qui fera, au Moyen Âge, de saint Sébastien un saint qui protège contre cette maladie.

33. Au point, raconte Siméon, que les Colossiens auraient débaptisé leur ville pour en faire Choné, ce qui veut dire « miracle » en grec. Les orthodoxes fêtent ce miracle le 8 septembre.

34. À laquelle saint Paul adressera l'une de ses épîtres.

Pendant les quatre premiers siècles chrétiens, il est impossible de remonter avec exactitude l'avancée de la dévotion à saint Michel. L'Église, il est vrai, est méfiante ; elle n'aime pas que les fidèles aient d'autres intermédiaires que le Christ, par peur de l'hérésie et de l'idolâtrie. Les néo-platoniciens, les gnostiques, incitent la papauté à la plus grande réserve envers les anges. Il n'est pas jusqu'à la christianisation abusive de statuettes païennes, entre autres des Mercures, qui ne l'inquiète. Pourtant, le culte angélique se répand en Syrie, en Pisidie, en Égypte, où Alexandrie, premier siège apostolique après Rome, consacre très tôt une église Saint-Michel. Sous Constantin, il gagne l'Europe et Spolète, en 429, bâtit peut-être la première chapelle occidentale de l'archange[35]. Lorsqu'à la fin du IVe siècle, Théodose le Grand, afin d'empêcher un retour offensif du paganisme, tel qu'il s'est produit de 361 à 363 sous le règne de Julien, interdit le culte des idoles, l'un des temples confisqués et consacrés l'est « au Dieu des anges, des saints et des prophètes ». Il se situe en Ombrie, qui marque alors la limite des domaines michaéliens. Pas pour longtemps, car le Ve siècle, qui verra les invasions barbares, la chute de Rome aux mains des Wisigoths et, en 476, la mort de l'Empire romain d'Occident, est le grand siècle de saint Michel.

En avril 451, Attila et les Huns, qui ont longtemps campé aux frontières de l'Empire d'Orient, se jettent sur

35. Les vestiges de la chapelle Saint-Michel existent toujours sous la basilique San Salvatore de Spolète.

l'Europe, franchissent le Rhin, assiègent Metz. La ville, obligée de capituler après trois semaines de résistance, est pillée, incendiée, et sa population passée au fil de l'épée. Cette cruauté n'est pas gratuite : par cet exemple abominable, Attila espère démoraliser les Gaulois et les pousser à livrer leurs cités sans combattre. Ceux, d'ailleurs, qui compteront, en se soumettant, sur la clémence du Khan, ne seront pas mieux traités que les habitants de Metz.

Alors, mourir pour mourir, les plus braves préféreront périr les armes à la main. À Troyes, à Orléans, les évêques, Loup et Aignan, défendront les murailles. À Lutèce, l'âme de la résistance sera une vierge consacrée, Geneviève, qui empêchera ses concitoyens d'ouvrir les portes aux Huns. À cause d'eux, Attila perdra un temps précieux. Le maître de la Milice en Gaule, le patrice Aetius, en profitera pour rassembler toutes les forces disponibles, Romains et Barbares confondus. En juin, il écrasera les hordes hunniques en Champagne.

Attila sort de notre histoire nationale, pas de celle du monde. Défait en Gaule, le Khan, avec les débris, encore redoutables, de son armée, envahit l'Italie. Au printemps 452, il menace Rome. Dans la ville, les autorités laïques perdent la tête; l'empereur Valentinien et ses officiers n'ont qu'une idée : s'enfuir. La population, abandonnée, misérable, terrifiée, se tourne alors vers le seul protecteur possible, le souverain pontife, Léon Ier.

Léon est de l'étoffe des grands papes, des grands administrateurs et des grands saints. Avec un sidérant courage, il décide d'aller, seulement escorté de quelques prêtres, au-devant d'Attila, et de lui demander d'épargner Rome et les Romains. Mission impossible, probablement mortelle. Pour le rappeler au pontife, il y a l'exemple, pas si ancien, de l'évêque de Reims, Nicaise, massacré par les envahisseurs qu'il voulait apaiser ; c'était en 407, hier, et les Barbares de l'époque ne l'étaient pas autant que les Huns…

Léon Ier ne se laisse pas dissuader par son entourage, mais, avant d'aller à la rencontre d'Attila, solennellement, il consacre la ville à saint Michel. Et l'incroyable se produit : Attila se laisse séduire par la rançon que lui offre le pape et il accepte d'épargner Rome.

En action de grâces, une église est élevée à l'archange sur la Via Salaria, à la sortie de Rome, sous le nom de Saint-Michel et des saints anges[36]. Ce n'est qu'un début.

Sipontium[37] est un diocèse de l'Italie méridionale tout à fait ordinaire, au cœur de l'Apulie, entre la mer et la montagne, avec pour point culminant, à 1 056 mètres d'altitude, le mont Garganus, d'où, dit-on, il est possible de voir le golfe de Naples. La région ne s'est guère illustrée dans l'histoire sinon par le bref passage des bandes de Spartacus, il y a plus de cinq cents ans.

C'est le printemps, en l'an 492 de la rédemption. Et comme c'est le printemps, que la nature est en fleur, les animaux sont d'humeur folâtre. Un jeune taureau, mal entravé dans sa pâture, rompt ses liens, saute la clôture, et se met en quête d'une génisse à sa convenance.

---

36. Il ne reste rien aujourd'hui de San Michele de la Via Salaria. Sauf la fête de sa dédicace, au 29 septembre, qui est devenue la Saint-Michel.

37. En 1251, Sipontium-Sipontini dans les Pouilles, désirant plaire à l'empereur romain germanique, prendra son nom et deviendra Manfredonia, la ville de Manfred.

Ce taurillon, le plus beau du troupeau, appartient à un seigneur des environs de Sipontium, Elvios Emmanuele que certains chroniqueurs nomment Garganus, parce qu'il possède des terres sur le fameux mont. Lorsque, le matin suivant, Garganus constate la disparition de son meilleur reproducteur, le printemps, les fleurs et les oiseaux ne suffisent pas à calmer sa fureur. Il passe sa colère sur ses bouviers et, les jugeant décidément bons à rien et inefficaces, il décide de prendre la tête des recherches. Le pauvre Garganus et ses hommes passent toute la journée, qui commence à être chaude en mai, en Apulie, à courir après la maudite bête qui a, décidément, trotté très loin.

Après des heures de recherches, les traces les conduisent, enfin, sur les pentes du mont. Il est truffé de grottes et d'anfractuosités, et Garganus tremble que son beau taureau se soit blessé.

Le voici enfin, mais dans quelle curieuse posture et quel curieux endroit ! Le taurillon est couché, agenouillé plutôt, dans l'entrée d'une caverne. Tous les efforts de Garganus et de ses bouviers pour le faire lever sont vains. La nuit tombe déjà et la bête reste immobile, se bornant à mugir tristement quand les hommes la bousculent, et même, car l'énervement les gagne, commencent à la frapper. Le magnifique crépuscule italien illumine le ciel de mauve tandis que la mer, loin, en bas, s'enfonce dans la nuit. Le seigneur et ses gens n'ont nulle envie d'être surpris par les ténèbres sur les pentes abruptes du mont. Il va falloir laisser le taureau. À cette perspective, Garganus enrage. Il est si fort en colère qu'il prend son arc et tire sur la bête. À cette distance, la manquer est impossible ;

et, d'ailleurs, Garganus ne manque pas son coup. Seulement, si incroyable que cela soit, la flèche, au lieu de tuer l'animal, ricoche et revient vers le tireur, qu'elle blesse au bras. Piteux, saignant, et très effrayé, Garganus décampe sans demander son reste. Plus il y pense, moins cet accident lui paraît normal. De leur côté, les valets, stupéfaits, racontent, dans tout Sipontium, l'extravagant événement dont ils ont été témoins. Le récit revient aux oreilles de l'évêque, Laurent, qui se le fait confirmer par le principal acteur et intéressé. Ayant entendu Garganus, le prélat n'hésite pas à attribuer une origine surnaturelle à l'incident. Mais bonne ou mauvaise ? Et que signifie-t-elle ? L'époque ne fait pas les choses à moitié : trois jours de jeûne et de prières sont aussitôt décrétés. Le troisième jour, Laurent voit un magnifique cavalier blanc lui apparaître. Saint Michel, car c'est lui, dit à l'évêque : « Je suis l'auteur du prodige de la grotte. Désormais, elle sera mon sanctuaire sur cette terre. »

Mais voilà que Laurent, hier si empressé à connaître les volontés célestes, se fait maintenant tirer l'oreille et prend son temps pour obéir à l'archange. Le châtiment du récalcitrant ne tarde pas : des Barbares mettent le siège devant Sipontium. Derechef, Laurent fait prier et jeûner ses ouailles ; derechef, saint Michel apparaît et promet à l'évêque une éclatante victoire sur les païens. Le lendemain, alors que les assiégés tentent une sortie, un orage d'une rare violence éclate et disperse l'ennemi. Cette fois, plein de gratitude, Laurent ne tergiverse plus : il écrit au pape, Gélase Ier, afin de lui demander l'autorisation de consacrer la grotte à saint Michel. L'archange va-t-il être enfin satisfait ? Pas encore. Une troisième fois, le prince des séraphins apparaît, pour expliquer à l'évêque qu'il ne doit pas se compliquer la vie : lui, Michel, lorsqu'il a élu le mont Gargan pour sanctuaire privilégié, a consacré la grotte.

La réponse de Gélase, au demeurant, sera favorable et, très vite, sur le mont Gargan devenu monte San Angelo (la montagne du Saint-Ange) commence à s'élever, au-dessus de la grotte, la basilique céleste. Toute la chrétienté, même le Basileus Zénon, qui envoie les plus beaux marbres de Constantinople, va contribuer à bâtir et décorer l'église de Saint-Michel.

Sans mettre le moins du monde en doute l'historicité des apparitions du mont Gargan, l'histoire, telle que la Tradition et la légende dorée l'ont transmise, appelle quelques remarques. La grotte où le personnage connu sous le nom de Garganus retrouve son taureau échappé n'était certainement pas un site neutre, mais un lieu de culte païen extrêmement ancien que l'évêque de Sipontium avait tout intérêt à christianiser. Car il est une divinité païenne, et même deux, dont le culte et les attributs sont identiques à ceux de Michel. Il s'agit dans les deux cas d'un dieu solaire et guerrier : Mithra et Apollon.

À quel moment Mithra le Persan est-il arrivé en Europe ? Sans doute au Ier siècle avant notre ère, ramené par des soldats romains de retour d'Orient, ou, selon certains, par les pirates que Pompée fit prisonniers en - 67 et qu'il contraignit à s'établir comme cultivateurs en Calabre et dans les Pouilles[38]. Mithra est un sauveur, un purificateur, ce qui fera beaucoup pour sa popularité dans l'Empire romain préchrétien, en quête d'une religion de salut.

Mithra naît adulte, surgissant tout armé de la paroi rocheuse d'une caverne. C'est dans des grottes que ses adeptes le célébreront. Des bergers sont dans les parages, dont les troupeaux meurent de soif. Mithra, dieu archer, à l'instar d'Apollon, décoche une flèche contre la pierre : une source jaillit[39]. Ensuite, Mithra part en quête d'un taureau, symbole des forces vitales, mais aussi de la mort et des puissances mauvaises. Après une interminable poursuite, le dieu capture l'animal, l'entraîne dans la caverne où il est né, et l'immole...

Les coïncidences sont trop nombreuses pour être fortuites. L'évêque Laurent a-t-il voulu effacer les traces d'un temple mithriaque ? Le mithriacisme est-il une préfiguration de la dévotion michaélienne[40] ?

Quoi qu'il en soit, le sanctuaire du mont Gargan est promis à un avenir triomphal. Tout au long du Moyen Âge, les pèlerins illustres se succèdent dans la basilique céleste. Ce sont les papes Gélase Ier, Agapit Ier (mort en 536), saint Grégoire le Grand, saint Célestin V,

38. Robert Turcan, le spécialiste du mithriacisme, souligne que, dans l'état actuel des recherches archéologiques, on n'a encore retrouvé aucun sanctuaire de Mithra en Italie du Sud, ce qui ne signifie pas qu'il n'y en eût jamais.

39. Aujourd'hui encore, la grotte primitive du mont Gargan est si humide que de vraies flaques d'eau se forment parfois au milieu du sanctuaire.

40. C'est ce qu'affirment les apologistes chrétiens qui n'ont pas manqué de noter aussi les similitudes existant avec la nativité du Christ.

jusqu'à Urbain VI (mort en 1389[41]) ; les princes, depuis les empereurs germaniques jusqu'à Charles Ier d'Anjou et Ferdinand le Catholique ; les saints Bernard de Clairvaux, François d'Assise, Thomas d'Aquin, Brigitte de Suède, François de Paule… Lors de son pèlerinage en 1221, le Poverello ne se jugera pas digne d'entrer dans le sanctuaire et passera la nuit en prière sur le seuil.

Mais ce sont surtout les rois lombards, puis les Normands d'Italie, et les croisés qui donneront au monte San Angelo toute sa gloire, et populariseront saint Michel à travers l'Europe.

En février 590, Rome va de malheur en malheur. Tout a commencé par une crue du Tibre, si forte qu'elle a emporté nombre de monuments antiques, jusque-là épargnés par les Barbares. Les greniers publics se sont écroulés, anéantissant les réserves de grain et faisant craindre la famine. Des quartiers entiers de la ville sont sous l'eau. Plus grave encore, l'inondation a surpris beaucoup d'animaux, qui ont péri noyés. Le fleuve dépose sur la rive des charognes en putréfaction : moutons, chèvres, vaches, mais, surtout, des serpents, et même une espèce de lézard géant ou de crocodile sorti on ne sait trop d'où et dont la vue a jeté une sainte frayeur dans le petit peuple éprouvé et superstitieux. La décrue coïncide avec les premières chaleurs printanières et toutes ces carcasses restent à pourrir au soleil dans la vase. Ce qui doit fatalement arriver arrive : ces immondices putréfiées

41. Il faut ensuite attendre le pontificat de Jean-Paul II pour revoir un pape au mont Gargan.

déclenchent une épidémie. Les victimes se comptent bientôt par centaines, à commencer par le pape lui-même, Pélage II. Les Romains, désespérés, se tournent alors vers l'un des plus proches collaborateurs du pontife défunt, l'abbé de Saint-André du Caelius, Grégoire. Ils le supplient d'accepter le siège de Saint-Pierre, ce à quoi Grégoire, homme de grandes capacités mais d'immense modestie, répugne fortement. Ce qui intéresse le plus Rome, en cet instant, c'est que l'abbé de Saint-André a la réputation bien établie d'être un saint, un visionnaire et un thaumaturge en contact permanent avec le ciel : l'homme de la situation en cette période de crise qui traduit certainement la colère céleste. Grégoire, espérant encore échapper à la tiare, demande que son élection soit ratifiée par le Basileus Maurice ; Constantinople est loin, c'est du temps gagné. Mais il ne peut rester sourd aux supplications et aux angoisses de la population. Aussi décide-t-il un jeûne expiatoire, un triduum de prières, et une grande procession de réparation à laquelle sont conviés tous les Romains valides, voire les malades puisque quatre-vingts processionnaires, déjà atteints par le fléau, s'écrouleront en pleine rue…

Grégoire marche en tête du cortège, qui grossit tandis qu'il passe de quartier en quartier et se dirige vers la basilique de Notre-Dame des Neiges[42]. Le futur pape brandit au-dessus des têtes l'une des reliques les plus vénérées de Rome : une image de la Vierge dont la tradition dit qu'elle fut peinte par saint Luc[43]. La foule,

42. Aujourd'hui Santa Maria Maggiore.

43. C'est la raison pour laquelle le Moyen Âge honorait l'évangéliste comme patron des peintres.

dolente et recueillie, avance en chantant à travers les rues sales, évitant les cadavres pestiférés abandonnés au seuil de maisons désertes. Maintenant, la procession longe le fleuve, cause de tout le mal, et presque à sec, d'où monte une écœurante odeur de vase et de bêtes crevées. Sur la rive en face, entre le Vatican où Constantin fit élever une basilique à l'emplacement du cirque de Néron, lieu du martyre de saint Pierre, et le quartier populeux du Transtévère, se dresse un monument antique intact : le mausolée de l'empereur Hadrien. Certes, les bas-reliefs et les marbres ont disparu, mais l'essentiel du bâtiment, une haute tour massive, défie le temps. Dans la chaleur qui monte avec le jour, la procession avance. Les cantiques se font plus faibles tandis que la fatigue augmente. Et voilà que des voix se font entendre sur la rive opposée, comme si une autre procession, plus fournie et plus dispose, venait à la rencontre de Grégoire et de ses ouailles épuisées. Elles chantent le *Regina Caeli*. Vainement, la foule scrute la rive, inondée de soleil : il n'y a pas trace de présence humaine en face. L'antienne pascale de la Vierge n'est pas longue et, comme les voix mystérieuses arrivent au dernier vers, *Ora pro nobis Deum*, le mausolée paraît s'embraser. Une lueur flamboyante auréole le haut de la tour ; au centre de cette clarté se tient un jeune homme revêtu d'un costume guerrier. Dans sa main droite, il tient un glaive nu. Et, lentement, il le remet au fourreau, avant de sourire et de disparaître. Grégoire n'hésite pas sur l'identité de ce visiteur céleste ; c'est saint Michel, venu signifier que Dieu pardonne à son peuple, grâce à l'intercession de la Vierge.

L'historicité des événements est incontestable, un témoin oculaire les a attestés quelques semaines seulement après leur déroulement. En effet, en ce début d'année 590, l'évêque de Tours, Grégoire, désireux d'acquérir de nouvelles reliques pour sa cathédrale, a envoyé à Rome l'un de ses diacres. Le clerc tourangeau a tout vu, tout rapporté dans le détail à son prélat qui tient une chronique, tant de l'actualité que du passé récent[44]. Tout, sauf l'apparition de l'archange, qui aurait pourtant comblé Grégoire, amateur passionné de miracles…

Il ne faut pas pour autant regarder l'apparition comme légendaire. Grégoire, abbé de Saint-André du Caelius, qui allait devenir le grand pape Grégoire Ier, était un saint et un mystique. Sa bonne foi demeure insoupçonnable. Il était coutumier des visions angéliques et spécialiste en angélologie. Lui, sinon le reste de la foule, fut certain d'avoir vu l'archange, comme il l'affirma très vite dans un bref; il y reconnaissait le caractère miraculeux de l'apparition, qui correspondait à la fin subite de l'épidémie. En signe de reconnaissance, Grégoire le Grand fit élever dans le mausolée d'Hadrien, rebaptisé château Saint-Ange, une réplique exacte de la basilique souterraine du mont Gargan et, au sommet de la tour, une gigantesque statue de saint Michel.

Mais l'archange, s'il règne sur l'Italie, ne veut pas s'en tenir là. Il va se susciter un nouveau sanctuaire, à l'Occident cette fois, qui dépassera le Gargano en célébrité et lui ouvrira le reste de l'Europe.

---

44. Saint Grégoire de Tours, *Histoire des Francs*, livre X.

An 706, Avranches en Cotentin, loin, bien loin de la splendeur de Rome et du soleil de Sipontium... L'évêque du diocèse se nomme Aubert. C'est un saint homme dont la vie quotidienne n'est pas dépourvue de tracas, car une grande partie de ses domaines est recouverte d'une vaste et profonde forêt, les bois de Scissy, qui ne s'interrompent qu'en bord de mer, sur cette bordure côtière où s'est développée une ceinture de villes prospères. Or, cette forêt de Scissy, impénétrable et dangereuse, sert de refuge à une faune, humaine, certes, mais pas très catholique. Aubert soupçonne même que les demi-sauvages qui vivent là n'ont pas renoncé, tant s'en faut !, aux vieilles pratiques idolâtres. Les cultes païens survivent vaille que vaille, surtout concentrés sur deux éminences, deux curieuses collines dressées au-dessus des arbres, le mont Dol et le mont Tombe, où s'allument encore parfois les bûchers des anciens dieux solaires. Que Lucifer parvienne toujours à se faire adorer sous le nom de Bélénos ou sous un autre du même acabit après sept siècles de christianisme, voilà ce qui empêche Aubert de dormir. Bien sûr, il a essayé d'y remédier. Il a même trouvé quelques ermites, quelques moines, qui ont accepté d'aller vivre dans la forêt de Scissy et jusque sur les pentes du mont Tombe. Cela n'a pas suffi à chasser le démon. Il faudrait au moins une intervention de saint Michel, son ennemi intime, pour faire fuir le séraphin déchu et obstiné...

Et voilà que, une nuit, Aubert rêve de l'archange qui lui tient à peu près ce discours :

« Aubert, consacre-moi le mont Tombe. Je veux que tu m'y construises un sanctuaire comme celui de ma montagne de Gargano. J'y ferai ma demeure. »

Aubert se réveille, extrêmement troublé, mais surtout réticent. C'est un homme d'action, de terrain, pas de rêveries mystiques. Et puis, il y a si longtemps que le tracasse l'affaire de la forêt de Scissy et du mont Tombe qu'il croit à une explication naturelle du songe : l'impossible éradication du paganisme le poursuit jusque dans son sommeil. Il ne pense pas un instant que ses réflexions concernant une consécration du mont à saint Michel puissent venir d'En Haut, et non de lui-même[45]...

Les jours passent, l'évêque évite de penser davantage à son rêve. D'ailleurs, quelle vanité le pousse à imaginer une église aussi grandiose que la basilique céleste dans un si pauvre et si sauvage diocèse! Ne serait-ce pas le diable qui l'induirait en une tentation d'orgueil?

Aubert est presque parvenu à oublier ce songe absurde quand, une nuit, le même rêve recommence; seulement, cette fois, Michel a l'air passablement mécontent, et il reproche à l'évêque son manque d'empressement à le satisfaire.

Au réveil, le prélat, plus troublé encore que la première fois, se persuade qu'il est victime soit d'un orgueil maladif qu'il ne soupçonnait pas, enfoui au fond de son âme, soit d'une obsession diabolique. Il ne bronche donc pas.

Les jours coulent, et les semaines. Aubert croit avoir retrouvé la tranquillité. Non. Michel lui apparaît une troisième fois, en grand courroux car il a fait preuve d'une patience assez rare pour un séraphin... Gabriel, jadis, ne fut pas si clément pour les hésitations de Zacharie.

45. Ce qui rejoint parfaitement les commentaires de saint Thomas sur la façon dont s'exerce la persuasion angélique. Le plus souvent, les anges vous soufflent une idée en vous laissant croire qu'elle est de vous.

Il secoue Aubert d'importance, blâme son incrédulité et lui annonce qu'il va lui laisser un signe de sa visite. En disant ces mots, Michel pose l'index sur la tempe du prélat suspicieux. Réveillé en sursaut, l'évêque, bien que sans blessure apparente, a l'impression passagère que quelque chose lui a troué le crâne[46].

La démonstration lui a suffi ; Aubert est décidé à donner entière satisfaction au grand archange un tantinet susceptible. Il entreprend aussitôt les travaux de défrichage et les fondations de l'église qu'il veut bâtir, souterraine, à l'instar de la basilique du Gargan. Et, pour bien prouver que l'une dépend de l'autre, avant que le gros œuvre soit achevé, car la route est longue d'Avranches aux Pouilles, l'évêque expédie deux jeunes moines, courageux et entreprenants, à Sipontium. Leur mission ? Demander à l'évêque italien une parcelle des vénérables reliques laissées par Michel au mont Gargan, c'est-à-dire un peu du marbre sur lequel il posa les pieds et un petit bout de ce beau paludamentum pourpre, très semblable à un manteau d'officier de la cavalerie romaine, mais de meilleure qualité, que l'archange aurait oublié sur sa montagne.

Les petits frères entament leur voyage ; il leur faudra plus de deux ans pour faire l'aller et le retour, de l'Italie du Sud au Cotentin. L'évêque de Sipontium s'est montré compréhensif et flatté ; il a volontiers accepté de céder

---

46. Sauvé en 1793 des profanations révolutionnaires par un catholique d'Avranches, aïeul du poète Louis Foisil, le chef de saint Aubert porte, en effet, un trou très semblable à une cicatrice de trépanation. Jean de La Varende parvint à faire examiner la relique par un médecin qui affirma ne pas trouver d'explication naturelle ou scientifique au phénomène.

une parcelle des reliques. Si les moinillons doutaient de leur origine, les prodiges qu'elles ont opérés sur le chemin du retour les rassureraient. Que de malades guéris, d'infirmes miraculés ! Ils ont grande hâte d'être au mont Tombe pour faire part à Aubert de leur réussite. Ils sont presque au but maintenant, mais ils s'arrêtent net, ahuris, muets de stupeur : ils ne reconnaissent rien. Quoique certains d'être rentrés chez eux, ils ne retrouvent pas le paysage familier. L'immense forêt de Scissy a disparu, et les petites cités côtières, cédant la place à une grève nue, une gigantesque étendue de sable blanc découverte par la marée descendante, et parcourue de ruisseaux qui la font briller au soleil comme une nappe d'argent en fusion. Au loin, la mer, victorieuse et, seul, dressé sur cette grève nouvelle, îlot offert au mugissement des tempêtes et à l'assaut des vagues, le mont Tombe, survivant terrible d'une catastrophe que les deux moines pèlerins, saisis, n'osent pas imaginer. Leurs frères, quand ils auront rejoint, hésitants sur ces sables inconnus et par endroits mouvants, la forteresse archangélique, leur raconteront le cataclysme, vieux de six mois, qui a provoqué ces incroyables changements. C'était en mars 709. Une nuit noire, rugissante de vents. La bourrasque qui souffletait ceux qui essayaient de mettre le nez dehors, et la pluie, des paquets de pluie à assommer un bœuf, avec un goût de sel, comme si les vagues montaient à l'assaut du ciel. On n'y voyait plus rien à deux pas. Et, d'un coup, la terre qui se met à trembler, mais pas une de ces petites secousses sans importance, que l'on connaît bien dans le pays et qui ne font pas de mal ! Non, mais un vrai séisme, monté des entrailles du sol avec un rugissement terrifiant…

Le mont Tombe qui vacille sur ses bases. L'impression que cela ne finira jamais. Les moines et l'évêque, en visite, à plat ventre, tous, dans l'église, cramponnés à l'autel, sûrs que leur dernière heure est arrivée. Et, comble de l'horreur, des centaines de bêtes sauvages, des loups, des vipères, apeurés, qui envahissent le mont, y cherchent refuge. À la pâle clarté d'une aube d'épouvante, les frères comprennent pourquoi les animaux les assaillent : à perte de vue, il n'y a plus trace de terre solide alentour… La côte s'est effondrée dans la mer, le littoral s'est abaissé en dessous du niveau de l'océan et la marée, la grande marée de mars, de l'équinoxe de printemps, s'engouffre, mugissante, dans ce qui fut le continent. La forêt de Scissy est sous l'eau, et les moines voient passer des arbres déracinés[47], emportés comme fétus de paille dans le courant. C'est le Déluge recommencé.

Et tout ce déploiement de violence des éléments semble n'avoir qu'un but : le mont Tombe. La pluie, la mer, la foudre, car l'orage s'en mêle, le séisme se concentrent sur l'îlot épargné, décidés à l'engloutir à son tour. Aubert comprend. En consacrant le mont à Michel, il a déchaîné l'implacable fureur de Lucifer. Plutôt que lui abandonner cette partie de son empire, le Mauvais, fidèle à sa propre logique, préfère la détruire. Et il déploie, afin d'y parvenir, toute sa puissance et celle de ses anges déchus. Aubert constate qu'un esprit, même rebelle, possède d'incroyables pouvoirs et commande à la nature et à ses manifestations. Alors, l'évêque appelle Michel

47. À certaines grandes marées, aujourd'hui encore, il arrive que les arbres fossiles de Scissy remontent à la surface de la grève.

au secours. Et le secours arrive, immédiat. La tempête s'apaise, la mer descend ; le mont surnage, telle l'Arche de Noé, au milieu d'un paysage d'apocalypse. Il n'est pas jusqu'au gros ruisseau du Couesnon dont le cours n'ait été dévié par le tremblement de terre et le raz de marée[48].

Mais l'abbaye va surgir, triomphale, dominée par la célèbre Merveille de l'Occident, dressée entre ciel et terre, défiant la foudre qui ne cesse de la frapper, image parfaite de Michel, le chevalier sans peur debout entre le trône de Dieu et la folie de Lucifer. Invincible[49]. Le mont Tombe[50] a cédé la place au Mont-Saint-Michel au péril de la mer.

Sa renommée est immédiate, fulgurante. En 710, le roi Childebert III lui consacre son royaume. En 732, à la veille de la bataille de Poitiers, alors qu'il se porte à la rencontre des Sarrasins jusque-là invaincus, Charles Martel implore le secours de l'archange défenseur de la chrétienté et n'hésite pas à lui attribuer sa victoire sur les armées musulmanes.

Faut-il d'autres signes de la prééminence croissante du Mont ? Oui, et des pèlerins irlandais en feront bientôt l'expérience.

---

48. Le Couesnon marque la frontière naturelle entre la Bretagne et la Normandie. En se déplaçant, il fit passer le Mont chez les Normands, d'où le proverbe fameux et rageur : « Le Couesnon en sa folie mit le Mont en Normandie. »

49. La Varende, en 1940, dénombrait 992 incendies naturels ou criminels dans l'histoire du Mont, sans parler d'une demi-douzaine de tremblements de terre.

50. Le nom a survécu dans celui de l'îlot rocheux voisin de Tombelaine dont l'étymologie est transparente puisqu'elle renvoie à Bélénos, le dieu solaire des Celtes.

Chez eux aussi le paganisme, en dépit des efforts bicentenaires des évangélisateurs, successeurs de saint Patrick, n'est pas totalement éradiqué, et le culte du Dagda, le grand dieu celte que les Gaulois nommaient Taranis ou Succelos, survit, localement lié à un récit mythique l'opposant à un serpent ou à un dragon, symbole du Mal, que le Dagda tue dans un combat à cheval[51].

C'est sans doute pour arracher au Dagda l'un de ses sanctuaires que les moines ont forgé la légende du Skellig Michael. Elle est transparente.

Un dragon rouge, tout couvert d'écailles et extrêmement féroce, désole la verte campagne irlandaise, détruisant tout de son haleine de soufre et de flammes. Le dragon rouge, c'est l'ancestrale image du Mal chez les Celtes comme chez les chrétiens. De preux guerriers ont osé affronter le monstre, mais il les a tués. Première moralité : on ne combat pas le diable avec les armes humaines, mais par la prière. On entame donc un triduum, comme à Sipontium, comme à Rome. Et, forts de l'aide de Dieu, les vaillants Irlandais se portent courageusement vers le repaire du monstre. Mais là, quelle est leur surprise, sinon leur déception ! Le dragon rouge est mort. Il gît, déjà raide, au fond de sa caverne. Près de la dépouille, des armes en argent, abandonnées par le héros qui a défait la bête. Respectueux, on les ramasse. Dans la nuit, l'évêque fait un rêve : saint Michel lui apparaît, c'est lui qui a tué le dragon. En échange de son aide

---

51. On a retrouvé des représentations gauloises de Succelos en cavalier transperçant d'une lance un serpent géant, dont s'est inspirée l'iconographie de saint Georges et, mais cette fois en simple piéton, celle de saint Michel.

miraculeuse, il demande que ses armes soient portées, en grande pompe, en son plus célèbre sanctuaire.

L'évêque, aussitôt, charge quatre robustes jeunes gens de cette longue et périlleuse mission : aller au mont Gargan. Et les voilà qui s'embarquent et passent sur le continent, puis, de là, prennent la route de l'Italie. Mais que se passe-t-il ? Les quatre gaillards se sentent des jambes de plomb, ils se traînent à la vitesse d'escargots valétudinaires. Même, par moments, quand ils avancent à un rythme normal, ils s'aperçoivent que c'est à reculons… Diableries ? Non, avertissement céleste ! L'évêque irlandais s'est mépris sur les intentions de l'archange : son plus célèbre sanctuaire, c'est le Mont au péril de la mer.

Incapables d'aller plus loin que la Normandie, convaincus de complaire à saint Michel, les jeunes gens vont déposer les armes à l'abbaye.

Démonstration enjolivée et de la sacralisation d'un lieu de culte païen et de la filiation directe entre le Mont-Saint-Michel en France et le Skellig Michael d'Irlande. Il y en aura bien d'autres car, au fil du temps, l'Angleterre et l'Allemagne s'ouvriront à la dévotion michellienne, non par le mont Gargan, mais par la Normandie. La raison ? Essentiellement liée à l'extraordinaire vitalité du duché après les invasions vikings et à l'insatiable soif de batailles et de voyages qui anime les jeunes descendants de Rollon.

De France en Italie, d'Italie en France, puis en Terre sainte, les Normands propagent joyeusement leur foi en l'archange guerrier dont ils ont fait le patron de leur province et le protecteur de leurs entreprises militaires.

En vérité, les Normands d'après la conquête viking du IXe siècle n'ont fait qu'adopter la dévotion à saint Michel répandue dans tout l'Empire carolingien. Car Charlemagne fut l'un des grands champions de l'archange. Les derniers Mérovingiens, déjà, avaient consacré le royaume au vainqueur de Lucifer, et l'empereur pouvait également se souvenir du vœu de son aïeul à la veille de Poitiers. Mais l'alliance de Charlemagne et de saint Michel est certainement quelque chose de plus complexe, où une très vive et très réelle piété rejoint une symbolique politique et religieuse compliquée.

Car, en dépit de l'appui loyalement apporté aux Carolingiens par la papauté en échange de leur aide militaire, ceux-ci n'en demeurent pas moins des usurpateurs. Revendiquer la protection de Michel les inscrit, au contraire, dans une légitimité plus haute encore que celle des descendants de Clovis : la succession de l'Empire romain que Constantin avait voué à l'archange. En 813, à l'issue du concile de Mayence, Charlemagne consacre ses États et ses étendards à Michel et il étend la célébration de sa fête, le 29 septembre, à l'ensemble de l'Empire. Désormais, les oriflammes des Francs porteront l'effigie du séraphin et cette inscription : *Ecce Michael, Princeps magnus, venit in adjutorium mihi*[52].

L'inscription, selon la légende, commémorait le secours qu'aurait reçu l'empereur dans ses guerres contre les Saxons ; Michel lui serait même apparu, dans tout l'apparat guerrier et chevauchant un destrier blanc, une bannière bleue fleurdelisée à la main.

52. Voici Michel, le grand prince ; il est venu à mon aide.

Quoi qu'il en soit, la période voit une floraison sans précédent de sanctuaires michelliens. Au Xe siècle, la France comptera cent quatre-vingts couvents ou abbayes placés sous le patronage du prince de la milice céleste, et déjà une bonne partie des deux cents villes, villages et hameaux qui portent son nom, sans même parler des tours de cathédrales toujours placées, selon l'usage, sous la protection des trois séraphins, comme c'est le cas à Saint-Riquier.

C'est aussi l'époque qui voit la fondation du grand site michellien du monde germanique, le Michaelsberg.

Sous couvert légendaire, d'une extrême poésie d'ailleurs, l'histoire du Michaelsberg s'inscrit dans la droite ligne des sanctuaires de l'archange, toujours gagnés de haute lutte sur Lucifer, dissimulé derrière la divinité païenne d'origine. Sur cette montagne de Bavière, les Germains adoraient Wotan ou Frida, parfois assimilée par les chroniqueurs à la déesse Diane. Wotan, dieu des sommets, résistait donc à la prédication de saint Boniface[53], qui décida de consacrer le mont à Michel et s'avança, sans craindre les maléfices démoniaques, à l'assaut de la hauteur païenne. Le vaillant Boniface n'avait pas mesuré la puissance de l'adversaire…

En le voyant avancer, tout seul, la croix à la main, la montagne prend vie, mais une vie mauvaise, agressive, destructrice, meurtrière. Des rocs se descellent qui roulent vers le saint, pour l'écraser. Des cailloux s'effritent sous ses pieds, afin de le faire tomber dans les précipices.

---

53. Premier évangélisateur de l'Allemagne, au VIIIe siècle, Boniface mourut martyrisé par ses ouailles.

Les arbres, les ronces se mettent à croître à vue d'œil, dressant entre l'homme de Dieu et l'idole du sommet une muraille naturelle impénétrable. Boniface essaye pourtant de se frayer un chemin à travers cette hostilité, cette cruauté. Mais à peine est-il parvenu à surmonter un obstacle qu'un autre, pire encore, surgit devant lui. Il comprend : quelqu'un veut l'empêcher de passer. Lucifer défend son domaine, usant de tous ses pouvoirs surnaturels. Boniface sait bien qu'aucun homme, serait-il un saint, n'est de taille, sans aide, à affronter le diable. Un séraphin reste un séraphin… À la différence de tant de présomptueux imprudents qui se croient plus malins que le démon, le saint n'essaie pas de jouer au plus fin avec le prince de ce monde. L'ayant reconnu, il n'entame pas un combat à armes par trop inégales ; il appelle Michel au secours. Aussitôt, le ciel s'embrase et un météore éblouissant surgit dans la nuée. Au cœur de cette blanche lumière, Boniface distingue un jeune homme revêtu d'une cuirasse de feu, le glaive à la main, avec d'immenses ailes immaculées. Un nouveau phénomène céleste se produit, on dirait une torche de flammes et de soufre, qui vêt tout entier, comme s'il était fait de braises, comme s'il brûlait de l'intérieur, un autre jeune homme qui serait aussi beau que l'archange si son visage n'exprimait pas tant de haine, de colère, de souffrance et de désespoir. Michel et Lucifer se regardent, puis ils se jettent l'un sur l'autre. Boniface n'en revient pas : les deux séraphins, les deux plus hauts princes entre les esprits, le bon et le mauvais, se battent comme des chiffonniers. On est loin de la lutte spirituelle racontée par les théologiens ! Ils se cognent dessus avec des ahans de bûcherons, ils s'empoignent, ils se mordent, ils se griffent ! C'est qu'ils sont presque de force égale, deux champions redoutables et qui n'ont pas peur des coups. Cette fois, Lucifer ne se laisse pas faire facilement ; ce mont, c'est un de ses derniers hauts lieux et il le défend ! Bien sûr, il sait, il a encore assez d'intelligence angélique pour cela, qu'il perdra ce duel aussi, qu'il perdra toujours, qu'il est le grand vaincu de toute cette affaire. Seul son effroyable, son maudit orgueil l'empêche de crier grâce et de demander merci, cette grâce, cette merci que l'Autre, dans son odieuse bonté, pourrait même lui accorder... S'il la réclamait... Cette pensée redouble la fureur et la haine du rebelle. Si Michel veut cette montagne pour lui, il la paiera cher. Il y laissera des plumes ! Et Lucifer croche ses doigts dans les grandes ailes blanches de son frère ennemi ; il tire, méchamment, décidé à faire mal. Toute une poignée de rémiges angéliques lui reste dans la main, et Boniface en voit d'autres qui tombent en tourbillonnant. L'une atterrit à ses pieds ; il se penche... Dieu, quelle merveille ! Rien de comparable en ce monde ! Ce n'est pas une plume, c'est un bijou tel qu'aucun orfèvre ne saurait en fabriquer !

Là-haut, Michel vient d'envoyer Lucifer au tapis. Le diable cède la place, en poussant des cris qui expriment davantage sa colère que sa douleur ; il est infiniment trop orgueilleux pour se plaindre, bien que personne ne puisse imaginer ce qu'il endure...

La montagne de Wotan et de Frida deviendra la montagne de Michel. Les moines, dans une châsse précieuse, enfermeront la plume de l'archange et l'offriront à la vénération éblouie des fidèles. Ils seront des milliers, pendant des siècles, à se presser vers le Michaelsberg pour y admirer cette preuve étonnante de la visite angélique, bien plus stupéfiante que la trace dans le marbre du mont Gargan, le manteau pourpre italien, les armes du Skellig Michael, ou la source Saint-Aubert que Michel aurait fait jaillir du rocher planté dans la mer afin de donner une eau pure à ses dévots.

Viendront la Réforme et les guerres de religion. Les protestants s'empareront un jour de l'abbaye du Michaelsberg et, ne distinguant pas la poésie populaire de la supercherie papiste, ils enlèveront la plume supposée tombée de l'aile de l'archange. Nul ne saura jamais ce qu'il en est advenu…

Cette disparition n'empêchera pas la Bavière de demeurer fidèle à saint Michel et de placer sous son patronage des sociétés de prière, des œuvres caritatives et un ordre de chevalerie, celui du Mérite.

Le Michaelsberg n'a pas éclipsé la renommée du Mont-Saint-Michel qui, plus encore que le monte Gargano, symbolise la puissance de l'archange, puissance belliqueuse mais sanctifiée qui explique pourquoi le Moyen Âge donne le guerrier céleste en modèle à la chevalerie. Et cela commence tôt, dès le règne de Charlemagne, mais, surtout, à travers une œuvre littéraire majeure, *La Chanson de Roland*. Si la version définitive du poème épique n'est fixée qu'au XIe siècle, il est probable que les textes primitifs, inconnus aujourd'hui, commencèrent à circuler dans les années qui suivirent le drame de Roncevaux, le 15 août 778. La chanson de geste témoigne hautement de l'importance alors conférée à Michel[54], qui a inspiré à Charles de donner Durandal, l'épée invincible, au preux Roland. Et lorsque, au fond du ravin pyrénéen, où la traîtrise de Ganelon a perdu l'arrière-garde franque, le neveu de l'empereur, après cent exploits impossibles, sent venir la mort, il se recommande à Gabriel, archange envers lequel il manifeste une dilection particulière, puis, comme il garde le sens des hiérarchies civiles et militaires, le comte de la Marche de Bretagne abandonne son âme à la bénévolence de saint Michel au péril de la mer.

Récitée dans toutes les provinces de langue d'oil, mais peut-être commandée par le duc Richard Ier de Normandie, *La Chanson de Roland* exalte les jeunes hommes et leur forge des âmes de héros. Elle joue son rôle dans la fièvre d'aventure exaltante qui s'empare de la jeunesse normande et française aux Xe et XIe siècles et qui culmine dans la folle et glorieuse entreprise de la première croisade, de 1095 à 1099.

Si riche que soit la Normandie, elle ne suffit pas à contenter les appétits des enfants des Vikings. Suivant le vieil instinct des cadets de Scandinavie, des fils de familles nobles se lancent en quête de horions et d'héroïsme ; de soleil aussi, car ces rejetons nordiques rêvent de contrées plus clémentes… Par dizaines, ils partent vers l'Italie. Certains, tels les fameux Hauteville, hobereaux du Cotentin, se taillent des royaumes dans le Sud. D'autres ne feront jamais fortune et se contenteront de servir en mercenaires des seigneurs plus habiles.

54. Au point que l'un de ses spécialistes, Léon Gautier, au XIXe siècle, n'hésitera pas à voir un Normand dans l'auteur de *La Chanson*, en raison de la place prépondérante de l'archange et du Mont.

Dans les Pouilles, tous retrouvent un aspect aimé de leur ancienne existence : la dévotion à saint Michel, au mont Gargan. La basilique céleste fait plus que jamais figure de forteresse de la chrétienté en cette époque où un nouveau péril menace l'Église : l'islam.

Saint Michel, le chevalier de Dieu, mettra au cœur de ces garçons brutaux, téméraires et fervents, le double et complémentaire désir de la reconquête et du martyre. Ils commenceront par la Sicile, avant de s'enflammer pour la guerre sainte par excellence : libérer Jérusalem et le tombeau du Christ.

Comment ignorer l'impulsion donnée par les Normands, ceux d'Italie et ceux de France, les féaux de Michel du Gargano et ceux de Michel au péril de la mer, à la première croisade ? Il n'est pas jusqu'à leur duc, Robert II, si improprement surnommé Robert le Diable, qui, en 1026, ne soit parti pieds nus pour la Terre sainte. Il mourra d'épuisement, ou empoisonné peut-être, sur le chemin du retour, tendant, à l'instar de Roland à Roncevaux, son gant à Monseigneur saint Michel, dont il ne reverra pas le Mont. Il n'avait pas trente ans.

Mais cette expédition, et celles, anonymes et oubliées, de tant de pèlerins moins célèbres, n'avaient pas été vaines. L'audace normande paiera. Les bases d'Italie du Sud et de Sicile seront les indispensables relais des croisés de l'avenir. Les précurseurs qui, au long du XIe siècle, ont bravé la cruauté des Infidèles pour aller en Palestine, ont balisé les routes de la reconquête, celles que suivront les pauvres gens de Pierre l'Ermite et les chevaliers.

Que saint Michel en personne marche devant eux, aucun des croisés n'en doute. Ils conteront mille faits qu'ils tiendront pour prodigieux et où ils discerneront l'active intervention de l'archange. En juillet 1099, quand ils investissent Jérusalem, au terme d'un calvaire atroce, après avoir perdu des milliers d'entre eux, les Français, les Normands et les Ardennais de Godefroy de Bouillon sont certains d'apercevoir, sur les remparts de la cité sainte, l'archange guerrier qui leur fait signe. Réelle ou imaginaire[55], cette apparition leur rend un courage que tant d'épreuves, et même la rivalité et les ambitions des principaux chefs, avaient un peu ébranlé. Jérusalem est reprise par les chrétiens.

C'est encore saint Michel que Philippe Auguste et les autres barons de la seconde croisade croiront reconnaître en la personne d'un chevalier mystérieux qui les guide dans les passages les plus dangereux…

Contre l'islam et l'étendard vert du prophète, l'archange, d'ailleurs, combat sur tous les fronts. Si l'Espagne de la Reconquista se choisit saint Jacques de Compostelle pour patron, les chevaliers français qui passent les Pyrénées, et les pèlerins de Santiago, transitent tous par l'obligatoire étape de Notre-Dame-du-Puy. Si la cathédrale est, selon la légende, réputée bâtie de la main des anges[56], elle voisine avec l'extraordinaire chapelle Saint-Michel d'Aiguilhe, perchée, vertigineuse, au sommet d'un dyke volcanique et à laquelle on parvient au terme d'une raide ascension, après

55. Les chefs normands étaient tout à fait capables d'inventer de toutes pièces un miracle propre à galvaniser leurs hommes. Ils pouvaient être sincères également, comme le prouve la découverte de la sainte Lance lorsque les croisés étaient assiégés dans Antioche ; ce qui n'empêcha pas quelques chefs de crier à la supercherie sacrilège, comme le raconte Jacques Heers.

56. Voir plus bas le chapitre consacré à Notre-Dame, Reine des Anges.

avoir salué, aux paliers inférieurs, les oratoires de saint Raphaël et de saint Gabriel[57].

Michel, défenseur de l'Église, chef spirituel de la croisade et de la lutte contre l'islam, est également le saint patron de la France. La chevalerie et la monarchie françaises ne manqueront pas de le lui rappeler lorsque viendront les jours sombres de la guerre de Cent Ans et les grands désastres nationaux. En effet, Michel prendra partie, et de quelle manière, en faveur des Lys contre les Léopards. Et pourtant, l'Angleterre était, elle aussi, une terre de l'archange…

C'était, évidemment, là encore, l'œuvre des Normands qui ne pouvaient aller où que ce soit sans emmener leur céleste protecteur.

Au commencement du XIe siècle, le roi Ethelred avait épousé une princesse normande, Emma, fille du duc Richard Ier[58]. Sous l'influence d'une femme qui était jeune, belle et ardente, Ethelred, en 1014, consacra son royaume à Michel et fit de ses fêtes des fêtes d'obligation, chômées et précédées d'un triduum de jeûne et de

57. Saint-Michel-d'Aiguilhe aurait été bâtie en 970, sans doute, comme la cathédrale, sur un ancien autel druidique. Certains pensent même que le dyke ne serait qu'une gigantesque pierre sacrée, une sorte de menhir géant, antérieure aux Celtes.

58. Emma est donc la tante de Robert II, et la grand-tante de Guillaume le Bâtard, parenté qui ne sera pas sans conséquences…

prières[59]. L'archange se souviendra qu'il devait l'Angleterre aux Normands.

Le seul fils qui ait survécu, parmi les enfants d'Emma et d'Ethelred, se nomme Édouard. Son père est mort quand il était encore très jeune[60] et un usurpateur s'est emparé du trône ; le petit prince a trouvé refuge dans sa parenté maternelle. De son enfance normande, Édouard conserve une vive tendresse tant à ses cousins qu'au pays maternel. Quand il parvient à rentrer en possession de son héritage, il décide de le léguer, à sa mort, au duc de Normandie. Car Édouard, bien que marié, a fait vœu de chasteté[61].

Son cousin disparu, Guillaume revendiquera ses droits sur l'Angleterre, les armes à la main. Il débarquera dans l'île, livrera bataille à Hastings, écrasera les Saxons, tuera leur roi, Harold, et ceindra la couronne. Toute la campagne militaire du Bâtard tient entre deux dates : 29 septembre-16 octobre 1066[62]. Un signe incontestable pour des hommes de cette époque…

L'Angleterre, après une si remarquable bénédiction, doit-elle se croire sous l'éternelle protection de Michel ? Non… Le jour où les Plantagenêts succèdent aux

---

59. Il faut noter qu'Ethelred n'honora pas seulement les deux grandes fêtes du 29 septembre et du 8 mai (anniversaire des apparitions du mont Gargan), mais également la fête typiquement normande du 16 octobre, anniversaire de la dédicace du Mont au péril de la mer.

60. Emma s'était aussitôt remariée avec le roi Canut de Danemark.

61. Il finira par expédier sa femme, Édith, au fond d'un couvent…

62. Il ne faut pas croire que Guillaume, psychologue, avait choisi sa date pour débarquer. Le temps était mauvais et empêchait toute navigation. Ce ne fut que le soir du 27 septembre que les vents, malgré l'équinoxe, se firent soudain favorables…

ducs normands, et, surtout, quand leurs ambitions les conduisent vers le continent, vers la France, l'archange se détourne d'elle. Il est, et il entend demeurer, le défenseur du royaume des Lys. Dans la tourmente, il se range du côté de la France opprimée ; et, quand tout semblera humainement perdu, Michel obtiendra de Dieu le fabuleux miracle qui sauvera sa terre d'élection.

Réponse, il est vrai, à des siècles de piété.

Dès les Mérovingiens, le clergé des Gaules, puis celui de la France, s'est soucié de sacraliser le pouvoir royal. Le baptême de Clovis est le fondement de cette sacralisation. Partant d'un rituel ordinaire, appliqué à tous les nouveaux baptisés – les onctions –, sera élaborée la doctrine du sacre, dont on verra une préfiguration dans le geste de saint Remi. Le souverain français qui règne sur la nation, *fille aînée de l'Église*, et tient le rôle de lieutenant de Dieu sur la terre, c'est-à-dire de bras armé de la chrétienté, s'inscrit alors dans la succession des rois d'Israël[63], princes de droit divin. De là à étendre le titre de Nouvel Israël de l'Église à la France, sa fille de prédilection, le pas est aisément franchi. Par conséquent, il est naturel de regarder Michel, ange gardien d'Israël au temps de l'Ancienne Alliance, devenu celui de l'Église dans la Nouvelle, comme l'ange gardien de la France.

Cette protection, la monarchie franque et française, à travers ses trois dynasties, la revendiquera toujours : consécration du royaume par Childebert III, renouvelée

63. Certains récits, tardifs, du baptême de Clovis, racontant comment Remi reçut miraculeusement le saint chrême, ne font pas mention de la fameuse colombe mais d'un ange qui est, évidemment, saint Michel, venu confirmer le transfert de sa protection.

par Charlemagne et plusieurs fois par les Capétiens, directs et indirects.

La chapelle du Palais, à Paris, où étaient baptisés les enfants royaux, était dédiée à l'archange, antérieurement à 1165, date de la naissance du futur Philippe II Auguste. Le roi s'en souviendrait qui attribua à Michel une puissante intervention en sa faveur, aux mauvaises heures qui précédèrent la bataille de Bouvines, en 1215, coalition dont le souhait était l'anéantissement d'une France en passe de prendre trop d'importance sur l'échiquier du monde. Michel commençait à occuper ce poste de général en chef des armées françaises qu'il assumerait tout au long de la guerre de Cent Ans.

Le règne de Charles V, secondé par les campagnes de Bertrand Du Guesclin, a été un règne réparateur après les catastrophes qui marquèrent celui de son père, Jean II. Mais tout se gâte dans les dernières années du XIVe siècle, en ce bel été 1392. Dans la forêt du Mans, le jeune roi Charles VI succombe à la première des crises de folie qui l'accableront jusqu'à sa mort en 1422, crises d'autant plus atroces qu'elles laissent au pauvre prince des périodes de répit durant lesquelles il mesure et sa terrible déchéance personnelle et le lamentable état du Royaume livré aux ambitions contradictoires des autres membres de la famille royale… Les conséquences de la folie du souverain portent leurs fruits empoisonnés de divisions, de haines, de jalousies, de meurtres, avant de déboucher sur la guerre civile et la guerre étrangère, l'une découlant de l'autre. Le 25 octobre 1415, sous une pluie battante qui a détrempé la plaine, la lourde cavalerie française, incapable de manœuvrer, est littéralement massacrée par la piétaille anglaise, près du village d'Azincourt. La fine fleur de la chevalerie périt dans le désastre. La catastrophe militaire est irréparable. Grâce à la double complicité du duc de Bourgogne, Jean sans Peur, et de la reine de France, Isabeau de Bavière, le roi d'Angleterre, Henry V, entre en vainqueur à Paris. Il se donne même les gants de se prétendre l'envoyé de Dieu[64], chargé de châtier une France pécheresse enlisée dans ses vices et ses scandales…

La suite n'est pas plus heureuse. La folie du roi s'aggrave, lui accordant de moins en moins d'instants de lucidité ; deux dauphins meurent à quelques mois d'intervalle ; les rêves autonomistes du duc de Bourgogne enflent, achevant de lui faire oublier qu'il est prince de France… Spectateur intéressé, Henry V voit venir le moment où il ramassera la couronne de France, sur laquelle, depuis Edward III[65], les souverains anglais se prétendent des droits. C'est chose faite, croit-il, lorsque, le 21 mai 1420, il arrache à Charles VI, inconscient de la portée de son acte, la main de sa fille, la princesse Catherine, et la promesse de lui laisser le trône, au détriment de son dernier fils, le dauphin Charles. La reine Isabeau a poussé l'ignominie jusqu'à jurer que

64. C'est en tout cas le discours qu'il tiendra au duc d'Orléans qu'il a fait prisonnier à Azincourt.

65. Edward III était le fils de la princesse Isabelle de France, fille de Philippe IV le Bel. Ses trois oncles maternels morts sans postérité masculine, Edward considérait qu'il était le légitime héritier du trône de France. C'est précisément pour éviter la réunion des deux couronnes sur la tête d'un prince étranger que les légistes français dénichèrent la loi salique, empêchant la transmission par les femmes.

l'enfant n'était pas du roi et que, bâtard, il ne pouvait succéder…

Toute la France du nord de la Loire est aux mains des Anglais. Rien, pas même la mort prématurée d'Henry V, deux mois avant son beau-père[66], ne peut empêcher que son fils de dix-huit mois, Henry VI, soit proclamé roi de France et d'Angleterre.

Rien ? Au milieu de cette grande pitié qui est au royaume de France, demeure un signe d'espérance dont les Anglais, enragés, ne parviennent pas à venir à bout. Assiégé depuis 1420, le Mont-Saint-Michel oppose à tous leurs assauts une invincible défense ; les deux tiers du pays sont au pouvoir de l'ennemi, mais la maison de l'archange résiste. Tous ceux qui croient encore au miracle ont les yeux tournés vers la Merveille de l'Occident, et vers le prince de la milice céleste, protecteur du royaume et de ses rois. Les Français ne savent pas comment Michel les sauvera, mais, des ténèbres où ils sont engloutis, ils osent encore croire à ce secours décisif.

Les Godons en sont si conscients que, dans un souci de propagande, pour démoraliser ces Français entêtés qui, spécialement en Normandie, s'organisent en mouvements de résistance, ils essaient de se concilier l'archange. Le duc de Bedford, le prince John d'Angleterre, frère d'Henry V et régent, ordonne de battre monnaie à l'effigie de saint Michel, récupérant la pièce française par excellence, ce michelot[67] d'or gravé à l'image du vainqueur de Lucifer à la demande de Philippe VI, le

66. Le 31 août 1422.

67. Notre pièce de 20 francs gravée du Mont-Saint-Michel renoue ainsi avec une très ancienne tradition numismatique.

premier roi Valois qui voulait honorer le patron de sa Maison. La résolution française n'en est pas ébranlée, et le Mont, invincible, insolent, tient toujours. Une seule certitude demeure : tant que le Mont tiendra, la France ne sera pas complètement morte[68].

Il y a cinq ans qu'au cœur du pays occupé, la montagne de l'archange reste inviolée, symbole d'une âme nationale qui n'accepte pas la défaite. Loin, à l'est du royaume martyrisé, une autre enclave française tient tête aux Bourguignons félons, la région des hauts de Meuse. C'est l'été 1425, il est midi. Une adolescente de treize ans est assise dans le jardin de son père, au village de Domrémy. Son père se nomme Jacques d'Arc, il est laboureur, sa mère, Isabelle Romée. Ce sont des gens pieux et honnêtes, travailleurs, sérieux. Ils ont des garçons, et une seule fille : ils la tiennent de près. En ces temps troublés, la vertu des fillettes ne pèse pas lourd, et les hommes de guerre sont si nombreux… Combien de fois Jeannette a-t-elle entendu son père répéter qu'il l'aimerait mieux morte que de la savoir partie avec les soldats ? Elle ne compte plus. Quant à partir avec les soldats, Dieu l'en garde ! Ce n'est pas son genre.

Il est donc midi, en ce jardin lorrain assoupi dans la torpeur estivale.

« Quand j'eus l'âge de treize ans, j'ai eu une voix de Dieu pour m'aider à me gouverner. Et la première fois j'eus grand peur. […] J'ai entendu la voix, du côté droit, vers l'église ; et rarement, je l'entends sans clarté.

---

68. Déjà, lors des invasions normandes, le Mont avait été épargné par la tourmente.

Cette clarté vient du même endroit où la voix est ouïe. Il y a communément une grande clarté. Quand je suis venue en France, souvent j'entendais cette voix… La voix m'était envoyée de par Dieu et, après que j'ai entendu trois fois cette voix, j'ai connu que c'était la voix d'un ange. Cette voix m'a toujours bien gardée et je l'ai toujours bien comprise.

« Elle m'a appris à me bien diriger, à fréquenter l'église. Elle m'a dit qu'il fallait que moi, Jeanne, je vienne en France… Cette voix me disait, deux ou trois fois la semaine, qu'il fallait que moi, Jeanne, je m'en aille et que je vienne en France et que mon père ne sache rien de mon départ. La voix disait que j'irais en France et je ne pouvais durer où j'étais[69]. »

Cette curieuse recommandation, de ne rien dire de tout cela à son père, trouble la fillette. Si ignorante soit-elle, Jeanne, qui désarmera, par la limpide clarté de ses réponses, toute la scolastique de ses juges ecclésiastiques et universitaires, est pleine du robuste bon sens de sa race paysanne. Instinctivement, elle sait qu'il y a anges et anges, et elle pratique avec prudence le discernement des esprits. Elle le précise à Cauchon, insidieux et faussement patelin :

« Avez-vous quelque autre signe que ces voix sont de bons esprits ?

— Saint Michel me l'a assuré avant que les voix ne viennent.

— Comment avez-vous su que c'était saint Michel ?

69. Toutes les citations sont extraites des dépositions de Jeanne devant ses juges lors du procès de Rouen, selon l'adaptation française établie par Régine Pernoud.

— Je l'ai su à son parler et par le langage des anges, et je crois fermement que c'étaient des anges.

— Comment saviez-vous que c'étaient des anges ?

— Je l'ai cru assez vite et j'ai eu volonté de le croire. Saint Michel, quand il est venu à moi, m'a dit que sainte Catherine et sainte Marguerite viendraient à moi et que j'agisse par leurs conseils, qu'elles étaient ordonnées à me conduire et à me conseiller en ce que j'avais à faire et que je croie à ce qu'elles me diraient et que c'était par l'ordre de Dieu.

— Si le diable se mettait sous la forme ou la figure d'un bon ange, comment sauriez-vous que c'est un bon ou un mauvais ange ?

— Je saurais bien si c'était saint Michel ou quelque autre chose qui se soit mis à sa ressemblance. La première fois, j'ai eu grand doute si c'était saint Michel qui venait à moi, et cette première fois, j'eus grand peur ; je l'ai vu ensuite plusieurs fois avant de savoir que c'était saint Michel.

— Comment avez-vous plutôt reconnu saint Michel cette fois où vous l'avez cru que la première fois où il vous est apparu ?

— La première fois, j'étais enfant et j'ai eu peur, et ensuite, saint Michel m'a enseigné et m'a montré et m'a démontré que je devais croire fermement que c'était lui.

— Quelles doctrines vous a-t-il enseignées ?

— Avant toutes choses, il me disait d'être une bonne enfant et que Dieu m'aiderait. Et, entre autres bonnes choses, il m'a dit de venir au secours du roi de France… Et l'ange me disait la pitié qui était au royaume de France. »

Il y a, évidemment, deux lectures possibles de l'aventure de Jeanne, l'une selon les vues humaines et le matérialisme, l'autre selon la foi. La première voit en elle une petite fille à l'imagination fertile, peut-être un tantinet hystérique comme tous les rationalistes du XIXe siècle l'ont soutenu à propos des mystiques et des visionnaires. Elle se serait inventé des visions des deux saintes dont elle avait vu les statues dans l'église paroissiale et de saint Michel, le patron du royaume. Ce qui cadre mal avec cette théorie, c'est la suite, depuis ce conseil insensé de s'en aller trouver le dauphin Charles et de lui demander une armée pour lever le siège d'Orléans jusqu'à la réalisation victorieuse de ces prévisions.

La lecture selon la foi voit l'archange à l'œuvre et se servant, pour délivrer la France, de la faiblesse d'une fille de dix-sept ans, promise à la gloire et au martyre.

C'est au conseil de l'archange qu'il faudrait attribuer pareillement l'aisance avec laquelle Jeanne, en mars 1429, amenée à la cour qui se tient à Chinon, reconnaît sans hésitation Charles VII qu'elle n'a jamais vu, alors qu'il s'est dissimulé dans la foule de ses courtisans, décidé à mettre à l'épreuve les dons de cette étrange envoyée du ciel. Mais il est vrai que Jeanne elle-même dira devant ses juges qu'elle voyait communément les anges gardiens des personnes de son entourage et communiquait avec eux.

Pour achever de convaincre un dauphin proche du désespoir, qui n'a plus un sou vaillant et songe sérieusement à chercher refuge à l'étranger, elle lui confiera un secret qui sera la preuve irréfutable de l'authenticité de sa mission[70]. À ce jeune homme qui doute, elle assène :

« Je te dis, de la part de Messire[71], que tu es vrai héritier et fils de roi, et il m'a envoyé à toi pour te conduire à Reims, pour que tu reçoives ton couronnement et ta consécration, si tu veux. »

Bouleversé, Charles VII rassemble les ultimes forces dont il dispose, les confie à ce capitaine inattendu – que les Anglais osent dire sorcière. Au terme d'un siège de six mois, alors que toutes les tentatives des meilleurs chevaliers français avaient échoué, Orléans est libéré. Chaque année désormais, la ville célébrera cette délivrance miraculeuse. La date, pour les gens de l'époque, a valeur de signature et de preuve ; c'est le 8 mai 1429 que les Godons lèvent le siège. Dans toute la chrétienté, on célèbre les apparitions de saint Michel au mont Gargan[72].

Jeanne ne verra pas l'aboutissement de l'épopée libératrice dont elle fut l'initiatrice et l'héroïne. La fin de sa mission passe par le sacrifice suprême et le bûcher de Rouen, condamnée non par l'Église triomphante

---

70. Le mystérieux secret l'est demeuré… La plupart des historiens pensent, sans preuve, qu'il pourrait s'agir de la réponse aux interrogations anxieuses à propos de sa légitimité d'un prince renié comme bâtard par sa propre mère… Charles VII, peu avant l'arrivée de Jeanne, aurait demandé au ciel de l'éclairer sur sa naissance et son rang véritables. Cette prière intime n'ayant pas eu de témoins humains, la réponse de la Pucelle ne pouvait être inspirée que d'En Haut.

71. Jeanne parle de Dieu.

72. De la même symbolique, plus parlante aux esprits du XVe siècle qu'aux nôtres, procède la découverte de l'épée de Jeanne sous l'autel de l'église Sainte-Catherine de Fierbois. Elle y aurait été déposée par Charles Martel sept cents ans plus tôt, après sa victoire de Poitiers sur les Arabes, victoire qu'il attribuait, déjà, à l'archange…

à laquelle elle appartient, saint Michel le lui a assuré, mais par quelques clercs vendus et collaborateurs de l'occupant anglais[73].

Mais ce que l'archange lui avait prédit s'accomplit point par point comme elle l'avait annoncé à ses juges :

« De l'amour ou de la haine que Dieu a pour les Anglais et de ce qu'il fait à leurs âmes, je n'en sais rien ; mais je sais bien qu'ils seront chassés de France, excepté ceux qui y mourront, et que Dieu enverra victoire aux Français contre les Anglais. »

En 1434, après un dernier assaut qui leur coûta cher en hommes et bien plus cher en or, les Anglais, lassés de la résistance du Mont, obligés, d'ailleurs, de reculer partout devant les armées françaises qui avaient retrouvé leur force, leur ardeur et leur mordant, abandonnèrent la place imprenable. L'archange triomphait et la France était sauve.

Si Charles VII, en dépit d'une légende tenace, ne fut nullement ingrat envers la mémoire de la vierge guerrière et martyre qui lui avait rendu son royaume, il appartint à Louis XI de magnifier le secours de l'archange que le roi, familier, appelait *mon compère*. Le 1er août 1469, il fonde un ordre de chevalerie qu'il place tout naturellement sous la protection de l'archange national, redisant :

« … la très singulière confiance et dévocion que nous avons à Mgr sainct Michel, premier chevalier qui, pour la querelle de Dieu, victorieusement batailla et qui son

73. Elle l'avait si parfaitement compris qu'elle ne cessa de clamer à la face de ses juges son amour de l'Église triomphante et sa méfiance envers l'Église militante, en tout cas telle que Cauchon et consorts l'incarnaient.

lieu et oratoire[74] a toujours gardé et deffendu sans être prins ne subjugué des anciens ennemis de la couronne de France et être invincible[75]. »

Déjà dans le passé, le roi s'était rendu en pèlerinage au Mont ; c'était un homme fort pieux. Ce pèlerinage avait eu lieu en 1462, après la mort de Charles VII, afin de remercier l'archange de l'avoir aidé dans la longue querelle qui avait opposé le dauphin à son père. Louis XI y revint, en 1471, en action de grâces singulière.

Le roi séjournait à Alençon et, un après-midi, se promenait dans le parc, à proximité du château. Au sommet de l'une des tours, un jeune page avait entraîné une coquine de son âge, une « paillarde », disent les chroniques. Il escomptait bien qu'après lui avoir montré le roi de loin et tout à loisir, la fillette lui octroierait quelques privautés ; la tour était assez tranquille pour que le garçon arrive à ses fins. Là-haut, les deux enfants, dépités, s'aperçurent qu'ils ne voyaient pas bien ; ils eurent l'idée de monter sur la plate-forme. Le moellon était vieux, trop en tout cas pour supporter des cabrioles de jouvenceaux... Un merlon, descellé, se détacha du mur et tomba. On imagine la terreur du petit couple tandis que la grosse pierre dégringolait, droit sur l'auguste tête de Sa Majesté...

Les anges veillaient. Le roi fit un saut en arrière qui lui sauva la vie ; il n'y laissa que sa robe, mise en

74. Il s'agit du Mont-Saint-Michel.

75. *Livre des Ordonnances des chevaliers de l'ordre du très-chrétien roi de France Louis XI.* Cité par Jean Delumeau dans son ouvrage *Rassurer et protéger*. L'orthographe d'époque a été respectée.

lambeaux, déchirée de haut en bas. Rassuré sur les causes de l'accident, certain qu'il ne s'agissait point d'une tentative de régicide, Louis XI ne se montra pas trop sévère envers le luron et la fillette. Quant à la pierre et aux restes de ses vêtements, marques du drame évité de justesse, il les apporta en grande pompe au Mont et les fit suspendre par une chaîne dans l'église abbatiale. Ce fut à la même époque qu'il modifia les armoiries montoises; le Mont portait jusque-là pour blason de champ d'argent aux coquilles d'or. Louis y ajouta ce que les héraldistes nomment « chef de roi », c'est-à-dire une bande supérieure dominant l'ancien blason et, comme les armes de France, d'azur aux fleurs de lis d'or.

Le roi avait donc une vieille et solide dévotion à l'archange, bien fondée sans doute sur les récits entendus en son enfance et relatant les secours que Michel avait prodigués à la France en péril. Ceci explique le soin qu'il mit à établir les statuts de son ordre chevaleresque.

Louis n'avait rien jugé assez excellent pour monseigneur saint Michel. Il voulait que l'ordre de l'archange fût le plus noble d'Europe, et tel il fut pendant plus d'un siècle. Le roi savait que qualité et quantité ne vont pas de pair. Il borna, dans les statuts d'origine, à trente-six le nombre des chevaliers. Deux articles primaient tout le reste : les chevaliers seraient catholiques exemplaires, la trahison ou la fuite sur le champ de bataille entraînerait radiation immédiate du coupable, comme l'hérésie. On en eut la démonstration quelques décennies plus tard, lorsque François Ier n'hésita pas à exclure de l'ordre Henry VIII d'Angleterre, devenu schismatique et hérétique.

Le collier de l'ordre pesait deux cents écus d'or, était fait de coquilles (emblèmes du Mont) « lacées l'une avec l'autre d'un double lacs, assises sur chaînettes ou mailles d'or, au milieu duquel, sur un roc, une image de saint Michel ». Il était fait interdiction aux membres de jamais quitter cette médaille. L'un d'eux, un jour, faillit à cette règle et, pris sur le champ de bataille, cacha lestement l'insigne qui le signalait pour très haut seigneur et risquait d'augmenter sa rançon. Connu ce geste où la pingrerie s'alliait à la couardise, l'homme fut destitué de son rang. Chacun jugea que c'était pure justice.

Pourtant, la gloire de l'ordre fut brève. Dès Henri II, l'ordre de Saint-Michel perdit de son éclat. Il avait été élitiste, réservé aux plus nobles et aux plus braves, il tourna au hochet mondain. Pour satisfaire tous les amateurs, on cessa de s'en tenir au chiffre fatidique de trente-six chevaliers ; la qualité s'en ressentit. S'y ajoutaient les attaques hugenotes qui se gaussaient à la fois de la dévotion papiste aux saints anges et des miracles attribués à Michel. Comme l'hérésie gagnait dans les rangs mêmes de l'aristocratie, le collier fut de plus en plus déprécié. Charles IX tenta vainement de relever l'ordre moribond[76]. Et Henri III, fort dévot, sans oser supprimer l'ordre de Saint-Michel, le doubla du glorieux Saint-Esprit[77], qui éclipsa vite son prédécesseur… Il finit par devenir une récompense civile honorifique, au titre des arts, des lettres, de la médecine. Cette déchéance, en

76. Il sera le dernier roi de France à se rendre en pèlerinage au Mont-Saint-Michel.

77. Les nouveaux chevaliers du Saint-Esprit, les cordons bleus, étaient automatiquement chevaliers de Saint-Michel.

fait, tenait essentiellement à la désaffection générale de la société pour les anges.

La Contre-Réforme freina un peu cet écroulement, essayant, souvent avec succès, de populariser la rassurante figure angélique. Mais l'aspect familier et tendre de l'ange gardien se conciliait mal avec les grandeurs de l'archange guerrier ; Michel n'est pas fait pour les mièvreries sulpiciennes, mais pour les combats et les sursauts héroïques. Chaque fois que le monde voulut s'en souvenir, le prince de la milice céleste manifesta sa puissance et sa bienveillance.

À la veille de la bataille de Lépante, donc le 7 octobre 1571, don Juan d'Autriche, respectant les demandes instantes de la papauté, consacra sa flotte à Notre-Dame du Rosaire et à saint Michel et tint pour assuré qu'il leur dut son écrasante victoire du lendemain sur les Turcs[78].

Curieusement, le monde hispanique restait beaucoup plus proche de l'univers invisible[79] et en propageait la dévotion, surtout par l'entremise de la Compagnie de Jésus. Peut-être faut-il voir dans son éducation espagnole l'origine de l'initiative que prit Anne d'Autriche en 1652. La Fronde n'en finissait pas. À la révolte des parlementaires avait succédé celle, plus dangereuse, des princes. La Régente et ses enfants avaient été contraints de

78. Lépante libérait le monde chrétien de la constante menace musulmane, pour un temps. Mais elle donnait à l'Espagne de Philippe II une suprématie dont la France ne voulait pas, ce qui explique l'abstention de Charles IX. Il faut croire que, ce jour-là, l'archange songea qu'il était le défenseur de l'Église avant d'être le patron de la France…

79. Il avait été épargné par la Réforme.

fuir Paris ; la guerre civile ravageait le royaume, à la plus grande joie des Espagnols qui profitaient de cette confusion pour reprendre la Catalogne. L'exemple sanglant de la Révolution anglaise pouvait laisser craindre le pire.

En cette situation extrême, la reine, qui lutte par tous les moyens humains afin de préserver la couronne de son fils, commençant à désespérer, se tourne vers le Ciel. Curieusement, elle ne réclame pas l'aide de Notre-Dame, à laquelle Louis XIII a solennellement remis la France le 10 février 1638, lui rendant grâce pour sa victoire de La Rochelle et pour la prochaine naissance, après vingt ans de stérilité, de l'héritier inespéré de la Couronne. Non, ce n'est pas à la Sainte Vierge qu'Anne d'Autriche demande aide et secours, mais au premier saint patron du royaume, saint Michel, que le vœu de Louis XIII, s'ajoutant aux insultes huguenotes, a rejeté dans l'ombre et l'oubli. La régente renouvelle l'ancienne consécration, celle de Childebert et de Charlemagne. En septembre, la Fronde sera finie, les Parisiens supplieront le roi de revenir dans sa ville, la monarchie sera solidement affermie.

Mais c'est la dernière fois que la royauté française se tourne solennellement vers Michel ; en 1722, la mention même de son patronage disparaît des actes où elle ne figurait plus que pour la forme[80]. Rares sont ceux qui, en 1820, voient un signe du Ciel dans la date de naissance, le 29 septembre, du petit duc de Bordeaux, l'enfant du miracle, qui sauve la branche aînée de l'extinction. C'est

---

80. La dernière mention est faite à l'occasion du sacre de Louis XV qui fait envoyer en souvenir un ostensoir au Mont.

tout juste si l'on frappe une médaille commémorative à l'image de saint Michel.

La rupture est à peine moindre dans les autres pays catholiques. Si, en 1655, une consécration de la péninsule à saint Michel du mont Gargan met un terme à l'épidémie de peste qui frappe l'Italie, et lance la mode de porter un éclat de la roche sacrée, où l'archange aurait posé le pied, comme protection contre les maladies, la basilique céleste voit se tarir, pour la première fois de son histoire, le flot incessant des pèlerins[81].

Le Portugal, si attaché aux anges, résiste mieux à cette désaffection ricanante inspirée par les philosophes des Lumières. C'est là que, en 1751, une religieuse, Antonia d'Astonac, est favorisée d'une apparition de saint Michel ; il lui demande que soit composé un chapelet en son honneur. À ceux qui le réciteront, il promet sa protection continuelle en ce monde et la délivrance du purgatoire.

Cette dévotion nouvelle ne séduit pas un XVIIIe siècle qui n'a plus rien à faire des anges. Et pas davantage une Église qui a déjà trop de problèmes et sacrifie les bons esprits comme elle jetterait du lest. Comment se soucier de l'accessoire quand l'essentiel est menacé ?

Mais se priver de l'appui du vainqueur de Lucifer quand l'enfer reprend l'offensive, avec une rare violence, est-ce la meilleure stratégie ? Il faut pourtant attendre la fin du XIXe siècle pour voir, timidement, se réveiller la ferveur envers Michel. En 1865, après de longues et

81. C'est l'époque où l'Encyclopédie donne du mot pèlerinage cette définition ravageante : « Voyage de dévotion mal entendue dont la mode est heureusement passée. »

obstinées pressions de Mgr Dupanloup, Napoléon III consentit à rendre le Mont au péril de la mer à l'Église. Depuis la Révolution, l'abbaye, soustraite au culte, avait été transformée en prison. L'évêque d'Orléans parvint à vaincre les réticences de l'empereur, en froid avec Rome, en lui démontrant la valeur architecturale d'un patrimoine splendide qui menaçait ruine. Le 16 octobre 1867, jour de sa fête normande, l'archange pouvait enfin reprendre possession de sa maison. Quelques pèlerins, presque tous des environs, commençaient à reprendre le chemin du Mont. Les foules augmentèrent massivement au lendemain de la guerre de 1870. Rien de tel que les défaites et les catastrophes nationales pour réveiller les piétés assoupies! Les glorieux zouaves du général de Charette donnèrent l'exemple.

À Rome même, chacun prenait conscience d'avoir trop négligé saint Michel. Pie IX invita à le prier de nouveau et lui confia « la défense de l'esprit catholique ». Enfermé au Vatican, le souverain pontife, dépossédé des États de l'Église, avait fait placer sur la cheminée de sa chambre une pendule à l'image de l'archange et, en 1875, il accorda à la statue du Mont les honneurs du couronnement. La cérémonie n'eut lieu que deux ans plus tard, mais elle fut grandiose.

Michel, à la veille du XXe siècle, était donc restauré dans sa dignité éminente de défenseur de l'Église. Il le dut essentiellement à Léon XIII.

« Je ne me rappelle pas exactement quelle année c'est arrivé[82]... Un beau matin, le grand pape Léon

82. La prière fut instaurée en 1886.

XIII avait célébré la sainte messe et assistait à une messe d'action de grâces, selon sa coutume. Tout à coup, on le vit lever vivement la tête, et fixer intensément quelque chose au-dessus de la tête du célébrant. Il avait le regard fixe, sans battement des paupières mais exprimant un sentiment de terreur et d'émerveillement, son visage changeait de couleur et d'expression. Il se passait en lui quelque chose d'étrange et de grand.

« Finalement, comme revenant à lui, et se donnant de la main une tape légère mais énergique, il se leva. On le vit se rendre à son bureau personnel… Ses familiers le suivent, impressionnés et anxieux. Ils lui disent serviablement : "Saint-Père, ne vous sentez-vous pas bien ? Avez-vous besoin de quelque chose ? — Rien, rien", répond-il, et il s'enferme.

« Au bout d'une demi-heure, il fait appeler le secrétaire de la Congrégation des Rites et, lui tendant une feuille, lui dit de la faire imprimer et de la faire parvenir à tous les ordinaires du monde. Que contenait-elle ? La prière que nous récitons à la fin de la messe[83] avec le peuple, et comportant la supplication à Marie et l'ardente invocation au prince de la milice céleste, implorant Dieu de précipiter Satan en enfer[84]. »

Ce texte, le voici :

« Saint Michel, archange, défendez-nous dans le combat. Soyez notre secours contre la malice et les embûches du démon. Que Dieu lui commande, nous vous en supplions. Et vous, prince de la milice céleste,

---

83. Cette prière solennelle qui se disait à genoux fut supprimée après le concile de Vatican II.

84. Témoignage de l'abbé Pechenino, *Civiltà cattolica*, 1930.

par la vertu divine, repoussez en enfer Satan et les autres esprits mauvais qui sont répandus dans le monde en vue de perdre les âmes. Ainsi soit-il ! »

Selon son secrétaire particulier, Mgr Rinaldo Angeli, Léon XIII, ce matin-là, avait eu une vision qui l'avait glacé d'horreur. Il avait vu d'innombrables démons, ricanants et triomphants, s'assembler au-dessus de Rome, comme une troupe de corbeaux, et investir la ville de leur présence maudite. Le pape avait eu l'intuition qu'il fallait prier ardemment saint Michel de les repousser.

Dans le même ordre d'idée, Léon XIII devait également composer un exorcisme qu'il encourageait à réciter souvent. La prière, vite devenue célèbre, fut plus particulièrement appliquée, à partir de 1930 et selon le désir de Pie XI, à la conversion de la Russie communiste.

L'un des aspects les plus intéressants de cette renaissance de la dévotion michellienne au XXe siècle réside dans sa diversité. Si Michel n'attire plus les foules des grandes époques de chrétienté, il séduit des élites, et dans les domaines les plus variés.

De 1939 à 1945, l'Église met l'accent, certes, sur sa place de patron de l'Italie, et surtout de la France occupée et souffrante, et le présente comme une image des relèvements nationaux inespérés ; mais, avant tout, c'est l'ange de la Paix, ce titre de Michel éclipsé par sa gloire d'archange guerrier et victorieux, qu'Elle invite à prier. Bénissant des couples de jeunes mariés romains en mai 1940, Pie XII leur demande de regarder Michel comme leur protecteur, capable de les réunir en ces heures tragiques où la guerre les sépare[85]. La liturgie de ce jour, anniversaire des apparitions du mont Gargan, n'affirme-t-elle pas : « L'ange de la paix, Michel, descendra du ciel en nos foyers et, messager de la paix, il reléguera en enfer les guerres, causes de tant de mal. »

Cinq ans plus tard, en ce même anniversaire, l'Allemagne nazie capitule.

C'est au cœur de la guerre, dans des camps d'entraînement de Grande-Bretagne, parmi les parachutistes de la France libre qu'a jailli l'idée de placer les unités, trop récentes pour avoir des traditions et un saint patron, sous le patronage de l'archange. Mais il fallut attendre la fin du conflit pour voir officialiser ce choix qui renouait avec les plus anciens rituels de la chevalerie. C'est d'abord en Indochine que saint Michel s'imposa. Le chant du IIe REP le proclame, qui récupère, au profit de l'archange, l'orgueilleux *Teufels Lied* de la Waffen SS. Là où les troupes d'élite allemandes revendiquaient l'appui du diable – « où nous passons les chars brûlent et le diable marche avec nous » la Légion chante : « Nous n'avons pas seulement des armes, / Mais saint Michel marche avec nous ! »

Un parachutiste anonyme écrit pour l'archange, en 1948, cette prière qui exprime la spiritualité de ces unités :

Archange belliqueux,
Gardien vigilant,
N'oubliez pas

85. Discours du 8 mai 1940.

De ce haut-lieu de France où vous êtes perché
Que si vos pieds reposent sur la mer azurée
De cet azur des cieux votre tête est nimbée.
Que si les gens de mer ont besoin d'être aidés,
À plus forte raison tous ceux qui, dans les airs
Au bout d'un parachute
Cent fois risquent leur vie.
Si vous êtes déjà
Saint Michel au péril de la mer
Devenez donc aussi
Saint Michel au péril de l'air.
Et puisque le premier dans un très grand silence,
Vous êtes descendu des hauteurs éthérées,
Pour combattre et pour vaincre,
Aidez dans le combat ces archanges nouveaux
Qui silencieusement en suivant votre exemple
Descendent lentement,
Faire trembler sous leurs pas
La terre et les flots étonnés.
Saint Michel patron des parachutistes,
Protégez-nous dans le dernier combat,
Car viendra bien un jour où pour la dernière fois
Nous quitterons nos aérodromes et leurs longues pistes.
Car à force de partir
Il se peut qu'on finisse par ne plus revenir.
Alors, en ces moments, Saint Michel notre archange
Sautant à votre tour de cieux encore plus hauts
Vous nous projetterez
Avec plus de vitesse,
Avec plus de silence,
Plus de recueillement

Pour embrasser nos corps rompus et bien meurtris
Et les envelopper dans l'immense voilure
Dont la soie blanche aux multiples coutures
Servira de linceul et de nappe d'autel
Pour notre dernier et sanglant sacrifice.
Alors en ces moments saint Michel conquérant
Sautant à votre tour de cieux plus hauts encore,
Vous nous projetterez
Avec plus de vitesse,
Plus nerveux que jamais,
Plus belliqueux désormais,
Pour défendre notre âme d'un saint acharnement,
Et vaincre le Dragon dans son entêtement,
Et demander pardon cette fois fermement,
Au Juge Souverain de nos égarements.
Et depuis le mont Tombe, ce très haut lieu de France
Où vous êtes perché,
Notre frère l'archange, vous avez regardé
Nos DZ[86] *pour qu'elles soient transformées*
En autant de victoires, en autant de hauts lieux,
Jalonnant notre vol vers l'ultime DZ qu'est le grand ciel de Dieu[87] *!*

Car Michel le victorieux est aussi le premier des anges psychagogues, celui qui, sur tous les champs de bataille de la chrétienté, batailles terrestres et batailles spirituelles, descend recueillir les âmes des agonisants pour leur ouvrir, de vive force, le chemin du Ciel. Cette

86. *Dropping zones*, terrains où s'effectue un parachutage.

87. Citée par l'abbé François Casta.

confiance, saint Basile le Grand s'en fit l'interprète inspiré :

« Je me rassure, car je vous ai tant aimé, ô saint Michel, qu'à ce moment suprême, vous vous souviendrez de moi et m'abriterez sous vos ailes pour cacher ma confusion. »

9
Gabriel et Raphaël, archanges

L'Antiquité chrétienne n'a pas toujours trouvé dans la seule lecture de la Bible de quoi satisfaire sa curiosité envers le monde angélique. L'imagination de nombreux fidèles, surtout en Orient, s'est donnée libre cours, mettant en scène des anges nombreux et affublés de noms bizarres. L'Église, redoutant ces courants déviants, infestés de résurgences du paganisme ou de gnosticisme, soupçonnant à juste titre de véritables pratiques magiques, a condamné à plusieurs reprises ces errements. Ainsi s'explique l'incroyable lenteur avec laquelle le catholicisme va populariser les grandes figures angéliques de Gabriel et Raphaël.

En 492, le concile de Rome avait pourtant légitimé leur dévotion, et celle de Michel au détriment de toute autre. Mais, si le prince de la milice céleste, protecteur de l'Église, soutien des martyrs dans leur combat, vainqueur du démon et conducteur des âmes sur le chemin de l'éternité, en devenant, grâce à Constantin, le patron de l'Empire, est très tôt connu et aimé de la chrétienté, Gabriel et Raphaël restent en retrait, ignorés du peuple et méconnus des élites. Si des autels, des tours de cathédrales sont placés sous leur invocation, ils ne possèdent pas de sanctuaires propres. Leur représentation iconographique est liée à des thèmes conventionnels : l'annonciation pour Gabriel, figure obligée à côté de la Vierge ; pour Raphaël, il s'agit généralement d'équilibrer une composition autour du Christ en gloire, soit en plaçant deux anges de chaque côté du Seigneur (Michel et Gabriel à sa droite, Raphaël et Uriel à sa gauche), soit en figurant les sept qui se tiennent devant le trône. Ces places subalternes s'effaceront peu à peu. Le constant progrès de la dévotion mariale entraîne fatalement un nouvel intérêt pour le messager de Nazareth. Le développement, aux XIIIe et XIVe siècles, de la dévotion à l'ange gardien donne sa chance à Raphaël qui en représente alors l'archétype achevé.

Tout cela demeure malgré tout marginal, et la meilleure preuve en est la rareté du choix de ces noms au baptême[1]. Pourtant, Gabriel et Raphaël offrent à la piété plus d'un sujet de méditation.

Bien qu'il soit l'ange chargé d'instruire le prophète Daniel du sens de ses visions[2], Gabriel est et demeure avant tout l'ambassadeur de l'incarnation, l'annonciateur par excellence de la bonne nouvelle du salut. Il déploie tous ses talents au cours de cette mission, depuis

1. Si le prénom Michel, très tôt porté en Orient et même dans la dynastie byzantine, devient populaire en Europe au Moyen Âge, avec une grande fréquence en Normandie, et s'il est encore aujourd'hui le prénom masculin le plus porté en France (il nomme un homme sur 14), Gabriel, longtemps restreint à l'aristocratie, connaîtra une courte vogue entre 1900 et 1920, nommant un homme sur 200 et une femme sur 130. Quant à Raphaël, il sera très brièvement à la mode dans les années 1970, nommant un enfant sur 240, ce qui n'a rien d'un record.

2. Livre de Daniel 8,15 ; 9,21-27.

la grande apparition solennelle et terrifiante à Zacharie jusqu'au simple rêve qu'il inspire à Joseph. Il joue sur tous les registres, de la douceur persuasive à la sainte colère qui frappe de mutisme le prêtre incrédule. Mais c'est auprès de la Vierge Marie qu'il se révèle, au cœur même de la vocation angélique qui est de servir Dieu en l'aidant à réaliser le salut de l'humanité. Les mystiques ont aimé peindre les respectueuses hésitations de ce prince des cieux à l'instant de se présenter devant l'élue du Père, la Comblée de grâces. La scène inspire encore bien davantage les artistes, et ce, dès l'époque paléochrétienne. La première représentation, datable de la fin du IIe siècle, est une peinture des catacombes romaines de Priscilla. Il y en aura bien d'autres.

Mais que sait-on au juste de Gabriel ? Fort peu de choses.

L'étymologie même de son nom divise les érudits. Il est communément admis que Gabriel signifie « Dieu est force », ou « Dieu est ma force » ; mais d'autres penchent pour des traductions différentes : « Ma confiance est en Dieu », ou « Qui possède la confiance de Dieu », voire « Serviteur de Dieu ».

Saint Irénée, saint Bernard et saint Thomas d'Aquin, s'appuyant sur l'idée (contredite par saint Paul) que les anges des chœurs supérieurs ne s'éloignent jamais du trône de Dieu, identifient Gabriel au prince du huitième chœur, le réduisant au rang de premier des archanges. Cornelius a Lapis, lui, s'appuyant sur la déclaration furibonde de l'Esprit bienheureux à Zacharie – « Moi, je suis Gabriel, qui me tiens devant Dieu[3] » –, préfère voir en lui un séraphin, ce qui est plausible.

Certains théologiens pensent pouvoir identifier Gabriel à l'ange gardien de la Vierge Marie, et, peut-être, à l'ange gardien de la sainte humanité du Christ, qui le réconforte au jardin des Oliviers. À l'instar de Michel, Gabriel est réputé exorciste et puissant contre les démons. Il est parfois invoqué pour obtenir une bonne mort.

Mais c'est d'abord aux dévots de la Vierge que va sa protection particulière. Jean XXIII disait de Gabriel qu'il était « par excellence l'ange de l'incarnation et un intercesseur privilégié pour prier Notre-Dame ». Toute l'histoire du père Lamy le démontre[4].

Au début de ce siècle, Mgr Amette, cardinal-archevêque de Paris, confie volontiers à ses proches cette déclaration étonnante : « J'ai dans mon diocèse un second curé d'Ars; c'est le curé de La Courneuve. »

La Courneuve est alors une banlieue maraîchère en voie d'industrialisation rapide – et de déchristianisation plus rapide encore. Une partie de sa population est composée de marginaux, chiffonniers pour la plupart, qui habitent des taudis, ne fréquentent pas l'église, vivent en concubinage et omettent de faire baptiser leurs enfants. S'y ajoutent de nombreux immigrés italiens de fraîche date, à la limite de l'illégalité, pratiquant toutes sortes de trafics inavouables. Ces pauvres gens, quoique catholiques, fuient pareillement les paroisses, de crainte

---

3. Saint Luc 1,19.

4. L'Église ne s'étant pas encore prononcée sur la sainteté éventuelle de l'abbé Lamy, l'auteur n'entend nullement anticiper ses jugements ni présenter les faits rapportés comme certainement miraculeux.

d'être enregistrés, fichés et, par conséquent, repérés, par la police… La misère et la peur contribuent à faire de cette population une classe dangereuse, selon l'opinion de la bourgeoisie bien-pensante qui se cantonne craintivement derrière les murs de ses propriétés bien closes. Comme pour lui donner raison, le dernier curé de Saint-Lucien s'est, un soir, fait attaquer dans la rue. Roué de coups, dépouillé, le prêtre a demandé sa mutation immédiate. Mgr Amette s'est trouvé confronté à un problème insoluble : le remplacer… Deux candidats, sollicités, ont dit un non ferme et définitif. L'archevêque s'est alors tourné vers un vicaire de Saint-Ouen, l'abbé Jean-Édouard Lamy, qui, lui, a accepté.

L'abbé Lamy, ou, plus exactement, le père Lamy, car il appartient aux Oblats de saint François de Sales, est un homme qu'aucun obstacle ne rebute, qu'aucune difficulté n'abat et qu'aucune misère, spirituelle ou physique, ne décourage. Et Dieu sait que ce religieux de quarante-sept ans a eu sa part, et plus que sa part, de tout cela.

Né au Pailly en Haute-Marne en 1853, dans une de ces familles de la bourgeoisie rurale vigneronne qui jouissent d'une certaine aisance, Jean-Édouard Lamy a, très tôt, entendu l'appel de Dieu. On est encore très pieux dans le pays, et plus encore dans sa famille. En pleine Terreur, ses grands-parents n'ont pas hésité à cacher tous les prêtres réfractaires de passage, à prêter leur maison aux messes clandestines. Il s'en est fallu de très peu qu'ils le paient de leur tête, l'un de leurs hôtes s'étant fait prendre en sortant de chez eux.

Le petit Jean-Édouard grandit au milieu du souvenir de ces temps héroïques. Il grandit aussi dans un climat rare de familiarité avec le monde invisible. La coutume n'est-elle pas, sur le plateau de Langres, lorsque l'on rencontre quelqu'un, d'ajouter à la salutation ordinaire un aimable salut à l'ange gardien qui l'escorte ? Ce qui donne, pour les étrangers, une impression curieuse quand, tout seuls, ils s'entendent accueillir d'un sonore « Bonjour, et bonjour la compagnie ! » Toutefois, au Pailly pas plus qu'ailleurs, les anges si honorés ne se manifestent visiblement au commun des mortels. Sauf à Jean-Édouard, qui mettra longtemps à comprendre qu'il bénéficie d'un privilège rare[5]. Mais le petit garçon voit aussi l'Agneau mystique paître sur la colline et la Sainte Vierge descendre l'écouter quand il lui chante des cantiques… Au lendemain de sa première communion, Jean-Édouard annonce à ses parents qu'il sera prêtre ; ils consentent. Alors, après les faveurs célestes débutent les persécutions démoniaques. Satan a reconnu en cet enfant une âme mystique exceptionnelle ; il fera tout pour l'empêcher d'accéder au sacerdoce. Jean-Édouard avouera un jour : « Les âmes que Dieu aime ne sont pas à patauger dans le miel… »

L'enfant échappe, miraculeusement, à plusieurs accidents qui auraient pu le tuer. Puis, un soir, il a treize ans, la maison familiale s'enflamme et brûle entièrement en quelques minutes ; les Lamy sont ruinés. Pour le moment, il n'est plus question que Jean-Édouard entre

---

5. Le padre Pio, qui voyait pareillement son ange gardien, fut très étonné de découvrir que ce n'était pas le cas des autres…

au petit séminaire, ses parents n'en ont plus les moyens. Le diable n'est pas encore rassuré… Quelques jours après la catastrophe, tandis que l'adolescent erre dans les décombres, à la recherche d'une statue de la Vierge[6] qu'il aimait beaucoup, ce qui reste de la cheminée lui dégringole dessus ; mais, alors que les pierres auraient dû l'écraser, elles s'abattent à côté[7].

Les années passent sans que la fortune familiale se rétablisse, sans non plus que les faveurs divines et les persécutions diaboliques cessent d'entourer le jeune homme. Au retour du service militaire où Jean-Édouard a commencé à connaître les troubles de santé qui lui gâcheront bientôt l'existence et où un éclat de mitraille l'a privé de son œil droit, il peut, enfin, entrer en religion chez les Oblats de saint François de Sales ; ceux-ci, établis à Troyes, ont en effet accepté de financer ses études jusqu'à la prêtrise, à condition qu'il leur consacre quinze années. La contrepartie est lourde, car ce que les Oblats réservent au père Lamy est une besogne impossible à laquelle plusieurs religieux se sont déjà attelés auparavant sans le moindre succès.

Troyes est proche de la prison centrale de Clairvaux, établie dans l'ancien monastère de saint Bernard. Beaucoup d'anciens détenus sont astreints à résidence en ville ; d'autres, encore derrière les barreaux, ont fait venir leur famille. Que les parents soient en prison, qu'ils en

---

6. Il l'avait barbouillée de couleurs étant petit. Notre-Dame lui dira, bien des années plus tard : « J'ai pensé à la sauver de l'incendie, mais elle était si laide, si laide ! »

7. Dans une autre apparition, la Vierge lui dira que le diable était l'auteur de toutes ces persécutions et qu'elle les avait déjouées systématiquement.

sortent ou soient sur le point d'y retourner – car le taux de récidive est énorme –, des dizaines d'enfants et d'adolescents sont livrés à eux-mêmes. Personne n'a la moindre indulgence pour ces graines de voyous dont certains, à sept ans, sont déjà de parfaits petits voleurs. La tâche titanesque à laquelle, pendant quinze ans, se dévouera le père Lamy consistera à arracher ces enfants aux tentations de la rue, à la délinquance, à l'entraînement du milieu familial, à la prison qui les attend. Dans son patronage, il s'épuisera à amender ces gamins que la société a déclarés irrécupérables. À Troyes, il n'est plus connu que sous un surnom peu amène : « l'aumônier de la canaille ». Il finira d'y user une santé qui a toujours été fragile. C'est elle qui l'obligera, en 1892, à demander un poste de vicaire en banlieue parisienne, ce qui est censé être plus reposant… Pendant vingt-trois ans, ce prêtre aux forces chancelantes, qui perd peu à peu la vue, abattra un travail qui aurait éreinté dix jeunes hommes en pleine forme. Vestiaire pour les nécessiteux, cercles de prière pour les hommes et pour les femmes, catéchisme, patronage – destinés à lutter contre la désacralisation croissante du dimanche sous la double influence du cinéma et du sport –, et, pendant la guerre, outre ces écrasantes responsabilités paroissiales, secours aux prêtres mobilisés, assistance aux aumôniers militaires de passage et aux blessés qui affluent à La Courneuve, gare de triage vers les différents hôpitaux de la région parisienne. Il faut y ajouter les sépultures de ceux qui meurent avant d'avoir pu être dirigés vers un centre de soins. Aveugle, en retraite forcée, l'abbé Lamy octogénaire trouve encore moyen de lancer, à Violot, village natal de son père, ce qui deviendra le pèlerinage marial de Notre-Dame-des-Bois, très populaire dans la région, et de jeter les bases d'une congrégation religieuse, « Les Serviteurs de Jésus et Marie », qui, après un échec cuisant du vivant du père, connaîtra un magnifique développement autour de l'abbaye d'Ourscamp.

Tout cela démontre assez que l'abbé Lamy n'avait rien d'un songe-creux, ni d'un illuminé. Il possédait également une grande délicatesse d'âme, qui explique pourquoi il fut un confesseur exceptionnel et un directeur de conscience capable, dans son patronage défavorisé de Troyes, d'éveiller en quinze ans trente-deux vocations religieuses. Certaines de ses paroles expriment à la perfection cette délicatesse :

« Gardons-nous de rien ajouter à la croix que Dieu envoie aux âmes. Chacune est assez lourde, elle a son poids bien mesuré. Il ne faut pas y mettre une once de plus. »

« Il ne faut pas envoyer les âmes à la boucherie. »

Ce ministère insoutenable qui eût épuisé n'importe qui, l'abbé Lamy trouvait la force de le soutenir dans ses constantes relations avec l'autre monde. Quand il célébrait, il voyait le Christ ; la Vierge lui rendait visite à l'improviste, s'amusant maternellement quand elle le surprenait mal attifé ou occupé à quelque travail de nettoyage, et plus encore des mouvements d'humeur qui lui échappaient alors[8]. Mais c'est avec les anges que le

8. Le surprenant un jour en train de nettoyer le dallage de son église, drapé dans un tablier sale, et le voyant gêné, Notre-Dame dit à Gabriel : « Il a toujours eu l'humilité un peu farouche… »

père Lamy eut les relations les plus suivies, y compris, ce dont il ne se réjouissait guère, avec Lucifer…

Il y aura, de cette familiarité, un témoin ahuri et sincère.

Le comte Paul Biver, quand il rencontre le père Lamy, est un scientifique sinon fermé à l'idée de Dieu, du moins très réticent et à la limite de l'incroyance. Au contact du prêtre, il se convertira et deviendra le biographe de celui qu'il regardait comme un saint, sans que cette certitude fasse obstacle à son sens de l'observation et à une incrédulité de principe héritée de sa formation scientifique qui confère à ses dires un poids et une valeur supplémentaires.

En 1923, le père Lamy, borgne depuis son service militaire, a été obligé de cesser ses activités paroissiales, souffrant d'une cataracte qui lui a fait perdre presque complètement la vue. Il partage sa vieillesse entre la célèbre Infirmerie Marie-Thérèse, fondée jadis par Mme de Chateaubriand (et financée par son volage mais généreux écrivain d'époux…) pour les prêtres âgés, et la maison de sa sœur au Pailly. C'est là que l'abbé Lamy a invité Paul Biver à l'accompagner en cet automne 1924. On est le 19 novembre, tard dans la soirée. La sœur et le beau-frère de l'abbé Lamy, qui ne sont plus jeunes, sont depuis longtemps montés se coucher. Ils dorment déjà. Le comte Biver et l'ancien curé de La Courneuve en font autant. La porte est fermée, le village dort. En dehors du vieux couple et de ses deux hôtes, il n'y a personne dans la maison. Paul Biver est dans sa chambre, qui jouxte celle de l'abbé. Il s'est déjà mis au lit et s'apprête à s'endormir quand le bruit d'une conversation animée lui parvient de la pièce voisine. Sans aucun doute permis, trois hommes, à côté, sont en train de discuter.

Trois hommes ? Paul Biver a identifié sans difficulté la voix de Jean-Édouard Lamy, familière, et facilement reconnaissable à un reste d'accent paysan qui traîne souvent sur les a. Celles de ses deux interlocuteurs lui sont, en revanche, parfaitement inconnues ; d'ailleurs, et c'est ce qui trouble le comte, comment ces deux messieurs, car il ne doute pas, à leur ton, d'avoir affaire à des personnes distinguées, sont-ils entrés ? La porte en bas est fermée à double tour. Nul n'a frappé et personne n'est descendu ouvrir. Aucun pas ne s'est fait entendre ni dans l'escalier ni sur le palier ; or, la maison est ancienne, ses marches et ses planchers gémissent tant qu'ils peuvent à longueur de temps. Biver est de plus en plus troublé de ne pas trouver d'explication à la présence de deux inconnus dans la chambre de son curé. Tellement troublé que cet homme bien élevé se conduit de façon tout à fait indiscrète. Il se relève, s'assied bien droit pour être sûr qu'il ne rêve pas et commence à tendre l'oreille, essayant d'entendre ce qui se dit. C'est qu'une idée saugrenue est venue l'effleurer : si les deux personnes qui discutent avec l'abbé Lamy sont là sans que leur présence soit matériellement justifiable, il faut bien admettre qu'elles ne sont pas entrées comme tout le monde… Or, par définition, seuls les êtres immatériels ont le loisir de passer à travers les murs.

Il y a longtemps que, dans l'entourage du père Lamy, on soupçonne le prêtre d'être en communication avec l'univers invisible. Biver a déjà pris son ami en flagrant délit d'aveu involontaire, de confidences esquissées, et aussitôt coupées d'un implorant :

– Je vous en prie, n'en parlez pas tant que je n'aurai pas franchi le pont de l'au-delà !

Biver, frémissant d'excitation, tend plus que jamais l'oreille. Il en est pour ses frais. Les voix lui parviennent, certes, il entend clairement qu'elles parlent français, mais c'est tout… Il ne comprend pas un traître mot de la discussion. Il lui faut borner ses observations à ce qu'il est capable de percevoir, de plus en plus certain qu'il est à l'écoute d'un phénomène mystique. La voix du père Lamy est semblable à elle-même ; quant aux deux autres…

« Un interlocuteur dont la voix est nette, chaude, d'un timbre très viril et très agréable, qui s'exprime sans trace d'accent et sur un ton affirmatif. J'entends certaines syllabes mais je n'arrive pas à saisir un seul mot. Le troisième a une voix plus sourde, moins agréable mais parfaitement normale. Il parle avec beaucoup plus de retenue. »

La conversation prend fin comme elle a commencé, et les mystérieux visiteurs nocturnes prennent congé de l'abbé Lamy aussi discrètement qu'ils sont arrivés, sans bruit de pas, ni de clef qui tourne dans les serrures. Rongé de curiosité et ébloui, le comte se rue auprès du curé, lui avoue qu'il a surpris cet étrange entretien. L'abbé Lamy semble trouver cela tout naturel ; il explique que Biver n'aurait rien entendu si les visiteurs du soir n'avaient pas souhaité qu'il entende et témoigne. Car ils sont là presque tous les soirs à la même heure, et personne, dans le passé, n'a soupçonné ces rencontres. Mais qui sont-ils ?

La voix un peu ordinaire… appartient à l'ange gardien du père, un ange modeste, sans affectation, qui n'élève pas souvent le ton, surtout quand il y a un supérieur dans les parages, ce qui était le cas… Car la très belle voix, si virile, distinguée et sûre d'elle, qui a charmé les oreilles de Biver, est celle de l'archange Gabriel. Une vieille, très vieille connaissance de Jean-Édouard ; ils ont été présentés l'un à l'autre le 9 septembre 1909, dans l'église de Gray. Par la Sainte Vierge… Elle est très liée, très intime avec Gabriel, le père le sait à la façon qu'elle a de prononcer son nom, Gabriel, sur un ton dont elle n'use avec aucun autre ange.

À la suite de cette découverte, le père Lamy donnera à Biver de précieuses précisions, d'abord sur l'aspect extérieur des anges et sur leur mission auprès de l'humanité, puis sur le rôle étonnant qu'ils ont tenu tout au long de sa vie.

« Les anges sont bien mieux, comme apparence, que la Sainte Vierge. Avec ces beaux reflets qui changent incessamment de place sur leurs vêtements blancs, ils ont l'air de brillants officiers auprès d'elle, si simple.

« Je ne leur ai jamais vu d'ailes. Toujours l'aspect de jeunes gens. Ils portent, empreinte sur leur visage, leur bienveillance pour les hommes, tandis que les démons ont un aspect dur, cassant et farouche.

« Nous ne donnons pas aux anges l'importance qu'ils ont. Nous ne les prions pas assez. Les anges sont très touchés quand nous les prions. Il y a une grande utilité à prier les anges. Nos anges gardiens, nous ne les prions pas assez. Ils nous regardent comme des petits frères indigents. Leur bonté à notre égard est extrême. »

Mais ce que l'abbé Lamy évite, par modestie, de souligner, c'est qu'il est de ces mystiques qui ont le privilège, outre leur ange gardien, de posséder un second protecteur particulier parmi les esprits bienheureux, et qu'il s'agit, précisément, de Gabriel, auquel Notre-Dame en personne a confié cette tâche. L'archange ne chômera pas.

Plus les années passent, plus l'abbé Lamy souffre de problèmes de vue, jusqu'à la cécité presque complète de sa vieillesse. Cela ne l'empêche pas de vaquer à son ministère, à la merci de tous les accidents qui peuvent menacer un grand malvoyant. C'est le soir surtout que sortir lui est pénible. La Courneuve est pleine de ruelles obscures, de recoins ténébreux et de terrains vagues, semés de trous, d'ornières et de chausse-trapes où le père se dirige à l'aveuglette, risquant de se casser le cou. Il se romprait cent fois les os si, les nuits d'hiver où il s'aventure dehors afin de porter les sacrements aux malades, Gabriel et d'autres anges ne venaient à son aide, marchant devant lui, tandis qu'émane d'eux une douce clarté, suffisante pour permettre au vieux prêtre de se diriger. Et lorsque, au retour, exténué, le père Lamy se laisse aller parfois à soupirer : « Mon Dieu, mon Dieu, comme je suis fatigué ! », plusieurs fois, sans comprendre comment, il se retrouve en une fraction de seconde transporté sur la place Saint-Lucien, à la porte de son presbytère. En 1922-1923, il bénéficie de deux interventions plus merveilleuses encore et qui ne dépareraient pas les *Fioretti* de saint François.

Un jour d'été, l'abbé prie dans la chapelle Notre-Dame-des-Bois de Violot, chapelle qu'il a restaurée et où il a lancé un pèlerinage marial. Comme souvent, il voit la Vierge et Gabriel. Au moment de quitter le petit sanctuaire champêtre, Marie se penche vers son archange de prédilection et lui dit : « Gardez-le bien, Gabriel ; il aura besoin de vous. »

Sur l'instant, le vieux prêtre ne comprend pas de quoi il est question et il reprend tranquillement la route. Or, malgré le beau soleil de cet après-midi de juillet, derrière ses épaisses lunettes noires, le père Lamy ne voit à peu près rien. Appuyé sur sa canne, il se fie à son ancienne connaissance du chemin et à son ouïe pour déjouer les périls potentiels. Pourtant, distrait, absorbé dans ses pensées, il n'entend pas arriver un cycliste lancé à pleine vitesse. De son côté, l'homme a aperçu trop tard le vieux prêtre, figé par la peur sur le bord du sentier. La collision est inévitable. C'est alors, et le cycliste en témoignera devant tout le village quitte à passer pour un ivrogne, que Gabriel fond sur lui, avec cette rapidité incroyable qui n'appartient qu'aux anges parce qu'elle est hors de notre conception du temps. Deux mains d'une force stupéfiante saisissent l'homme et le vélo, cassant net leur course, et les déposent en douceur sur la berme… tandis que le père, sauvé, reprend sa route.

Le miracle de l'été 1923 ne sera pas moins efficace. Le père, une fois de plus, s'est rendu à sa chère chapelle de Notre-Dame-des-Bois et il a cueilli beaucoup de fleurs afin de décorer l'autel. Il disparaît derrière une brassée de roses, de lis, de pois de senteur qui laissent alentour un sillage parfumé. Or, pas de ferme ni de maison du plateau de Langres qui ne possède son rucher ; toute la campagne bourdonne d'abeilles. Ce bouquet qui marche les attire aussi sûrement qu'un pot de confiture. Bientôt, le père réalise qu'il est au centre d'un véritable essaim et que les mouches à miel, comme on dit en Haute-Marne, énervées par ses mouvements, deviennent menaçantes. La chapelle n'est pas très loin, mais il faudrait être plus jeune qu'il ne l'est pour courir s'y mettre à l'abri avant que les abeilles attaquent. Et voilà que la voix familière de Gabriel se fait entendre ; l'archange parle aux insectes, tendrement :

— Non, ne le piquez pas ! Notre Reine[9] ne serait pas contente ! Et nous serions obligés de le raccompagner chez lui sous forme humaine !

Aussitôt, obéissantes, les abeilles se dispersent. Le père n'a pas une piqûre.

Car l'une des caractéristiques de Gabriel, tel qu'il se manifeste au père Lamy, est un immense et constant respect de l'œuvre divine sous toutes ses formes. Ce prince angélique s'abaisse à parler à des créatures aussi dérisoires que ces abeilles, que les hommes écrasent machinalement. À leur parler avec bonté, et en un langage qu'elles comprennent. Mais ce respect, Gabriel l'étend à tous, même à ceux qui devraient être l'objet de son mépris et de sa réprobation sans retour.

Le père Lamy, depuis son enfance, est victime des persécutions démoniaques, tantôt subtiles, cruelles et redoutables, dignes de l'esprit pervers et puissant qui les invente, tantôt mesquines et puériles, ridicules. Ce sont celles-là surtout qui portent sur les nerfs du prêtre, à la plus grande joie de l'Adversaire, content de le pousser

9. La Sainte Vierge, reine des anges.

à la colère. Un jour que Satan a passé les bornes et s'est montré plus exaspérant encore que de coutume, le père, furieux, toise le bel archange blond au visage crispé de douleur et de haine[10], et lui jette :

— Vas-tu me laisser tranquille, à la fin ! Espèce de sale bête[11] !

Lucifer en a entendu d'autres et ignore superbement l'insulte ; pas Gabriel… D'un ton sévère, dont il a rarement usé avec son protégé, il le rabroue ; le père oublie manifestement à qui il s'adresse !

— N'oubliez pas que vous parlez à un archange ! Ne discutez pas ! Respectez Lucifer ! Même déchu, c'est un archange !

Plus tard, Gabriel explicitera ce qu'il a voulu enseigner, d'où ces conclusions du père Lamy, en parfait accord avec maints mystiques, et qui soulignent l'abominable tragédie qu'est la révolte du prince séraphique des origines :

« On ne lutte pas avec Satan ; on lutte par la prière. C'est un séraphin, il se présente devant Dieu comme il veut. Il est comme le fils d'une famille très noble, déchu par ses vices. Il n'est plus respectable par lui-même, mais il faut respecter sa famille en lui. On doit respecter le chef-d'œuvre du Créateur, même détruit. Quand on

10. C'est ainsi que Lucifer se manifeste à l'abbé Lamy : « Lucifer est grand, avec une figure assez belle, amaigrie, barbue. Il a les yeux féroces, fulgurants, les cheveux blonds, une barbe frisée assez courte. »

11. L'abaissement des anges déchus plus bas que les bêtes sans conscience est pourtant un cliché traditionnel, utilisé d'abondance dans l'imagerie romane.

respecte son caractère angélique, on le contriste bien davantage… »

De ces hauteurs que sont le problème du Mal dans le plan divin, la tragédie luciférienne et son impossible réconciliation avec l'objet de son amour trahi, Gabriel, dans ses relations avec le père Lamy, sait aussi retomber aux observations les plus quotidiennes. Le 18 mai 1912, il a la délicatesse d'apparaître quelques minutes avant sa Reine pour prévenir le père Lamy :

« Le saint archange[12] me dit : "Faites attention ! Vous allez prier devant la Vierge Marie !" »

Le 15 mars 1918, l'avertissement sera plus impérieux quoique voilé.

En ces derniers mois de la guerre, La Courneuve, outre sa gare et son centre de tri des blessés militaires, compte aussi plusieurs usines d'armement qui fabriquent des obus. Avant d'être envoyées vers le front, les munitions sont entreposées dans des hangars, en pleine ville. Toute la population sait qu'il suffirait d'une étincelle pour faire sauter la moitié de la commune. D'ailleurs, le père Lamy, qui a des presciences d'En Haut[13], n'a cessé de mettre ses ouailles en garde contre une catastrophe terrible, invitant ses paroissiens à dire le rosaire pour que cette menace soit conjurée. Ce 15 mars 1918 à midi, le père est à quatre pattes dans l'église, occupé à récurer le dallage. Depuis qu'un jour il a reçu la visite impromptue de la Vierge et d'une soixantaine d'anges dans une nef

12. C'est souvent le titre que le père Lamy donne à Gabriel.

13. Il confiera qu'il avait été averti de la catastrophe par les anges au tout début de la guerre, mais avait obtenu de la Vierge la promesse que personne ne serait tué.

dégoûtante, honte dont il n'est pas encore remis, le père veille lui-même à faire le ménage. Il voit bien, d'ailleurs, son ange gardien et Gabriel, installés dans un coin, qui le regardent s'éreinter avec sa serpillière et ses seaux. Ils ont l'air curieusement dubitatif. Comme le père, dans son ardeur à tout faire briller, lorgne ses verrières en se demandant s'il doit aller ou non chercher une échelle et monter laver les carreaux, il entend Gabriel glisser à l'ange :

— C'est inutile…

L'ange gardien sourit et hoche la tête en signe d'approbation. Cette petite remarque n'est pas tombée dans l'oreille d'un sourd. Le père Lamy sait que les anges ne parlent jamais pour ne rien dire, même quand ils font mine de ne pas vous adresser la parole directement. Sans comprendre la raison de l'avertissement, il renonce à terminer le nettoyage de printemps. Il a prévu d'occuper son après-midi à divers autres travaux dans l'église. Mais, tout à coup, il n'en a plus envie. Une drôle d'idée lui trotte dans la tête, comme si quelqu'un la lui soufflait ; les premières communions approchent et le père a l'habitude, tous les ans, d'offrir aux enfants pauvres un petit souvenir : images pieuses, chapelets… Il ne s'en est pas encore soucié cette année. Au demeurant, cette course à Paris n'a pas un caractère de véritable urgence. Cependant, la pensée de la promenade dans le quartier Saint-Sulpice obsède véritablement le prêtre : « Va à Paris maintenant ! Va à Paris tout de suite ! Ne reste pas ici ! Va à Paris ! »

Harcelé par cette suggestion, Jean-Édouard Lamy met un manteau et prend le tramway en direction de la capitale. À peine est-il monté dans le véhicule qui a parcouru peut-être cent mètres en direction d'Aubervilliers qu'un bruit épouvantable retentit, fracassant toutes les vitres à la ronde, y compris celles qu'il tenait tant, tout à l'heure, à nettoyer… L'usine d'armement Sohier vient de sauter. Et toutes les maisons du voisinage avec… Les jambes en coton, le cœur affolé, l'abbé est descendu et contemple les ravages ; et ce qui reste de sa chère église Saint-Lucien, dont la voûte s'est écroulée. Là où, chaque jour à cette heure, Jean-Édouard Lamy a l'habitude de prier devant le tabernacle, c'est un monceau de pierres, de plâtras et de tuiles. Sans cette obsédante idée qu'il devait d'urgence aller à Paris, le curé serait enseveli sous ces ruines, probablement mort. Seul le tabernacle est intact, avec sa réserve d'hosties consacrées ; il paraît flotter en l'air, soutenu seulement par deux briques restées d'aplomb… L'abbé est au bord de la crise cardiaque, non pas à la pensée qu'il serait mort s'il n'avait pas écouté l'obligeant conseil suggéré, si discrètement, par Gabriel ; mais à l'idée que, s'il gisait là-dessous, il n'y aurait aucun prêtre d'ici un long moment pour se porter au secours des victimes. Car, pendant des heures, le père Lamy, suffoquant à moitié dans la poussière et les fumées toxiques, sera seul à donner l'absolution aux neuf cents blessés de la catastrophe. Comme il en avait reçu la promesse, l'explosion ne tua personne ni ne fit aucun blessé grave parmi les fidèles de Saint-Lucien.

Protecteur en toutes occasions, Gabriel sait aussi témoigner aux hommes sa puissance et sa compassion. Depuis le début de la guerre, pas de jour qui n'amène en gare plusieurs trains de blessés évacués du front.

Certains agonisent dans les wagons, malgré les efforts des médecins et des infirmiers. Des aumôniers militaires accompagnent ces convois de mourants, mais ne parviennent pas à faire face, administrant ceux qui le demandent sans avoir le temps de s'occuper des non-pratiquants. Chaque jour, le père Lamy vient à la gare, passe de wagon en wagon, alors que certains trains sont garés loin des quais et qu'y monter exige d'abord un exercice d'escalade épuisant pour un homme de soixante-cinq ans au cœur fatigué et à la vue basse.

« Je passais aussi dans les wagons. C'était parfait quand c'étaient des wagons à couloir ; pour les autres[14], je m'agrippais tout le long des wagons, sur les mains courantes. Quand il fallait monter soixante ou quatre-vingts fois, et bien plus, les saints anges m'aidaient. Vous ne pesez pas beaucoup à vous-même quand ils sont là. »

À ce travail de porteurs ne se borne pas l'aide de Gabriel et de l'ange gardien. Selon le mot du père, ils « éclairent les consciences », lui permettant de distribuer les derniers sacrements avec plus de profit. Il leur arrive même d'opérer quelques miracles quotidiens.

Le père, plus désemparé que jamais, contemple le quai de la gare où plus de deux cents grands blessés sont étendus ; beaucoup n'ont même pas de brancards. Tous ces malheureux gémissent, se plaignent de la lenteur des secours médicaux. Le père Lamy essaie de les réconforter, conscient de son impuissance devant tant de

14. Il s'agit de trains du Second Empire qui ont repris du service, sans couloir et dont les portières des compartiments ouvraient directement sur l'extérieur.

souffrances et de misères. Un soldat le désole spécialement. Très gravement atteint, ignoré par les médecins qui le jugent perdu et s'empressent auprès des patients qu'ils peuvent encore sauver, l'homme sanglote. Il crie sa peur de mourir, l'atroce injustice de son sort et ne sait que répéter : « Je suis père de famille… Je suis père de famille… »

Invisibles à tout autre qu'au prêtre, deux présences miséricordieuses se penchent sur le mourant. L'ange gardien trace sur sa tête une bénédiction que Gabriel double aussitôt de la sienne. Le père, qui a surpris leur geste, s'éloigne sans proposer les sacrements, à l'étonnement des personnes présentes. Bref étonnement… Le moribond s'est redressé, riant au milieu de ses larmes, il répète, extasié : « Je vais mieux! Je sens que je vais mieux! »

Au dire du père Lamy, les deux anges renouvellent souvent ces grâces de guérison. Et cela rejoint les confidences d'une autre mystique, Mechtilde Thaller, qui disait de Gabriel qu'il secourt ceux qui souffrent dans leur âme et leur chair, et qu'il est un ange de la bonne mort.

Si les parachutistes ont pris saint Michel pour protecteur, les aviateurs, eux, ont choisi Gabriel. Et, parce qu'il fut le messager de la Bonne Nouvelle par excellence, Pie XI, dans le bref apostolique du 19 janvier 1951, fit de l'archange Gabriel le patron de tous les employés des postes et des télécommunications.

Le troisième ange dont la Bible atteste le nom, Raphaël, ne nous est connu que par un court écrit de l'Ancien Testament, Le Livre de Tobie, dont les exégètes pensent qu'il avait pour but d'enseigner, sous forme amusante, outre des vérités morales, l'angélologie juive. Il se présente donc comme un petit roman.

Tobit, de la tribu de Nephtali, est le seul, parmi les siens, qui ait refusé le culte des idoles, introduit en Israël par un roi impie, Jéroboam. Envers et contre tout, bravant les moqueries du voisinage, le jeune homme continue à pratiquer scrupuleusement la religion de ses pères, accomplissant les pèlerinages prescrits par la Loi à Jérusalem, acquittant la dîme, secourant les pauvres et craignant Dieu. Lorsque les Israélites sont déportés à Ninive, Tobit, exilé lui aussi, continue à se conduire en juif pieux, et le Ciel, dans un premier temps, paraît l'en récompenser puisqu'il jouit de la confiance du souverain, d'une haute situation, d'une belle fortune et d'une famille heureuse. Puis un jour, sans raison apparente, l'infortune commence d'accabler ce juste.

À la mort du roi de Ninive, Tobit est écarté du pouvoir par son successeur. Ses affaires commerciales avec l'étranger, jusque-là si prospères, déclinent quand le roi Sennachérib déclenche les hostilités avec la Médie, fermant les routes caravanières. Pour se venger des revers militaires qu'il essuie alors, le perfide et cruel Ninivite se met à massacrer les Juifs dont il fait jeter les cadavres du haut des remparts dans la plaine, avec interdiction à quiconque, sous peine de mort, de leur donner une sépulture. Mais le pieux Tobit, à l'instar d'Antigone, méprise les lois des hommes quand elles vont à l'encontre de celles de Dieu. Bravant les menaces du tyran, chaque nuit, il dérobe les dépouilles aux charognards et les enterre. Bien entendu, Tobit finit par être dénoncé et ne trouve son salut que dans une fuite précipitée. Tout ce qui lui restait de sa fortune est alors confisqué.

Les choses semblent pourtant s'arranger lorsque Sennachérib est assassiné. À la prière de sa parenté, Tobit est autorisé à rentrer à Ninive. Il retrouve sa maison, sa femme, Hannah, et leur fils adolescent, Tobie. Et il recommence sa vie exemplaire, ne renonçant même pas à la besogne de fossoyeur clandestin. La bénédiction divine va-t-elle s'étendre sur lui ? Point du tout... Tobit est atteint de cataracte et il perd la vue. Incapable de travailler, il doit supporter que son épouse s'emploie chez les autres pour gagner leur pain. Comble de l'injustice, le voisinage se gausse de lui : à quoi lui a donc servi de respecter Dieu et ses commandements ? Yahvé a manifestement détourné sa face de son serviteur, puisque, dans la société hébraïque de l'Antiquité, la réussite sociale et financière est la marque visible des mérites d'un homme, récompense immédiate de ses bonnes œuvres. Bientôt, Hannah elle-même accable son mari de ses reproches. Atteint dans sa dignité, Tobit appelle la mort.

Pendant ce temps, en Médie, la jeune, douce et belle Sarra, fille unique du riche juif Raguel, est en butte aux insultes du voisinage et de ses propres servantes. Sept fois, son père lui a donné un époux ; sept fois, le nouveau marié est mort à la minute où il entrait dans la chambre nuptiale et s'approchait du lit conjugal. À ce rythme, Sarra a perdu tous les cousins avec lesquels, selon la Loi, elle pouvait convoler. Elle est condamnée au célibat et à la stérilité, infamie absolue pour une juive. Désespérée, Sarra monte dans sa chambre, décidée à se pendre. Elle ne sait pas qu'elle accomplirait, en se suicidant, les noirs desseins du démon Asmodée[15] qui préside aux péchés de la chair et s'acharne à damner la jeune fille. Pourtant, par considération pour sa famille, Sarra renonce à se tuer ; elle se borne à implorer la mort.

Devant le désespoir du vieux Tobit et de l'innocente Sarra, Dieu s'émeut et dépêche sur la Terre l'un des sept qui se tiennent toujours devant lui, Raphaël, l'ange de la chasteté et de l'amour conjugal, adversaire déclaré d'Asmodée, ce maître hypocrite qui pousse les hommes et les femmes à des actes que lui-même, en pur esprit qu'il est, juge ridicules, obscènes et répugnants.

Raphaël prend l'aspect d'un jeune homme et se présente à la maison de Tobit sous le nom d'Azarias, fils d'Ananias. Il tombe bien. Le vieux Tobit, obsédé de pensées morbides, a décidé d'envoyer son fils en Médie, afin d'y récupérer des petits placements qu'il avait faits là-bas : à peu près de quoi lui offrir des obsèques décentes… Le jeune Tobie, inexpérimenté, a besoin d'un guide sûr ; le prétendu Azarias se propose pour remplir cette mission.

Jamais guide n'aura été aussi bien choisi. En traversant un fleuve, Raphaël aide Tobie à prendre un gros poisson dont le foie, le cœur et le fiel ont d'extraordinaires propriétés thérapeutiques. Il le conduit ensuite chez Raguel, révélant aux deux hommes ce qu'ils ignoraient, à cause de l'exil : ils sont très proches parents et Tobie

---

15. Nom emprunté à un mauvais esprit de la Perse, étymologiquement, Asmodée signifie « Je donne la mort », « Je tue », « Je détruis ». Ce nom fait de lui le frère maudit, l'inverse, de Raphaël dont le nom signifie « Dieu est guérison ».

est l'époux promis à Sarra. Malgré les craintes du père et du fiancé, Raphaël-Azarias pousse à la noce et montre à Tobie comment, en jetant les entrailles du poisson dans le feu, il accomplira un exorcisme assez puissant pour chasser Asmodée de la chambre de Sarra. Tobie obéit; Asmodée, violemment incommodé par l'odeur, s'enfuit jusqu'en Égypte où Raphaël le rattrape et lui administre une correction propre à le dissuader d'importuner le jeune couple.

Puis Raphaël règle les affaires commerciales de Tobit, récupérant beaucoup plus que prévu, somme qui vient s'ajouter à la grosse dot de Sarra et à l'énorme héritage qui attend cette fille unique. C'est donc avec une fortune entièrement rétablie que le jeune homme rentre chez lui. Grâce au fiel du poisson, il va pouvoir guérir la cécité de son père. Les justes ont été récompensés.

Mais Azarias, le guide qui a permis tous ces prodiges, comment le remercier en proportion des services rendus? Généreusement, Tobit et Tobie lui offrent la moitié de leurs biens retrouvés. L'ange se décide alors, après quelques conseils de morale, à leur révéler la vérité :

« "Je vais vous dire toute la vérité, sans rien vous cacher : je vous ai déjà enseigné qu'il convient de garder le secret du Roi, tandis qu'il convient de révéler dignement les œuvres de Dieu. Vous saurez donc que, lorsque vous étiez en prière, toi et Sarra, c'était moi qui présentais vos suppliques devant la gloire du Seigneur et qui les lisais; et de même lorsque tu enterrais les morts. Quand tu n'as pas hésité à te lever, et à quitter la table pour aller enterrer un mort[16], j'ai été envoyé pour éprouver ta foi, et Dieu m'envoya en même temps pour te guérir, ainsi que ta belle-fille, Sarra. Je suis Raphaël, l'un des sept anges qui se tiennent toujours prêts à pénétrer auprès de la gloire du Seigneur."

« Ils furent remplis d'effroi tous les deux et se prosternèrent, et ils eurent grand peur. Mais il leur dit :

« "Ne craignez rien, la paix soit avec vous. Bénissez Dieu à jamais. Pour moi, quand j'étais avec vous, ce n'est pas à moi que vous deviez ma présence, mais à la volonté de Dieu. C'est lui qu'il faut bénir au long des jours. Lui qu'il faut chanter. Vous avez cru me voir manger, ce n'était qu'une apparence. Alors, bénissez le Seigneur sur la terre et rendez grâce à Dieu. Je vais remonter à celui qui m'a envoyé. Écrivez tout ce qui est arrivé."

« Quand ils se redressèrent, il n'était plus visible[17]. »

Ce livre inspiré, connu seulement par la Bible des Septante, contient donc tout ce qui concerne Raphaël, si l'on excepte deux versets de l'évangile selon saint Jean[18], d'ailleurs regardés comme une interpolation tardive dans le texte johannique. L'évangéliste parle de la piscine de Bethesda à Jérusalem, lieu très fréquenté par les malades car ses eaux étaient réputées guérisseuses.

« Sous ces portiques gisaient une multitude d'infirmes, aveugles, boiteux, impotents, qui attendaient

---

16. Au milieu du repas de fête donné pour célébrer son retour d'exil, Tobit a appris que le corps d'un condamné à mort venait d'être jeté dans la plaine. Au risque de sa vie, il a laissé ses hôtes pour aller enterrer ce mort inconnu.

17. Tobie 12,11-20.

18. Saint Jean 5,2-4.

le bouillonnement de l'eau. Car l'ange du Seigneur descendait par moments dans la piscine et agitait l'eau : le premier à y entrer après que l'eau avait été agitée, quel que fût son mal, se trouvait alors guéri. »

Or se trouve là un homme infirme depuis trente-huit ans, trop impotent pour jamais être le premier à plonger dans la piscine miraculeuse… Et Jean de placer là le récit d'un des grands miracles du Christ.

Cet ange du Seigneur de la piscine de Bethesda, qu'il ait été signalé ici par Jean, ou par un copiste plus tardif, a toujours été identifié à Raphaël, l'ange dont le nom même promet la guérison miraculeuse. Il n'y a donc pas à s'étonner s'il est l'un des patrons des médecins[19] et des pharmaciens. Ange des guérisons miraculeuses, Raphaël est invoqué dans la liturgie des malades, tandis que, chez les coptes, son intermédiaire est requis afin de bénir les saintes huiles.

Parce qu'il a aidé Tobie dans son voyage, Raphaël est invoqué comme protecteur des voyageurs et des pèlerins, et dans la bénédiction des véhicules[20]. Pour avoir favorisé le mariage de Sarra, il est parfois invoqué par les célibataires désireux (ou désireuses) de mettre fin à cet état de choses. Il protège les fiancés et les couples de jeunes mariés. Enfin, pour avoir résolu tous les problèmes de deux familles en détresse, il est regardé comme d'infaillible secours dans toutes les difficultés quotidiennes, principalement en cas de problèmes

19. Avec saint Luc, saint Côme et saint Damien.

20. Quoique saint Christophe connaisse en ce domaine une plus grande popularité.

financiers[21]. Plus curieusement, Raphaël a été choisi, voici quelques années, comme saint patron par les Services secrets... Est-ce pour avoir remarquablement travaillé « sous couverture » auprès de Tobie, ou pour sa capacité à déjouer les ruses méchantes du Malin ?

En dépit de toutes ces précieuses qualités qui devraient faire de lui un auxiliaire privilégié des fidèles, Raphaël ne connaîtra pas le plus petit commencement de popularité avant le XVe siècle où les Espagnols s'enticheront de lui. Alors que son iconographie était restée embryonnaire – Raphaël n'étant représenté que pour équilibrer les compositions picturales en assurant le chiffre trinitaire –, il voit son image se multiplier, en même temps que s'étend la dévotion aux anges gardiens dont il est l'archétype. Ce sera aussi l'époque des grandes discussions pour savoir quel statut céleste peut bien être le sien. S'appuyant sur l'affirmation du Livre de Tobie, où Raphaël s'est lui-même présenté comme l'un des sept qui se tiennent toujours devant la gloire de Dieu, Cornelius a Lapis affirme, avec quelque logique, qu'il est sans conteste un séraphin. Beaucoup d'autres théologiens, restant fidèles au système de saint Thomas, écarteront cette hypothèse, sous prétexte qu'un séraphin serait trop haut seigneur pour tenir si modeste rôle auprès des mortels. Ils réduiront saint Raphaël à la place discrète de prince du neuvième chœur angélique, autrement dit chef des anges gardiens...

21. On a même affirmé à l'auteur que saint Raphaël était l'ange de la situation quand il s'agit, un soir de pluie à l'heure de pointe, de trouver un taxi dans les embouteillages parisiens... L'auteur émet toutes réserves sur l'utilité d'aller déranger un si puissant personnage pour de pareilles bêtises...

Même si Raphaël, au début de la Renaissance, est devenu une figure familière aux catholiques, il n'apparaît qu'à sainte Françoise Romaine, au long de l'histoire de l'Église. S'y ajoute une affaire si bizarre que, selon toute vraisemblance, elle relève plus de la mystification que du fait surnaturel ; il s'agit de la très curieuse et très controversée série d'apparitions (?) à Martin, paysan de Gallardon, sous le règne de Louis XVIII.

En 1816, Thomas Martin, un fermier, pieux mais pas vraiment sujet à des crises mystiques, sain de corps et d'esprit, bien vu de son curé et de ses voisins, travaille aux champs. Il se livre à une besogne nécessaire mais peu ragoûtante, puisqu'il est en train d'épandre du fumier. Tout à coup, ce brave homme s'aperçoit qu'il n'est pas seul ; près de lui, arrivé sans qu'il y ait pris garde, il y a un monsieur. Thomas, qui n'a pas les yeux dans sa poche, remarque qu'il s'agit d'un monsieur parce qu'il n'y a que des gandins de la ville pour venir patauger dans les champs et le fumier en haut-de-forme et redingote blanche. Tout ce blanc lui semble un peu drôle. L'inconnu ne le laisse pas s'étonner davantage et lui sort tout à trac qu'il est l'archange Raphaël. Il lui est apparu à lui, Martin, pour lui dire d'aller de sa part trouver le roi aux Tuileries et l'avertir qu'il est en danger… La suite rappelle singulièrement la mission dont Michel chargea la petite Jeanne d'Arc, mais à rebours… Il ne s'agit plus de conforter le Très-Chrétien dans la certitude qu'il est vrai fils de roi, et légitime roi de France, mais tout le contraire. Non que Louis XVIII ne soit pas de sang royal, mais parce que le prétendu Raphaël affirme : « Le roi occupe une place qui ne lui appartient pas. »

Et l'ange supposé de proclamer que Louis XVII est bien vivant, qu'il convient de le faire rechercher et de lui restituer le trône ; sous peine de grands malheurs pour la France et la monarchie.

Martin va trouver son curé, lui raconte son histoire et, sur la foi du rapport favorable transmis par le prêtre, obtient une audience privée avec Sa Majesté.

Dans un système politique comme le nôtre, où aborder le président de la République de la sorte pour lui annoncer une pareille nouvelle vous enverrait droit à l'asile d'aliénés, la chose semble invraisemblable, au point que des historiens ont glosé là-dessus, cherchant une explication à cette entrevue qu'ils jugent incroyable ; mais qui, en fait, n'a rien de vraiment extraordinaire dans la monarchie des Bourbons. Louis XVIII, même s'il est, à titre personnel, agnostique, se comporte toujours en roi très chrétien, sauvant au moins les apparences. En recevant Martin, il ne fait qu'imiter Louis XIII et Louis XIV qui, tous deux, ont ouvert leur cabinet à des gens très simples, mais qui se disaient mandatés par Dieu afin de leur parler. Sa Majesté écoute Martin avec beaucoup de patience et de bonté, tient à serrer « la main qui a touché celle de l'archange », et lui offre une bourse d'or, non sans lui avoir promis d'entreprendre des recherches pour retrouver son malheureux neveu. Martin est renvoyé à Gallardon et personne ne pense plus à cette histoire.

Quinze ans passent. Arrive la révolution de 1830. Charles X, infiniment plus dévot que l'était son frère, pendant les journées de doute de Rambouillet qui précèdent sa décision d'abdiquer sans combattre, se met à repenser à l'étrange visite de Thomas Martin… Et si le laboureur avait eu raison ? Si la famille royale était châtiée pour avoir spolié l'orphelin du Temple ? Le roi a soixante-dix ans, il est fatigué, prêt à se raccrocher au merveilleux. Il envoie un fidèle entre les fidèles, Auguste de La Rochejaquelein, le benjamin des deux héros de la Vendée, Henri et Louis[22], à Gallardon, pour demander à Martin ce qu'il pense des événements de Juillet…

Le général de La Rochejaquelein, stupéfait, voit surgir un bonhomme en chemise de nuit – il est fort tard – qui commence par se plaindre amèrement que Louis XVIII n'ait pas obéi à l'archange, avant de se mettre à vaticiner :

« Charles X ne remontera pas sur le trône. Il y a derrière lui une main qui le repousse. Il n'a d'autre parti à prendre que de sortir de France au plus vite. Le duc d'Angoulême et lui mourront à l'étranger. Henri V ne régnera jamais. »

La prophétie de Martin s'étant réalisée point par point, certains commentateurs se sont demandé s'il n'y avait pas quelque fondement religieux à son délire. D'autres sont même allés jusqu'à dire que sa réponse fut la cause de la décision de Charles X de partir…

Jean-François Chiappe a prouvé que M. de La Rochejaquelein avait rejoint le roi au château de Maintenon, donc sur la route qui le conduisait à Cherbourg, démontrant ainsi que la « prophétie » de Martin n'avait pas influencé la décision du souverain,

22. Henri de La Rochejaquelein, 1772-1794, généralissime de l'armée catholique et royale, et Louis de La Rochejaquelein, 1775-1815, qui dirigea le soulèvement royaliste de la Vendée pendant les Cent-Jours ; tous deux tués au combat.

trop souvent caricaturé en prince superstitieux et stupide, ce qu'il n'était nullement. Mais de quel poids pesa-t-elle sur les hésitations ultérieures de la famille royale, et spécialement du comte de Chambord, qui redoutait tant d'être usurpateur, c'est un autre problème.

Reste la question principale : Martin avait-il ou non vu Raphaël ? Si l'on écarte l'hypothèse que le bonhomme n'avait pas toute sa tête, demeurent deux possibilités : Thomas Martin a été victime d'une manipulation politique destinée à discréditer les Bourbons restaurés, et l'on verra le profit que de faux Louis XVII, en particulier Richemont et Naündorff, tireront de ces vaticinations. C'est invérifiable et indémontrable. Ou bien Martin a bel et bien vu un ange, mais qui n'était certes pas celui dont il empruntait l'identité… Encore faut-il, pour s'arrêter à cette idée, admettre que Lucifer pouvait, au détriment du royaume de France et de ses rois, s'amuser à caricaturer les apparitions de saint Michel à Jeanne d'Arc…

10
Reine des anges

L'ange est pur esprit. Et cette spiritualité lui donne, sur toutes les autres créatures, une supériorité évidente. Par la nature, nul homme, nulle femme, ne peut même tenter de rivaliser avec le dernier esprit du dernier chœur. Le plus grand saint demeure un enfant devant la puissance de l'intelligence angélique. Il n'est pas jusqu'aux démons, en dépit de la corruption irréparable de leurs facultés, qui ne soient plus forts, par tout leur être, que l'humanité quand elle est réduite à ses propres forces. C'est précisément cette supériorité naturelle dont il avait soudainement pris conscience qui justifia aux yeux de Lucifer sa révolte. Il n'adorerait pas Dieu dans son incarnation, et encore moins la Femme que le Créateur voulait appeler sa mère. Le prince des séraphins ne pouvait ni adorer ni servir ce qui lui était inférieur.

Si son monstrueux orgueil aveuglait l'ange rebelle en lui interdisant de rendre hommage à Dieu fait homme, le postulat de base, comme toujours dans la logique luciférienne, était exact : l'homme et la femme étaient en vérité, dans la hiérarchie de la création, en dessous des anges. Rien ne peut faire que la chair soit plus haute que l'esprit. Et cette loi s'applique à l'humanité tout entière. Dieu lui-même, dans son Verbe incarné, et à la douloureuse stupeur de la cour céleste, avait accepté de s'y soumettre. Le Christ, vrai homme, renoncerait à bénéficier de ses privilèges de vrai Dieu et se ferait plus petit que ses anges.

Il en va fatalement de même pour sa mère. Femme véritable, et non esprit revêtu d'une apparence humaine et féminine, Marie est par nature inférieure au monde des esprits ; et, cependant, elle en est la Reine. L'Église, dès le concile de Nicée, en 325, affirma que Notre-Dame, après son assomption, avait été élevée au-dessus de tous les esprits bienheureux et qu'elle régnait désormais sur eux. Très vite, les litanies l'honorèrent sous le titre de *Regina Angelorum*[1].

Reine des anges et cependant leur inférieure par sa nature humaine… Comment était-il possible de résoudre ce paradoxe ? À cette question, les théologiens répondent : par la grâce et par la prédestination.

Lorsque Gabriel entre dans la maison de Nazareth, il salue la Vierge d'un titre qui est aussi un nom nouveau, comme il est d'usage dans la Bible d'en attribuer aux instants cruciaux de l'histoire du salut ; c'est ainsi qu'Abram est devenu Abraham, et Simon, Pierre.

« Je vous salue, Marie, comblée de grâce. »

---

1. Celles dites *de Lorette*, recommandées par le pape saint Serge Ier au VIIe siècle, mais très antérieures à cette date, donnent déjà ce titre à Notre-Dame.

Aucune autre femme n'a jamais eu droit d'être appelée de la sorte. Ce qui ne signifie pas que Marie ait reçu dans leur plénitude absolue toutes les grâces de Dieu – cette plénitude de la grâce divine dans l'humanité ne s'étant réalisée que dans le Christ –, mais que la Vierge a accepté de s'offrir et de se laisser illuminer par la grâce divine et sa lumière autant qu'il était possible de le faire à une créature humaine. À l'extrême limite des potentialités humaines, et cela, par la prédestination.

Certes, les anges, eux aussi, restés fidèles dans l'épreuve, ont été confirmés en grâce, ne peuvent absolument plus la perdre et sont exempts de tout péché ; ils jouissent de surcroît de la vision béatifique. Cette constante vision de Dieu, Marie ne l'a pas eue sur cette terre[2]. Mais, en Marie, la pureté est devenue sainte horreur du péché ; Elle en saisit l'abomination à un degré tel qu'il ne peut être dépassé que par le sentiment qu'en a Dieu lui-même dans la plénitude de sa justice. Cette pureté extrême, aucun ange n'est capable de s'y égaler. Non seulement la Vierge est la plus pure des créatures mais elle est aussi la plus vertueuse, car nul n'aime autant qu'elle l'absolue perfection, c'est-à-dire Dieu. Elle était donc parfaitement digne de porter le Créateur de toute créature, d'enfanter, d'élever et de nourrir celui devant qui les séraphins se prosternent en se voilant la face. Elle seule pouvait bercer dans ses bras le Dieu qui soutient l'univers. Par sa nature, il est certain que Marie n'est qu'une créature, et, de ce fait, inférieure aux anges ; mais

2. Les théologiens sont même partagés sur la question de savoir si le Christ avait toujours, ou non, la vision béatifique.

elle est la mère de Dieu. Et, selon le mot de saint Thomas d'Aquin : *Mater Domini Domina est*[3].

Avoir été pareillement comblée de grâce la rendait capable d'être élevée au Ciel à un degré de gloire infiniment supérieur même à celui de saint Michel, le plus sublime des esprits bienheureux. La liturgie de la fête de l'Assomption le proclame :

> *Exaltata est sancta Dei Genitrix / Super choros Angelorum ad caelestia regna*[4].
> *Christum, cum hunc venerat, / Quo mater susceperat, / Non est venter purior.*
> *In quo, dum hinc revocat, / Matrem Christus collocat, / Thronus non est celsior*[5].
> Et la liturgie précise aussitôt pourquoi la Vierge a été élevée si haut :
> *Immo, quod crediderit, / Quod sibi viluerit, / Nunc beatam dicimus*[6].

C'est parce qu'elle ne fut jamais reine sur cette terre, sinon la Reine des Douleurs, qu'elle est au ciel la Reine des Anges. De son indicible royauté, de sa maternité divine, rien ne transparut aux yeux des hommes et

3. « La Mère du Seigneur est reine. »

4. « La sainte Mère de Dieu a été exaltée / au-dessus des chœurs angéliques dans le Royaume des cieux. » Capitule des vêpres de l'Assomption.

5. « Quand le Christ vint ici-bas, / pour qu'une mère le reçoive, / aucun sein n'était plus pur. Quand d'ici-bas, il la rappela, / À sa Mère, le Christ donna, / un trône qu'aucun ne surpasse. » Texte liturgique propre à certains diocèses français.

6. « Mais c'est parce qu'elle a cru, / C'est parce qu'elle s'est abaissée, / Que maintenant nous la proclamons bienheureuse. »

elle-même ne bénéficia d'aucun de ces privilèges que les peintres lui ont accordés; car, passé le jour de l'annonciation et la visite de Gabriel, Marie n'eut pas plus droit que n'importe quelle autre femme aux communications angéliques. Il ne se trouva aucun ange, le vendredi 7 avril 30, pour venir lui expliquer le Malheur qui la frappait ni lui parler de la Résurrection. Gabriel ne se manifesta pas une seconde fois pour lui confirmer les promesses qu'il lui avait faites jadis :

« Voici que tu concevras dans ton sein et enfanteras un fils, et tu l'appelleras du nom de Jésus. Il sera grand[7], et sera appelé Fils du Très-Haut. Le Seigneur Dieu lui donnera le trône de David son père; il régnera sur la maison de Jacob pour les siècles des siècles et son règne n'aura pas de fin[8]. »

En fait de trône de David, son fils unique n'avait eu que la croix, l'infamie absolue selon ce qui était écrit dans la Loi : « Il est maudit de Yahvé, celui qui pend au bois. »

Car la grandeur suprême de la Vierge, et celle de son Fils, est d'avoir refusé de tricher avec la destinée humaine, l'assumant dans sa réalité et jusqu'aux abîmes de la souffrance, sans jamais recourir aux adoucissements miraculeux.

Ce dépouillement volontaire, et le grand silence qui entoure la personne de Marie dans les Évangiles, ne manquèrent pas de troubler certains fidèles qui, les uns par piété les autres par curiosité, regrettaient de ne

---

7. Pour les juifs, un seul est grand : Dieu. Marie ne peut s'y être trompée.
8. Saint Luc 1,31-33.

pas en savoir davantage sur elle. L'un des buts des textes apocryphes fut de répondre à ces interrogations laissées sans réponse par les livres canoniques. Le merveilleux tient, dans les apocryphes, une place importante, et le monde angélique y est étroitement mêlé. Le texte connu sous le titre de *De ortu beatae Mariae et infantia Salvatoris* et attribué au Pseudo-Matthieu en donne plusieurs exemples.

Toute petite, la Vierge est déjà l'objet de l'attention spéciale des anges qui descendent du ciel lui donner une nourriture digne d'elle et lui révèlent les grandeurs et les mystères divins. Lorsqu'elle est conduite au Temple par ses parents afin d'y être élevée, Marie rayonne de tant de perfections qu'elle devient l'objet de la jalousie morbide de ses compagnes. Un jour, par dérision, celles-ci la saluent du titre de « Reine des vierges ». Mais leurs sarcasmes leur restent en travers du gosier quand Gabriel leur apparaît et leur annonce qu'elles ont prophétisé sans le savoir, « car ce titre sera très véridique ». Plus tard, et tout au long de l'enfance de Jésus, les anges restent les familiers de la Sainte Famille, l'aidant dans ses travaux ménagers…

Pour poétiques qu'elles soient, et en dépit de l'iconographie et de l'imagerie sulpicienne qu'elles ont suscitées, il convient de reléguer au rang de pieuses légendes ces scènes charmantes. En ce monde, les anges ne se mirent pas de la sorte au service de leur Reine.

Mais qu'ils y étaient en l'autre monde, l'Église en eut d'abondance confirmation. Saint Grégoire le Grand ne s'y trompa point et attribua, lors de l'apparition du château Saint-Ange, à l'intercession de Marie la clémence divine, exprimée par le geste de Michel remettant son glaive au fourreau. D'ailleurs, l'archange se manifesta au pape au moment précis où la procession entonnait le chant du *Regina caeli*.

L'Église, et les orthodoxes encore bien plus que les catholiques, a aimé dire l'assomption de la Vierge après sa dormition, sa montée au ciel avec son corps préservé de la mort[9] et de la corruption du tombeau. Et saint Michel se portant à sa rencontre, accompagné de toute l'armée céleste, afin de ménager à Marie une entrée triomphale dans le royaume de son Fils et l'escortant jusqu'au trône qui lui était réservé pour l'heure de son couronnement.

Cette cour céleste et royale, des mystiques l'ont vue et décrite.

Lorsque, dans le dernier tiers du XIIIe siècle, Gertrude entre au monastère de Helfta, elle est moins poussée par la ferveur spirituelle que par le désir d'étudier. En terre germanique, Helfta est l'une de ces maisons où les arts rayonnent. Voilà ce qui a motivé d'abord la vocation de Gertrude.

Pendant plusieurs années, la jeune fille se consacre tout entière à l'étude, absorbée dans ses grimoires. Rien ne peut laisser deviner le feu qui couve sous cette cendre. Et puis, Gertrude a vingt et un ans, voilà que le Christ lui apparaît. Il lui annonce qu'il l'aime d'une dilection particulière et qu'il lui demande son amour en échange. Gertrude qui, pourtant, ne saurait ignorer que cet amour

---

9. Les orthodoxes regardent comme certain que Marie ne mourut pas, mais qu'elle s'endormit. Les anges vinrent alors la chercher, afin de l'emmener vivante au ciel.

mystique est une source de souffrances corporelles et spirituelles terribles en rançon des faveurs reçues et des grâces accordées, une véritable et redoutable association à la Croix, ne barguigne pas. Elle se donne entièrement à l'Amour, elle accepte tout, elle sera l'une des premières messagères du Sacré-Cœur. Les visions se multiplient. *Le Livre des Révélations* en est plein.

Un jour de fête mariale, Gertrude est descendue à l'église qu'elle découvre emplie des anges gardiens de ses compagnes ; ils se tiennent debout à côté d'elles, tenant chacun une corbeille de fleurs et de fruits magnifiques. Ces fruits et ces fleurs représentent les sacrifices et les bonnes œuvres des religieuses. D'autres anges disposent, à la place habituelle de l'abbesse, qui est alors la grande sainte Mechtilde de Helfta, un trône d'or. La Vierge, tout à l'heure, viendra s'y asseoir. Alors, les anges, reprenant les cantiques des moniales, tour à tour s'avanceront et déposeront à ses pieds leurs corbeilles.

L'image n'est pas si différente de la vision du père Lamy, au début de ce siècle, pour qui la Vierge ne se déplace jamais sans une escorte angélique digne d'elle.

« Avec quelle simplicité et quelle affection les anges l'entourent. Dieu lui en a donné des millions. Elle les connaît tous par leur nom. Eux ne la connaissent que sous un nom : Reine. Chacun d'eux a sa physionomie et tous sont aussi beaux. »

Le père Lamy entendra également les anges reprendre le chant des fidèles pendant la messe. Il s'agit d'un cantique marial du Second Empire, spécialement indiqué en ces tristes jours de la première guerre mondiale, *Mère de l'Espérance* :

Mère de l'Espérance
Dont le nom est si doux,
Sauvez, sauvez la France!
Ayez pitié de nous[10] *!*

Mais, si le père Lamy a souligné en quels termes étaient la Vierge et ses anges, à commencer par Gabriel, il a été témoin de dialogues encore plus étonnants entre Marie et Lucifer. Ces révélations firent quelque bruit à la parution du livre du comte Biver, en dépit d'une préface d'avertissement donnée par Jacques Maritain.

S'appuyant sur le verset de la Genèse[11], « Je mettrai une hostilité entre toi et la Femme, entre sa descendance et ta descendance. Elle t'écrasera la tête et tu la mordras au talon[12] », beaucoup de chrétiens se représentent Notre-Dame comme l'ennemie acharnée du démon, lui qui, dès les commencements, a nourri envers sa Reine, qu'il regardait comme sa rivale, une haine et une jalousie inexpiables. Il ne pourrait donc que fuir à son approche. S'il est exact qu'ils se combattent et que la Vierge sort immanquablement victorieuse de cette

10. C'est un cantique que la Vierge paraissait avoir déjà beaucoup apprécié pendant l'apparition de Pontmain, le 17 janvier 1871.

11. 3,15.

12. Les théologiens comprennent d'ailleurs que c'est le descendant de la Femme, c'est-à-dire le Christ, seul à être né d'une mère sans l'intervention d'un père selon la chair, qui écrasera la tête du Serpent, figure diabolique, et non la Femme.

perpétuelle confrontation, Maritain soulignait qu'il ne fallait pas perdre de vue la nature angélique de Lucifer et le petit reste de privilèges qu'il conserve jusque dans sa révolte. En accord avec le livre de Job, qui montre Satan paraissant devant Dieu pour réclamer le droit de persécuter le juste, et avec l'Évangile qui dit que le prince de ce monde a réclamé les apôtres afin de les passer au crible, il est permis de croire que Lucifer n'est pas banni de la présence de Dieu[13]. Ses actes entrent dans le plan divin, et le mal qu'il croit faire tourne à sa propre confusion puisqu'il sert souvent à augmenter la gloire des saints. Cette survivance de la nature angélique transparaît à chaque ligne du dialogue entendu à Gray, le 9 septembre 1909, par le père Lamy. Notre-Dame s'aperçoit que Lucifer la suit et lui dit :

— C'est vous ?

— J'ai la permission du Père.

— Soit… Vous savez comment on obéit au Père !

Commence alors entre eux une longue discussion où tous deux prophétisent la guerre prochaine, qu'ils regardent comme un châtiment pour les fautes du monde, et plus spécialement de la France et de l'Allemagne. Tranchant, Lucifer renvoie les adversaires futurs dos à dos :

— Ils sont aussi coupables d'un côté que de l'autre…

Le père Lamy commente, désolé : « Lucifer connaît très bien les culpabilités. »

---

13. Dieu n'a pas chassé Lucifer du ciel ; il s'en est chassé lui-même par sa révolte.

Alors, celui qui fut homicide dès le commencement, à la perspective de l'inexpiable tuerie qui se prépare, se réjouit ouvertement – lui qui a su envenimer les haines et les rancœurs – de la multitude d'âmes qui se précipiteront en enfer. Mais la Vierge l'arrête, soudain impérieuse :

— Non, Lucifer, non ! Je les sauverai malgré vous !

Et le père de préciser la seule arme qui aura raison du Mal déchaîné sur le monde : « La récitation du rosaire, c'est cela qui le désole ! Il est l'ennemi déclaré du chapelet. »

Ce qui recoupe la déclaration faite par Léon XIII, le 12 septembre 1897, selon laquelle le rosaire était la prière angélique par excellence.

S'il peut donc arriver que les apparitions de la Vierge entraînent des apparitions démoniaques[14], il est heureusement plus fréquent qu'elles soient accompagnées d'anges fidèles.

La plus ancienne est certainement celle du Puy-en-Velay. S'il n'est pas possible d'établir avec une exactitude scientifique l'époque où l'apparition eut lieu et s'il faut écarter une datation haute qui renverrait au Iᵉʳ ou au IIᵉ siècle, il est cependant certain qu'il existait un sanctuaire marial au tout début du Vᵉ siècle au Puy. Et que l'origine de cette église était plus ancienne. La sacralisation du site vaut d'être rapprochée de celle des sanctuaires de saint Michel dont Le Puy-en-Velay, avec

14. Sans même parler des caricatures sataniques d'apparitions mariales authentiques, comme à Lourdes entre autres…

son extraordinaire chapelle du dyke d'Aiguilhe, fait d'ailleurs partie.

Le Puy, *Anicium* pour les Gallo-Romains, est un très vieux lieu de culte, antérieur même à l'époque celtique. S'y trouve un dolmen, une pierre sacrée païenne, toujours entourée de la vénération populaire. Celle-là, comme beaucoup d'autres, doit être liée à un rituel de fertilité, ce qui explique pourquoi des femmes viennent y passer la nuit[15]. La Tradition, pudique, préfère dire que ce dolmen avait la réputation de soigner les fièvres…

Donc, une nuit, une pauvre femme est venue s'allonger sur la pierre, dans l'attente d'un soulagement à ses maux. Lui apparaît une dame de toute beauté, entourée de nombreux anges, qui lui demande d'aller trouver l'évêque et de réclamer qu'une église soit construite à la Vierge en ce lieu.

Il existe plusieurs versions de la légende, avec les habituelles tergiversations des évêques, chute de neige en plein été, comme pour la fondation de Sainte-Marie-Majeure de Rome, conduite étrange d'un cerf[16] qui mesure de ses bois le périmètre du futur sanctuaire. Impossible de départager le vrai du légendaire, ni de s'y retrouver dans une chronologie erronée, l'auteur confondant les prélats d'Anicium. Ce qui, en revanche, est certain – et ne se retrouve pas dans d'autres cas, lorsqu'il s'agit de christianiser un ancien lieu de culte païen –, c'est que le

15. On pourrait citer cent exemples en France assortis de rituels plus ou moins évidents – tous destinés à assurer un époux ou des enfants – auxquels on recourait encore à une date très récente.

16. Notons que le cerf est un animal lié à Cernunnos, le dieu cornu des Celtes, divinité du printemps, de la nature et de la fécondité.

dolmen a été inclus dans les fondations du sanctuaire. L'usage alors était d'abattre, de démolir tout vestige de l'objet primitif de la vénération. Yves Chiron souligne avec justesse qu'il fallait un motif bien puissant pour que les constructeurs aient épargné la pierre païenne ; et lequel sinon une apparition regardée comme authentique ?

Unis dans une ferveur commune, Notre-Dame, saint Michel et les anges attireront à Anicium, devenu Le Puy-Sainte-Marie, les pèlerins médiévaux. La ville sera étroitement associée à l'épopée des croisades et à celle de la *Reconquista* espagnole, car, pour les gens du Nord, elle sera l'étape obligée sur le chemin de Compostelle.

Notre-Dame et Michel, protecteurs du royaume de France et de la chrétienté dans ses périls, vont encore se manifester de concert les 10 et 11 août 1519. Cela se passe sur le mont Verdaille, près du village de Cotignac, non loin de Draguignan.

Tôt le matin, un bûcheron prénommé Jean – les chroniqueurs lui donnent pour patronyme les uns Labaume, les autres Lasaque, l'état civil n'étant pas encore bien fixé – part travailler. Sur le mont, dans une gloire lumineuse, il voit la Vierge avec l'enfant Jésus dans les bras. Elle est accompagnée de l'archange Michel, de saint Bernard et de sainte Catherine[17].

---

17. Saint Bernard est l'un des chantres de la dévotion mariale et de la dévotion angélique. Sainte Catherine d'Alexandrie, même si quelques cuistres s'interrogent sur la réalité historique de cette martyre dont la passion est trop tardive et trop littéraire, est l'une des bienheureuses qui accompagnent Michel lors des apparitions à Jeanne d'Arc. Elle est aussi la patronne, avec Michel, de la maison de Valois. Il s'agit donc de saints attachés à la France.

Dès le 14 septembre, la construction de la chapelle Notre-Dame des Grâces commence. On y recensera de nombreux miracles, mais la Vierge de Cotignac sera surtout associée aux apparitions parisiennes de 1637 qui promettront à Louis XIII et Anne d'Autriche le Dauphin qu'ils n'attendaient plus.

La destinée de ce royaume de France dont les rois l'ont établi reine et protectrice, voilà ce qui ne cesse d'inquiéter la Sainte Vierge tout au long de ses apparitions du XIXe siècle, à Paris, à La Salette, à Pontmain[18]. Cependant, seule l'apparition de la rue du Bac comporte une visite angélique précédant celle de Notre-Dame. Il faut en chercher la cause[19] dans l'extrême dévotion que sœur Catherine portait à son ange gardien.

Née en 1806, Catherine-Zoé Labouré est la huitième des dix-sept enfants d'un couple de riches fermiers de Fain-lès-Moutiers en Bourgogne. Elle n'a que neuf ans lorsque, le 9 octobre 1815, sa mère, usée par tant de naissances, tant de morts aussi car elle a perdu sept enfants en bas âge, et par les durs travaux quotidiens, meurt subitement. La fille aînée, Marie-Louise, vingt ans, prend en charge ses cadets, dont le dernier, Auguste, âgé de trois ans, est infirme. Si brave soit-elle, et si dévouée, Marie-Louise ne parvient pas à faire face à des charges si lourdes. Accablé par le drame, le père n'est pas d'une grande aide en ces tristes instants. On

18. Seule de cette série, Lourdes fait exception, et Bernadette insistera toute sa vie sur le fait que ses révélations n'avaient aucun caractère politique.

19. La cause, non l'explication. C'est parce qu'elle aimait son ange gardien que Catherine reçoit la grâce de le voir, non parce qu'elle s'autosuggestionne !

se résout à disperser la famille. Catherine et l'une de ses petites sœurs, Tonine, sont confiées à leur tante. Pour Catherine, fillette douce et timide, très attachée à ses parents, la mort de sa mère, doublée de cet exil loin de son foyer où elle croit discerner le désamour paternel, est un affreux arrachement. Sans qu'elle s'en doute encore, l'orpheline tient pourtant de sa mère disparue les armes qui l'aideront à surmonter son deuil.

Si Mme Labouré, mal remise des naissances de ses benjamins, n'a pas trouvé le temps d'apprendre à lire et à écrire à Catherine, en cette époque où la Révolution, si proche, a désorganisé l'enseignement en milieu rural en supprimant les petites écoles, elle a trouvé le temps de lui apprendre à prier. Trop tôt sevrée d'amour, la fillette reporte sa soif d'affection sur la Sainte Vierge et sur son ange. Très vite, Catherine se convainc que Dieu l'appelle et veut qu'elle soit religieuse. Une nuit, elle voit en rêve saint Vincent de Paul l'inviter à entrer chez les Filles de la Charité, l'ordre qu'il a fondé. Hélas, M. Labouré, mis au courant des projets de sa fille, s'y oppose avec la dernière fermeté. C'est que Marie-Louise, déjà, a choisi cette voie et, si pieux soit-il, le père n'est pas prêt à donner deux enfants à l'Église. Catherine doit attendre sa majorité, puis le secours financier d'un de ses frères aînés, pour, enfin, le 21 avril 1830, franchir le seuil du noviciat, rue du Bac à Paris. Commence pour elle une série de faits mystiques qui jetteront ses directeurs de conscience et ses supérieures d'abord dans l'incrédulité, puis dans l'embarras.

Le 25 avril, cette année-là, est un grand jour pour les deux communautés fondées au XVIIe siècle par Monsieur

Vincent, les Lazaristes et les Filles de la Charité. Les reliques du Père des pauvres et des enfants trouvés, celui que la reine Anne d'Autriche appelait la « conscience du Royaume », doivent être solennellement ramenées rue de Sèvres, dans l'église des Lazaristes d'où la Révolution les avait chassées. Charles X honorera la cérémonie de son auguste présence. En dépit de la fête, l'atmosphère est pesante, chacun mesurant les menaces qui pèsent sur la monarchie ce printemps-là. Le souvenir des persécutions religieuses de la Terreur est dans toutes les mémoires et la crainte que revienne le temps de la clandestinité et du martyre bien réelle.

Ce même soir, en prière devant la châsse, Catherine a une triple vision du cœur de saint Vincent, et l'avertissement très clair de la chute prochaine de la royauté. Elle s'en désole. Averti, son confesseur la réprimande, sûr d'avoir affaire à une jeune exaltée, espèce que l'Église n'apprécie guère. Il n'est pas plus aimable, on s'en doute, quand la novice vient lui dire qu'elle a, à chaque messe, la perception visuelle de la Présence réelle dans l'Eucharistie, puis, le 6 juin, la vision du Christ-Roi soudain dépouillé des signes de sa royauté, avertissement à la fois de la chute toute proche du trône et de la dramatique rupture, renouvelée, que cette chute entraînera entre la France révolutionnaire et Dieu.

Grondée et regrondée, Catherine n'en garde pas moins la certitude qu'elle bénéficie d'une grâce d'En Haut. Une seule chose la navre : n'avoir pas encore vu la Sainte Vierge. Comment celle qu'elle a élue pour mère, en embrassant follement sa statue, dans la chambre où reposait sa maman morte, ne s'est-elle pas encore manifestée ? Le 18 juillet au soir, Catherine implore la Vierge de lui apparaître et se couche pleine d'espoir. La suite, c'est elle-même qui la raconte, à la fin de sa vie, à la demande de ses supérieures :

« Enfin, à onze heures et demie du soir, je m'entendis appeler par mon nom :

« — Ma Sœur ! Ma Sœur !

« M'éveillant, j'ai regardé du côté où j'entendais la voix qui était du côté du passage. Je tire le rideau[20]. Je vois un enfant habillé de blanc, âgé à peu près de quatre à cinq ans, qui me dit :

« — Levez-vous en diligence et venez à la chapelle, la Sainte Vierge vous attend.

« Aussitôt, la pensée me vient :

« Mais on va m'entendre !

« Cet enfant me répond :

« — Soyez tranquille, il est onze heures et demie, tout le monde dort bien. Venez, je vous attends.

« Je me suis dépêchée de m'habiller, et me suis dirigée du côté de cet enfant qui était resté debout, sans avancer plus loin que la tête de mon lit. Il m'a suivie, ou plutôt, je l'ai suivi, toujours sur ma gauche, portant des rayons de clarté partout où il passait. Les lumières étaient allumées partout où nous passions, ce qui m'étonnait beaucoup. Mais bien plus surprise, lorsque je suis entrée à la chapelle… La porte s'est ouverte, à peine l'enfant l'avait touchée du bout du doigt.

« Mais ma surprise a été encore bien plus complète quand j'ai vu tous les cierges et flambeaux allumés :

---

20. Il s'agit du rideau de l'alcôve qui entoure le lit, dans le dortoir commun.

ce qui me rappelait la messe de minuit. Cependant, je ne voyais point la Sainte Vierge. L'enfant me conduisit dans le sanctuaire, à côté du fauteuil de Monsieur le Directeur. Et là, je me suis mise à genoux, et l'enfant est resté debout tout le temps.

« Comme je trouvais le temps long, je regardais si les veilleuses[21] ne passaient pas par la tribune. Enfin, l'heure est arrivée, l'enfant me prévient :

« — Voici la Sainte Vierge, la voici !

« J'entends comme un bruit, comme le frou-frou d'une robe de soie, qui venait du côté de la tribune, auprès du tableau de saint Joseph, qui venait se poser sur les marches de l'autel, du côté de l'Évangile, dans un fauteuil pareil à celui de saint Anne[22].

« Pourtant, ce n'était pas sainte Anne qui était dans le fauteuil, mais la Sainte Vierge seulement[23]. Ce n'était pas la même figure de sainte Anne[24]. Je doutais si c'était la Sainte Vierge. Cependant, l'enfant qui était là me dit :

« — Voici la Sainte Vierge.

« À ce moment, il me serait impossible de dire ce que j'ai éprouvé, ce qui se passait au-dedans de moi. Il me semblait que je ne voyais pas la Sainte Vierge.

« C'est alors que l'enfant me parla, non plus comme un enfant, mais comme un homme, le plus fort, et des

---

21. Il s'agit des religieuses qui s'assurent que tout va bien dans la maison.

22. Sœur Catherine fait allusion à un autre tableau de la chapelle, représentant sainte Anne assise dans un fauteuil, la Vierge enfant debout à côté d'elle en train d'apprendre à lire.

23. Dans son langage un peu maladroit, Catherine veut dire la Sainte Vierge toute seule, et non avec sa mère, comme sur le tableau.

24. … que sainte Anne…

paroles les plus fortes. Alors, regardant la Sainte Vierge, je n'ai fait qu'un saut auprès d'elle. »

Pendant un très long moment, Catherine va rester agenouillée devant le fauteuil, les mains jointes et les coudes sur les genoux de la Sainte Vierge, à l'écouter lui parler des malheurs qui menacent la France, promettre sa protection sur les Lazaristes et les Filles de la Charité, annoncer la fusion de deux autres ordres féminins avec elles, et, enfin, prédire la mort tragique, « dans quarante ans », de l'archevêque de Paris. Tout se réalisera point par point, jusqu'à l'exécution, par les Communards, en 1871, de Mgr Darboy, pris en otage et fusillé avec d'autres prêtres, religieux, officiers et notables.

« Je suis restée je ne sais combien de temps. Tout ce que je sais, quand elle est partie, je n'ai aperçu que quelque chose qui s'éteignait, enfin plus qu'une ombre qui se dirigeait du côté de la tribune, par le même chemin qu'elle était arrivée. Je me suis relevée de dessus les marches de l'autel, et j'ai aperçu l'enfant, où je l'avais laissé. Il me dit :

« — Elle est partie.

« Nous avons repris le même chemin, toujours tout allumé, et cet enfant était toujours sur ma gauche. Je crois que cet enfant était mon ange gardien, qui s'était rendu visible pour me faire voir la Sainte Vierge, parce que j'avais beaucoup prié pour qu'il m'obtienne cette faveur. Il était habillé de blanc, portant une lumière miraculeuse avec lui, c'est-à-dire qu'il était resplendissant de lumière : âgé à peu près de quatre à cinq ans.

« Revenue à mon lit, il était deux heures du matin. »

Cette apparition angélique appelle plusieurs remarques. La première idée qui pourrait venir à l'esprit est que Catherine a rêvé. Mais, immédiatement, elle donne des détails si précis et si matériels qu'il faut écarter cette hypothèse. Il n'est pas jusqu'au doute qu'elle avoue avoir éprouvé sur l'identité de sa visiteuse qui ne plaide en faveur de la réalité du phénomène. S'agissant de l'ange gardien, il se présente à Catherine sous une forme relativement peu fréquente, celle d'un jeune enfant. Sainte Françoise Romaine voyait son ange gardien sous un aspect enfantin, mais il voulait la consoler des morts de son fils et de sa fille. L'ange est lumineux ; non seulement il éclaire Catherine au long des couloirs obscurs du noviciat, comme le feront les anges pour le père Lamy dans les terrains vagues de La Courneuve, comme ils le faisaient pour saint Philippe Neri dans les ruelles de Rome, mais il allume toutes les bougies sur son passage. Là, le récit de l'humble sœur Labouré, presque illettrée, rejoint soudain les textes bibliques, l'ange ouvre les portes fermées, appesantit le sommeil des dormeuses. Il agit et se meut dans le monde sensible comme s'y mouvait l'archange venu délivrer Pierre de la prison d'Hérode. Et Catherine doute qu'elle ne rêve pas, tout comme le prince des apôtres doutait d'être éveillé jusqu'à ce qu'il fût dans la rue, libre. Enfin, devant les interrogations, compréhensibles, de sa protégée, l'ange gardien parle avec l'autorité d'un homme adulte et plein d'expérience.

Sainte Catherine Labouré aura d'autres apparitions, particulièrement celle qui aboutira à la frappe de la célèbre médaille miraculeuse. Mais elle ne reverra pas l'ange gardien.

Des anges, il y en aura encore, le 21 août 1879, à Knock Mhuire, en Irlande. À sept heures du soir, de nombreux villageois, rentrant des champs, verront, devant un mur des plus banals soudain éclairé d'une lueur surnaturelle, la Sainte Vierge, saint Joseph, saint Jean l'évangéliste, un autel et l'Agneau mystique, l'ensemble entouré d'anges.

Bien que l'Église catholique ait jugé prudent de ne pas attirer l'attention de l'occupant anglais et protestant sur cette apparition, à la fois mariale et eucharistique, Knoch Mhuire deviendra l'un des hauts lieux de pèlerinage irlandais. Les guérisons s'y multiplieront au point de donner au village le surnom de Lourdes d'Irlande.

À Wigratzbad, en Allemagne, près des frontières suisse et autrichienne, en 1936, les anges anticiperont, sans se montrer, l'apparition de la Vierge à une femme d'un village voisin, Wangen, en février 1938.

En Allemagne, la Vierge et les anges laissent espérer la défaite du nazisme. À l'Île-Bouchard, en Touraine, le 8 décembre 1947, puis les jours suivants, ils interviennent, semble-t-il, pour écarter de la France la menace communiste.

Fort de son rôle dans la Résistance et dans les premiers mois de la Libération, le Parti communiste a cru se diriger sans heurts vers une mainmise par ses cadres sur les institutions de la IVe République. Cependant, et malgré une influence considérable, les espoirs du PCF ne se sont pas concrétisés. Au contraire, en mai 1947, le MRP et la SFIO ont rompu l'alliance conclue au lendemain de la guerre qui associait les communistes au gouvernement. La réaction ne s'est guère fait attendre, et elle a été d'une incroyable violence. Grève générale, qui tourne au mouvement insurrectionnel; attentats, sabotages en série dont l'un, le 3 décembre, entraîne le déraillement de l'express Paris-Tourcoing et cause la mort d'une vingtaine de voyageurs; émeutes à Paris et en province le 6 et le 7, plusieurs manifestants sont tués… Le gouvernement, dans cette atmosphère de guerre civile, rappelle les réservistes. La France est au bord de l'explosion sociale et de la révolution.

Et puis, d'un coup, le 9 décembre, la CGT et le PC, pourtant en position de force et prêts, la veille encore, à aller jusqu'au bout, reculent et mettent un terme à la grève générale et à leur campagne de violence. Il est vrai que beaucoup de militants, eux, en avaient assez et que le mouvement commençait à s'essouffler, tandis que des dissensions éclataient au sein du mouvement syndical. Le gouvernement en avait profité pour reprendre le contrôle des endroits passés sous l'influence des communistes.

Il est donc possible de trouver une explication rationnelle au dénouement rapide de la crise et à l'échec du PC. Cependant, le 8 décembre, jour de la fête de l'Immaculée Conception, un événement avait eu lieu qui n'était peut-être pas sans lien ni sans influence sur l'actualité.

Ce midi-là, dans le village tourangeau de l'Île-Bouchard, avant la reprise de l'école à 13 h 30, Jacqueline Aubry, âgée de douze ans, Jeanne, sa sœur de sept ans, et leur cousine, Nicole Robin, dix ans, se sont arrêtées à l'église. Jacqueline est une petite fille pieuse, attachée à la dévotion mariale, mais sans exaltation particulière ni mysticisme quelconque. Elle a l'habitude de venir quotidiennement prier devant la statue de la Vierge, à plus forte raison en ce 8 décembre qui clôt la neuvaine à l'Immaculée. À quel point les trois fillettes sont-elles au courant des troubles qui ont éclaté dans la capitale et les grandes villes industrielles ? C'est impossible à dire. Le poste de radio n'est pas encore entré dans les mœurs campagnardes ; quant aux journaux, emplis de faits divers sordides et d'affaires scabreuses, on ne les laisse pas lire aux enfants. Les trois petites ont-elles surpris une conversation angoissée entre adultes ? Il ne le semble pas.

Quoi qu'il en soit, alors qu'elles sont en train de réciter le chapelet devant l'autel de la Vierge, l'attention de Jacqueline est attirée par une lumière à la fois très brillante et très douce entre le vitrail et l'autel. Là, sur sa gauche, il y a une Dame, très belle, debout dans une grotte, accompagnée d'un grand ange qui se tient à sa droite. Jeanne et Nicole voient aussi. Très effrayées, elles quittent l'église en hâte. Dehors, elles rencontrent deux compagnes de classe, deux sœurs, Sergine et Laura Croizon. Elles leur racontent ce qu'elles viennent de voir. Bien entendu, la curiosité enfantine est la plus forte, d'autant que d'être en groupe leur redonne du courage. Retour dans l'église, et même vision, sauf pour Sergine qui ne distingue rien. La Dame sourit aux enfants. Plus tard dans l'après-midi, les quatre petites reviennent devant l'autel. Aussitôt ou presque, la Dame et l'ange sont là. La Dame a l'air tout triste et elle dit :

« Dites aux petits enfants de prier pour la France qui en a grand besoin. »

Dans les jours qui suivront et jusqu'au 14 décembre, date de la dernière apparition, la Vierge renouvellera cette demande « pour la France en grand danger ». Jacqueline, craignant de se heurter au scepticisme général, réclamera des signes, afin que les gens croient. Malgré la réticence de la Dame qui précise : « Je ne suis pas venue faire des miracles, mais demander de prier pour la France qui est en grand danger ces jours-ci », les signes seront donnés, peu spectaculaires mais sans explication naturelle[25]. Ce sera d'abord la guérison immédiate de Jacqueline, myope, et qui retrouvera une vue normale sans l'aide de verres correcteurs[26] ; puis, le dernier jour, devant mille personnes, un rayon de soleil inexplicable en raison de la saison et de la configuration de l'église, viendra se poser pendant plusieurs minutes sur les quatre petites voyantes.

Ce dernier phénomène, en plus discret, renvoie aux apparitions principales du XXe siècle, celles de Fatima au Portugal où un ange joua un rôle capital.

L'histoire commence en 1915, entre avril et octobre, sans autre précision, car la fillette bénéficiaire des visions est trop ignare pour connaître les jours de la semaine et les mois du calendrier. Elle se nomme Lucia dos Santos, elle a huit ans. Cela se passe à Aljustrel, dans le centre du Portugal. Comme tous les enfants du pays, Lucia garde les bêtes aux champs ; en ce printemps, elle débute

---

25. L'Église ne s'est pas prononcée sur les apparitions de l'Île-Bouchard, mais elle tolère le culte.

26. Yves Chiron souligne que Jacqueline souffrait également d'astigmatisme et de strabisme et que ces problèmes-là subsistèrent.

dans le métier de bergère où elle remplace sa sœur aînée, Carolina, désormais occupée à des tâches plus rudes. Lucia s'est liée avec trois autres fillettes, Matias, Teresa et Maria-Rosa, Maria Justino. Les quatre enfants sont très pieuses, très sérieuses et réservées. Au contraire des autres gamines du pays, elles détestent les jeux bruyants et passent leurs longues journées dans la campagne à chanter divers cantiques à la Vierge et un autre, populaire dans tout le Portugal, intitulé *Anges, chantez avec moi !*

Ce jour-là, les jeunes bergères ont mené leurs moutons paître sur la colline du Cabeço. De cette hauteur, on domine les oliveraies alentour. Il est environ midi et Lucia a l'idée de réciter le rosaire. À peine ont-elles commencé que les quatre enfants suspendent leurs prières, interloquées, voire vaguement effrayées : flottant au-dessus des arbres, il y a quelque chose. Ce sont des petites paysannes analphabètes et incultes ; les mots leur manquent pour décrire comme pour exprimer leur stupeur. Ce qu'elles voient, elles ne savent pas ce que c'est. Ce pourrait être un nuage, si les nuages avaient cette blancheur plus pure que la neige, cette transparence. Cela ressemble à une statue de neige traversée par le soleil… C'est lointain, c'est flou, mais on distingue au cœur de cette clarté comme une forme humaine… Angoissées, les fillettes s'interrogent :

« Qu'est-ce que c'est ? »

Elles se creusent la tête sans trouver une réponse valable. Deux autres fois, quand, dans les jours suivants, elles oseront revenir au sommet du Cabeço, elles reverront la forme blanche à l'allure humaine.

Lucia est une fille silencieuse et prudente ; elle s'est bien gardée d'aller raconter chez elle qu'elle voyait ce qu'elle décrira « comme une personne enveloppée dans un drap » dont on ne distinguait « ni les yeux ni les mains ». Malheureusement pour elle, ses amies ont bavardé à tort et à travers[27]. Pressée de question, incapable de mentir, la petite Dos Santos se contente de dire scrupuleusement ce qu'elle a observé. Pour sa mère, si pieuse soit-elle, le problème est vite tranché, d'un péremptoire : « Bêtises d'enfants ! » qui met un terme à la discussion. Avant de devenir un refrain moqueur sur les lèvres de toute la famille. La douce et tendre Lucia s'est transformée pour les siens en une espèce d'affabulatrice, de mythomane dont on peut se moquer à loisir. Et personne ne s'en prive, tandis que la fillette se referme sur sa tristesse et son incompréhension.

Quelques mois s'écoulent. Au printemps 1916, Lucia abandonne ses trois compagnes habituelles pour aller aux champs avec ses deux petits cousins, Jacinta et Francisco Marto, qui sont âgés l'un de six ans, l'autre de huit. Pas plus que l'année d'avant, Lucia n'est capable de dater l'événement. Comme l'année d'avant, les moutons ont été menés paître sur le Cabeço. En milieu de matinée, il commence à pleuvoir. Les enfants cherchent alors un abri sous un rocher situé dans une oliveraie appartenant au parrain de Lucia. Et bien que la pluie ait cessé et que le soleil brille de nouveau, ils vont rester en cet endroit.

---

27. Il faut remarquer que, à Lourdes, lors de la première apparition de février 1858, ce ne fut pas Bernadette mais sa sœur, qui n'avait rien vu, qui raconta tout à leur mère.

Ils jouent lorsque, soudain, « un vent assez fort[28] » secoue les arbres. Cette bourrasque par grand beau temps étonne assez ces petits ruraux pour les arracher à leur partie de « petits cailloux ».

« Nous vîmes alors, au-dessus des oliviers et se dirigeant vers nous, la même figure dont j'ai déjà parlé. Jacinta et Francisco ne l'avaient jamais vue et je ne leur en avais jamais parlé. Au fur et à mesure qu'elle s'approchait, nous distinguions mieux ses traits. Elle avait l'apparence d'un jeune homme de quatorze ou quinze ans, plus blanc que la neige, que le soleil rendait transparent comme s'il était en cristal, et d'une grande beauté.

« Nous étions surpris, et à demi absorbés. Nous ne disions mot. En arrivant près de nous, l'ange nous dit :

« — Ne craignez pas ! Je suis l'ange de la paix. Priez avec moi !

« Et, s'agenouillant à terre, il courba le front jusqu'au sol. Poussés par un mouvement surnaturel, nous l'imitâmes et nous répétâmes les paroles que nous lui entendions prononcer :

« — Mon Dieu, je crois, j'adore, j'espère et je vous aime. Je vous demande pardon pour ceux qui ne croient pas, n'adorent pas, n'espèrent pas et ne vous aiment pas[29].

28. *Un rumo com un cop de bent*, un bruit comme un coup de vent, dira Bernadette Soubirous à l'abbé Pomian, son confesseur, pour décrire l'instant qui précéda la première apparition de Notre-Dame de Lourdes, le 11 février 1858. Elle reprenait sans le savoir les termes des Actes des Apôtres décrivant la descente du Saint-Esprit le jour de la Pentecôte.

29. Connue sous le nom de « Prière de l'ange », cette brève invocation est devenue très populaire dans l'Église.

« Après avoir répété cette prière trois fois, il se releva et nous dit :

« — Priez ainsi. Les cœurs de Jésus et de Marie sont attentifs à la voix de vos supplications.

« Et il disparut[30]. »

Francisco, comme sa sœur et sa cousine, a vu, mais il n'a rien entendu des paroles de l'ange, pas plus qu'il n'entendra celles de la Vierge. Il aura toujours besoin du truchement des deux filles. En attendant, submergés par la présence du surnaturel et par la vision de celui que Lucia décrira en disant :

« Il était Lumière[31] », les trois enfants restent prosternés, incapables de bouger ou de prononcer un mot. Rentrés chez eux, ils ne diront rien de l'apparition.

Le frère Michel de la Trinité, spécialiste de Fatima, souligne que les anges, qu'il s'agisse du protecteur du Portugal ou de leurs anges gardiens respectifs, étaient connus des jeunes bergers, mais qu'il n'y a aucune commune mesure entre leur dévotion naïve et l'écrasante apparition, de type biblique, évoquant invinciblement les manifestations angéliques de l'Évangile, dont ils bénéficient. Pas de commune mesure non plus entre leur grande simplicité, leur manque de vocabulaire, et la prière que l'ange leur a enseignée et dont les concepts leur sont évidemment étrangers.

Pendant plusieurs jours, les trois visionnaires restent ébranlés par leur expérience mystique, avant de reprendre leur vie ordinaire. L'été arrive. Il fait si chaud qu'il faut

---

30. Témoignage de sœur Lucia.

31. Témoignage de sœur Lucia au chanoine Barthas.

ramener les bêtes à la bergerie avant midi, pour ne les ressortir qu'à la tombée du jour. Les trois enfants sont au fond du jardin de Lucia, à l'ombre des arbres. Ils jouent près du puits.

« Soudain, nous vîmes le même ange près de nous.

« — Que faites-vous ? Priez, priez beaucoup ! Les Saints Cœurs de Jésus et de Marie ont sur vous des desseins de miséricorde. Offrez sans cesse au Très-Haut des prières et des sacrifices.

« — Comment devons-nous sacrifier ? demandai-je.

« — De tout ce que vous pourrez, offrez à Dieu un sacrifice en acte de réparation pour les péchés par lesquels il est offensé, et de supplication pour la conversion des pécheurs. De cette manière, vous attirerez la paix sur votre patrie. Je suis son ange gardien, l'ange du Portugal. Surtout, acceptez et supportez avec soumission les souffrances que le Seigneur vous enverra. »

Une fois de plus, les enfants restent seuls, incapables d'extérioriser l'intensité de ce qu'ils viennent de vivre et comme accablés par une immense fatigue physique. Et ils continuent de se taire[32]. Mais, désormais, l'impression ne s'efface plus, ne diminue plus d'intensité ; la grâce s'est emparée de ces âmes enfantines, leur donnant une force qui leur permettra d'affronter toutes les épreuves et même, pour les enfants Marto, une mort prématurée, précédée d'une longue et pénible agonie, offerte pour le salut des pécheurs.

---

32. Jacinta et Francisco, tous deux morts très jeunes, ne parleront pas de l'ange. Lucia attendra 1924 pour révéler ces premières manifestations du ciel.

« La troisième apparition a dû avoir lieu en octobre, ou fin septembre, parce que nous n'allions déjà plus passer les heures de la sieste à la maison.

« Après avoir pris notre repas, nous nous mîmes d'accord pour aller prier à la grotte qui est située de l'autre côté de la colline. Nous fîmes pour cela un détour sur la pente de cette colline, et il nous fallut escalader quelques rochers qui se trouvent en haut de la Pregueira. Les brebis réussirent à passer, avec une certaine difficulté.

« Dès que nous fûmes arrivés, nous mettant à genoux, le visage contre terre, nous nous sommes mis à répéter la prière de l'ange : "Mon Dieu, je crois, j'adore, j'espère et je vous aime…"

« Je ne sais combien de fois nous avions répété cette prière lorsque nous vîmes briller au-dessus de nous une lumière inconnue. Nous nous sommes relevés pour voir ce qui se passait, et nous avons revu l'ange qui tenait dans sa main gauche un calice, sur lequel était suspendue une hostie de laquelle tombaient quelques gouttes de sang dans le calice.

« Laissant le calice et l'hostie suspendus en l'air, il se prosterna près de nous jusqu'à terre et répéta trois fois cette prière :

« "Très Sainte Trinité, Père, Fils et Saint-Esprit, je vous adore profondément, et je vous offre le très précieux corps, sang, âme et divinité de Jésus Christ, présent dans les tabernacles de la terre, en réparation des outrages, sacrilèges et indifférences par lesquels il est lui-même offensé. Par les mérites infinis de son très saint cœur et du Cœur immaculé de Marie, je vous demande la conversion des pauvres pécheurs."

« Puis, se relevant, il prit de nouveau dans ses mains le calice et l'hostie, me donna la sainte hostie, et donna le sang du calice à Jacinta et Francisco, en disant en même temps :

« "Prenez et buvez le corps et le sang de Jésus Christ, horriblement outragé par les hommes ingrats. Réparez leurs crimes et consolez votre Dieu."

« Il se prosterna de nouveau jusqu'à terre et répéta avec nous encore trois fois la même prière : "Très Sainte Trinité..."

« Puis il disparut.

« Poussés par la force du surnaturel qui nous enveloppait, nous avions imité l'ange en tout, c'est-à-dire que nous nous étions prosternés comme lui, et avions répété les prières qu'il disait. Nous sommes restés dans la même attitude, répétant toujours les mêmes paroles.

« Ce fut Francisco qui se rendit compte que la nuit approchait. Ce fut lui qui nous en avertit et pensa à reconduire notre troupeau à la maison. »

Les trois enfants ne devaient pas revoir l'ange dont ils regardèrent toujours les trois visites comme une préparation céleste à la série des apparitions de la Vierge, qui débutèrent le 13 mai 1917. Parce qu'il s'agissait, en quelque sorte, d'une catéchèse privée, à eux seuls destinée, aucun d'entre eux n'en fit mention par la suite, sinon sœur Lucia. Des ecclésiastiques auxquels elle s'était confiée auparavant lui avaient tous déconseillé de faire état des apparitions angéliques, de peur de déconsidérer les apparitions mariales. Le « merveilleux chrétien » dérangeait, même au Portugal, dans les années 20... Or, le message de l'ange est d'une irréprochable théologie et telle qu'il est impossible de soupçonner les enfants de fraude. Il est trinitaire; il enseigne la dévotion au Sacré-Cœur et au Cœur immaculé de Marie; il enseigne les mérites réparateurs de la prière et du sacrifice et le principe de la communion des saints. Enfin, le miracle eucharistique d'octobre 1916 s'inscrit dans une continuité que les jeunes bergers ignoraient. Car les communions angéliques ne sont pas sans exemples dans l'histoire de l'Église. Celles-là, en particulier, viennent corroborer la nouvelle politique de saint Pie X qui désirait autoriser la première communion à l'âge de raison, voire avant chez certains enfants mûrs et pieux, contre l'usage qui la repoussait jusqu'à douze ou treize ans[33]. Or, bien que Jacinta et Francisco fussent tous deux en âge de communier, le curé de la paroisse les avait écartés de la sainte table, décidé qu'il était à ignorer les nouvelles consignes romaines[34].

Quant à l'hostie sanglante, elle répondait, elle aussi, à une série de faits miraculeux liés à la croyance en la Présence réelle. Le plus célèbre d'entre eux est celui dit de la messe de Bolsena, ville italienne où un prêtre incrédule, en 1263, vit soudain le Saint Sacrement qu'il venait de consacrer se mettre à saigner[35].

---

33. À Lourdes, Notre-Dame, en 1858, n'hésita pas à corroborer le dogme de l'Immaculée Conception, promulgué en 1854 par Pie IX en dépit d'une hostilité marquée d'une partie du clergé et de l'opinion catholique.

34. Au XVIIIe siècle, le petit Gérard Majella, écarté des sacrements par son âge, communia de la main de saint Michel. Voir au chapitre suivant.

35. Raphaël en a fait le sujet d'une de ses plus belles compositions dans les Chambres qui portent son nom au Vatican.

Démontrées la bonne foi des jeunes voyants et la solidité doctrinale des propos qu'ils attribuaient à l'ange, une dernière question se pose : l'identité de l'esprit bienheureux qui les visita.

Lui-même s'est présenté, lors des apparitions du printemps et de l'été 1916, sous deux titres différents : « Je suis l'ange de la Paix », a-t-il dit d'abord, puis, « Je suis l'ange gardien du Portugal ». Questionnée, entre autres par le chanoine Barthas, afin de savoir si elle avait eu l'impression de rencontrer deux anges distincts, Lucia a toujours affirmé qu'il s'agissait bien d'une seule et même personne.

Saint Thomas d'Aquin, s'appuyant sur des avis plus anciens et sur le livre de Daniel, admet que les nations humaines sont confiées par Dieu à la garde d'un ange du chœur des principautés[36]. On a vu que le Portugal célébrait, chaque troisième dimanche de juillet, la fête de son ange gardien, sans précision de son nom, et ce depuis 1514, fête confirmée à la fin du siècle, lors de la grande crise qui suivit la mort de Sébastien IV et l'annexion de son royaume par l'Espagne. Cette fête, tombée en désuétude au XIXe siècle, ridiculisée par la franc-maçonnerie très agissante dans le pays, avait été supprimée par saint Pie X peu de temps avant les événements de Fatima. Les Portugais en demandèrent le rétablissement solennel à Pie XII ; elle concorde aujourd'hui avec la date de la fête nationale, le 10 juin, anniversaire de la mort de Camoëns.

---

36. Cette question est traitée plus à fond dans le chapitre sur les anges gardiens.

La première hypothèse serait donc qu'il s'agit d'un ange du chœur des principautés, prince du Portugal pour employer la terminologie biblique du livre de Daniel.

La seconde tend à identifier cet ange à saint Michel, en s'appuyant sur plusieurs arguments. Ange de la Paix est l'un des titres du premier des séraphins dans la liturgie. Le premier roi catholique du Portugal, Afonso Henriques, avait consacré son pays à l'archange, démarche logique dans la société chevaleresque médiévale, surtout dans un royaume exposé aux coups de l'islam. Moins convaincant, en revanche, est l'argument selon lequel le roi se serait adoubé en invoquant saint Michel et saint Georges, formule sans originalité puisque ces deux saints étaient les patrons de la chevalerie chrétienne. Peut-on pour autant en conclure que Michel et l'ange gardien du Portugal ne font qu'un ? Les opposants à cette thèse soulignent que le prince séraphique, partout, dans toutes les apparitions, fait sonner hautement son nom. Même s'il précise à Jeanne d'Arc qu'il est le protecteur du royaume de France, il commence par se présenter : « Je suis Michel. » Pourquoi, à Fatima, aurait-il omis de décliner son identité ? Enfin, il semble bien que la fête de l'ange du Portugal n'ait jamais confondu saint Michel, patron du pays et protecteur de la monarchie, avec l'esprit protecteur du royaume. Le débat reste ouvert et le mystère entier.

En revanche, lors des apparitions – très nombreuses mais considérées actuellement par l'Église comme relevant d'une explication rationnelle[37] –, qui auraient eu lieu, du 18 juin 1961 au 13 novembre 1965, dans le village espagnol de Garabandal, Michel, qui précédait la Vierge, se fit aussitôt reconnaître comme l'archange. Garabandal étant une série d'apparitions de type alarmiste et eschatologique, la présence de Michel qui doit livrer le dernier combat contre le prince de ce monde est en soi admissible. Comme à Fatima, il y eut des communions miraculeuses données aux quatre fillettes visionnaires, dont certaines furent photographiées, sans qu'il soit possible de déceler un éventuel truquage des clichés. Les partisans de la réalité des apparitions soulignent qu'elles débutèrent le jour de la fête de saint Aubert, l'évêque qui fit élever le Mont-Saint-Michel, et qu'à plusieurs reprises l'archange, manifestant son ancienne protection sur la France, aurait désigné dans la foule des pèlerins et des curieux les seuls Français de l'assistance, afin qu'ils puissent adorer le crucifix...

Ainsi, de siècle en siècle et de pays en pays, Notre-Dame a manifesté sa royauté sur les anges. Le célèbre sanctuaire italien de Lorette conserve même la preuve que les neuf chœurs angéliques, pour complaire à leur Reine, n'hésitèrent pas, un jour, à s'improviser déménageurs. Car c'est à l'intervention des anges que la Tradition attribue le transfert en Italie, par la voie des airs, de la maison de Nazareth, afin qu'elle ne tombât pas aux mains des musulmans[38].

---

37. Yves Chiron souligne que les évêques de Santander n'ont jamais dit quelle était cette explication naturelle et rationnelle.

38. On comprend mieux l'origine de la légende en sachant que la maison fut transportée en Italie par les soins de la noble famille De Angelis...

11
Les saints et les anges

La théologie unanime enseigne que les anges sont présents à nos côtés à chaque instant de notre vie, qu'ils ne nous quittent jamais et, selon la parole du psalmiste, qu'ils nous guident en toutes nos voies. Et cependant, nous ne les voyons pas. Moins qu'une incapacité naturelle, cette cécité aux choses du monde invisible est un résultat de nos fautes : nous ne sommes pas assez purs pour mériter la vision angélique. Autrefois, on disait volontiers d'un nouveau-né qui souriait sans cause apparente qu'il riait aux anges, traduction populaire de la croyance selon laquelle les très jeunes enfants, après leur baptême, dans leur innocence absolue, avaient le privilège de distinguer les esprits bienheureux. Aucun bébé encore privé de la parole ne viendra confirmer ou non le bien-fondé de l'expression. Mais il arrive parfois qu'en grandissant certains d'entre eux conservent ce privilège du premier âge. Quelques enfants prédestinés fréquentent leur ange gardien comme un compagnon ordinaire et, qu'il s'agisse du futur padre Pio ou du père Lamy, s'étonnent fort, un beau matin, de découvrir qu'ils sont seuls dans ce cas… Ils ont raison : ce sont eux qui se meuvent dans la normalité. Sans le poids du péché, le monde verrait les anges. Jean-Édouard Lamy affirmait qu'entre eux et nous il y avait moins qu'une vitre, une simple *pellicule.* La sainteté évangélique est un retour à l'innocence primitive. C'est pourquoi certains saints, sinon tous, passent à travers la pellicule séparant l'univers visible de l'invisible. Chez quelques-uns, cette fréquentation est de tous les jours et dure toute la vie ; chez d'autres, elle est liée à un événement particulier, elle demeure l'exception. Le phénomène est de toutes les époques[1].

Présents dans l'Évangile, quoique en retrait, libérateurs de Pierre détenu dans la prison de Jérusalem ou protecteurs de Paul dans ses pérégrinations à travers l'empire, les anges n'abandonnent pas la jeune Église après la mort des apôtres. Tandis que se déchaînent les persécutions, des martyrs, nombreux, vont être soutenus dans leurs supplices par les anges.

À la différence de la plupart des familles patriciennes de Rome, les Valerii avaient fait choix, pour leur résidence dans la Ville, non d'un quartier élégant tel l'Aventin, mais du populeux et populaire Transtévère. Sur les ruines de cette demeure s'élève aujourd'hui l'une des plus jolies églises de Rome, en retrait d'une place peu fréquentée des touristes, au fond d'un jardin qui a gardé son architecture antique, avec son bassin au milieu,

1. Ce chapitre ne prétend nullement à l'exhaustivité mais seulement à donner une idée générale des rapports entre sainteté et apparitions angéliques.

ses rosiers et ses bougainvillées. L'église est placée sous l'invocation de sainte Cécile.

Les archéologues s'entendent pour dire que l'actuelle Santa Cecilia a succédé à un sanctuaire beaucoup plus ancien, certainement l'un des *tituli* primitifs, maisons privées que de riches chrétiens mettaient à la disposition des fidèles avant la reconnaissance officielle de l'Église, en 313. Ils s'entendent aussi pour penser que cette propriété fut donnée au clergé par une femme de la famille des Caecilii, nommée, selon la coutume qui imposait aux filles comme prénom le nom de leur père féminisé, Caecilia Metella. À cela se bornent les certitudes historiques, et là commence l'un des récits les plus controversés du martyrologe catholique. Précisons qu'il s'appuie sur quelques constatations postérieures, mais troublantes.

En octobre 1599, il devient évident que la basilique Santa Cecilia a besoin d'être restaurée. Le cardinal de Santa Cecilia, puisque c'est la coutume que les cardinaux soient titulaires d'une paroisse romaine, se nomme Paolo-Emilio Sfondrati ; il est le neveu du pape Grégoire XVI. Cette survivance du népotisme pontifical n'empêche pas Mgr Sfondrati, ancien disciple de saint Philippe Neri à l'Oratoire, d'être un bon prêtre. Or, au cours des travaux, le cardinal découvre plusieurs sarcophages antiques, en marbre blanc. En bon Romain, il devine immédiatement qu'il s'agit de reliques insignes, déposées là au début du IXe siècle par le pape Pascal Ier. En l'occurrence, les corps très saints des martyrs Cécile, Valérien, Tiburce et Maxime. Tremblant d'émotion, Mgr Sfondrati fait ouvrir les sépultures. Dans l'une reposent, en effet, les restes de trois hommes. Dans l'autre…

Un cri de surprise suit l'ouverture du tombeau. Couchée sur le côté, comme une dormeuse sur le point de s'éveiller, repose une jeune fille qui peut avoir dix-huit ans. Elle est morte depuis treize siècles, mais son corps est intact, miraculeusement préservé des lois ordinaires de la corruption. Elle est revêtue d'une robe blanche brochée d'or, la robe d'une patricienne, mais maculée de larges taches de sang, rouge comme s'il venait de couler. D'autres linges ensanglantés sont pliés près du cadavre, selon l'usage pieux des premiers chrétiens qui recueillaient le sang des martyrs. En les écartant, le cardinal peut voir que la jeune fille porte trois profondes plaies à la gorge; la tête est presque détachée du tronc, ce qui explique la position curieuse dans laquelle la morte a été ensevelie. Enfin, la main droite est crispée dans une étrange position. Sfondrati comprend, saisi, que trois doigts sont restés dressés, dans ce que le cardinal interprète comme une ultime confession du mystère de la Trinité. Le sculpteur Maderno est appelé en toute hâte, pour reproduire l'image saisissante qui vient de s'offrir aux spectateurs : Cécile, l'une des plus célèbres martyres de Rome, intacte. Maderno et tous les autres sont si frappés qu'aucun d'entre eux n'ose porter une main sacrilège sur le cadavre de la petite apôtre de la chasteté. Sans faire d'autres constatations, Cécile est réensevelie sous le maître-autel de son église. Seule la ravissante statue de Maderno témoigne du miracle.

Les cas d'incorruptibilité d'un cadavre, il s'en trouve dans l'Église; tous indiquent une sainteté pas toujours célèbre ni publique, mais solide, certaine, exceptionnelle. Dieu ne préserve pas le corps de n'importe qui du sort commun, de la pourriture et des vers. Aucune explication naturelle ne rend compte du phénomène, surtout quand il s'agit d'un cadavre vieux de treize cents ans, couvert de sang qui, en principe, se décompose et avec quelle odeur… dès qu'il est exposé à l'air libre, et dans le climat chaud de Rome… *A priori*, cette préservation du corps de Cécile[2] est un gage d'une sainteté à part, très au-dessus de l'affirmation moderne qui fait d'elle une pieuse veuve qui aurait légué sa maison à l'Église.

Pourquoi, alors, ne pas reprendre le texte connu comme la *Passion de sainte Cécile*, tardif puisque composé vers 500, mais peut-être fondé sur des documents plus anciens ?

Dans la luxueuse maison de ses parents, sur le Champ de Mars[3], la jeune et belle Caecilia se désole. Elle atteint ses seize ans en cette année 176 de la Rédemption et ses parents jugent qu'ils n'ont déjà que trop tardé à lui donner un époux. Dans peu de jours, Caecilia sera unie solennellement au fils aîné des Valerii, dont la famille égale presque les Metelli dans les fastes de Rome. À ce

---

2. L'Église primitive connaissait ce type de phénomènes. Les communautés de Smyrne et de Lyon, dans les passions d'une historicité insoupçonnable de saint Polycarpe, de Pothin, de Blandine et de leurs compagnons, notent que les restes suppliciés répandaient les parfums les plus suaves, au lieu de la puanteur de la décomposition.

3. S'y élève aujourd'hui l'église Santa Maria del Divino Amore, sous les fondations de laquelle se trouvent, d'une part, les restes d'une première église Santa Cecilia, d'autre part les restes d'une maison patricienne identifiée comme appartenant aux Caecilii Metelli, et regardée depuis toujours comme la maison natale de sainte Cécile.

mariage, Caecilia voit deux obstacles, qui découlent l'un de l'autre : elle est chrétienne, Caius Valerius est païen. Caecilia en aime un autre, de toutes ses forces, de toute son âme ; elle s'est juré de n'être qu'à lui : elle a consacré sa virginité au Christ.

Expliquer cela aux Valerii, c'est hors de question. Depuis la grande persécution de Néron, en 64, il est très mal vu d'être chrétien à Rome… Même si Marc-Aurèle, dans son humanisme éclairé de philosophe, évite de poursuivre systématiquement les fidèles de Christos, une dénonciation est, par principe, suivie d'un interrogatoire serré devant les autorités et, pour éviter les erreurs, de l'obligation de sacrifier à Rome et à l'empereur… Pour ceux qui s'y refusent et confessent qu'ils n'adorent que leur Dieu, ce Dieu dont les païens prétendent qu'il a une tête d'âne et qu'on lui immole des nouveau-nés, la sentence est toujours la même : la mort.

Caecilia est née dans cette aristocratie romaine qui a fait du mépris absolu de la souffrance et de la mort une éthique. Le sang de trop de consuls et d'imperators coule dans ses veines pour qu'elle soit effrayée par le glaive du bourreau. Mais il y a ses parents… La jeune fille est prise entre son serment de demeurer vierge et ce qu'elle doit aux siens. Elle ne sait comment sortir de ce dilemme, et la date des noces se rapproche. Elle prie.

Un soir, à la veille de ce mariage qui l'effraie tant, un ange, son ange gardien, surgit devant la jeune fille. Il lui donne le plus incroyable des conseils : qu'elle obéisse à ses parents, qu'elle épouse Caius Valerius. Et, pour le reste, qu'elle lui fasse confiance, son mari ne la touchera pas. Caecilia garde donc le silence et elle épouse Valerius.

Il est jeune, beau, cultivé, aimable, brave. Il a toutes les qualités, et Caecilia pourrait tomber éperdument amoureuse de lui si elle ne s'était engagée ailleurs. De son côté, Caius Valerius est épris de sa jeune femme. Aussi fait-il preuve de la plus extrême patience et d'une infinie compréhension lorsque, restés seuls dans la chambre nuptiale, il voit Caecilia se dérober à ses caresses. Il la croit innocente et très effrayée, et c'est vrai, elle l'est. Il ne veut pas la brusquer ni la forcer. C'est alors que sa femme lui adresse un discours des plus surprenants :

« Écoute, ô mon très doux et très aimant époux : j'ai pour protecteur un ange de mon Dieu qui veille sur moi avec sollicitude. S'il voit que tu cèdes avec moi à l'entraînement d'une passion sensuelle, sa colère s'enflammera contre toi. Sous les coups de sa vengeance, tu succomberas dans la fleur de ta brillante jeunesse.

« Mais, si, au contraire, il voit que tu m'aimes d'un cœur sincère et d'un amour sans tache, si tu gardes inviolable et intacte ma virginité, il t'aimera comme il m'aime et te prodiguera ses faveurs. »

Cécile a beaucoup de chance. Car Valerius est un garçon calme, raisonnable et incapable d'employer des méthodes brutales avec une femme. Bien des jeunes gens trouveraient que la plaisanterie a suffisamment duré et profiteraient de leur droit d'époux pour violer l'épouse récalcitrante. Ce n'est pas son genre. Il prend sur lui, respire un grand coup et demande :

— Tu aimes quelqu'un d'autre ?

C'est la seule explication sensée qui lui soit venue à l'esprit. Toutes ces histoires d'anges lui échappent, mais il a vaguement compris qu'il a épousé une chrétienne.

Voilà bien sa chance! Avec tout ce qu'on raconte sur ces gens-là, leurs mœurs douteuses... On affirme au Palatin qu'après avoir mangé l'enfant qu'ils viennent de tuer, les fidèles du dieu à tête d'âne se livrent à des orgies abominables... Virginité! S'il y avait des vestales chez les chrétiens, cela se saurait! Valerius est persuadé que Caecilia est la maîtresse d'un homme de sa secte et, la jalousie du mâle latin s'éveillant, il hurle :

— Si tu en aimes un autre, je vous tuerai tous les deux!

Caecilia ne se laisse pas démonter par cet accès de rage, au demeurant compréhensible. Elle prend la main de Valerius, lui jure qu'aucun autre homme n'existe pour elle, qu'elle l'aime, lui, infiniment, mais qu'elle ne peut pas partager son lit. Et, inlassablement, elle reparle de cet ange de son Dieu qui garde sa virginité... Valerius commence à croire que les Caecilii se sont débarrassés sur lui d'une fille folle à lier... En désespoir de cause, il dit :

— Eh bien, montre-le-moi, cet ange de ton Dieu!

S'il le voit, non seulement il ne touchera pas sa femme, mais il croira en son Dieu. Caecilia sourit. C'est que, pour voir les anges, mon pauvre Valerius, il faut être purifié... Purifié? Qu'est-ce à dire? Prouvant alors à son époux qu'elle lui fait une entière confiance, qu'elle le sait trop droit, trop noble, trop attaché à cette fameuse *fides* romaine, qui est loyauté jusqu'à la mort et intransigeant respect de la parole donnée, pour trahir son secret, Caecilia lui dit où trouver le prêtre Urbain.

— À la hauteur de la troisième borne milliaire, sur la Via Appia.

Urbain, c'est le pape. La troisième borne miliaire, le rendez-vous des chrétiens proscrits. Caecilia remet entre les mains de son époux ce qu'il y a de plus précieux à ses yeux : la sécurité de ses frères et de son évêque.

— Le prêtre Urbain t'enseignera comment te purifier.

Touché par la confiance de sa femme, Valerius y répond par une confiance égale. Bravant l'insécurité des rues de Rome le soir, il s'enfonce dans la nuit. Via Appia, là où Caecilia le lui avait dit, il trouve le pape. Urbain paraît l'attendre. Il entonne les louanges de « la pieuse Caecilia qui a transformé en agneau le lion féroce qui lui était échu en mariage ». Comment Valerius prend-il d'être traité de lion féroce par Urbain, l'auteur de la *Passion* ne le dit pas... Mais le pape ajoute, avec quelque bon sens :

— Je rends grâce à Dieu, Valerius, car tu ne serais pas venu ici si, déjà, tu n'étais converti !

Effectivement, foudroyé par la foi, tel saint Paul sur le chemin de Damas, Valerius tombe aux pieds du pontife et le supplie de lui enseigner la religion chrétienne. Urbain défère à son vœu et, avant l'aube, admirable promptitude, Caius Valerius, catéchisé, baptisé, purifié, franchit le seuil de sa maison du Transtévère. Dans la chambre nuptiale, Caecilia prie. Comme elle l'avait dit à son époux incrédule, elle n'est pas seule. De ses yeux soudain dessillés, Valerius voit l'ange « brillant comme la flamme » qui veille sur la vierge consacrée. À son arrivée, l'ange sourit. Dans ses mains, il tient deux couronnes de fleurs splendides, mille fois plus belles, d'un parfum mille fois plus suave, que celles dont, hier, les invités avaient couronné les jeunes époux :

— Je vous les apporte du paradis. Jamais elles ne faneront. Et nul en ce monde ne les verra, s'il n'aime la chasteté comme vous l'avez aimée.

Puis, à l'intention de Valerius, l'ange demande quelle grâce il doit lui obtenir. Le jeune homme n'hésite pas :

— La conversion de Tiburce, mon frère bien-aimé.

L'ange promet que Tiburce, très bientôt, demandera à son tour le baptême. Et il ajoute, avant de disparaître, cette réconfortante nouvelle :

— Vous cueillerez tous les trois la palme du martyre.

Avec beaucoup d'aplomb, l'auteur de la *Passion* commente : « Il les laissa à la plénitude de leur bonheur. »

Qui oserait douter que Valerius et Caecilia aient sauté de bonheur à l'idée d'être torturés à mort ?

Sur ces entrefaites, Tiburcius, le jeune frère de Valerius, arrive pour saluer les mariés. Et s'arrête au seuil de la chambre nuptiale, l'odorat charmé par le plus exquis parfum qu'il ait jamais senti ; cependant, il ne sait d'où provient cette odeur si suave. Son aîné lui explique alors, comme la chose la plus naturelle du monde, que sa femme et lui portent des couronnes faites de fleurs célestes… Passé un moment de stupeur, Tiburcius réalise, horrifié, que sa belle-sœur est l'une de ces chrétiennes impies dont on parle tant, autant dire une proscrite menacée de mort, et qu'une nuit lui a suffi pour entraîner son époux dans sa détestable secte. Mais toutes ses raisonnables objections se heurtent à l'enthousiasme de ses proches. Lorsqu'il leur rappelle qu'ils risquent leur tête, Caecilia et Valerius lui répondent que la vie éternelle est préférable à la vie sur cette terre… Vaincu par leur foi, Tiburcius demande à son tour le baptême.

Si l'on veut bien laisser de côté la trop grande rapidité des événements, la conversion par Cécile de son époux et de son beau-frère n'a rien d'invraisemblable. La suite de l'histoire a dû, par contre, être embellie à loisir et subir des interpolations avec les passions d'autres martyrs, voire des romans. Qu'on en juge !

Caius Valerius et Tiburcius sont des prosélytes imprudents. Surpris en train d'ensevelir des martyrs, malgré les décrets impériaux, traînés devant le juge, ils revendiquent hautement leur foi et sont décapités sur la Via Appia, non sans avoir, auparavant, converti le sous-officier Maximus[4]. Quant à Caecilia, dénoncée à son tour, elle est condamnée à être étouffée dans les bains de sa belle maison[5]. La vapeur chaude ne l'ayant pas tuée, le bourreau veut lui trancher la tête, mais sa main tremble ; il doit s'y reprendre à trois fois et abandonne finalement sa victime agonisante et baignant dans son sang…

Si les documents historiques fiables manquent pour départager dans la biographie de Cécile, de Valérien, Tiburce et Maxime, ce qui est vrai de ce qui relève de la légende dorée, il est par contre impossible de nier

4. C'est un trait que l'on retrouve dans beaucoup d'actes des martyrs, entre autres avec saint Genès d'Arles, greffier du tribunal. Il n'est pas totalement incroyable qu'il y ait eu des conversions éclair dans les prétoires, des gens de l'assistance ayant été émus par le courage des chrétiens. Il est encore plus vraisemblable que des fonctionnaires ou des soldats chrétiens n'aient pu supporter d'être complices de la condamnation de leurs frères et qu'ils aient préféré se dénoncer eux-mêmes.

5. Il existe en effet des bains sous l'église Santa Cecilia, mais les archéologues affirment qu'il s'agit des bains publics du quartier. On s'explique mal, par contre, leur présence dans la demeure des Valerii…

l'historicité des actes des martyrs de Carthage. Les anges et les miracles y abondent pourtant.

Après les sanglantes persécutions que Marc-Aurèle avait autorisées, l'Église connut, sous le règne de Commode, quinze ans d'apaisement. Commode n'avait pas la rigueur politique de son père et se souciait peu de savoir si les chrétiens constituaient ou non une menace pour l'empire. Il était aussi sous la coupe d'une favorite, Marcia, qui, sans être elle-même chrétienne, avait de la sympathie pour la nouvelle religion. Le successeur de Commode, Septime-Sévère, aux premières années du IIIe siècle, ne paraissait pas plus cruel en matière religieuse. Il changea brutalement d'attitude en 202, quand, au cours d'un voyage dans les provinces orientales, il mesura les progrès du christianisme là-bas et s'en effraya. Il remit en vigueur les anciens édits.

À Carthage existe, en cette fin d'année 202, un petit groupe d'un genre particulier puisqu'il n'est pas dirigé par un prêtre mais par un laïc, Saturus. Cet homme, jeune, a rassemblé autour de lui plusieurs prosélytes, sans distinction de naissance, de rang ni de sexe. Autour de Saturus, on rencontre des esclaves, Revocatus et Felicitas, des garçons de la bonne société, Saturninus et Secundulus, et une jeune patricienne, Vibia Perpetua, âgée de vingt et un ans, mariée, mère d'un petit garçon de quelques mois.

Toute l'Afrique romaine est alors violemment hostile aux chrétiens, par la faute de groupuscules hérétiques, les montanistes, dont le fanatisme et l'agressivité ont exaspéré les foules païennes, peu portées à faire la différence entre les divers groupes de la secte honnie. Dénoncés, les catéchumènes de Saturus, qui ne sont pas encore baptisés, sont arrêtés. Ce zèle plonge le préfet Hilarianus dans la consternation quand il découvre, au nombre des prisonniers, la clarissime Vibia Perpetua qui, par sa naissance et son mariage, représente la haute aristocratie de la région… Dans l'espoir qu'il parviendra à dissocier le sort de la jeune patricienne de celui de ses compagnons moins bien nés, Hilarianus fait d'abord interner le groupe dans une maison privée. Et il essaie tout et n'importe quoi pour ramener Perpetua à ce qu'il croit être le sens commun : un jour, c'est son père, Vibius Perpetuus, que la jeune femme voit arriver, son petit-fils dans les bras. S'ensuit une horrible scène, déchirante, où le père pleure, supplie, menace, brandit son autorité paternelle, avant de mettre l'enfant dans les bras de sa fille en la conjurant de ne pas le laisser orphelin[6]… Mais Perpetua ne se laisse ébranler ni par la vue de son fils ni par les larmes de son père. Hilarianus change de méthode ; il a sous-estimé la vertu romaine dans l'âme gentilice de Vibia Perpetua. Mais comment cette fière patricienne qui défie la mort et les supplices supportera-t-elle d'être traitée comme une esclave, privée du confort et du luxe dans lesquels elle a été élevée ? Le petit groupe est ramené à Carthage et jeté dans un cul-de-basse-fosse, le plus ignoble ergastule qu'Hilarianus ait pu trouver dans les geôles de la ville. Devant la puante et sordide

6. Sainte Perpétue a laissé le récit manuscrit de son emprisonnement.

réalité, les nerfs de la jeune femme et, accessoirement, ceux de ses amis vont craquer, le préfet en est convaincu.

Hilarianus a compté sans plusieurs facteurs qui dépassent son imagination de haut fonctionnaire païen.

D'abord, l'héroïque retour de Saturus. Absent lors de l'arrestation de ses amis, le jeune homme, craignant que ses néophytes faiblissent et abjurent, est venu se livrer aux autorités, revendiquant l'entière responsabilité de leur conversion, précision qui, au terme de la loi, aggrave lourdement son cas. La présence de leur chef a, en effet, ranimé le courage des malheureux, mais, surtout, Saturus est parvenu à prendre contact avec l'extérieur et à trouver un prêtre pour baptiser ses amis. Le sacrement les a tous soulevés hors d'eux-mêmes, y compris Felicitas, pourtant fatiguée par une grossesse avancée. C'est dans cette atmosphère de ferveur exacerbée que commence une série de rêves et de visions dont Saturus et Perpetua seront les bénéficiaires et où le Christ, les anges et les démons se côtoient.

Si les visions de Vibia Perpetua sont d'un magnifique symbolisme et dignes des plus grands mystiques, si, à plusieurs reprises, elle se voit foulant aux pieds le diable, tantôt sous la forme d'un dragon, tantôt sous celle d'un Égyptien grimaçant, c'est à Saturus que l'Église doit une des premières visions des anges psychagogues.

Une nuit, après que Perpetua eut raconté comment Saturus l'aidait à gravir une très haute et très étroite échelle, dont chaque barreau était un glaive tranchant, et qui se perdait dans le ciel, Saturus prend la parole.

Dans son rêve ou dans sa vision, ils étaient morts[7] dans l'amphithéâtre :

« Quatre anges entraînaient nos âmes vers l'Orient, sans les toucher. Nous n'étions pas couchés dans la posture habituelle mais nous paraissions gravir une pente très douce[8]. »

Ainsi portés, les témoins arrivent dans un jardin merveilleux, empli d'anges et de bienheureux qui s'écrient à leur vue :

— Les voilà ! Les voilà !

Les martyrs sont alors conduits en triomphe jusqu'au trône de l'Agneau. Le Christ se penche pour les accueillir et leur donner le baiser de paix. Afin qu'ils soient à la bonne hauteur, les anges les soulèvent tour à tour. Vision prémonitoire. Le 7 mars 203, Saturus et ses compagnons périssent dans l'arène.

Sous l'empereur Dèce, Victor, un jeune tribun laticlave appartenant à la noblesse sénatoriale, en garnison à Marseille, est dénoncé comme chrétien. Bien loin de nier, l'officier confesse hautement sa foi. Il est condamné et emprisonné, peut-être parce que les juges, d'habitude plus expéditifs, sont contrariés d'avoir affaire à un patricien et croient encore, comme ceux de Carthage avec Vibia Perpetua, pouvoir fléchir Victor. Cependant, une seule chose tracasse le tribun : non la

7. La pensée de ce qui les attendait obsédait tout le groupe, exalté, certes, mais aussi terrorisé… C'est cette terreur tellement humaine et nourrie d'exemples abominablement précis qui donne d'ailleurs sa valeur et sa dimension à l'expérience mystique vécue dans l'arène par les martyrs de Carthage.

8. Actes des martyrs de Carthage.

certitude de sa mort prochaine mais l'impossibilité où il se trouve d'aller, selon son habitude, distribuer des secours aux pauvres… Un ange descend dans le cachot, dont il ouvre la porte. Victor quitte la prison, vaque à ses occupations quotidiennes, prend ses dispositions pour que d'autres secourent à sa place les miséreux, et rentre se constituer prisonnier. Sur sa tombe s'élèvera la grande abbaye qui portera son nom.

L'histoire de Félix, prêtre à Nole à la même époque, comporte des similitudes. Félix, dénoncé comme chrétien, est conduit en prison. Hélas, il est seul de sa communauté à savoir où le vieil évêque Maximus a trouvé refuge. Si Félix succombe, Maximus mourra de faim dans sa cache. Un ange descend dans la prison, explique à Félix qu'il doit renoncer à la joie du martyre afin de secourir le prélat… Félix obtempère. Délivré, il se retirera dans la solitude, vivra en ermite et mourra très vieux.

Non moins classique est l'histoire de Dorothée. Comme Cécile, Dorothée, jeune et belle chrétienne de Césarée de Cappadoce, a voué sa virginité à Dieu. Elle a éconduit plusieurs soupirants dont un étudiant en droit, Théophile. Celui-ci, mauvais joueur, va trouver le procurateur romain et dénonce Dorothée. Le gouverneur Fabricius fait comparaître la prévenue qui s'avoue chrétienne et refuse hautement de sacrifier aux idoles. Dorothée est condamnée à mort. Sur le chemin du supplice, Théophile la guette ; il n'a pu se faire aimer d'elle ? Eh bien, il est heureux qu'elle meure dans les tourments ! Campé au bord de la route, il se moque de la jeune fille. Et, parce qu'il a vaguement entendu parler des croyances des fidèles de Christos, de leur invincible espérance concernant la vie éternelle, le paradis et la résurrection, il ricane :

— Dis donc, Dorothée, de ce si beau jardin où tu crois aller, ne pourrais-tu, quand tu reviendras à la vie, me rapporter quelques fleurs et quelques fruits ?

Dorothée sourit, et son ange sourit pareillement. Il lui tend une corbeille d'or emplie de roses et de lis, de pêches, de pommes, de raisins, si beaux qu'ils ne peuvent pousser sur cette terre. Dorothée prend la corbeille et l'offre à Théophile. L'étudiant perverti est tombé à genoux devant sa victime ; il pleure, il croit. Il mourra martyr.

Aussi célèbre et glorieuse que Cécile, Perpétue et Félicité, et, à leur instar, nommée au canon de la messe, Agnès est de ces martyres dont le temps a malmené le souvenir. Encore a-t-elle eu la chance, parce qu'elle était l'une des dernières victimes romaines, que le pape Damase, soixante ans après sa mort, ait pris la peine d'interroger ceux qui l'avaient connue.

Ce 21 janvier 305 n'est qu'une audience de routine pour les magistrats romains : des chrétiens et encore des chrétiens… Plus on en envoie aux bêtes, plus il en revient… Sale engeance… Pourtant, parmi les prévenus, les juges remarquent un visage qui les trouble et les émeut : une fille si jeune qu'on dirait une enfant. Quel âge a-t-elle ? Douze ans, treize peut-être… Elle est très jolie. Bien habillée, de naissance libre et même aisée, sans aucun doute. Comment est-elle arrivée dans ce prétoire ?

Le public, bavard, se querelle à ce sujet : les uns disent qu'elle a été dénoncée par un garçon dont elle repoussait les propositions ; les autres qu'elle est venue d'elle-même, à l'aube, se poster sur le chemin qu'emprunteraient les prévenus, et qu'elle s'est mise à les exhorter, proclamant sa foi avec tant de hardiesse qu'elle a exalté le courage de ses frères. Si jeune et déjà fanatisée… Quelle misère que ces chrétiens ! Une si belle enfant !

Et c'est en enfant que le digne magistrat traite l'adolescente, lui conseillant d'oublier ses folles rêveries et de rentrer chez ses parents qui doivent s'inquiéter d'elle. Si elle était sa fille, elle recevrait une bonne paire de gifles pour lui apprendre à se soucier d'autre chose que de ses poupées et de sa quenouille !

Mais ces bonnes paroles ne font qu'inciter la petite à de nouvelles professions de foi, d'une voix si enthousiaste et avec des mots si mûrs que le juge réalise son erreur ; il a eu tort de lui parler comme à une fillette, il faut la traiter en femme. Pourquoi veut-elle mourir ? Belle comme elle est, les gentils garçons ne manqueront pas pour lui faire la cour. Va-t-elle renoncer au bonheur, à l'amour, à la jeunesse, à la beauté, aux joies de la maternité ? Quelle folie elle commettrait !

Dans la foule, des hommes, jeunes et moins jeunes, se mettent à rire. Des plaisanteries fusent, grossières. Cinq minutes en tête à tête et ils sont sûrs que la gamine regarderait la vie et l'amour d'un autre œil !

Agnès ne se laisse pas démonter. Elle toise le juge, elle toise les badauds qui lui crient des obscénités. Et elle leur jette au visage :

— Périsse un corps que peuvent aimer des yeux que je n'agrée pas !

Le magistrat change encore de tactique. Après tout, ce n'est qu'une fillette qui ne comprend pas de quoi il retourne en vérité. Est-ce qu'à douze ans on connaît le prix de la vie ? Il va lui faire peur, une grosse peur, et elle rentrera chez elle sans demander son reste.

— Jeune fille, si tu continues, je te ferai livrer aux flammes !

Ce n'est pas complètement une menace en l'air. Agnès ne peut ignorer qu'à travers l'empire des dizaines de bûchers se sont allumés pour consumer ses frères et ses sœurs. Il y a deux ans, à Alexandrie, le procurateur a fait brûler vive la martyre Heraïs, quinze ans, et plonger dans un chaudron de poix bouillante une jeune fille du même âge, Potamienne, sous les yeux de sa mère.

Mais cette abominable menace n'ébranle pas la résolution de l'enfant. Alors le juge a une idée qu'il croit peut-être charitable mais qui, pour les chrétiennes, représente l'horreur absolue, le seul destin qu'elles voudraient éviter à tout prix.

La loi romaine interdit de mettre à mort une vierge. Alors, souvent, trop souvent, plutôt que l'arène qui ne les effraie pas, ou en avant-goût d'autres supplices, les procurateurs condamnent les jeunes chrétiennes à être vendues pour les lupanars...

La pratique est devenue si courante qu'une formule court dans l'Église : *Potius leo quam leno*[9] ! et que les théologiens, désireux de rassurer leurs ouailles, affirment

9. « Mieux vaut un lion qu'un maquereau ! »

que le viol n'atteint pas la pureté de ses victimes puisqu'elles ne sont pas consentantes. Il n'empêche…

En 304, une jeune Macédonienne, Irène, dont les sœurs avaient été brûlées sous ses yeux sans l'ébranler, enfermée dans une maison de prostitution, a perdu la tête ; elle s'est défenestrée pour échapper au déshonneur[10].

Agnès n'est pas Irène. Elle a bien retenu l'enseignement de l'Église et elle réplique :

— Si j'aime mon Dieu, je suis chaste. Si je le touche, je suis pure. Si je le possède, je suis vierge.

Les ricanements reprennent de plus belle. Près du cirque de Domitien[11] il y a justement un lupanar très couru des spectateurs. On verra si la jeune fille est toujours aussi pure quand elle en sortira !

Et Agnès est enfermée nue dans la maison de passe. Mais son ange gardien veille. Une robe immaculée revêt soudain la petite martyre, tandis que ses cheveux poussent à toute vitesse, jusqu'à la couvrir d'un épais manteau. Et, ce qui est somme toute plus plausible,

10. Malgré ce suicide, ou cette tentative de suicide, Irène a été canonisée comme ses sœurs Chiona et Agapé.

11. À l'emplacement de l'actuelle Piazza Navona qui en a d'ailleurs conservé la forme exacte. L'église Sant'Agnese in agone marque le lieu du supplice d'Agnès, qui fut enterrée dans la propriété de ses parents, Via Nomentana, à l'emplacement de la basilique Sant'Agnese fuori le mura.

l'ange se rend visible[12] à l'assistance, si majestueux et si terrible qu'aucun des clients n'ose approcher de l'enfant. Il faut finalement l'égorger.

Toutes les jeunes chrétiennes n'eurent pas cette chance.

Après la conversion de Constantin, quand l'Église s'affermira dans la paix, les interventions angéliques n'auront plus pour but de soutenir le courage des martyrs et d'adoucir leur fin, mais de favoriser l'évangélisation dans une société encore majoritairement païenne. Elles peuvent aller d'un simple rêve destiné à fixer une vocation qui se cherche aux manifestations grandioses et publiques.

Saint Martin, l'apôtre des Gaules, aura, pour sa part, expérimenté tous ces domaines.

Né en 316 à Sabarium, une ville de garnison en Pannonie, dans une famille d'officiers attachée aux vieilles valeurs de Rome et aux anciens dieux, Martin, malgré sa soif de conversion et de vie religieuse, est contraint d'obéir à la loi et de suivre la carrière paternelle. À seize ans, il est enrôlé de force et intègre, après un passage obligé par l'école de cavalerie, un corps cantonné

12. Une récente enquête de Joan Wester Anderson effectuée aux États-Unis à propos des anges a relevé cette anecdote curieuse. Une jeune femme rentrait tard chez elle, seule, dans un quartier malfamé de New York où plusieurs de ses voisines avaient été victimes d'agressions. Apercevant un homme assez louche, morte de peur, elle prie son ange gardien de la ramener indemne. Elle rejoint effectivement son appartement sans problème. À peine a-t-elle fermé sa porte qu'elle entend des appels au secours. La police, prévenue par ses soins, arrête le violeur. Appelée à témoigner, elle lui pose alors la question : pourquoi ne l'a-t-il pas attaquée, elle ? Et l'agresseur fait cette étrange réponse : « Vous plaisantez ? Vous avez regardé le gabarit du gars qui vous accompagnait ? »

à Amiens[13]. Dans cette ville épiscopale, et malgré ses obligations militaires, Martin parvient à compléter sa formation chrétienne, sans toutefois oser franchir le cap décisif du baptême. Dieu va lui forcer la main. Un soir d'hiver, en patrouille dans les rues, le jeune officier prend en pitié un mendiant qui frissonne sous ses maigres guenilles. Dégrafant son manteau, le très vaste et très chaud *paludamentum* pourpre de la cavalerie romaine, il le coupe en deux et en donne la moitié à ce gueux grelottant[14]. Dans la nuit, Martin a une vision : le Christ lui apparaît, revêtu du manteau dont il s'est dépouillé, et escorté de toute la cour angélique. S'adressant à ses anges, Jésus dit :

— Voyez ce manteau. Martin, qui n'est pas encore chrétien, m'en a revêtu.

Évidemment, après ce doux reproche, Martin n'hésite plus et demande le baptême. Les anges reparaîtront dans sa vie plus tard, quand il sera devenu l'évêque de Tours et un adversaire si redoutable du paganisme qu'il endurera quotidiennement les vexations démoniaques. Mais tous les efforts de Satan pour empêcher Martin d'évangéliser les campagnes gauloises n'aboutissent à rien.

Quand la parole du saint ne suffit pas à convaincre les paysans d'abattre les temples des idoles, les anges viennent à la rescousse. C'est le cas dans un village aux confins de la Touraine et du Haut-Maine et qui se nomme encore aujourd'hui La Fontaine-Saint-Martin.

---

13. Certains auteurs parlent des Lanciers de Sabarium.

14. Selon les règlements militaires, les soldats n'étaient propriétaires que de la moitié de leurs effets. Martin dispose donc de la part qui lui appartient.

Là se dresse un sanctuaire d'Isis l'Égyptienne, dont le culte a été introduit en Gaule par les commerçants orientaux et par les légionnaires. Martin sait de longue date que, quel que soit le visage, ou le nom, dont les hommes affublent leurs idoles, ils ne servent qu'à dissimuler à leur aveuglement le sourire haineux de Lucifer. « Tous les dieux des nations sont des démons », dit l'Ancien Testament. L'évêque de Tours le sait d'autant mieux que le séraphin déchu, lors de leurs rencontres presque quotidiennes, prend un malin plaisir à se donner l'aspect des divinités que Martin refuse depuis son enfance. Un jour, Jupiter, le lendemain Mercure, ou Vénus, langoureuse, ravissante et sensuelle… Les esprits du Mal raffolent du déguisement, des faux-semblants, des usurpations d'identité. Martin n'a jamais été dupe et c'est pourquoi il est l'un de leurs plus dangereux ennemis.

Martin, devant les habitants d'abord surpris, puis de plus en plus mécontents, dénonce l'impuissance de la déesse, une statue inerte qui ne voit rien, n'entend rien, mais qui dissimule celui qui fut homicide dès le commencement et qui se réjouit de perdre les âmes, en les retenant dans l'esclavage de l'idolâtrie. L'évêque achève son discours par une invitation à rejoindre le seul vrai Dieu et une vibrante exhortation à jeter bas la demeure de Lucifer. Les gens du cru ne dissimulent plus leur colère devant l'intrusion de cet étranger, ce prêtre chrétien qui prétend les obliger à détruire leur temple vénéré, au risque de déchaîner sur eux la vengeance terrible d'Isis irritée. Non seulement ils refusent de toucher au sanctuaire, mais ils menacent Martin et son disciple Demetrius. L'évêque ignore la fureur populaire, les fourches brandies, les mains crispées sur des pierres prêtes à le lapider. Il ne partira pas d'ici tant que le temple ne sera pas détruit. Martin invoque le secours de Dieu, et Dieu, aussitôt, lui répond. Un orage gonfle soudain les nuées jusque-là sereines. Le tonnerre gronde. Des éclairs déchirent le ciel livide. Devant cette explosion de rage des éléments, les paysans refluent vers l'abri de leurs chaumières. L'orage gronde de plus en plus, toute sa force se concentre autour du temple isiaque. Au milieu du vent et des éclairs, commandant au vent et à la foudre, Martin voit deux anges magnifiques, deux vertus vengeurs accourus à sa voix. Ils dirigent le feu céleste vers le temple sur lequel, dans un craquement effrayant, la foudre s'abat. En une seconde, le bâtiment s'embrase et brûle comme une torche.

Puis l'orage se calme, aussi vite qu'il s'est déclenché. Consternés et terrorisés, les villageois sortent, penauds, s'agenouillent devant Martin, réclament le baptême. Pour les consoler, le saint fera jaillir une source miraculeuse. Devenue but de pèlerinage, elle drainera les ferveurs médiévales et donnera son nom au village.

Plus discret est le signe accompli à Milan pour la conversion d'un dignitaire romain à la fin du IVe siècle. L'époque a vu, pendant le bref règne de Julien l'Apostat, de 360 à 363, une renaissance du paganisme avec l'approbation de l'empereur. Cette renaissance soulignait l'opposition de toute une partie de la société – y compris dans la haute aristocratie, la fonction publique, l'armée et l'université – au christianisme regardé comme contraire aux vraies valeurs de Rome et comme ennemi des arts et des lettres. Sous la pression d'augures et de prêtres des idoles, des persécutions sporadiques reprirent contre les chrétiens et donnèrent à l'Église de nouveaux martyrs. Ces débordements aboutirent, en 380, à l'interdiction pure et simple du paganisme par l'empereur Théodose et à la confiscation des temples.

Le jeune évêque de Milan, Aurelius Ambrosius, a de peu dépassé la quarantaine et ne saurait être soupçonné de trahir Rome et les coutumes des Anciens. Patricien jusqu'au bout des ongles, ancien gouverneur civil de Ligurie et d'Émilie, célèbre dans toute l'Italie pour son sens aigu de la justice et pour une honnêteté rare dans un milieu qui connaissait déjà la corruption, Ambroise est aussi un érudit et un philosophe, grand lecteur et commentateur de Cicéron et de Sénèque. Ses sermons et ses instructions sont des modèles où la sagesse antique rejoint la doctrine chrétienne en une harmonieuse fusion. Pourtant, bien des gens qui l'entendent prêcher sont des convertis de façade, qui assistent aux offices parce qu'il leur est interdit de faire autrement. Si le culte des idoles est désormais totalement proscrit – au point que le simple fait de brûler de l'encens devant l'autel familial entraîne la confiscation des biens par le fisc –, la vieille foi s'est réfugiée dans le for intérieur où elle fait fermenter la rancœur. Ce jour-là, l'homme qui écoute prêcher Ambroise n'éprouve que mépris goguenard envers les propos de l'évêque, même teintés de philosophie. Mais son mépris se change en foi : derrière le prélat milanais, un être de lumière est debout, qui lui souffle les sublimes formules de son sermon. Les yeux ravis, le païen sent son intelligence s'ouvrir à la doctrine chrétienne. Il est vraiment et définitivement converti.

Le Ve siècle est cruel pour tout l'Empire romain livré aux Barbares. L'île de Bretagne n'est pas épargnée. Depuis qu'en 405 Honorius a rappelé les trois légions qui veillaient à la sécurité des Bretons, le pays est une proie sans défense livrée aux convoitises des Pictes, des Saxons et des Scotts. Chaque année, quand revient la belle saison, les pirates d'Irlande débarquent sur les côtes, pillent et brûlent, et emmènent captives les populations du littoral. Ce printemps-là, les Scotts ont dirigé leurs embarcations légères vers l'embouchure de la Severn, dans l'actuel pays de Galles. Ils dévastent la région de Banaviem Taberniae et repartent avec une centaine de prisonniers. Parmi eux se trouve un garçon de seize ans, Patricius, fils d'un fonctionnaire du fisc romain, riche, considéré, maître d'un vaste domaine. Patricius est l'exemple achevé de l'enfant gâté, vain, prétentieux, égoïste. Et il a suffi d'une minute pour le réduire à l'état de marchandise, de bétail humain. Jeté pieds et poings liés dans un univers hostile, pour ne pas devenir fou ni perdre toute conscience de son identité, Patricius, réduit à l'emploi de berger sur les collines du comté d'Antrim, se raccroche au seul bien qui lui reste et dont il ne s'était guère soucié auparavant : sa foi chrétienne. Six ans, Patricius garde les cochons. Six ans, il prie, jeûne et pleure. Au terme de ces six années, l'adolescent sans envergure est devenu un jeune ascète brûlant d'enthousiasme. Par deux fois, il bénéficie de locutions intérieures, très claires, lui annonçant qu'il reverra bientôt son pays et sa famille, puis qu'un navire l'attend pour lui permettre de rentrer chez lui. Tels sont ses premiers contacts avec les anges. En effet, comme la voix qu'il a entendue le lui a annoncé, un bateau se trouve à l'ancre dans une crique ; ses marins ne font aucune difficulté pour aider l'esclave à s'évader et le déposer sur la côte galloise. Patricius a retrouvé les siens, mais, surpris et désorienté, il réalise qu'il n'est pas heureux. Quelque chose lui manque. Quoi ? Il l'ignore. Une nuit, il fait un rêve :

« Je vis un homme du nom de Victorinus ; il venait de l'Irlande, avec des lettres innombrables. Il me donna l'une de ces lettres, je lus le commencement ainsi conçu : “La voix de l'Irlande.” Et en lisant ce début, je pensais entendre d'innombrables voix irlandaises qui me suppliaient de retourner dans leur pays[15]. »

Le rêve de Patrick n'est pas sans similitude avec celui que fit saint Paul lorsqu'il ne savait plus vers où tourner ses pas et qu'il vit un Macédonien en costume national l'implorer de venir au secours de son pays. La Tradition a toujours identifié l'homme du rêve de saint Paul à l'ange gardien de la Macédoine ; elle identifie pareillement le nommé Victorinus à l'ange de l'Irlande.

Après maintes difficultés, Patrick, devenu prêtre en Gaule, obtint l'autorisation de revenir en Érin. En une génération, il en fit l'île des Saints.

La familiarité de certains saints avec l'univers angélique peut se manifester de maintes façons. Aux uns l'ange apportera un secours matériel ou une protection précise face à certains dangers ; pour d'autres, il sera un

15. *Confession de saint Patrick.*

maître en vie spirituelle. Il peut arriver aussi qu'il soit l'intermédiaire par lequel passent des dons de discernement ou de prophétie. Ou même l'auteur d'une gracieuseté céleste gratuite.

Avant de devenir le grand et saint pape Grégoire Ier, le futur pontife était d'abord le fils unique d'un sénateur romain et l'héritier d'une somptueuse propriété sur le mont Caelius, à Rome, voisine du temple et des jardins jadis établis par l'empereur Claude. Tant que son père, Gordianus, vécut, Grégoire, afin de ne pas le contrister en sa vieillesse, ne lui avoua pas qu'il aspirait à l'état religieux, poursuivit ses études de droit, entama une carrière politique et devint, jeune encore, préfet de Rome, haute distinction plus honorifique qu'investie d'une autorité réelle. À la mort de son père, en 575, Grégoire abandonna toutes ces vanités mondaines qu'il n'avait jamais recherchées. Il transforma sa maison du Caelius en un monastère bénédictin placé sous l'invocation de saint André et s'y retira afin d'y vivre comme un simple moine[16]. Grégoire avait coutume, chaque jour, de recevoir douze pauvres de la ville qu'il nourrissait, les servant lui-même dans le *triclinium* de sa demeure, sur une vaste table en pierre. Or, un midi, Grégoire constata qu'au lieu de douze miséreux ils étaient treize à se présenter. N'ayant pas le cœur de refuser l'aumône à un nécessiteux, il le fit entrer avec les autres, l'installa, et s'en fut voir aux cuisines comment il rassasierait cet hôte supplémentaire. Mais, comme il revenait, le treizième mendiant, dépouillant ses guenilles et son air misérable,

16. C'est aujourd'hui l'église San Gregorio Magno.

se manifesta dans toute sa gloire : c'était un ange[17]. Grégoire eut ainsi la preuve de la justesse des paroles de saint Paul, affirmant que certains frères avaient cru secourir des voyageurs ou des mendiants et qu'ils avaient offert l'hospitalité à des esprits bienheureux…

Faut-il s'étonner si, devenu pape, il attacha un soin particulier aux questions d'angélologie et si son pontificat s'ouvrit par la fameuse apparition de saint Michel au mausolée d'Hadrien ?

La vie de saint Gérard Majella est une des plus riches en prodiges mystiques et en preuves de sa complicité avec les anges. Né en 1726, fils d'un tailleur de Muro, au sud de Naples, Gérard, dès son enfance, manifeste une piété extraordinaire. À sept ans, il supplie le curé de sa paroisse de l'admettre à la Sainte Table. Ce n'est point l'usage. Il faut attendre d'avoir douze ans, et le prêtre ne manifeste nulle intention d'accorder un passe-droit au petit garçon. Gérard se retire, le cœur navré. La nuit suivante, il est réveillé par une lumière merveilleuse. Au centre de cette gloire, un ange magnifique qui tient un calice entre ses mains. Saint Michel est descendu donner au petit Majella cette communion que son intransigeant curé lui a refusée[18]. Entre Gérard et le prince de la milice céleste commence une amitié qui ne se démentira pas.

---

17. La table du triclinium existe toujours dans la chapelle Santa Barbara où une fresque illustre cette apparition angélique.

18. On a vu plus haut le même phénomène à Fatima. On le retrouve à la fin de la vie de la bienheureuse Faustine, en 1938. Sœur Lucia affirme qu'il s'agissait bien d'une véritable hostie.

Les ans ont passé. Avant d'entrer chez les Rédemptoristes où les miracles de ce petit frère lai de vingt-trois ans auront un retentissement international, le siècle des Lumières ne trouvant pas d'explication aux phénomènes de bilocation et d'invisibilité, Gérard veut aller en pèlerinage au mont Gargan. Le temps est loin des grandes foules qui se pressaient vers la montagne du saint ange. Le sanctuaire est oublié et n'a plus connu aucune réclame depuis des lustres. Les philosophes se gaussent des naïfs qui croient aux anges. À peine si quelques pieux fidèles, originaires de l'Italie du Sud, dirigent encore leurs pas vers le mont Gargan.

Gérard est de ceux-là et il a trouvé moyen d'entraîner dans ce voyage plusieurs de ses amis. Mais ils sont jeunes et imprévoyants. Le mont Gargan leur semblait tout proche. Le petit groupe est parti avec insouciance, sans s'encombrer ni de beaucoup de vivres ni d'argent. Les garçons imprudents s'aperçoivent vite qu'ils ont été irréfléchis : la route est plus longue que prévu, ils n'ont pas économisé leurs trop rares provisions et ils n'ont pas un sou en poche. Il est trop tard pour rebrousser chemin. On panique un peu… Seul Gérard ne prend pas la mésaventure au tragique. Il affirme, serein, que, arrivés au mont, il trouvera un moyen d'arranger les choses aux mieux. Au point où ils en sont, les autres décident de lui faire confiance. Les pieds douloureux, la langue sèche, le groupe s'affale sur les marches de l'église. Tous jettent des regards d'envie éperdue et impuissante vers les quelques boutiques et les auberges où, faute d'argent, ils ne peuvent aller. Gérard leur demande un peu de patience supplémentaire et entre dans la basilique. Il s'agenouille devant la statue de l'archange, implore saint Michel de leur venir en aide. Lorsque Gérard s'arrache à ses oraisons, un jeune homme inconnu s'approche de lui et, sans un mot, lui glisse une bourse pleine de pièces dans la main.

Secourables en toutes circonstances, tels apparaissent les anges de saint Raymond Nonnat et de sainte Rose de Lima.

Raymond est un miraculé. Sa mère est morte en le mettant au monde et il a fallu une grande audace à un médecin catalan, en cette année 1204, pour prendre le risque de pratiquer une césarienne sur le cadavre. Sans doute n'espérait-on rien de plus que donner le baptême à l'enfant avant qu'il rejoigne sa mère dans la tombe mais, contre toute attente, Raymond a vécu, et gagné ce surnom de *Non-natus*, non-né, parce qu'il n'était pas né comme tout le monde.

Orphelin, Raymond a cherché un autre amour maternel. Il l'a trouvé dans sa précoce dévotion à la Vierge. Il aime passer des heures entières en oraison devant une statue de Notre-Dame, dans l'église paroissiale. Cette piété n'est pas du goût de son père qui prend son fils pour un paresseux. Que n'est-il aux champs à garder les bêtes au lieu de perdre son temps en prières ! Raymond est un enfant obéissant. Il emmène donc le troupeau ; mais, chaque jour, invincible, lui revient le désir de courir à l'église et de prier. Comment tout concilier ? Comment laisser les moutons sans surveillance ? Le Ciel y pourvoit. Chaque fois que Raymond éprouve le désir de retrouver sa Mère céleste, un ange descend et prend sa place de berger. Conforté dans sa vocation, le garçon pourra entrer chez les Mercédaires et se vouer au rachat des chrétiens esclaves en terre d'islam.

Rosa del Flores est une sainte de l'extrême dont l'unique ambition en ce monde aura été d'égaler en macérations sainte Catherine de Sienne. Née à Lima en 1586, Rosa ne supporte pas l'atmosphère de luxe et de frivolité dans laquelle se complaisent les riches colons espagnols. Elle est belle et désirable, désirée, dans un milieu où les Occidentales sont peu nombreuses et donc très convoitées. Mais, à l'instar de la petite Agnès jetant au visage de la foule romaine : « Périsse un corps que peuvent aimer des yeux que je n'agrée pas ! » Rosa n'a de cesse d'avoir détruit cette beauté qui pousse les hommes au péché. Sur son visage, elle applique des cataplasmes de piment… Ses mains, elle les trempe dans la chaux, et quand ses parents veulent la conduire au bal, elle mêle des épingles aux fleurs de sa couronne… Enfin, quand tout Lima croit qu'elle est devenue folle, elle s'enferme dans une cabane au fond de son jardin, refuse d'en sortir et s'astreint à ne prendre aucune nourriture, aucun repos. Ce jeûne insensé l'épuise. Elle est victime d'un malaise. Sa mère, affolée, veut envoyer chez les voisins demander une tasse de chocolat, ce mets en vogue qui est aussi un remède et que les del Flores, ruinés, n'ont plus les moyens d'acheter. Rosa retient sa mère. C'est inutile ; elle a déjà demandé à son ange de lui rendre ce service. Délire-t-elle ? Nullement. On frappe à la porte ; la voisine est là, avec cette fameuse tasse de chocolat qu'un jeune homme inconnu est venu lui demander de la part de Rosa del Flores…

La même délicatesse divine se manifeste envers saint Jean de Dieu[19] qui, ancien soldat converti, fonda les Frères hospitaliers. Débordé par trop de tâches, Jean néglige les travaux ménagers. Mais qu'importe ? Quelqu'un, chaque jour, se glisse chez lui et fait le ménage. Jean le surprend à l'ouvrage : c'est un ange.

Secours en toutes occasions, telle pourrait être la devise des anges.

Thomas d'Aquin, le futur docteur angélique, naît en 1225 au château de Roccasecca, près de Naples. Il est l'héritier d'un nom et d'une fortune, choses qui ne s'abandonnent pas à la légère. Pourtant, Thomas a choisi. Quand il rentre chez lui à la fin de ses études, il annonce à ses parents qu'il veut être dominicain.

L'ordre créé par saint Dominique est dans ses commencements ; il n'a pas acquis cette réputation qui sera bientôt la sienne. La famille d'Aquin est consternée. Leur fils, moine mendiant, prêchant en plein vent sur les places publiques, pieds nus ! Miséricorde ! Quel déshonneur ! Ne pourrait-il avoir des buts plus avouables ? Avec un peu d'argent et d'entregent, ce qui ne manque pas heureusement, ce serait si facile, s'il veut être homme d'Église, de l'aider à faire carrière. Sa chère abbaye du mont Cassin, où il a étudié, n'aimerait-il pas en devenir l'abbé, dans quelques années ? Bien loin de se laisser circonvenir par les promesses parentales, c'est tout juste si Thomas ne crie pas à la simonie. Scandalisés et furieux, ses parents osent un coup de force : ils enferment

---

19. Mort en 1550.

le fils récalcitrant à Roccasecca. Il n'en sortira pas tant qu'il ne sera pas revenu à la raison. Les semaines coulent, puis les mois. Thomas révèle un entêtement que les siens n'avaient jamais soupçonné. Rien ne le fait changer d'avis. L'un de ses frères a une idée perverse. Si le jeune homme s'accroche de la sorte à sa prétendue vocation de frère mendiant et de moine crotté, c'est tout bonnement qu'il ignore tout de la vraie vie. Il suffit de lui en donner un avant-goût. L'on va quérir, dans les bas quartiers de Naples, une prostituée que les d'Aquin prennent la peine de choisir jeune, belle, expérimentée et sans vergogne. Après une nuit dans les bras de cette séduisante pécheresse, Thomas ne rêvera plus des Dominicains ! Et l'on enferme la tentatrice dans la chambre du jeune homme. Mais tous les assauts de la pauvre fille se heurtent à une résistance héroïque. Au matin, elle rend les armes.

Thomas reste seul. Et voilà que les anges lui apparaissent. Dans leurs mains, ils tiennent une ceinture, symbole de continence et de pureté :

— Au nom de Dieu, nous te ceignons de la ceinture de chasteté qui ne pourra jamais se dénouer par aucune tentation.

L'ordre de saint Dominique conserve cet étrange cordon dans son église de Chieri. Il a fait l'objet de plusieurs investigations scientifiques qui n'ont pu analyser la composition de l'étoffe, d'une matière inconnue, ni expliquer pourquoi le nœud est impossible à défaire...

Vaincus, les d'Aquin laissèrent leur fils suivre sa voie.

Pour Hélène Kowalska, la bienheureuse polonaise Faustine, un ange se fit concierge.

Hélène est une privilégiée, élue de Dieu de tout temps. En 1910, elle a cinq ans, elle explique à ses parents qu'elle a vu le paradis… Les Kowalski prennent cette déclaration pour une rêverie puérile. Ce n'en est pas une. À quatorze ans, elle annonce à sa famille qu'elle sera religieuse. Hélène se heurte à une opposition immédiate et invincible. D'abord, il faut qu'elle soit bien égoïste pour songer à priver les siens de son petit salaire de bonne à tout faire ; ensuite, elle sait que ses parents n'ont pas les moyens de la doter. Quel couvent voudrait d'elle ? Ainsi réprimandée, Hélène renonce à cette vocation religieuse. Elle adopte la vie de toutes les jeunes filles, joue les coquettes, va danser. Mais tous les plaisirs ordinaires lui laissent dans la bouche un goût de cendre et, au cœur, une amertume grandissante. Un soir, dans un petit bal, alors qu'elle virevolte au bras d'un cavalier, elle entend, très claire, une voix lui murmurer : « Ma Bien-Aimée, jusqu'à quand me feras-tu attendre ? »

Hélène ne doute pas une seconde que cette voix soit celle de son seul et véritable amour, le Christ qu'elle a trahi et délaissé pour les vaines séductions du monde. Elle ne réfléchit plus, n'hésite plus, ne songe pas aux insolubles difficultés qui l'attendent. Elle prépare sa valise et, sans avertir ses parents de peur d'être encore éconduite, elle s'enfuit, prend le train pour Varsovie et sonne à la porte des Sœurs de la Miséricorde. Contre toute probabilité, la supérieure ne repousse pas la jeune fille et l'accepte sans dot. Elle a discerné une vraie vocation et peut-être plus : le signe de la prédestination sur le front lumineux d'Hélène. Elle prend le voile sous le nom de sœur Faustine. Commence une vie mystique tissée d'extases, de visions. Faustine reçoit les stigmates. Elle brûle. Du Christ, elle est l'amante insatiable qu'aucune souffrance ne rebute et qui aspire au ciel par toutes les fibres de son être. L'exil terrestre lui est chaque jour plus odieux. Chaque nouvelle faveur divine l'oblige à mesurer davantage les limites de la chair et de l'intelligence humaine. Catherine de Sienne disait que son cœur éclatait, empli d'un amour trop grand pour lui. Faustine en dit autant. Elle défaille sous la grâce.

« Lorsque mon cœur n'eut plus la force de supporter ce qui se passait en lui, j'ai éclaté en sanglots. Alors, mon ange gardien m'a touchée et m'a dit :

« "Le Seigneur te fait dire de te relever."

« J'obéis immédiatement, mais je n'étais pas consolée. La nostalgie de Dieu m'envahit plus encore. »

Dieu prend en pitié cette intolérable sensation d'exil qui habite la religieuse.

« Un jour où j'étais en adoration, mon esprit était comme en agonie et je ne pouvais pas retenir mes larmes ; alors j'ai vu un esprit d'une grande beauté qui me dit :

« "Le Seigneur dit : Ne pleure plus."

« Après un moment, j'ai demandé :

« "Qui es-tu ?"

« Il me dit :

« "Je suis l'un des sept anges qui se tiennent nuit et jour devant le trône de Dieu et le louent sans cesse."

« Cependant, cet esprit n'a pas apaisé ma nostalgie de Dieu, il n'a fait que l'accroître. La beauté de cet esprit provient de son étroite union avec Dieu. Il ne me quitte pas un seul instant, il m'accompagne partout.

Le lendemain, pendant la messe, avant l'élévation, il commença à chanter ces mots "Saint, Saint, Saint" et sa voix résonnait comme les voix de milliers de personnes, cela m'est impossible à décrire[20]. »

Mais là ne s'arrêtent pas les prodiges en faveur de la privilégiée. Faustine, en 1937, a été nommée sœur portière, rôle qui l'effraie en cette période très troublée ; elle craint l'intrusion de bandes armées, les Rouges, et, qui sait ? des horreurs comparables à celles perpétrées par les communistes en Espagne…

« Je me suis entretenue avec le Seigneur et je lui ai demandé qu'il s'arrange, de façon à ce qu'aucun méchant n'ose approcher de la porte. Alors j'entendis ces mots : "Ma fille, dès le moment où tu as été préposée à ce service, j'y ai mis un chérubin afin qu'il la garde. Sois donc sans inquiétude." Après être revenue de mon entretien avec le Seigneur, je vis un léger nuage blanc et dans ce nuage, un chérubin, les mains jointes, dont le regard était semblable à l'éclair. »

Pour d'autres âmes, les anges sont maîtres en science de Dieu et les aident à progresser afin de les rendre dignes des insignes faveurs mystiques qui leur sont destinées. En témoignent les itinéraires, différents et distants de cinq siècles, de deux Italiennes, Francesca Ponziani et Gemma Galgani.

Francesca naît à Rome en 1384, dans une famille de la haute noblesse dont elle est l'unique enfant et l'unique héritière. Aussi son père, Paolo Bussa, a-t-il grande hâte

---

20. Sœur Faustine, *Petit Journal*.

de la marier. Francesca n'a que onze ans lorsqu'elle est solennellement fiancée à Lorenzo Ponziani, le cadet d'une maison qui se rattache à l'antique patriciat de la Rome impériale. Bien loin de s'en réjouir, la jeune fille sanglote et supplie ses parents d'avoir pitié d'elle, de ne pas la contraindre à un mariage qui lui fait horreur : elle ne veut d'autre époux que le Christ. Mais, malgré presque douze siècles de christianisme, Francesca Bussa n'est pas plus libre de son choix que le fut jadis sainte Cécile. Son confesseur, qui n'aime pas les complications, la gronde de s'être rebellée contre l'autorité paternelle et lui enjoint d'accepter le mari que son père lui a choisi. La jeune fille se soumet. Mais l'effort a été trop lourd, le remords trop pesant, le regret trop amer… Les robes de velours et de brocart qu'elle est obligée de revêtir la brûlent comme la tunique de Nessus. Les bijoux des Ponziani lui pèsent plus que des chaînes de forçat. Francesca en tombe malade et elle se laisse mourir avec complaisance : tout plutôt que cette vie mondaine à laquelle elle est condamnée !

Une nuit, alors qu'elle agonise, un jeune homme surgit devant elle ; il est habillé de haillons mais ces haillons resplendissent. Il se présente : il est saint Alexis, ce patricien romain que ses parents contraignirent à un mariage qu'il refusait, qui s'enfuit de chez lui, avec l'approbation de sa fiancée, vécut de mendicité et revint mourir dans la maison familiale, sans s'être fait reconnaître, hébergé par charité sous l'escalier… Il sait, pour les avoir connus, les tourments de Francesca. Eh bien, il vient, de la part de Dieu, lui offrir un choix : trépasser maintenant, comme elle paraît tant le souhaiter, ou guérir et rester exilée sur cette terre. Dans ce cas, elle verra que, même dans le monde, une véritable chrétienne peut faire beaucoup pour la gloire divine. Car Dieu veut accomplir de grandes choses par sa servante, mais Francesca devra accepter de souffrir. Francesca choisit la vie et la souffrance. Elle sera comblée, tant par le nombre des années qu'il lui reste à vivre que par les malheurs qui l'accableront.

Ce choix héroïque est suivi d'effets immédiats : la guérison miraculeuse et instantanée, et les premières manifestations à la jeune femme de personnages qui ne la quitteront plus jamais, les démons et les anges.

Si le diable joue, avec sainte Françoise Romaine, son jeu le plus classique, l'ange gardien, pour sa part, se montre d'une assez rare brutalité, en vertu, certainement, du « Qui aime bien châtie bien ».

Lucifer essaie ses registres habituels, ceux qu'il réserve aux âmes distinguées qu'il n'a pu séduire avec l'arsenal ordinaire des passions et des convoitises humaines. Un jour, il prend l'aspect d'un vénérable moine mendiant reçu au palais Ponziani et qui peint, de la vie dévote, un horrible tableau. Un autre, en plein été, profitant de ce que Francesca et sa belle-sœur Vanozza se rafraîchissent au bord du Tibre, il les pousse dans le fleuve où elles se noieraient si une main, non moins invisible que celle de l'agresseur, ne venait à la rescousse. Une autre fois, sa précédente tentative de meurtre ayant échoué, il attaque Vanozza et la précipite du haut des escaliers. Si elle ne se brise pas tous les os, c'est que la même main invisible la rattrape au vol. Le Mauvais essaie volontiers l'assassinat avec les élus, en dépit de la protection divine qui s'étend sur eux. Furieux, il souffle d'une voix grinçante à l'oreille de Francesca : « J'ai essayé de tuer ta chère Vanozza pour te conduire au désespoir. Je recommencerai. »

En effet, il ne s'en privera pas…

En attendant, Francesca, qui a déjoué tous les pièges, progresse dans la voie de sainteté laïque qui est la sienne. Elle a abandonné les atours et les joyaux, défiant les mines scandalisées de la bonne société romaine. Habillée comme une femme du peuple, la Madonna[21] Ponziani passe une moitié de son temps dans les hospices à soigner les malades ou dans les taudis à s'occuper des pauvres, et l'autre en prière. Elle trouve encore le temps de veiller aux soins de sa vaste maisonnée et d'élever les trois enfants qui lui sont nés entre 1400 et 1406 : Gian-Battista, Gian-Evangelista et Agnese. Et si, par inadvertance, elle manque à la moindre de ses tâches, son ange gardien la rappelle à l'ordre avec quelque vivacité. Son entourage en aura la démonstration stupéfiante.

Ce soir-là, dans le salon des Ponziani, il y a de nombreux invités et, comme trop souvent en société, la conversation finit par se borner à un seul thème, le plus amusant hélas… : dire du mal des autres.

D'habitude, Francesca parvient à détourner le sujet mais, à ce moment, distraite et silencieuse, elle ne prête pas attention à ces langues de vipère en train de déchirer la réputation d'autrui… Qui ne dit mot consent… C'est ce que semble penser son ange qui fond sur elle et lui administre à la volée une gifle magistrale. Dans le salon,

---

21. En dialecte romain médiéval, Madonna veut dire Madame et désigne une femme noble.

tout le monde s'est retourné au bruit de la claque et vingt paires d'yeux médusés fixent Madonna Ponziani, écarlate, au bord des larmes et sur la joue de laquelle la trace de cinq doigts, bien visibles, est imprimée…

Dans le même temps, Francesca est victime de vexations diaboliques croissantes qui la laissent bleue de coups. Décidément, le monde invisible paraît prendre plaisir à la rosser !

Mais à ces tourments ne vont pas se borner les infortunes de la jeune femme. En ces années 1410, la chrétienté est déchirée par le grand schisme d'Occident, cette scandaleuse période qui voit deux papes se disputer le trône de Saint-Pierre, l'un à Rome et l'autre en Avignon… La capitale de la catholicité est une proie offerte à toutes les convoitises intérieures et extérieures ; le roi de Naples guigne la Ville et il y compte des complices dans l'aristocratie, à commencer par la puissante famille Colonna. Les Ponziani, eux, ne jurent que par le Saint-Père, par dévotion réelle autant que par haine multiséculaire des Colonna. L'affrontement est inévitable et, tournant en faveur des armes napolitaines, il tourne à la catastrophe pour les Ponziani.

C'est d'abord Lorenzo, blessé si grièvement au combat que ses camarades le croient mort. À peine commence-t-il à se remettre que son frère aîné est fait prisonnier. En échange de sa libération, Naples réclame un otage, son neveu Gian-Battista, l'héritier du nom, Vanozza n'ayant pas donné d'enfant à son époux. Malgré ses craintes, Francesca va elle-même livrer son fils aux Napolitains pour obtenir la délivrance de son beau-frère.

Est-ce assez de ce sacrifice ? Certes non… Elle a encore deux enfants et un mari…

Le mari, convalescent, est exilé de Rome sur ordre des Colonna. Puis le petit Evangelista meurt de la peste. Il avait neuf ans. Qu'une fillette du voisinage affirme l'avoir vu montant au ciel escorté par les anges ne suffit pas à tarir les larmes maternelles. Un an passe, horrible pour Francesca, qui reporte tout son amour sur ce qui lui reste : Dieu et Agnese. Mais Dieu ne veut pas des cœurs partagés.

Une nuit, un an après la mort de son fils, Madonna Ponziani est en oraison dans sa chambre. À l'est, les premières lueurs de l'aube blanchissent le ciel. Toutefois, ce n'est pas l'aurore qui embrase soudain la pièce d'une clarté merveilleuse. Francesca lève les yeux : devant elle se tiennent deux jeunes garçons. Le premier, qui lui sourit avec une ineffable tendresse, c'est Evangelista, l'enfant dont la mort l'a crucifiée. Evangelista tel qu'il était dans son souvenir, et autre cependant : d'une beauté hors de ce monde. Le second, blond et bouclé, rayonne d'une gloire et d'une splendeur différentes, supérieures. D'abord muette de saisissement, Francesca balbutie :

— Ô fils de mon cœur… Est-ce toi ? de quelle région es-tu descendu ? Quels sont tes compagnons et tes joies ? Ange de Dieu, tu n'as donc pas oublié ta pauvre mère ? Au milieu des béatitudes célestes, songes-tu encore aux souffrances d'ici-bas ?

L'enfant sourit et répond posément aux questions anxieuses que sa mère a retenu trop longtemps.

« Ma demeure est au ciel. Les anges sont mes compagnons. Nous n'avons d'autre occupation que de contempler les perfections divines, source inépuisable de tout bonheur. Éternellement unis à Dieu, nous ne connaissons d'autre volonté que la sienne, et notre paix est aussi complète que son Être est infini. Lui-même est notre joie, joie sans limite et sans fin.

« Dans le ciel, les anges supérieurs nous révèlent par leur lumière les mystères de la divinité. Si vous souhaitez, ô ma mère, connaître le rang qui m'est assigné au milieu des chœurs célestes, sachez que l'adorable bonté de Dieu m'a placé parmi les archanges. L'esprit bienheureux que vous voyez à mes côtés est mon compagnon ; il occupe un rang plus élevé que le mien, aussi sa beauté est-elle plus radieuse que la mienne. Dieu vous l'envoie pour vous consoler et vous guider dans votre pèlerinage de la terre au ciel. Il sera toujours auprès de vous, visible à vos yeux mais invisible à tous.

« Jamais je n'ai perdu le souvenir de ceux qui m'ont aimé sur la terre. Je savais combien vous seriez heureuse de me revoir, et Dieu m'a permis de venir vous consoler. Réjouissez-vous, ma mère, car, en vérité, je suis Evangelista, votre fils. »

On constate que, au ciel, Evangelista Ponziani est devenu un parfait petit théologien et qu'il a, pour un enfant de neuf ans, admirablement assimilé saint Thomas d'Aquin… Mais la joie immense de Francesca va être ternie. Déjà, de son vivant, Evangelista bénéficiait d'un don de clairvoyance. Sa famille l'avait vu prédire la blessure de son père et reprocher à un moine de passage son ambition secrète qui le conduirait à sa perte en ce monde et dans l'autre. Chaque fois, les prophéties du bambin s'étaient révélées lugubrement exactes. Ce don n'a pas disparu et ce qu'il annonce à sa mère glacerait le sang de n'importe quelle femme.

« Ma mère, j'ai pour vous un autre message. Le Seigneur vous réclame ma petite sœur, Agnese. Sa place est prête dans la Jérusalem céleste. Bientôt, elle me rejoindra. Ne vous en affligez point. Soyez heureuse plutôt d'apprendre que vos enfants seront parmi les anges du ciel. »

Agnese a sept ans et elle éclate de santé. Pourtant, de cet instant, sa mère verra le signe de la mort sur le front de la fillette. Un an plus tard, Agnese Ponziani s'alitera et succombera d'une maladie infantile.

Pour consoler la mère douloureuse de la perte de ses enfants, Dieu lui laisse l'archange. À peine son fils disparu, tandis que le soleil illuminait les toits de Rome, Francesca s'est jetée aux pieds de l'esprit, le suppliant de la guider et de la rendre forte et soumise aux volontés divines. Depuis, il ne la quitte plus, si lumineux qu'en temps ordinaire elle ne distingue pas son visage au milieu de tant de gloire. Pratique aussi, car sa lumière lui permet de lire en pleine nuit sans chandelle… Ce n'est que lorque Francesca s'entretient de lui avec son confesseur, ou lorsque les démons l'assaillent, que l'archange voile un peu sa redoutable splendeur et se laisse contempler à loisir.

Pour le directeur de conscience de Madonna Ponziani, Don Antonio, un prêtre attristé par les scandales et les malheurs de l'Église et de la papauté, parler de l'ange avec Francesca est un puissant réconfort.

« L'archange est-il toujours à vos côtés ? Sous quelle forme le voyez-vous ? Quelle est sa taille ?

— Sa taille est celle d'un enfant de neuf ans ; c'est celle de mon Evangelista. Sa beauté surpasse celle du soleil. Je le vois souvent les bras en croix sur la poitrine, ses beaux yeux levés vers le ciel, dans l'attitude d'une profonde adoration. Aucune parole ne peut rendre la pureté de son regard. Il me suffit de le contempler, pour sentir mon cœur brûler du souverain amour, et pour comprendre la noblesse de la nature angélique. Son long vêtement, d'une blancheur éclatante, tombe jusqu'à ses pieds. Sur ses épaules, je vois une dalmatique dont la couleur varie. Elle me paraît parfois d'un blanc pur comme le lis, parfois rouge comme la flamme ou bleu d'azur comme le ciel. Jamais il ne me quitte. Si je marche, il marche à mes côtés. S'il m'arrive de traverser des chemins poussiéreux ou des sentiers fangeux, il les traverse avec moi ; mais poussière ni fange ne l'atteignent jamais. Il ne leur est pas permis de souiller ces pieds angéliques et si purs. »

Rêveries de femme malheureuse, de mère frustrée sevrée d'amour et qui reporte son affection sur un objet imaginaire auquel elle prête une ressemblance avec le fils préféré qu'elle a perdu ?

L'explication s'imposerait peut-être si Francesca Ponziani était une rêveuse, une mélancolique habituée à chercher refuge dans un monde imaginaire plus souriant que la réalité. Mais tel n'est pas le cas. Parfaitement saine d'esprit, cette jeune femme de trente ans supporte les pires épreuves avec une inentamable sérénité qui prouve son grand équilibre mental. Elle ne cesse jamais de s'adonner à ses innombrables activités caritatives. Enfin, elle sème sur ses pas des prodiges et des miracles.

C'est d'abord le don de discernement. Psychologue hors du commun ou véritablement éclairée par son ange sur les secrets des âmes, *Madonna* Ponziani devient bientôt, pour tous les confesseurs de Rome, l'ultime recours quand ils ont affaire à des mourants récalcitrants en grand danger d'être damnés.

Dans un hôpital, une jeune femme se meurt d'une fièvre puerpérale ; son enfant n'a pas vécu. Elle pleure, sanglote, murée sur un secret qu'elle ne veut avouer à personne, pas même à l'aumônier. Celui-ci, en dernier moyen, fait quérir Francesca. Deux mots, un regard… Francesca sait, et convainc la mourante de tout dire au prêtre. Bien qu'elle soit persuadée d'aller en enfer pour l'horreur de son geste, Dieu lui fera miséricorde. Fille-mère, la malheureuse a étranglé son nouveau-né, le privant du baptême. Le remords la rongeait.

Au palais Savelli, l'un des fils agonise. Dans l'atmosphère de violence entretenue dans Rome depuis l'intervention napolitaine, les assassinats politiques, les duels, sont devenus monnaie courante. Savelli a été mortellement blessé sur le pré ; il crache le sang… Et il crache sa haine. Son adversaire est agenouillé au pied du lit, en larmes, le suppliant de lui pardonner : il ne voulait pas cela ! Mais Savelli se moque de savoir si l'autre voulait ou non le tuer. Malgré les objurgations du prêtre, le jeune homme est décidé à ignorer le pardon des offenses. Pour que son meurtrier passe le reste de ses jours dans l'angoisse, il est prêt à jouer le salut de son âme. Les Savelli font venir Madonna Ponziani. Elle entre, prend la main du jeune homme, lui murmure quelque chose à l'oreille. L'orgueilleux obstiné baisse les yeux, avant de fondre en larmes : il pardonne. Et il meurt apaisé dans les bras de son rival.

Pour Francesca, les grâces spirituelles sont essentielles. Pour bien des gens, les grâces matérielles le sont bien davantage. Elle ne l'ignore pas ; pas plus qu'elle ne peut ignorer ce qu'opère sa prière. Les saints font des miracles parce qu'ils ont tout donné à Dieu. Francesca a livré ses enfants au Seigneur. Mère dépossédée sur cette terre, elle ne cesse de sauver les enfants des autres…

Un bébé mort-né ressuscite. Un petit garçon tombé dans le Tibre d'où les secours l'ont retiré inanimé revient à la vie. Une fillette muette se met à parler. Un garçon aveugle voit. Il suffit que des parents éplorés viennent la trouver pour obtenir les guérisons les plus impossibles. Un médecin romain, voyant Francesca au chevet d'un de ses petits patients, abandonne la place :

— La médecine n'a rien à faire où Dieu travaille !

Là ne se bornent pas les bienfaits célestes. En pleine famine, suivie, comme toujours, d'une épidémie, Francesca décide de secourir toute la misère du Transtévère… Besogne impossible ! Autant vouloir remplir le tonneau des Danaïdes ! Elle a tôt fait de vider les réserves de grain du palais Ponziani, puis, sur sa lancée, la cave à vin… Son beau-père s'emporte comme jamais il ne l'a fait. Il a supporté toutes les fantaisies de sa bru, et même qu'elle, une Ponziani, une grande dame, s'habille en souillon et soit la risée de tout Rome. Il ne saurait supporter qu'en pleine disette elle prive sa maison du nécessaire vital ! Est-elle folle ? Depuis quand Dieu prescrit-il d'affamer les siens pour nourrir des étrangers ? Francesca baisse la tête, confuse. Dans sa soif de partage, elle n'a pas réfléchi aux conséquences de ses actes. Dans le passé, il lui est arrivé de mendier dans les rues pour les miséreux ; elle recommencera. En attendant, que son beau-père se rassure et daigne venir avec elle au grenier et à la cave…

Ponziani, maugréant, suit sa belle-fille ; et s'arrête, sidéré : le grenier où il ne restait qu'un peu de paille regorge de blé ; la cave dont les tonneaux étaient vides déborde de barriques pleines à ras bord d'un nectar comme il n'en a jamais bu. Il embrasse Francesca :

— Ma chère fille, pardonnez-moi ! Désormais, prenez tout ce que vous voulez, vous qui attirez tant de grâces sur ma maison !

Francesca suit à la lettre le conseil de son beau-père et reprend ses largesses. Elle pousse le dévouement si loin qu'elle offre son lit à une malade. Ce qui devait arriver arrive… Elle est contaminée. Cette fois, personne, sinon la bonne Vanozza, n'a un mot de compassion. Cette folle a bien cherché cet accident ! Comme aux premiers temps de son mariage, Francesca espère la mort. Mais elle ne meurt pas. Dieu a encore besoin d'elle. Raphaël lui apparaît pendant qu'elle médite sur l'horreur du péché. Il lui demande de venir avec lui et de contempler le châtiment des pécheurs. À sa suite, elle visite l'enfer et le purgatoire.

Le Traité de l'enfer, qui sera tiré des révélations de sainte Françoise Romaine, n'est pas sans similitude avec *La Divine Comédie* de Dante, que cette Italienne cultivée avait obligatoirement lue. Faut-il conclure que Francesca, inconsciemment, plagie le poète florentin jusque dans l'inscription qu'elle place au portail de « la Cité des larmes », « Ici est l'enfer où il n'y a nul repos, nulle relâche, nulle espérance[22] » ?

Non. Les révélations de Françoise sont imprégnées d'une spiritualité très supérieure à celle de Dante. Il faut aussi se souvenir que les visions dantesques sont basées essentiellement sur l'enseignement de l'Église, saint Jérôme et saint Thomas d'Aquin, ce qui suffit à expliquer beaucoup de ressemblances entre les deux œuvres. Quant à la vision du purgatoire qui suit, elle ne doit plus rien à Alighieri, présentant un purgatoire très différent du sien[23].

En 1414, la vie de Madonna Ponziani reprend un cours plus souriant avec la défaite des Napolitains obligés d'abandonner Rome. Lorenzo peut rentrer, après quatre ans d'exil, et Gian-Battista est libéré. Mais les souffrances expiatrices de Francesca ne s'apaisent pas. Elle reçoit les stigmates, elle est transverbérée. Ces plaies, on ne peut plus réelles, la plongent dans une stupeur angoissée puis dans la honte lorsqu'elle comprend de quelle grâce elle bénéficie. Plus Francesca progresse dans la voie mystique, plus les démons se déchaînent. Non contents de la battre comme plâtre, ils la précipitent dans les cheminées allumées, la suspendent au-dessus du vide et tentent à plusieurs reprises de la tuer. Quand ils passent les bornes, l'archange intervient, s'interposant entre elle et ses persécuteurs. Il lui suffit de secouer

22. Au portail de *L'Enfer* de Dante, on lit : « Vous qui entrez ici, laissez toute espérance. »

23. Pour la place des anges dans le purgatoire de sainte Françoise, se reporter au chapitre consacré aux anges de la mort.

sa belle tête blonde pour que les autres disparaissent. Parfois, la sainte se plaint :

— Vous arrivez trop tôt ! J'aurais bien aimé voir la fin de la bataille !

La plus extraordinaire de ces interventions angéliques aura de nombreux témoins.

À dix-sept ans, Gian-Battista, en qualité de seul fils des Ponziani, a été poussé à un mariage précoce. Il a fait choix d'une très jeune fille de douze ans. Mais, autant Francesca, au même âge, était douce et pieuse, autant Mobilia est hautaine, enflée de sa naissance et de son rang. Les premières années de son mariage, enragée contre cette belle-mère aux allures de pauvresse, elle ne sait qu'inventer pour l'humilier publiquement et lui rendre la vie odieuse. Mobilia redouble de fureur devant la résignation silencieuse de Madonna Ponziani qui pleure en cachette dans sa chambre. Un jour que la jeune femme, d'autant plus sûre d'elle qu'elle a déjà deux beaux enfants, s'est montrée spécialement cruelle, elle s'arrête net au milieu de sa diatribe. Son mari et son beau-père qui, outrés, s'apprêtaient eux-mêmes à la faire taire, la voient se dresser sur sa chaise, cherchant sa respiration, avant de tomber à terre tordue d'insupportables douleurs. L'archange, lassé des continuelles attaques de la bru, est en train de lui infliger la correction que Lorenzo et Gian-Battista ont trop tardé à lui donner... Définitivement matée, la mégère, désormais apprivoisée, devient pour Francesca la belle-fille idéale.

Un jour que Francesca joue avec son petit-fils, Girolamo, un enfant de trois ans, dans le salon où toute la famille est rassemblée, le démon apparaît.

Il y a si longtemps que Madonna Ponziani le connaît qu'il ne l'impressionne plus. Dans la pièce, à part elle, personne ne voit le Malin, excepté Girolamo que son innocence rend clairvoyant. Terrorisé, le petit garçon hurle. Sa grand-mère commet alors l'erreur de le prendre dans ses bras. Ce spectacle donne à l'esprit du Mal une idée vicieuse de plus : pour atteindre l'aïeule, il va frapper l'enfant. Francesca essaie des remèdes habituels, multiplie les signes de croix et les invocations. Le diable rit… Elle ne sait plus que faire. Alors, l'archange qui assistait à l'écart à la scène estime qu'elle a suffisamment duré. Il s'approche, repousse le démon, prend tranquillement Girolamo à sa grand-mère, toise l'adversaire, l'air de dire : « Viens donc le chercher dans mes bras si tu l'oses… »

Lorenzo, Mobilia, Gian-Battista, qui n'ont rien compris, sinon qu'il se passait quelque chose d'inexplicable, n'en croient pas leurs yeux : Girolamo est suspendu en l'air au milieu du salon, à la hauteur où il serait si quelqu'un le portait. Il rit, caresse de sa menotte un invisible visage. Et paraît voler jusqu'à son berceau dont des mains expertes mais cachées tirent les couvertures, arrangent les draps, et recouchent l'enfant… Fou de rage, écœuré, le Cornu cède la place.

Là où veille l'archange de Francesca, tous les plans démoniaques échouent misérablement. Devenue veuve, Madonna Ponziani a pu enfin réaliser son vœu le plus cher, celui que son pauvre père (s'en est-il assez repenti, le Malheureux, d'être allé contre la vocation de sa fille !) avait empêché : mener la vie religieuse. Elle a fondé, non sans difficultés, mais avec le concours constant de la Vierge, des apôtres et des anges, les Oblates, couvent sans clôture auquel elle consacrera ses dernières années. Au nombre des religieuses, Francesca vient de recevoir la fille unique d'une de ses amies, Madonna Colluzzi. Celle-ci est veuve, solitaire. Elle a consenti au départ de son enfant, elle réalise, restée seule dans son palazzo, qu'elle ne peut survivre sans elle. Les jours passent, tous semblables, tous vides, tous noirs. Madonna Colluzzi cède au désespoir, décide qu'il est plus simple de mourir. Elle s'empare d'une dague…

Plongée dans ses oraisons, Francesca est mystérieusement avertie. Avec les yeux de l'âme, elle voit son amie Perna sur le point d'attenter à ses jours, de commettre le plus exécrable péché, tandis que le diable, qui lui a soufflé ces tristes pensées, ricane ouvertement[24]…

« Ô mon Dieu, ne permettez pas qu'un pareil crime soit consommé ! »

Dans sa chambre, Perna lève déjà la main pour se frapper. Et reste dans cette position… Cinq doigts, doués d'une force singulière, mais qu'elle ne voit pas, viennent de se refermer sur son poignet, paralysant son geste. Ils ont une telle prise que la désespérée lâche son arme en poussant un cri de douleur. En même temps, elle a l'impression de se réveiller d'un cauchemar. Elle ne comprend plus ce qu'elle a voulu faire, ni pourquoi. L'Aarchange, mission accomplie, va retrouver Francesca.

Plus pour longtemps. Il y a vingt-quatre ans qu'Evangelista apparut à sa mère en deuil et lui présenta

---

24. Un fait presque analogue existe dans la vie du padre Pio. Pendant la guerre de 1914, son don de bilocation lui aurait permis d'empêcher le suicide d'un officier italien qui se croyait déshonoré.

son ami du ciel. Sa tâche était de la faire avancer dans les voies de la sainteté et de la vie mystique. Sous sa direction Francesca a tant progressé qu'elle égale, dans les limites où la chair la retient, ces séraphins bienheureux qu'elle a vus dans ses visites au paradis. Ils lui ont confié que l'amour divin brûlait l'âme sans jamais la consumer, qu'il les ravissait au-delà des rêves de toute créature… Pour une âme pareillement élevée, un archange n'est plus un guide suffisant. Tandis qu'elle prie seule à la chapelle, le bel esprit du huitième chœur s'incline devant Francesca, prend congé d'elle. Ils ne se reverront plus en ce monde. Mais, avant que la sainte ait pu regretter sa présence, l'extase la ravit, l'emporte devant le trône de Dieu, ce trône près duquel elle voulait toujours rester, malgré les reproches de saint Paul qui lui disait qu'elle avait à faire en bas ! Les neuf chœurs l'entourent et tous les anges, un à un, se prosternent devant la gloire de l'Agneau. Ils viennent chercher ses ordres. Voici que s'avance la seconde hiérarchie : les dominations qui administrent l'univers, les vertus qui soulèvent les vagues et commandent aux éclipses… Les puissances enfin, guerriers et exorcistes partout lancés à la poursuite des légions de Satan. L'un de ces derniers s'incline devant le trône et Francesca entend la voix du Très-Haut enjoindre à cet esprit du sixième chœur de veiller sur elle jusqu'à sa mort.

Sortie de son extase, Francesca ne voit plus l'archange familier ; il est parti. À sa place, un jeune homme, d'une taille adulte. D'une beauté et d'une majesté inimaginables. Ses vêtements sont lumière. Même Francesca ne peut soutenir longtemps la vue de ce prince céleste.

Les démons, glacés de terreur, reculent à sa seule vue. L'archange devait intervenir pour la protéger contre eux. La puissance se contente d'un froncement de sourcils, d'un regard. Sa volonté suffit à mettre les rebelles en fuite. Dans sa main droite, il tient trois palmes d'or, dans sa gauche, un fuseau sur lequel ce redoutable batailleur enroule un fil d'or, du geste machinal de la fileuse… Saint Benoît viendra tout exprès expliquer à Francesca ce que signifie ces attributs : les palmes représentent la force, le fil, l'amour, et le fuseau, le travail perpétuel. Dieu veut qu'elle accepte d'être la supérieure des Oblates et non une sœur perdue dans la masse. Les saints ne sont pas ici-bas pour se reposer…

Le 9 mars 1440, Francesca Bussa, Madonna Ponziani, qui depuis longtemps ne voulait plus être appelée que *la Poverella del Trastevere*, « la petite pauvre du Transtévère », rendit l'âme, dans une ultime vision : la puissance qui avait guidé sa vieillesse lui ouvrait les portes du Ciel.

« Je vois le ciel ouvert. L'ange debout devant moi. Ma tâche est achevée ; il m'appelle. »

Manifestant la grande méfiance dans laquelle certains auteurs tiennent les miracles et les anges, un dictionnaire des saints, publié en 1964, résume ainsi cette vie étonnante :

« Sainte Françoise Romaine : cette noble dame de Rome consacrait la plupart de son temps à des œuvres de piété et de charité, tout en restant le modèle des femmes d'intérieur. Elle fonda les Oblates de saint Benoît. *On dit* que pendant les vingt-trois dernières années de sa vie, elle fut conseillée par un archange visible d'elle seule[25]. »

Tout au long de l'année 1886, Aurelia Galgani, minée par la tuberculose et par les naissances trop rapprochées de huit enfants, a lutté contre la mort. Non pas que cette femme, qui n'a pas quarante ans, la redoute, mais parce que ses derniers-nés sont bien jeunes encore pour se passer de leur mère. C'est surtout pour l'une de ses filles, Gemma, que la *signora* Galgani s'inquiète. Âgée de huit ans, Gemma, un prénom italien peu usité signifiant Gemme et qu'Aurelia n'aimait pas, est une fillette d'une sensibilité extrême, attachée à sa mère par les liens normaux, certes, mais aussi par une commune piété. Depuis des mois, quand elle n'est pas en classe, il est impossible d'éloigner la petite fille de la chambre maternelle, en dépit du risque de contagion. La *signora* Galgani se désole. Comment Gemma supportera-t-elle l'inévitable et prochaine séparation ? À cette première angoisse s'en ajoute une autre. Son mari, un pharmacien, est un brave homme, mais, depuis la naissance de Gemma, il manifeste envers elle un amour exclusif jaloux, une préférence injuste. À plusieurs reprises, il s'est laissé aller à dire qu'un seul de ses enfants compte pour lui : Gemma… Il la bichonne, la couvre de cadeaux, l'idolâtre. La fillette elle-même en est gênée et refuse les largesses et les caresses paternelles avec un mécontentement croissant. La *signora* Galgani a peur que son mari pourrisse leur fille, en fasse une petite créature vaine et superficielle. Gemma est

25. John Coulson, *Dictionnaire historique des saints*.

si jolie… Ses traits réguliers, purs comme ceux d'une Madone de Raphaël, et ses yeux immenses qui lui dévorent le visage, lui confèrent une beauté étrange. Déjà, dans les rues, les passants se retournent sur elle. Que sera-ce dans quelques années ? Aurelia est si inquiète de l'avenir qu'elle pose à sa fille cette question un peu anormale :

— Si c'était possible, voudrais-tu venir bientôt avec moi au paradis ?

Gemma a répondu oui, plusieurs fois. C'est peut-être cette atmosphère morbide, ajoutée au risque, trop fondé, de contagion qui décide Galgani à séparer sa femme de sa fille, en l'envoyant chez une tante. Arrachée à sa mère, sanglotant, Gemma gémit :

— Si je quitte Maman, qui me parlera de Jésus ?

Jésus s'en chargera lui-même. Comme elle est en prière à l'église, Gemma entend une voix qui lui deviendra vite familière :

— Veux-tu me donner ta maman ?

Elle répond oui. Le 11 novembre 1886, Aurelia Galgani succombe. Et les grâces mystiques commencent à pleuvoir sur sa fille. Elles sont si évidentes que, contre tout usage, Gemma est admise à communier dès neuf ans ; le curé de sa paroisse de Lucques, effrayé par son ardeur juvénile, craint qu'elle meure si elle est privée du pain de vie…

À dix-sept ans, comme sa mère l'avait prévu, Gemma Galgani est l'une des plus belles filles de Toscane. Sa famille a hâte de la marier, ce qui ne sera pas difficile et rendra joliment service. Car Galgani est un homme bon qui oublie de faire payer ses remèdes aux pauvres et d'encaisser ses fermages. Quand il vous reste six enfants à charge, plus deux sœurs vieilles filles que vous hébergez, la charité frise parfois l'inconscience… La pharmacie court à la ruine. Si Gemma décrochait un riche mari, quel soulagement ! Dans ce but, on exhibe la jeune fille, on la pare, on lui offre ses premiers bijoux. Sa marraine lui donne une montre en or et une croix de pierres semi-précieuses. Gemma rentre chez elle, se plante devant son miroir, agrafe la montre à son corsage, place la croix en évidence. Le résultat est charmant et la pieuse enfant se permet un sourire satisfait, tandis que l'envie la prend d'aller faire un tour dehors, histoire d'être un peu admirée… Elle ne sortira pas. Debout dans sa chambre, il y a un jeune homme inconnu, magnifique, plus beau que les mots peuvent le dire, rayonnant de lumière, et qui la regarde d'un air de tristesse et de reproche à la faire rentrer sous terre. Son ange gardien… D'une voix sévère, il déclare :

— Les seuls bijoux qui embellissent l'épouse d'un Roi crucifié sont les épines et la croix.

Gemma ne portera plus jamais de bijoux, ne se vêtira plus que d'informes robes noires et fuira le regard des hommes, jeunes et vieux, médecins, père et frères compris avec une sainte horreur. Elle a reçu une demande en mariage qui ne se refuse pas et le Fiancé ne partage pas. Elle a choisi : les épines et la croix ; elle sera comblée.

En 1897, son père meurt d'un cancer, emporté en quelques mois. Il ne laisse pas une lire à sa famille. Alors, toute la parenté, une fois de plus, essaye de marier la belle Gemma. Les garçons se battent sous ses fenêtres. Qu'elle renonce à ses habits de bonne sœur et qu'elle fasse son choix ! Cernée par les prétendants, acculée à une union qui lui fait horreur, Gemma, comme tant d'autres amantes du Christ, le supplie de la débarrasser de cette encombrante et odieuse beauté… Elle est exaucée. Probablement contractée auprès de sa mère mourante, ou au chevet de l'un de ses frères, Eugenio, mort de phtisie deux ans plus tôt, la tuberculose s'empare d'elle, sous sa pire forme : le mal de Pott. En un mois, la belle Gemma n'est plus qu'une ombre cachectique, le dos rongé de tumeurs osseuses, grabataire. Les amoureux prennent la fuite…

Elle voulait les épines et la croix ? Elle les a. Elle a vingt ans et elle agonise dans des souffrances atroces. A-t-elle présumé de ses forces et de son courage ? Sa jeunesse se révolte contre cette horreur. Elle voulait mourir, quand elle était en bonne santé. Clouée sur son lit de douleur, elle regrette de n'être plus semblable à toutes les filles de son âge… Gemma s'accroche à l'image du Crucifié. Les épines et la croix ! Mais que c'est dur…

Quelqu'un entre dans sa chambre. Un homme extraordinairement beau et séduisant, avec des manières de grand seigneur. Il s'apitoie sur elle, ses souffrances. Il dit même ses « tortures »… Comment l'Autre ose-t-il dire qu'il l'aime et lui infliger de pareils traitements !

— Crois-moi : Il est méchant. Il ne déteste personne autant que ceux qui l'aiment ! Vois comme il traite ses amis… Moi, vois-tu, je suis bon avec les miens…

À ce langage, Gemma, sidérée, a reconnu le visiteur. Lucifer sourit : pour lui prouver sa bonté, il va lui rendre la santé. Elle sera parfaitement guérie, et belle comme avant. C'est un jeu d'enfant pour lui. Après tout, il est un séraphin. Mais, en échange… Oh, qu'elle se rassure, presque rien ! Simplement renoncer à ces macérations, ces pratiques barbares, ces pénitences et ces jeûnes qu'elle s'inflige… Et toutes ces heures perdues à genoux en oraison. Elle doit profiter de la vie. Allons, elle a failli tout perdre ! Qu'elle profite de ces dons si désirés par les autres : la jeunesse, la santé, la beauté, l'amour, l'argent… Il lui donnera tout.

Gemma, dans un sursaut indigné, s'est redressée :

— Mon âme passe avant mon corps ! Va-t'en !

Démasqué, le prince de ce monde se retire, non sans menacer la jeune fille : elle n'a pas voulu de son amitié, de son alliance, de sa protection et des largesses qu'il dispense généreusement, un temps au moins, à ses serviteurs ? Tant pis pour elle ! Elle constatera qu'il est un ennemi redoutable…

Dans les jours et les semaines qui suivent, l'état de santé de Gemma empire de manière catastrophique. À la tuberculose osseuse qui carie son dos et l'a privée de l'usage de ses jambes s'ajoutent maintenant une mastoïdite et, peu après, une méningite… La malade souffre, mais refuse avec obstination le laudanum, et même d'être anesthésiée tandis que le chirurgien essaie de cureter les os attaqués… Tortures inutiles. Les médecins ont condamné leur jeune patiente ; la fin n'est plus qu'une question d'heures.

Gemma se sent d'ailleurs si mal qu'elle attend la mort comme une délivrance. Elle est si fatiguée qu'elle n'a pas ouvert le livre apporté par une voisine compatissante : la vie édifiante d'un frère passionniste, Gabriele Possenti, en religion Gabriele dell'Addolorata[26], mystique mort à vingt-trois ans, en 1862, et déjà vénéré en Italie. C'est dommage, car si Gemma avait pu feuilleter l'ouvrage elle n'aurait pas manqué de trouver des ressemblances entre son expérience religieuse et celle de Gabriele… À commencer par cette commune familiarité avec leurs anges gardiens.

Les abcès, les plaies consécutives au curetage… Gemma est incapable de dormir. Tout d'un coup, elle écarquille les yeux. Une douce clarté baigne sa chambre, très comparable à celle émise par son ange quand il se manifeste. Au centre de cette lumière se tient un jeune homme.

— Gemma, ma petite sœur… Je suis Gabriele dell'Addolorata. J'ai quelque chose à te demander, de la part de Dieu. Veux-tu venir au ciel avec moi, maintenant ? Ou acceptes-tu de rester sur cette terre et d'y souffrir pour les pécheurs ?

Si Gemma accepte de vivre dans l'exil, en cette vallée de larmes, elle sera guérie de tous ses maux physiques. En échange, elle connaîtra bien d'autres douleurs, mais sa gloire, là-Haut, sera en proportion. Gemma choisit la souffrance et la gloire, la croix et les épines. Le lendemain, le médecin venu pour, pense-t-il, constater le décès, trouve la jeune fille debout, fraîche et dispose, à peine de retour de la première messe. Méningite, mastoïdite et tuberculose osseuse ont disparu sans laisser la moindre séquelle. Le praticien, honnête, reconnaît

26. *L'Addolorata* est le nom italien de Notre-Dame des Sept Douleurs ; c'est d'ailleurs sous cette appellation que l'on connaît en France saint Gabriel des Sept Douleurs, canonisé en 1920.

devant les autorités scientifiques et religieuses qu'il n'est pour rien dans cette guérison impossible et qu'il s'agit d'un authentique miracle.

Gemma bénéficie d'un sursis de cinq ans. Non qu'elle rechute en 1903 mais parce que, au prix d'un échange héroïque, elle n'aura eu de cesse d'offrir les années dont elle disposait pour le salut des pécheurs ou la guérison des malades incurables…

Ces cinq brèves années, elle les passera en recluse volontaire dans une famille amie, après que plusieurs ordres religieux, rebutés par son passé de tuberculeuse, ont refusé de l'admettre.

Vie sans éclat, tout orientée selon les directives qu'elle recevait du Christ pendant ses extases :

« Veux-tu m'aimer vraiment ? Apprends d'abord à souffrir : la souffrance apprend à aimer. »

« La croix est le trône des vrais amants. »

« Je t'attends au Calvaire. »

Gemma expérimentera tous les types de souffrance. Les vexations diaboliques, depuis les coups et les violences physiques qui la laisseront par terre, incapable de se relever, jusqu'aux tentations obscènes contre la chasteté, en passant par les tentatives de meurtre. Pour échapper aux visions lascives dont Satan l'obsède, Gemma, un après-midi d'hiver, se sentant brûler, sort dans le jardin et se jette dans le bassin. L'eau est si froide que la jeune fille, saisie, est incapable de bouger. Elle se noierait si son ange ne la secourait.

Souffrances diaboliques, mais aussi souffrances divines. Jésus l'a avertie : il demande à ceux qui l'aiment ce que son Père a demandé de lui. Le Calvaire et la crucifixion, certes, et Gemma recevra les stigmates, mais, surtout, de prendre part à cet insupportable abandon qu'il connut au jardin des Oliviers et sur la croix, quand il lui sembla que Dieu s'était détourné de lui, qui ployait sous le fardeau des péchés du monde… Gemma fera la terrifiante expérience de la nuit mystique. Une pleine année, elle qui ne vivait plus que d'amour et de contemplation, se sentira abandonnée de Dieu, rejetée, maudite ; et Satan ne se privera pas de lui crier qu'elle est damnée. C'est à ce prix qu'elle empêchera les autres de l'être et qu'elle ouvrira les portes du paradis aux âmes du purgatoire.

Pour la soutenir dans l'épreuve, elle a son ange. Tout en répétant qu'elle l'aime, Gemma n'hésitera pas à confier à son sujet : « Il est un peu dur, mon ange ! »

Qu'on en juge !

Un jour, pour un péché inimaginable, car il est difficile de croire que la pauvre fille péchait…, l'ange se fâche. C'est d'abord une scène d'indignation :

— Malheureuse ! Comment oses-tu te conduire ainsi devant moi ?

À laquelle succède une bouderie angélique qui durera, malgré les larmes, les regrets, les supplications et les promesses d'amendement, toute une journée… Françoise disait que, lorsqu'elle péchait, son archange devenait invisible pour la punir ; Gemma donnerait cher, ce jour-là, pour que son ange en fasse autant… Mais non, il la suit, implacable, le regard noir et mauvais, la bouche amère, intraitable comme l'œil qui poursuivit Caïn dans la tombe… Il ne crie plus, il ne gronde plus, il ne tempête plus ; c'est pire : il se tait.

Désespérant de le fléchir (un ange irrité ne se laisse pas facilement amadouer et tout prouve que les anges s'irritent aisément, ayant assez mauvais caractère), Gemma prie Dieu, la Vierge et tous les saints de le faire disparaître de sa vue tant qu'il n'est pas calmé… Personne ne l'écoute et l'ange reste planté derrière elle, hérissé, furieux. Gemma se félicite, à part elle, que personne d'autre n'ait la faculté de le voir. Devant un tel courroux, chacun comprendrait qu'elle est une grande, misérable et effroyable pécheresse, et se détournerait d'elle avec une sainte horreur…

Elle finit par aller au lit, en larmes, après une ultime et vaine tentative de réconciliation. Quand elle lui a souhaité bonne nuit, il a fait celui qui n'entendait pas…

Ce grand courroux n'est rien d'autre qu'une vieille astuce d'éducateur. Quel enfant n'en a fait l'expérience après avoir été puni ? Est-il pire chose qu'être ignoré pendant des heures par un père ou une mère fâché ?

Alors que Gemma trempe de larmes son oreiller, une main consolante lui effleure la joue. C'est l'ange qui se penche, l'embrasse et murmure :

— Allez, dors, vilaine fille !

L'ange, heureusement, n'agit pas toujours ainsi.

Quand Gemma est tombée dans le bassin, il l'en a sortie. Un soir qu'il l'a trouvée par terre dans sa chambre, tellement rossée par le Malin qu'elle ne pouvait pas se relever, il l'a mise au lit avec des attentions maternelles. Lorsqu'il lui arrive, perdue dans ses oraisons, de s'attarder à l'église, pour lui éviter de rentrer seule à la nuit close, il prend l'aspect d'un jeune homme, lui épargnant d'être accostée dans les rues. Parfois, pour pallier les sempiternelles lenteurs des postes italiennes, il porte les lettres de Gemma à leurs destinataires, qui s'étonnent de trouver sur leur table ces missives sans timbre parvenues sans crier gare de l'autre bout du pays[27]. En vingt occasions, Gemma, extatique, a multiplié les risques d'accidents, obligeant l'ange à déployer des trésors d'astuce et de prévoyance pour lui éviter de se blesser. Parfois, il feint d'être las d'un pareil travail. Secouant sa belle tête, il constate :

— Ma pauvre petite… Tu es bien imparfaite ! Je dois continuellement veiller sur toi. Quelle patience il me faut avec toi !

Il n'en pense pas un mot, et il est le premier à s'attrister lorsque le père Germano, directeur de conscience de Gemma, s'avise de trouver un peu trop familières leurs relations. En effet, ce saint homme a découvert, très choqué, que Gemma tutoyait son ange… Quelle légèreté ! Quel manque de respect envers lui ! Ignore-t-elle les abîmes qui séparent une malheureuse créature charnelle et mortelle d'un pur esprit impeccable et immortel, serait-il le plus petit du dernier chœur angélique ? Qu'il ne la reprenne plus à user avec lui d'autre chose que de la forme de politesse[28] ! Des jours et des

27. Le padre Germano, directeur de conscience de Gemma et son premier biographe, en fit plusieurs fois l'expérience. Troublé, il s'assura par la suite qu'il n'y avait aucun moyen de fraude ou de tricherie… Des faits similaires se retrouvent dans la vie du padre Pio.

28. En italien, la forme de politesse est la troisième personne du singulier, qui sous-entend « sa seigneurie ». L'usage n'en est ni très commode ni très spontané.

semaines, Gemma et l'ange, obéissants, vont se donner solennellement du « Votre Seigneurie »... Mais ils ont du mal à garder leur sérieux, surtout quand la jeune fille, spontanée, se trompe et repasse involontairement au tutoiement d'autrefois. Padre Germano finira par revenir sur son ordre.

Une autre chose qui déplaît au bon père, ce sont ces colloques de plus en plus fréquents de Gemma, non seulement avec son ange gardien, mais avec beaucoup d'autres esprits célestes qu'il ne cesse de lui amener. L'ange trouvait qu'elle parlait trop avec les humains... Quand elle a Jésus ! Quand elle l'a, lui !

— Quand tu veux parler, parle avec Jésus ou parle avec moi ! lui dit-il.

D'où ces apartés irritants...

La sévérité du padre a une raison. Profitant de ces visites, d'autres esprits prennent l'habitude de surgir à tout propos dans la chambre de Gemma. Le prêtre ne redoutait pas les attaques des révoltés tant qu'ils se montraient sous leur vrai jour. Maintenant, les plus forts d'entre eux jouent aux anges de lumière et reprennent leur visage d'avant le péché. Tant qu'ils ne parlent pas ou ne se livrent pas à quelqu'une de leurs plaisanteries cruelles ou répugnantes, il est impossible de les différencier de leurs frères. Gemma s'y perd parmi ces anges radieux, plus beaux les uns que les autres, et qui parviennent à éteindre dans leurs prunelles le reflet du feu infernal qui les dévore ; à effacer, sur leurs traits, la crispation de douleur du dam éternel ou le rictus de haine.

Dans ces conditions, pour pratiquer efficacement le discernement des esprits, une seule solution : obliger les anges des ténèbres à se démasquer. Padre Germano propose deux astuces à Gemma.

Avec son ange gardien, elle passe des heures en prière, ponctuées d'oraisons jaculatoires, dans une sainte émulation. Si bons comédiens et si fieffés menteurs que soient les déchus, il est des mots qu'ils ne peuvent prononcer… Le nom de l'Autre… Celui de Son Verbe incarné, objet de leur exécration… Celui de sa Mère… Celui de Michel que, fidèles à leur système maladif de l'inversion des valeurs, ils appellent le « Grand Dragon »[29]…

Gemma doit donc, chaque fois qu'un ange lui apparaît, l'inviter à répéter après elle : « Vive Jésus ! Bénie soit Marie ! »

Les bons anges, salués en ces termes, répètent avec enthousiasme :

— Vive Jésus ! Bénie soit Marie !

Les autres retiennent de justesse une grimace de dégoût et cachent le sursaut de souffrance supplémentaire que leur inflige la seule audition des noms honnis. Quant à les répéter… Crispés, ils balbutient :

— Vive… Bénie…

En évitant soigneusement les syllabes interdites. Ils n'ont plus qu'à s'en aller. Mais ils reviennent toujours… C'est alors que padre Germano ordonne à Gemma d'oublier tous ses conseils passés de respect et de politesse. Maintenant, au moindre doute, qu'elle n'hésite pas : elle

29. C'est sous ce nom qu'un démon désigna l'archange au curé d'Ars pendant l'exorcisme d'une possédée. On se souvient que ce nom de dragon ou de serpent, dans la Bible, désigne toujours Lucifer. Pour le diable, le Mal, c'est le Bien.

doit cracher au nez du visiteur indésirable et le traiter de sale bête !

Et Gemma, inlassablement, crache à la figure des démons. D'habitude, son instinct la guide et elle n'insulte pas de la sorte ses amis célestes. Mais, ce jour-là, elle éprouve un moment de doute. Il lui semble bien que c'est son ange gardien qui se tient devant elle. Mais, si un de ces maudits avait trouvé drôle, afin de l'égarer, d'emprunter son aspect ? Gemma regarde l'ange sous le nez. Lui, il sourit ; il a l'air de trouver la situation très amusante. Crachera ou crachera pas ? La jeune fille se décide. Et crache à la figure de l'ange… Il ne bouge pas, n'éclate pas en cris de colère, comme le font les démons. Misère ! Elle a craché à la figure de son bon et saint ange gardien ! Lui qu'elle doit tant respecter qu'elle n'a même plus le droit de le tutoyer !

L'ange continue de sourire. Écarlate, gênée, Gemma ne sait plus où se mettre. Puis, elle n'en croit pas ses yeux. Sur le plancher, là où sa salive est tombée, une rose blanche merveilleuse a surgi. Sur ses pétales, en lettres d'or, il est écrit : « On reçoit tout de l'amour. »

Tout recevoir de l'amour… L'ange avait exprimé ce qui aurait pu être la devise de Gemma. Lorsqu'elle mourut, en 1903, à vingt-cinq ans, d'une maladie infectieuse, sainte Gemma Galgani n'avait jamais appliqué d'autre loi que celle-là.

Francesca Ponziani avait un ange qui s'éclipsait lorsqu'elle péchait ; celui de Gemma était capable de bouder une journée entière ; le padre Pio, lui, n'hésitait pas à ignorer son ange gardien s'il le jugeait en faute envers lui…

Dans le monde, padre Pio se nommait Francesco Forgione. Il était né au village de Pietrelcina, dans le Samnium, le 25 mai 1887. Sa mère, Maria-Giuseppa, avait une dévotion spéciale envers saint François d'Assise, dévotion qu'elle transmit à son fils. Francesco sut très jeune qu'il voulait être d'Église et suivre la vie franciscaine en entrant chez les Capucins. À quinze ans, en 1903, il entra effectivement comme novice dans l'Ordre. Il était appelé à une expérience mystique hors du commun et à un apostolat fécond. Et, comme toujours lorsque se manifestent des vocations de cette qualité, le démon s'en mêla, l'ange également.

Ces déchaînements diaboliques contre la fleur des élus ont un caractère angoissant. Par quelle permission inexplicable les esprits du Mal peuvent-ils manœuvrer à leur guise ? Pourquoi peuvent-ils à plusieurs reprises attenter aux jours de sainte Françoise Romaine ou à ceux de ses proches ? Pourquoi mettent-ils le feu à la ferme familiale du père Lamy ? Pourquoi rouent-ils de coups le curé d'Ars ou Gemma Galgani ? Pourquoi vont-ils s'acharner soixante ans contre le padre Pio ?

À cette question, saint Jean de la Croix, qui en fît lui-même l'expérience, répond :

« Il arrive parfois que, par l'intermédiaire de l'ange gardien, le démon ait connaissance des faveurs que Dieu entend faire à l'âme. En effet, tout ce qui passe par l'ange gardien, Dieu permet d'ordinaire que cela soit connu de l'Adversaire. Il faut en effet qu'il puisse agir contre ces grâces, dans une juste proportion. Et de la sorte, le démon ne peut pas se plaindre de ce que son droit soit violé, en ce qu'on lui enlève le moyen de conquérir les âmes, comme il est dit au livre de Job (I, 1-9). C'est ce qui arriverait si Dieu ne mettait pas les deux combattants sur un pied d'égalité, à savoir le bon ange et le mauvais, autour de l'âme. Mais aussi, par là, la victoire aura bien plus de prix et l'âme fidèle qui aura triomphé sera bien mieux récompensée.

« Il faut conclure de là que, dans la mesure où Dieu élève l'âme et agit en elle, il donne licence au démon d'agir de son côté de la même manière. Que si cette âme reçoit par le bon ange des suggestions, des visions surnaturelles, Dieu permet aux mauvais anges qu'ils interviennent de même pour lui donner, s'il se peut, de fausses visions, des suggestions trompeuses, en sorte que, si l'âme ne se tient pas bien sur ses gardes, elle peut aisément être égarée[30]. »

Francesco Forgione a toujours vu son ange gardien. Comme le père Lamy, ce petit garçon très pieux a été extrêmement étonné le jour où il apprit que ce n'était pas le cas pour tous les baptisés. Il voit la Vierge aussi et, à cinq ans, le diable croise sa route pour la première fois.

Celui que padre Pio surnommera *Barbablù,* ou *Il Tristo*[31], a, pour cette première rencontre, prit l'apparence d'un prêtre. Il surgit sur le chemin et tente d'empêcher l'enfant de rentrer chez lui. Mais, près de ce sinistre faux ecclésiastique surgit un jeune garçon, l'ange gardien de

30. Saint Jean de la Croix, *La Nuit obscure de l'âme.*

31. « Barbe Bleue », « Le Triste », la tristesse étant l'une des caractéristiques du diable, inconsolable de ce qu'il a perdu, tristesse qu'il essaie d'instiller dans les âmes afin de les désespérer.

Francesco, qui met le diable en fuite d'un seul signe de croix.

Par la suite, plus Francesco Forgione grandira en force et en grâce, plus la lutte sera âpre, difficile, terrible. Tout le couvent de San Giovanni Rotondo, à trente kilomètres du mont Gargan, retentira des sarabandes menées par les suppôts de Satan dans la cellule du Padre. Sarabandes au cours desquelles le prêtre est battu férocement. Souvent, après de telles nuits, ses fidèles le verront monter à l'autel pour sa messe le visage meurtri par les coups reçus, ou avec un œil au beurre noir.

Une nuit que la volée de bois vert a été pire que d'habitude[32], le pauvre Pio, épuisé, endolori, ne se sent plus de taille à lutter seul. Il appelle son ange au secours. D'ordinaire, l'ange n'est jamais très loin. Cette fois, toutes les supplications du padre restent sans réponse et la dégelée de coups continue à s'abattre sur ses épaules. Quand elle cesse enfin, padre Pio est moulu, mais il est surtout furieux. Pas contre les anges déchus qui, après tout, font leur travail de démons, mais contre le bon esprit qui, lui, n'a pas fait le sien… Et, lorsque l'ange gardien arrive, aimable et souriant, à l'aurore, il est reçu comme peu d'anges gardiens l'ont été…

« Je le grondais sévèrement de s'être fait attendre aussi longtemps, alors que je n'avais pas cessé de l'appeler au secours. Pour le punir, je ne voulais pas le regarder en face, je voulais m'en aller, je voulais le fuir, mais lui, le pauvre, me rejoignait presque en pleurs. »

---

32. Lettre de padre Pio à son directeur de conscience, Don Agostino, datée du 5 novembre 1912, citée dans le livre de l'abbé Derobert, *Padre Pio, témoin de Dieu*, Hovine, 1986.

Autant vouloir fuir son ombre au soleil en plein midi ! Seulement, les anges sont gens fiers, susceptibles, ombrageux et peu patients. Celui de Pio, au bout d'un moment, se fatigue de la comédie. Il ne va pas passer son éternité à supplier Francesco de lui pardonner une faute dont il n'est d'ailleurs pas responsable. Quand un ange fait la sourde oreille, c'est qu'il a reçu des consignes supérieures en ce sens, pas qu'il est parti courir la prétentaine ! Il finit par attraper son protégé, se plante devant lui : est-ce qu'il va le laisser parler ?

« Il me saisit jusqu'à ce que je lève les yeux, je le regardai en face et le trouvai très fâché. Et voici :

« "Je suis toujours près de toi, mon cher petit, je t'entoure toujours avec l'affection qu'a fait naître ta reconnaissance envers le Bien-Aimé de ton cœur (Dieu). Cette affection que j'ai pour toi ne s'éteindra même pas avec ta vie." »

Padre Pio, jusqu'à sa mort, en 1968, expérimentera toutes les grâces mystiques et toutes les souffrances. La bilocation, les stigmates, la transverbération, l'odeur de sainteté, la glossolalie… C'est-à-dire qu'il aura la faculté incroyable d'être en deux endroits à la fois, dans son couvent et à l'autre bout du monde, ce que des témoins peuvent attester ; qu'il portera dans sa chair les plaies de la Passion du Christ et une blessure du thorax comparable à celle infligée au Sauveur par le coup de lance d'un soldat romain sur le Calvaire ; qu'il répandra un suave parfum de lis, de rose ou de lilas, au point que ses détracteurs l'accuseront d'user de cosmétiques et d'eaux de senteurs… et qu'il parlera, pendant ses confessions, des langues qui lui étaient parfaitement étrangères. Yves Chiron, dans sa biographie, cite le cas d'un soldat américain, au moment du débarquement en Italie. Cet homme, catholique, était un docker noir de New York qui, en fait d'anglais (langue que le padre ignorait), ne parlait que l'infâme argot de Harlem, le *slang*, incompréhensible à quiconque n'a pas grandi dans les rues du quartier noir. À peine le GI se fut-il agenouillé devant padre Pio que celui-ci se mit à parler le *slang* comme s'il n'avait fait que cela toute sa vie.

Mais padre Pio possédait aussi un charisme qui faisait de lui un confesseur miraculeux : la clairvoyance, cette très rare faculté de lire dans les consciences à livre ouvert.

D'autres mystiques l'ont possédée : sainte Catherine de Sienne, sainte Marie-Madeleine de Pazzi à laquelle la supérieure de son couvent florentin recourait pour distinguer, parmi les jeunes postulantes, celles qui avaient vraiment la vocation de carmélite. Mais il appartient au curé d'Ars de donner la clef de ce don peu banal.

À un pénitent dont il venait de découvrir des péchés si bien enfouis et si vieux qu'il les avait oubliés, et qui s'en étonnait, Jean-Marie Vianney répondit :

— C'est votre ange gardien qui me l'a dit.

Padre Pio laissa entendre à maintes reprises qu'il tenait ses renseignements de la même source. L'abbé Derobert, alors jeune séminariste à Rome, a l'occasion, en 1955, d'aller à San Giovanni Rotondo. Ce n'est pas sans réticence qu'il entreprend ce voyage. Se souvenant peut-être des accusations dont padre Pio a fait l'objet dans les années 20, prologues à celles dont il sera victime sous le pontificat de Jean XXIII, l'abbé Derobert croit avoir affaire soit à un malheureux illuminé, soit à un mystificateur. Ce qui ne l'empêche pas de vouloir tester les fameux talents de confesseur du capucin.

Première surprise de ce jeune homme un peu trop sûr de lui : en présence de padre Pio, il perd soudain tous ses moyens et reste coi, puis se trouve incapable de se souvenir de ce qu'il voulait confesser. Padre Pio le laisse perdre pied un bref instant, puis le remet sur la voie, avec de telles précisions qu'elles ne peuvent être le résultat d'un discernement naturel. Avant de souligner durement des fautes que l'abbé Derobert n'avait jamais accusées, moins par négligence que parce qu'il n'en mesurait pas la gravité et la portée.

« Les larmes aux yeux, il m'a montré la gravité de certaines actions… gravité à laquelle, à vrai dire, je n'avais jamais songé. Mais à ce moment-là, à les entendre expliquées par la bouche du padre Pio, elles prenaient pour moi leurs véritables dimensions.

« "Cela, c'est grave… C'est grave!" et il se mettait à pleurer et à souffrir.

« J'étais très mal à l'aise, d'autant plus que tout ce qu'il disait était vrai. Il m'a même donné des détails exacts que j'avais totalement oubliés moi-même. Parfois, on agit par réflexe, sans même avoir le sentiment d'une culpabilité quelconque[33]. »

Ce séminariste content de lui, venu en ce lieu pour se moquer d'un pauvre moine italien soupçonné de fraude par certains hauts dignitaires de l'Église, va alors recevoir la leçon de sa vie. Comme, après avoir reçu l'absolution,

33. Abbé Derobert, *op. cit.*

il reste là, stupéfait, troublé, ne comprenant pas ce qui vient de lui arriver, padre Pio lui demande :

— Tu crois à ton ange gardien ?

En ces années 50, l'ange gardien est une dévotion largement passée de mode, jugée infantile, ridicule et embarrassante. Le séminariste français est toutefois assez impressionné par la personnalité du padre pour ne pas oser lui rire au nez. Mais, par défi, ou parce qu'il est pris au dépourvu et répond la première sottise qui lui passe par l'esprit, il dit :

– Euh… Je ne l'ai jamais vu !

Alors, de la part de l'ange qui se retenait depuis longtemps de le faire tant la main lui démangeait, padre Pio applique sur les deux joues du garçon un magistral aller et retour. Et il assène :

— Regarde bien : il est là, et il est très beau !

L'abbé Derobert, les joues en feu, est si persuadé de la véracité des paroles de padre Pio qu'il se retourne d'un bloc, s'attendant presque à trouver l'esprit céleste planté derrière lui :

« Je ne vis rien, bien sûr, mais le Père, lui, avait dans le regard l'expression de quelqu'un qui voit quelque chose. Il ne regardait pas dans le vague.

« "Ton ange gardien, il est là et il te protège ! Prie-le bien…"

« Ses yeux étaient lumineux : ils reflétaient la lumière de mon ange. »

Mode ou pas, l'abbé Derobert ne se moqua plus jamais de son ange gardien.

12

Pour te garder en toutes tes voies

L'ange gardien a été tellement banni des mentalités collectives depuis un siècle que la croyance en son existence est devenue inavouable ou presque. La réponse de l'abbé Derobert au padre Pio en 1955 est très révélatrice de cet état d'esprit dans l'Église catholique. Le jeune homme s'était senti désorienté comme si le capucin stigmatisé lui avait demandé : « Crois-tu au génie enfermé dans la lampe d'Aladin ? » ou « Crois-tu aux bonnes fées marraines de Cendrillon, de Peau-d'âne ou de la Belle au bois dormant ? »

Il arrive qu'un ange gardien évite à son protégé de se jeter sous les roues d'une voiture ou quelque autre accident. Veiller sur la vie, la santé et les biens des humains est effectivement l'une des tâches assignées aux esprits du neuvième chœur angélique. Mais elle n'est pas essentielle, loin de là. À ce qu'il lui avait offert la guérison et l'assouvissement de ses désirs matériels, sainte Gemma Galgani avait reconnu Lucifer, sous l'apparence lumineuse qu'il avait empruntée pour l'induire en tentation. Un ange fidèle n'aurait jamais proposé de faire passer l'âme après le corps. Car la véritable mission des anges gardiens n'est pas d'aider les hommes à vivre le plus longtemps et le plus confortablement possible en ce monde ; elle est de les ramener sains et saufs spirituellement dans la patrie qui leur était destinée à l'origine, ce ciel dont la faute d'Ève les exila. Aussi Raphaël est-il l'archétype de l'ange gardien, son voyage avec Tobie symbolisant le retour de l'enfant auprès du Père céleste sous la sauvegarde de l'esprit protecteur. Les anges ne sont pas des fées de Perrault, ni des génies orientaux des *Mille et Une Nuits* mis au service de l'humanité pour exaucer ses souhaits et la décharger de ses soucis, de ses peines et de ses responsabilités.

Le catéchisme enseignait autrefois ce qu'était exactement le métier d'ange gardien et quels rapports il convenait d'entretenir avec eux :

« On appelle anges gardiens les anges que Dieu a destinés pour nous garder et nous guider dans la voie du salut. Ils nous assistent par leurs bonnes inspirations et, nous rappelant nos devoirs, ils nous guident dans les chemins du Bien. Ils offrent à Dieu nos prières et nous obtiennent ses grâces. Nous devons être reconnaissants à la divine bonté de nous les avoir donnés et à eux du soin qu'ils prennent de nous[1]. »

Cette gratitude entraîne à respecter la présence de l'ange en ne le contristant par aucun péché, en prenant plus de soin dans la prière et en suivant promptement les bonnes inspirations qu'il dicte dans l'âme.

Si le mouvement de dévotion à l'ange gardien date de la fin du Moyen Âge et vient d'Espagne, s'il est facile de le

1. *Grand Catéchisme de Saint Pie X.*

rattacher aux grandes crises de l'époque et à l'atmosphère d'angoisse dans laquelle vivait la chrétienté aux XIVe et XVe siècles, il n'est en rien une création pieuse en réponse appropriée aux problèmes donnés d'une génération catholique malheureuse. C'est sur la Bible, l'Évangile et l'enseignement des Pères et des Docteurs que l'Église appuie alors l'enseignement qu'elle popularise.

La première trace de cette croyance en un ange chargé de veiller sur chaque homme se trouve dans la Genèse[2]. En bénissant la descendance de son fils Joseph, le vieux patriarche Jacob s'écrie : « Que l'ange qui m'a sauvé de tout mal bénisse ces enfants. »

Et il n'y a dans ce verset aucune de ces ambiguïtés fréquentes qui confondent les anges de l'Ancien Testament avec Dieu lui-même, innommé par respect.

Les Esséniens de Qumran enseignaient à leurs adeptes que tout homme était accompagné, sa vie durant, d'un ange et d'un démon qui se disputaient son âme. Cette croyance avait été reprise par les pharisiens et semble avoir été communément admise, sauf par les saducéens qui avaient une conception réductrice du judaïsme, niant aussi bien l'existence du monde invisible que la résurrection des morts. Il est évident que l'entourage de Jésus partageait les croyances esséniennes.

Lorsque Pierre est arrêté et emprisonné, les premiers fidèles, instruits par l'exécution de Jacques et la lapidation d'Étienne, ne nourrissent guère d'illusions sur leurs chances de le revoir vivant.

---

2. 48, 16.

Or, Pierre, miraculeusement délivré de son cachot par un ange, passé le premier moment de stupéfaction qu'il a éprouvée en se retrouvant dehors, se précipite comme un fou jusqu'à la maison des parents de Marc, là où eut sans doute lieu la dernière Cène, devenue le discret rendez-vous de la communauté.

Il cogne à la porte, appelle. À l'intérieur, c'est la panique. On croit à une descente des sbires d'Hérode. Seule la servante, Rhodé, a l'impression de reconnaître la voix familière du chef des apôtres. Courageusement, elle va jusqu'à la porte de la rue, écoute, entrouvre peut-être l'œilleton et voit Pierre.

« Dans sa joie, au lieu d'ouvrir la porte, elle courut à l'intérieur, annoncer que Pierre était là, devant le portail. On lui dit : “Tu es folle !” mais elle soutenait qu'il en était bien ainsi. “C'est son ange” dirent-ils alors. Pierre cependant continuait à frapper. Quand ils eurent ouvert, ils virent que c'était bien lui et furent saisis de stupeur[3]. »

Cet argument, « c'est son ange » affirme la croyance des premiers chrétiens en ce gardien individuel qui peut, en certaines occasions graves, se manifester à la place de la personne protégée.

Mais pourquoi en irait-il autrement puisque le Christ a solennellement confirmé cet enseignement essénien ?

Après avoir invité les disciples à redevenir semblables à de petits enfants et avoir mis en garde ceux qui pourraient scandaliser ces *petits* qui ont choisi la voie d'enfance, Jésus dit :

---

3. Actes des Apôtres 12,14-16.

« Gardez-vous de mépriser aucun de ces petits car, je vous le dis en vérité, leurs anges, au ciel, voient toujours la face de mon Père[4]. »

Verset capital pour la doctrine chrétienne des anges gardiens. Il affirme que tout croyant a son ange et que cet ange, qui veille sur la terre, est en même temps toujours plongé dans l'extase de la vision béatifique.

Il entraîne aussitôt trois questions : qui a un ange et qui n'en a pas ? À partir de quel instant cet ange entre-t-il dans la vie de l'homme ? Peut-on, d'une façon ou d'une autre, perdre l'amitié et la protection de cet être céleste ?

Qui a un ange et qui n'en a pas ? est une question qu'on pourrait poser différemment : peut-on n'être pas chrétien et avoir un ange ?

Le débat a longuement divisé les Pères et les Docteurs, partagés entre deux écoles et deux opinions. La première, qui est celle de Tertullien, de saint Augustin, de saint Ambroise, de saint Jean Chrysostome, de saint Jean Cassien, de saint Jérôme et de saint Grégoire de Nysse décrète : tout le monde a un ange. Saint Thomas d'Aquin n'hésitera pas à écrire que l'Antéchrist lui-même aura son ange gardien[5] ; on compatit d'avance aux difficultés de sa tâche !

L'autre, celle d'Origène, de saint Basile et de saint Cyrille d'Alexandrie, plus sévère, affirme : « Chaque fidèle a près de lui un ange comme tuteur et pasteur afin de le conduire à la Vie[6]. »

---

4. Saint Matthieu 18,10.

5. *Somme théologique* I, q 113, art 4, ad 3.

6. Saint Basile.

L'Église a tranché en faveur de la première opinion, solennellement réaffirmée lors du concile de Trente.

Que tout homme, sans distinction, soit placé sous la garde d'un ange fait surgir immédiatement une nouvelle difficulté : comment, dans ce cas, l'humanité continue-t-elle de pécher ? Pourquoi leurs anges gardiens ne raisonnent-ils pas les assassins, les tyrans, les bourreaux et autres monstres ? Ou, au moins, pourquoi ne les empêchent-ils pas de commettre leurs crimes ?

Ici intervient le mystère de la liberté des enfants de Dieu. Tout comme Lucifer et les anges avaient été créés dans des dispositions leur permettant d'opter en toute conscience entre le Bien et le Mal, l'homme a été créé susceptible de les distinguer. Et donc de pécher. Priver l'homme ou l'ange de cette capacité au péché, les faire d'emblée orientés vers le Bien uniquement, les programmer, en quelque sorte, c'eût été les priver de la liberté.

Pareillement, placer auprès de chaque homme un ange qui aurait toute latitude d'influer sur son intelligence, sur son âme et sur ses actes, ce serait réduire l'humanité à l'état d'un chien solidement tenu en laisse. Dieu n'a pas attaché les hommes comme ils attachent leurs chiens à la niche.

Voilà pourquoi l'âme humaine est impénétrable à tout autre que Dieu. Aucun ange, aucun démon ne peut y entrer de force pour lui imposer sa loi, bonne ou mauvaise. Si nos réactions, nos actes et nos pensées ne sont pas, pour eux, trop imprévisibles, c'est seulement que l'intelligence angélique connaît à fond la psychologie, pour elle très limitée, des humains, et qu'elle n'ignore rien de l'enchaînement des causes et des effets. Le père Lamy aimait à rappeler que l'intelligence diabolique, si pervertie soit-elle, est une intelligence angélique. Il disait : « La nature de ces esprits est si remarquable ! Même déchue. Notre pensée leur est cachée, mais ils devinent si facilement ! »

Deviner permet d'anticiper, tous les grands stratèges n'ont pas d'autre secret. Anticiper, jusqu'à un certain point, permet d'agir. C'est-à-dire, pour un démon, de tendre le piège le plus imparable, de monter la tentation la plus séduisante. Pour un ange, d'éviter la faute ou d'essayer de l'éviter.

Saint Jean de la Croix enseigne que Dieu, dans sa justice, refuse de défavoriser le démon par rapport à l'ange plus qu'il ne l'est déjà par sa rupture avec la sagesse et la lumière suprêmes. Pour le bien des âmes et le respect des libertés individuelles, il faut que le jeu se joue honnêtement. Le seul qui ait le loisir de fausser les chances entre les deux camps n'est autre que le premier intéressé par l'enjeu du conflit : l'homme lui-même.

Lavés du péché originel par le baptême, soutenus par les sacrements, les chrétiens sont, en quelque sorte, vaccinés contre les attaques démoniaques. S'ils n'y mettent pas du leur, en commettant un péché mortel[7], ils ont de fortes chances de résister victorieusement aux assauts du Mal, ou, s'ils y succombent un instant, de réparer les dégâts. Le baptême leur donne aussi une plus grande faculté d'entendre les conseils de leur ange et d'y

7. Rappelons que le péché mortel est la volonté pleine et entière, parfaitement délibérée, de commettre un acte mauvais en sachant parfaitement que cet acte est mauvais.

obéir. Mais, plus un homme pèche, plus cette faculté s'affaiblit en son âme, jusqu'à le rendre à peu près sourd aux appels de son gardien, et plus faibles sont ses chances d'y remédier à temps.

Pour le païen, au contraire, le péché originel continuant d'exercer ses ravages, la voix de l'ange est à peu près inaudible, tandis que celle du démon parle haut et fort[8].

Tout homme a donc un ange qu'il demeure libre d'écouter ou d'ignorer. Mais à quel moment cette protection est-elle accordée ? Ce ne peut être au baptême, ce qui ne concernerait que les chrétiens, moment où ses facultés de communication avec son protégé s'accroissent par la grâce rédemptrice. Alors, est-ce lors de la conception ou lors de la naissance que l'ange est donné à l'enfant ?

Saint Bernard, dont les enseignements seront repris au XVe siècle par Denys le Chartreux, très lu en son temps, dit que l'enfant, dès le sein de sa mère, a besoin de la garde d'un ange. Car l'enfant à naître a une âme, et, s'il venait à mourir avant l'accouchement, il serait privé du baptême, condamné à demeurer pour l'éternité dans les limbes, cet endroit neutre où les innocents non rachetés ne jouissent pas, sans toutefois en souffrir[9], de la vision béatifique. Denys écrit :

« Même les enfants encore enfermés dans l'utérus ont des anges qui les gardent. Car des accidents peuvent leur

8. Origène et saint Basile.

9. Ils ne sont pas soumis au dam, la privation insupportable de Dieu, qui est l'un des châtiments, éternel pour les damnés, momentané pour les âmes du purgatoire.

que le plus petit ange est capable d'ébranler les astres du ciel. Et cet ange n'est là que pour nous, entièrement dévoué au service d'une seule personne par amour pour le Créateur. Un ange gardien, quand il aurait été celui d'un enfant mort quelques minutes après sa naissance, ne sera jamais attaché à personne d'autre. À tout instant, il écoute et compatit, il est prêt à aider. C'est pourquoi Pie XII et Jean XXIII recommandaient la dévotion aux anges gardiens comme l'un des grands remèdes à la solitude et au désespoir du monde moderne. C'est pour la même raison qu'aujourd'hui tant de gens se tournent vers ces invisibles présences comme vers les seuls amis et les seuls confidents qui leur restent. Et ce sont des amis avec lesquels il est impossible de se brouiller. Des amis qui ne trouveront jamais le moindre prétexte pour vous abandonner ou vous perdre de vue. Sainte Gemma Galgani faisait mine de s'en fâcher, disant à son ange :

— Mais vas-tu finir de m'espionner ?

Non… Un ange n'en finit jamais d'espionner…

Mieux encore : chaque homme a un ange, ce qui entraîne la possibilité de recourir directement à cet esprit bienheureux placé près de lui pour arriver au but désiré. Jean XXIII racontait comment, quand il n'était que Mgr Roncalli, il s'était toujours bien porté dans ses nonciatures en demandant l'aide des anges de ses interlocuteurs. Ce secours n'est pas réservé aux hauts dignitaires de la diplomatie vaticane. Charles de Foucauld disait : « En tous les hommes, vous avez des amis tendres et très puissants, puisque vous avez en eux (ou du moins avec eux, contre eux) leurs bons anges[18]. »

---

18. *Écrits spirituels.*

Tout homme a un ange. Mais il arrive que certains aient deux ou plusieurs anges attachés à leurs pas.

On a vu Francesca Ponziani recevant d'abord un archange, puis une principauté, pour la soutenir dans ses épreuves, ce qui correspond à une voie mystique particulièrement difficile, à une vocation spéciale. Mais ce renfort angélique peut être attaché non à une âme donnée mais à une fonction, à une dignité.

Saint Basile n'hésitait pas à écrire que le pape n'avait pas un, ni même deux anges gardiens, mais neuf, un de chaque chœur[19] !

Saint Bernard et saint François de Sales affirment que les dignitaires, religieux et civils, reçoivent, lorsqu'ils entrent en fonction, un second ange, d'un chœur supérieur, plus ou moins élevé selon la dignité exercée, et attaché à la fonction.

Car si les hommes ont des anges, ils ne sont pas les seuls, loin de là !

Tout ce qui vit, tout ce qui existe dans l'univers, et même les communautés et les lieux, auraient des anges pour assurer leur protection.

L'idée que l'univers puisse être régi par autre chose que les forces naturelles obéissant à des lois connues de la science prête aujourd'hui à sourire. Pourtant, la théologie moderne n'a pas totalement écarté de ses hypothèses les vertus et leur influence.

C'est sur l'Apocalypse que se basèrent les Pères et les docteurs pour avancer l'idée selon laquelle des anges commanderaient aux éléments et aux planètes.

---

19. *Homélie VII, sur la gloire de saint Paul.*

« Les sept anges aux sept trompettes s'apprêtèrent à sonner. Et le premier sonna… Et il y eut alors de la grêle et du feu mêlés de sang qui furent jetés sur la terre : et le tiers des arbres furent consumés.

« Et le deuxième ange sonna… Alors une énorme masse embrasée, comme une montagne, fut projetée dans la mer, et le tiers de la mer devint du sang : il périt ainsi le tiers des créatures vivant dans la mer, et le tiers des navires fut détruit. Et le troisième ange sonna… Alors, tomba du ciel un grand astre, brûlant comme une torche. Il tomba sur le tiers des sources et des fleuves ; l'astre se nomme Absinthe. Le tiers des eaux se changea en absinthe, et bien des gens moururent de ces eaux devenues amères. Et le quatrième ange sonna… Alors furent frappés le tiers du soleil et le tiers de la lune et le tiers des étoiles[20]. »

Mais cette croyance aux anges gardiens des éléments n'était pas une nouveauté propre au christianisme ; l'apocryphe vétéro-testamentaire du livre d'Hénoch s'y référait déjà lorsqu'il faisait intervenir l'ange du tonnerre, ceux des éclairs, de la chaleur ou du froid.

Cette croyance ne fit d'ailleurs pas de prime abord l'unanimité dans l'Église ; saint Grégoire de Nazianze et saint Basile refusaient que cette administration puisse être confiée à des créatures, même supérieures. Cependant, l'avis contraire, soutenu entre autres par saint Augustin et saint Jean Chrysostome, l'emporta :

« C'est aux anges célestes, qui possèdent Dieu dans l'humilité et le servent dans la béatitude, que

20. Apocalypse 8,6-12.

sont soumises toute la nature corporelle et toute la vie irrationnelle[21]. »

Saint Thomas d'Aquin vint y ajouter sa caution : « Les anges exercent une régence immédiate sur les natures inférieures[22]. »

Athénagore, Méthode de Philippes, saint Jean Damascène et saint Grégoire de Nysse n'hésitèrent pas à identifier l'ange auquel Dieu avait, à l'origine, confié d'administration de la terre : Lucifer. Ce serait en fréquentant Adam et Ève qu'il aurait pris ombrage de l'amour que le Créateur leur portait et aurait commencé de les jalouser. La royauté offerte à Adam sur la terre lui aurait paru concurrencer la sienne. Cette théorie ferait de Satan, non plus le prince séraphique des origines, mais le prince du quatrième chœur, celui des vertus ; à moins que la Terre, seule planète où Dieu ait fait s'épanouir la vie, ait, à l'instar d'Israël confié non à une principauté mais au séraphin Michaël, bénéficié d'un statut privilégié, qu'elle ait reçu pour gardien un esprit supérieur. Quoi qu'il en soit, elle a le mérite de justifier l'un des titres du Maudit : le prince de ce monde.

À l'aune de la science moderne, l'idée d'anges cachés derrière les mouvements de l'univers, si poétique soit-elle, est-elle autre chose qu'un archaïsme ridicule ? La théologie admet encore l'intervention angélique « là où la nature ne s'explique pas seule ». Les anges commués à la garde de l'univers n'auraient pas pour fonction de faire tourner la Terre sur son axe ou de faire alterner

21. Saint Augustin, *De genesi ad litteram*, Livre VIII, chap. xxiv, n° 45.

22. *Somme théologique*, I, q 110, art 1, ad 2.

les saisons, mais seulement de veiller à ce qu'aucune anomalie n'entrave le bon déroulement du système mis en place par le Créateur, à ce qu'aucun accident imprévu ne survienne. Ils géreraient la circulation dans le cosmos, empêchant les collisions et les changements catastrophiques de trajectoire, ce qui est plutôt rassurant !

S'il est des anges pour veiller sur les planètes, il en est d'autres dont la fonction est de protéger les créatures matérielles, plantes et animaux en tout genre. Cet aspect de la garde angélique a occasionné peu de spéculations. Origène croit en des anges jardiniers et pépiniéristes qui passeraient leur éternité à se soucier de germination, de floraison et de fructification. Il connaît aussi des anges éleveurs qui s'occuperaient de la reproduction des espèces animales et du renouvellement naturel des générations. Cette croyance que les animaux, auxquels la théologie refuse une âme, aient des anges gardiens a été diversement acceptée.

Saint Grégoire de Nazianze et saint Basile décrètent que seuls les humains, et peut-être, parmi eux, seuls les chrétiens, ont un ange pour veiller sur eux. D'autres sont plus nuancés.

Dans *Le Pasteur,* livre très vénéré par l'Église primitive, mais ensuite un peu mis à l'écart, Hermas, pendant l'une de ses visions où mysticisme et littérature se mélangent, rencontre l'ange qui prend soin du monde animal ; il sait même le nom de cet « ange des bêtes » : Thegri…

Saint Jérôme admet que des anges puissent s'occuper des espèces animales, mais seulement des mammifères. Ainsi dénie-t-il aux insectes, aux poissons, et, bien sûr, aux diaboliques serpents la moindre présence angélique à leur côté. Selon le père Lamy, Gabriel n'aurait pourtant pas dédaigné d'engager la conversation avec un essaim d'abeilles…

Si Dieu, dans sa sollicitude, a prévu des anges pour protéger les créatures privées de raison, voire celles privées de vie, il est facile d'admettre qu'il se soit soucié d'en attribuer aux communautés humaines, voire aux lieux qui leur sont chers. Ainsi est née la dévotion, jadis très forte, aux anges des nations, des sanctuaires, des tombeaux, des paroisses et des villes.

La croyance aux anges des nations s'ancre solidement sur les textes bibliques de l'Ancien Testament.

« Quand le Très-Haut donna aux nations leur héritage, quand il répartit les fils de l'homme, il fixa les limites des peuples suivant le nombre des fils de Dieu[23] ; mais le lot de Yahvé, ce fut son peuple, Jacob fut sa part d'héritage[24]. »

Le chapitre x du livre de Daniel, où Gabriel conte au prophète sa lutte contre le prince de la Perse et le prince d'Ionie, avec le seul soutien du prince d'Israël, Michel, personnalise davantage encore ces anges gardiens des peuples. La théologie chrétienne ne pouvait qu'adopter cette idée, qui ne connut pas, cependant, un grand développement.

Clément d'Alexandrie y fait brièvement allusion : « Les nations et les villes sont confiées aux anges[25]. »

---

23. Expression biblique désignant les anges.

24. Deutéronome 32,8.

25. *Stromata VII.*

Saint Basile est encore plus bref : « Parmi les anges, certains sont affectés aux nations[26]. »

Saint Augustin, pour sa part, se soucie surtout de la fonction des anges vis-à-vis des nations païennes : « Lorsque Dieu fit son lot du peuple d'Israël, il ne ferma pas pour autant la source de ses bontés aux nations étrangères, qu'il avait placées sous le gouvernement des anges[27]. »

Eusèbe de Césarée, lui, voit au-delà des temps terrestres et imagine la félicité de ces anges des nations au jour du Jugement : « Il y a des anges qui rassemblent les fidèles de toutes les nations. […] Ces saints anges seront eux-mêmes à l'avenir les princes de ceux qu'ils auront rassemblés parmi les nations et qu'ils auront fait avancer par le travail de leur ministère. »

Pour en savoir plus, il faut attendre saint Thomas d'Aquin : « La garde des multitudes humaines appartient à l'ordre des principautés, ou peut-être des archanges[28]. »

Cet ensemble est d'une rare concision et montre bien en quelle incertitude demeure l'angélologie sur la plupart des questions qu'elle aborde.

Pourtant, la dévotion aux anges des nations a connu une certaine extension dans le catholicisme. Sans doute ce succès est-il en grande partie attribuable à la popularité qui entoura très vite saint Michel, quand son rôle, tout à fait exorbitant s'agissant du prince des séraphins, de

26. *Adversus Eunomium.*

27. *Commentaire du Psaume 88.*

28. *Somme théologique*, I, q 113, a 3.

gardien d'Israël, le transforma en protecteur de l'Église, puis de l'Empire romain, de l'Italie et de la France.

Mais cette dévotion michellienne, immense, est-elle vraiment dévotion aux anges des nations ? Probablement pas. Il y a, dans l'élection pour protecteur non d'une principauté anonyme mais de saint Michel, une revendication à la fois spirituelle et politique d'un genre très particulier, qu'elle fonde les prétentions d'un État à l'héritage de Rome ou la légitimité dynastique en ancrant une royauté sur le modèle davidique.

D'ailleurs, la France, si empressée à célébrer la gloire de Michel, ne se soucie pas beaucoup des anges attachés aux communautés, dont les représentations sont rarissimes. C'est dans le monde hispanique qu'il convient de chercher la source de la dévotion véritable aux anges des nations. La chrétienté connaît, certes, cette croyance et cette dévotion, mais il appartient à l'Espagne et au Portugal de leur donner une ampleur particulière.

Deux religieux aragonais, Francisco Eximenis et saint Vincent Ferrier, y contribuèrent grandement, au tournant du XIVe et du XVe siècle.

Francisco Eximenis, dans *Le Livre des Anges* rédigé en 1392, insiste sur la place qu'il faut accorder aux anges protecteurs des royaumes et des cités. Il invite les souverains catholiques à les honorer par une fête particulière et à ne jamais envisager de livrer bataille sans les avoir au préalable invoqués, afin qu'ils départagent les bons des mauvais et secourent le camp des justes. Eximenis ne craint pas d'effrayer ses lecteurs en racontant les malheurs survenus aux rois et aux pays qui oubliaient

De cette certitude que l'Église, en général, bénéficiait d'un ange gardien, la croyance est vite apparue que les Églises en possédaient également.

Le premier texte qui semble y faire allusion est l'Apocalypse[33], où Jean s'adresse tour à tour aux anges des Églises d'Éphèse, Smyrne, Pergame, Thyatire, Sardes, Philadelphie et Laodicée.

Mais, dès les premiers siècles, l'ambiguïté du passage a laissé supposer aux commentateurs que Jean parlait peut-être simplement des évêques… La solution, c'est sans doute Origène qui la détient lorsqu'il écrit : « On peut dire, suivant l'Écriture, qu'il y a deux évêques par église, l'un visible et l'autre invisible, qui participent à la même tâche. »

Eusèbe de Césarée, saint Hilaire et saint Basile se rangeront à cet avis. Et, à la fin du IVe siècle, saint Grégoire de Nazianze (429-490), obligé de quitter son diocèse de Constantinople, ne manque pas d'en invoquer les anges gardiens, les priant « qu'il n'y ait pas d'obstacle au cheminement de son peuple vers la Jérusalem céleste ». La pratique restait encore vivante sous la Contre-Réforme puisque, au début du XVIIe siècle, saint François de Sales invitait à une dévotion toute spéciale envers l'ange gardien du diocèse.

L'ange protège la communauté humaine, mais il garde aussi le bâtiment qui lui est attaché. Il est possible que cette tradition héritée du judaïsme – et de la croyance selon laquelle les anges protégeaient le Temple de Jérusalem – ait été empruntée au monde babylonien.

---

33. 2 et 3.

Les sanctuaires akkadiens étaient en effet gardés par les statues des mythiques Karribus, représentés en orants, et qui étaient les ennemis intimes du Mal, figuré sous l'aspect d'animaux immondes. L'hypothèse n'est d'ailleurs peut-être pas plus valable que celle qui voulait assimiler les chérubins, dont la présence dans la Bible est antérieure à l'Exil, aux Karribus, sous prétexte d'une racine commune aux deux termes…

Quoi qu'il en soit, l'Église a très tôt admis la croyance en ces anges gardiens des lieux sacrés.

Saint Bernard leur attachait une importance particulière, peut-être parce qu'il avait vu, visitant sa fondation italienne de Chiaravalle, ceux qui veillaient sur le monastère.

Sainte Brigitte de Suède, lors de son pèlerinage au mont Gargan, en une période où le grand sanctuaire était déjà passé de mode, avait vu des centaines d'anges prosternés autour de la montagne et se lamentant de l'abandon dans lequel demeurait la basilique céleste.

Le père Lamy, pour sa part, pensait que sa paroisse, Saint-Lucien de La Courneuve, avait quatre anges gardiens, qu'il reconnaissait à leurs voix ; cela corroborerait l'opinion selon laquelle une église aurait autant d'anges que d'autels. Ces anges, qui lui étaient devenus familiers, prenaient part aux cérémonies, suivaient la messe, chantaient les cantiques avec les fidèles[34]. Mais le père Lamy était surtout frappé par la façon qu'ils avaient de se détourner vivement des femmes qui manquaient,

34. Ce que corrobore l'enseignement de Tertullien, d'Origène, de Jean Chrysostome, de Grégoire de Nazianze, de Cyrille de Jérusalem et de saint Ambroise.

par leur tenue, à la modestie chrétienne. Ce dégoût était, paradoxalement, partagé par Lucifer, qui s'indignait hypocritement de leur impudicité…

Anges de l'église, anges des autels, mais aussi anges des clochers et même de chaque cloche… L'usage primitif avait été de consacrer les tours des cathédrales aux grands archanges ; de là vient certainement une croyance populaire selon laquelle les anges d'une église étendent leur protection aussi loin que porte la voix des cloches du sanctuaire.

Par la suite, l'Église admit qu'un ange pouvait être attribué à bien d'autres endroits, voire à des véhicules. C'est ainsi que le rituel catholique prévoit une bénédiction des ponts, des maisons, des écoles, des imprimeries, des navires, des trains, des avions et des automobiles[35].

Ainsi la chrétienté vit-elle entourée d'une constante et attentive sollicitude. Et cette sollicitude ne s'arrête pas au seuil de la mort.

35. Cf. la bénédiction d'un pont : « Daignez envoyer du ciel votre saint ange, pour qu'il garde et défende ce pont, et tous ceux qui le traverseront. »

13
Les anges de la mort

« Entre ce monde et l'autre, il n'y a qu'une pellicule; il est si proche que nous pourrions le toucher! », disait le père Lamy. Toute une vie peut se passer sans que cette pellicule cesse, ne serait-ce qu'une seconde, d'être opaque. Pour quelques âmes, en revanche, la pellicule est toujours transparente. Et puis, il arrive que les deux univers s'interpénètrent, quand l'urgence s'en ressent.

L'ange gardien de chaque homme ne le quitte pas un seul instant tout au long de son existence. Parfois, cette tutelle paraît vaine, incapable de garder le protégé dans la droite voie. La victoire du démon accroché à l'homme de toutes ses griffes est assurée. Les jours de l'homme lui sont étroitement comptés; le temps va lui manquer pour se sauver. À la fraction de seconde où l'âme abandonnera le corps, quittant le temps humain pour l'éternité divine, c'en sera fait. Soudain propulsée dans l'univers éternel et spirituel, l'âme sera à jamais fixée dans les dispositions où elle se trouvait quand elle se libéra de la matière. Pour elle, alors, la notion de repentir n'existera plus, il ne sera plus possible de revenir en arrière. Elle sera pour toujours établie dans le Bien ou dans le Mal.

L'idée de la damnation éternelle gêne beaucoup de chrétiens. Ils la croient incompatible avec ce qu'ils savent de l'amour infini de Dieu envers ses créatures. Pourtant, elle découle normalement du plein exercice de nos libertés individuelles, et de la parfaite justice divine. Celui, ange ou homme, qui a opté pour le Mal, en connaissance de cause, ne peut plus supporter la contemplation du Bien. Il conçoit trop tard l'étendue de son erreur et la perte qu'il a faite, mais il n'a plus ni la possibilité ni la volonté de réparer. Pris dans sa folle logique, il en demeure prisonnier ; il se nourrit de regret, de colère et de haine, mais l'orgueil, qui le poussa à prétendre qu'il pouvait se passer de Dieu et de sa Loi, lui interdit d'implorer un pardon qu'il obtiendrait s'il était capable de le demander… L'enfer est un cercle vicieux.

Les ingénieuses tortures qu'imaginaient Dante et Bosch pour leurs damnés ne sauraient rendre compte d'une réalité au-delà de ce qu'une imagination humaine peut envisager. Les théologiens disent de la damnation qu'elle comprend deux châtiments : le feu éternel et le dam, la privation de Dieu. Tous s'entendent pour admettre que le feu n'est rien comparé au dam. Aucun homme vivant ne peut se figurer en quoi l'enfer consiste. Les anges et les démons, eux, le savent exactement.

Pour les esprits des ténèbres, bannis sans retour du séjour de leur bonheur détruit et de leur gloire fracassée, il n'est d'autre adoucissement à leurs tourments indicibles que la certitude d'entraîner dans leur effroyable Malheur le plus grand nombre possible de ces humains qu'ils tiennent pour les responsables de la tragédie. À Lucifer et aux siens s'applique parfaitement la première malédiction proférée par le Christ contre les pharisiens :

« Malheur à vous qui fermez aux hommes le Royaume des cieux ! Vous n'y entrez certes pas vous-mêmes, et vous ne laissez pas entrer ceux qui le voudraient[1] ! »

De leur côté, les anges, qui mesurent pleinement l'horreur du châtiment éternel, font l'impossible pour sauver leur protégé, serait-il le plus abominable criminel que la terre ait porté. Ils savent qu'infinie est la miséricorde de Dieu, pour peu qu'il soit encore temps de l'invoquer. Les anges gardiens mettent continuellement en pratique l'enseignement dispensé par le curé d'Ars à une veuve en larmes dont le mari s'était volontairement noyé :

— Ne pleurez pas ! Il est sauvé ! Entre le pont et l'eau, il y avait place pour le repentir et pour le pardon.

L'apostolat des anges gardiens auprès des pécheurs mourants tient souvent dans cet étroit espace « entre le pont et l'eau ».

Et, quand ils ont un peu plus de temps, pour épargner même, si faire se peut, à l'âme, le séjour en purgatoire, les anges gardiens sont prêts à soulever des montagnes. Et à déployer toutes les astuces.

Un soir, on frappe à la porte de Camille de Lellis. Il ouvre et voit devant lui un très jeune homme, que rien ne distingue de n'importe quel garçon du petit peuple romain. L'adolescent semble affolé, il supplie le prêtre :

---

1. Saint Matthieu 23,19.

— Oh padre, padre, pour l'amour de Dieu, venez vite ! C'est ma grand-mère ! Elle est en train de mourir !

Camille va chercher les saintes huiles et suit le jeune inconnu qui marche aussi vite qu'il le peut. Après un assez long périple à travers les ruelles du quartier du Panthéon, le religieux et son guide arrivent devant un vieil immeuble qui ne paye pas de mine ; ils montent plusieurs étages par un escalier sombre et puant, parviennent enfin à une misérable mansarde. Le jeune homme pousse la porte et s'efface afin de laisser entrer le prêtre. Camille s'avance dans la pièce obscure. Dans le fond, sur un grabat, gît une pauvre femme. Au bruit qu'a fait la porte, elle a essayé de se redresser ; elle voit le religieux. Elle éclate en sanglots :

— Padre, c'est le ciel qui vous envoie ! J'avais si peur, si peur de mourir toute seule, sans les sacrements.

Camille essaye de lui expliquer que le ciel n'est pour rien dans l'affaire, que son petit-fils a tout fait. Mais, à ses premiers mots, la mourante l'interrompt :

— Padre, je n'ai pas de petit-fils ! Tous mes enfants sont morts ! Je suis toute seule. Les voisins ne se sont même pas aperçus que j'étais malade.

Camille se retourne, veut faire signe au garçon de s'approcher, et s'arrête : il n'y a personne dans la chambre, sauf lui et l'agonisante. La malheureuse s'explique. Quand elle s'est sentie partir, abandonnée de Dieu et des hommes, terrifiée, elle s'est tournée vers le seul dont elle était sûre qu'il ne l'avait pas quittée. Elle a prié son ange gardien d'aller chercher un prêtre. L'ange y est allé[2].

2. *Acta Sanctorum*.

Quoi de plus normal ? C'est d'ailleurs avec la plus grande discrétion qu'il s'est acquitté de sa mission. Il n'est pas venu dire à Camille qu'il était un ange ; il a même choisi l'identité la plus plausible et la plus ordinaire : celle d'un petit-fils en peine pour une grand-mère très aimée. Les anges ne tiennent pas à ce qu'on les reconnaisse pour ce qu'ils sont.

Au début du siècle, à La Courneuve, le père Lamy expérimenta, lui aussi, de quoi les anges étaient capables en de pareilles circonstances.

L'une de ces expériences le laissa particulièrement admiratif.

Un matin, l'une de ses paroissiennes vient le trouver au presbytère de Saint-Lucien. Son mari va mal. Précautionneuse, elle préfère demander le prêtre et les sacrements avant que son état s'aggrave. Le père Lamy promet de passer dans la matinée voir le Malade. Pour ne pas l'effrayer, il n'emportera pas les saintes huiles et feindra d'être venu dire bonjour par hasard…

Le curé, d'ailleurs, constate aussitôt que l'homme n'est nullement dupe de cette pieuse ruse. De lui-même il demande l'extrême-onction. Le père Lamy repart à l'église chercher le nécessaire.

Une heure après, il est de retour. Il monte l'escalier. Il ne pense pas à compter les étages. Il arrive devant l'une de ces portes bourgeoises qui se ressemblent toutes, avec leur peinture bordeaux et leur bouton de cuivre. Elle est légèrement entrebâillée. Comme convenu, avant d'aller faire son marché, l'épouse du Malade a laissé entrouvert. Parfait !

Le père Lamy pousse le battant. Ces intérieurs sont comme ces portes palières : ils se confondent à force de se ressembler. Ce n'est qu'arrivé dans la chambre que le curé réalise son erreur : il s'est trompé d'étage et d'appartement !

Mais là, dans le lit, il y a un homme, couché, et certainement beaucoup plus malade que son voisin du dessous… Le père Lamy ne l'a jamais rencontré. Mais qu'importe ! Ce mourant inconnu se met à pleurer en le voyant. Depuis une semaine qu'il est alité et qu'il se sent baisser, il supplie sa femme d'appeler un prêtre ; et, depuis une semaine, cette mécréante enragée refuse. Il a vécu sans la religion, il peut bien mourir sans la religion ! Pas de faiblesse et de mômeries de la dernière seconde ! Seulement, lui ne voulait sous aucun prétexte partir sans les sacrements… C'est une chose de jouer les libres penseurs quand on éclate de santé. C'en est une autre de s'obstiner dans ce rôle quand vous entendez déjà bouillir les chaudières infernales… Alors, l'ancien athée s'est mis à prier son ange gardien. La réponse n'a pas tardé : sa mégère est sortie en oubliant de fermer la porte, et le curé s'est trompé d'étage.

Tous ces anges gardiens qui déploient tant d'efforts pour trouver un prêtre mettent en évidence l'éminence de la dignité sacerdotale. Ils ont beau être les plus nobles créatures de Dieu, ils n'ont pas le pouvoir que le Christ a conféré à ces hommes. Un séraphin le dira à la bienheureuse Faustine, en 1938.

À cette époque, sœur Faustine, atteinte d'une tuberculose parvenue à un stade très avancé, a été obligée de quitter son cher couvent pour un sanatorium. La religieuse supporte tout : les traitements les plus douloureux, les jours et les nuits de souffrance sans répit, la solitude où elle se trouve. Une seule chose lui est insupportable : être privée de la messe et de la communion quotidienne.

Tandis qu'elle se désole d'être ainsi privée de la présence réelle de son Bien-Aimé, Faustine voit un ange apparaître au pied de son lit d'hôpital.

« Une grande clarté entourait ce séraphin, la divinité et l'amour divin se reflétaient en lui. Il portait un vêtement doré, recouvert d'un surplis et d'une étole transparente. Le calice était en cristal couvert d'un voile lui aussi transparent.

« Dès qu'il m'avait donné le Seigneur, il disparaissait. Une fois, un certain doute s'éveilla en moi, un peu avant la communion et le séraphin, accompagné de Jésus, se tint debout devant moi. J'ai prié Jésus, et, ne recevant pas de réponse, j'ai dit au séraphin :

« "Ne pourriez-vous pas me confesser ?"

« Il me répondit :

« "Aucun esprit au ciel n'a ce pouvoir[3]." »

Le séraphin de Faustine n'est certes pas le seul ange à donner la communion dans l'histoire des phénomènes mystiques. Saint Michel le fait pour le futur saint Gérard Majella. L'ange gardien du Portugal communie les trois petits voyants de Fatima. Quant aux vêtements sacerdotaux dont Faustine le voit habillé, ils correspondent

3. Sœur Faustine, *Petit Journal.*

à la plus ancienne iconographie angélique chrétienne. Mais, ce séraphin, cet ange du premier chœur, ce haut et puissant seigneur, reconnaît humblement qu'il n'a pas le pouvoir conféré à Pierre et à ceux auxquels il le transmit, si indignes qu'il puisse leur arriver d'être :

« Je te donnerai les clefs du Royaume. Tout ce que tu lieras sur la terre sera tenu pour lié dans les cieux; tout ce que tu délieras sur la terre sera tenu pour délié dans les cieux[4]. »

Les anges luttent donc de toutes leurs forces et de tous leurs pouvoirs pour écarter le diable du chevet des agonisants, mais le diable ne se laisse pas facilement écarter. Excitant le regret de la vie et de ses plaisirs, ou la peur de Dieu et le désespoir, il ne lâche pas prise jusqu'à la dernière seconde. Lui aussi peut faire basculer la décision même au seuil de l'éternité, et avec n'importe qui.

L'idée d'esprits escortant les morts vers les lieux du repos ou du châtiment n'est nullement propre au christianisme. Tous les peuples ont, dans leur mythologie, des esprits ou des divinités psychagogues, qu'il s'agisse des démons étrusques, des Walkyries scandinaves et germaniques, d'Hermès-Mercure, de Charon le passeur, d'Anubis l'Égyptien ou de la déesse celte, Anna.

Cela répond, bien évidemment, au besoin d'un guide, d'un initiateur pour passer d'une réalité à une autre. Ce que saint Jean Chrysostome exprimera par la suite dans un langage chrétien :

« Si nous avons besoin d'un guide quand nous passons d'une ville à une autre, combien plus l'âme qui rompt les

4. Saint Matthieu 16,19.

liens de la chair et passe à la vie future aura-t-elle besoin de quelqu'un qui lui montre la route[5] ! »

Le judaïsme connaissait des psychagogues, et, entre autres, un ange déchu, Douma, qui emportait les âmes damnées en enfer.

Mais, avant de passer dans le christianisme, les psychagogues ont reçu la caution de l'Évangile.

Parlant en paraboles, Jésus conte l'histoire du pauvre Lazare :

« Il y avait un homme riche qui se vêtait de pourpre et de lin fin et faisait chaque jour brillante chère. Et un pauvre, Lazare, gisait près de son portail, tout couvert d'ulcères. Il aurait bien voulu se rassasier de ce qui tombait de la table du riche… Mais seuls les chiens venaient lécher ses ulcères.

« Or, il advint que le pauvre mourut, et il fut emporté par les anges dans le sein d'Abraham[6]. Le riche aussi mourut, et on l'ensevelit. Dans l'Hadès, en proie à des tortures, il leva les yeux et vit de loin Abraham, et Lazare en son sein[7]. »

C'est ce verset 22, « et il advint que le pauvre mourut, et il fut emporté par les anges dans le sein d'Abraham », qui fonde la croyance chrétienne.

Elle est très vite popularisée. Tertullien écrit :

« Lorsque, par la vertu de la mort, l'âme est extraite de son amas de chair et bondit hors du voile du corps

5. *Sermon sur Lazare.*

6. Expression juive désignant le séjour des justes morts mais qui, avant la venue du Christ et l'accomplissement de la Rédemption, ne pouvaient entrer au paradis. Les Pères de l'Église l'ont assimilé aux limbes.

7. Saint Luc 16,19-23.

vers la pure, simple et sereine lumière, elle exulte et tressaille en voyant le visage de son ange qui se prépare à la conduire à sa demeure[8]. »

Clément d'Alexandrie se fait l'écho d'une tradition selon laquelle ces anges psychagogues seraient des anges musiciens, et, sans difficultés, il rattache cette image à d'autres esprits musiciens, mais païens, que sont les sirènes, les tritons et les génies.

Un apocryphe, datable également du IIIe siècle, *La vie de saint Joseph le charpentier*, montre le père adoptif de Jésus mourant dans les bras du Christ et de la Vierge[9]. L'auteur anonyme de ce texte met sur les lèvres du dernier patriarche cette prière :

« Si ma vie est consommée, Ô Seigneur, envoie-moi Michel, le prince de tes saints anges, qu'il demeure près de moi, pour que ma pauvre âme sorte en paix, sans peine et sans crainte, de ce corps de douleur. »

Et Jésus complète l'invocation en disant :

« Envoie Michel, le prince de tes anges, et Gabriel, qui annonce la lumière, et tous les anges de lumière et que leur troupe accompagne l'âme de mon père Joseph, jusqu'à ce qu'ils l'aient conduite à toi. »

Texte intéressant à plus d'un point puisqu'il met en évidence pour la première fois le rôle de psychagogue qui est désormais attribué à Michel, et puisqu'il annonce de manière très précise les prières pour les agonisants de la liturgie catholique.

---

8. *De anima*.

9. C'est pour cette raison que saint Joseph est invoqué comme patron de la bonne mort.

Le monde juif n'ignorait pas que Michel pouvait conduire les âmes au séjour de la paix, et c'est l'une des raisons pour lesquelles le Prince des Miséricordes est invoqué dans le Kaddish. Michel étant l'ange exorciste par excellence, le vainqueur de Lucifer et des révoltés, nul n'était plus apte que lui à dégager la route du ciel devant les âmes des défunts. Car c'est bien la crainte que le démon ose s'interposer entre le mourant et la félicité éternelle qui dicte le recours à l'archange. N'est-ce pas tout le sens des prières des agonisants dans la liturgie catholique ?

« Protégez votre serviteur qui espère en vous, mon Dieu. Envoyez-lui, de votre sanctuaire, Seigneur, votre secours et du haut du ciel, protégez-le. Soyez pour lui une forteresse imprenable, un refuge contre l'ennemi. Que l'ennemi n'ait aucune prise sur lui et que le démon n'ose point lui nuire. »

La prière dite de recommandation de l'âme est encore plus explicite :

« À l'heure où ton âme sortira de ton corps, que l'assemblée resplendissante des anges se hâte à sa rencontre. [...] Puisses-tu ne rien connaître de l'horreur des ténèbres, du crépitement des flammes, de l'atrocité des supplices. Qu'il fuie devant toi, l'ignoble Satan avec son escorte ! À ton approche en la compagnie des anges, qu'il soit saisi de crainte et disparaisse dans l'abîme effroyable de la nuit éternelle ! Que Dieu se lève et que ses ennemis se dispersent[10] ! Qu'ils fuient devant sa face, ceux qui le haïssent !

« Comme se dissipe la fumée, qu'ils se dissipent ; comme la cire fond devant le feu, qu'ils disparaissent, les pécheurs, devant la face de Dieu et que les justes festoient et se réjouissent dans la présence de Dieu ! Que le désordre et la honte emportent toutes les légions de l'enfer, et que les serviteurs de Satan n'aient pas l'audace de te barrer la route !

« Que vienne l'accueillir l'archange de Dieu, saint Michel, le chef de l'armée céleste ! Que les saints anges de Dieu viennent à sa rencontre pour le conduire dans la Jérusalem céleste ! »

Le même thème est repris dans la liturgie du 2 novembre, fête des trépassés, et aux messes anniversaires des décès :

« Seigneur Jésus Christ, roi de gloire, délivrez les âmes de tous les fidèles défunts des peines de l'enfer et des marécages sans fond. Délivrez-les de la gueule du lion. Qu'ils ne soient pas engloutis par l'abîme. Qu'ils ne tombent pas dans la nuit.

« Mais que saint Michel, avec son étendard[11], les introduise dans la lumière divine. »

Les anges mènent donc les âmes vers le trône de Dieu, mais l'escorte ne serait pas la même pour toutes.

Saint Grégoire de Tours montrait la Vierge Marie montant au ciel avec son corps au jour de l'assomption,

---

10. Ce verset est par ailleurs une formule d'exorcisme tirée du Psaume 67 et qui se retrouve entre autres dans l'exorcisme de Léon XIII. Il se récite debout.

11. La croix, l'étendard du salut.

et accueillie par saint Michel qui s'avançait à sa rencontre et la conduisait à la place royale qui était la sienne.

Un texte du monachisme égyptien est beaucoup plus curieux. Si saint Éphrem le Syrien (+ 393) se borne à enseigner que les anges viennent chercher les âmes bienheureuses, l'*Histoire des communautés religieuses fondées par saint Pacôme*, qui date à peu près de la même époque[12], affirme :

« Lorsqu'un homme de bien va mourir, quatre anges se rendent auprès de lui et ces esprits célestes sont toujours d'un rang analogue à la condition de celui qui meurt. Si son rang était élevé, les anges occupent également des places distinguées dans la hiérarchie céleste. Si son rang n'était que secondaire, ces anges sont pareillement d'une classe inférieure. »

Ce souci du protocole et des hiérarchies terrestres laisse quelque peu rêveur…

L'Église, en fait, n'envisage un cérémonial particulier au ciel qu'en faveur de deux sortes d'âmes : les vierges consacrées et les martyrs.

Eusèbe de Césarée et Méthode de Philippes disent que les anges, reconnaissant les consacrées pour leurs sœurs en chasteté et en détachement des choses de la chair, non contents de les escorter, « les porteront afin que le voyage leur soit facile ».

Mais c'est aux martyrs qu'est réservé le triomphe absolu. Associées à la Passion de leur Sauveur, leurs âmes montent au ciel en conquérantes parmi les acclamations qui saluèrent l'ascension glorieuse du Christ.

---

12. Saint Pacôme est mort en 348.

Une citation de saint Paul a fondé la réflexion des théologiens en un temps où le martyre était un risque quotidien et non une hypothèse d'école :

« Car Dieu, ce me semble, nous a, nous les Apôtres, exhibés au dernier rang, comme des condamnés à mort ; oui, nous avons été livrés en spectacle au monde, aux anges et aux hommes[13]. »

De ce verset, Origène tire le commentaire suivant :

« Une grande multitude est convoquée pour vous contempler lorsque vous luttez et que vous êtes appelés au martyre. [...] C'est donc le monde entier, tous les anges, à droite et à gauche, tous les hommes qui vous entendront combattre le combat pour le Christ. Les anges qui sont aux cieux se réjouiront avec vous[14]. »

C'est précisément l'image que Saturus, le chef du petit groupe des martyrs de Carthage, reprend dans ses rêves ou ses visions pendant son emprisonnement en 203. Et, peu à peu, une autre certitude se fait jour dans l'Église : les anges ne sont pas seulement là pour assister à la victoire des martyrs, mais également pour les empêcher de ressentir l'horreur des tourments.

Commentant le martyre de saint Étienne, Grégoire le Grand écrivait que les anges entouraient le diacre tandis qu'on le lapidait et chantaient la louange du Seigneur afin qu'Étienne, « séduit par cette harmonie, ne sentît pas la séparation de son âme d'avec son corps[15] ».

---

13. Saint Paul, Première Épître aux Corinthiens 4,9.

14. *Exhortation au martyre.*

15. *Dialogues.*

Quoi qu'il en soit, l'Église a aimé célébrer le triomphe qui attendait les vainqueurs sur le chemin du ciel.

« Qui pourrait suivre l'âme du martyr qui, ayant dépassé les démons, tend vers l'autel céleste ? Bienheureuse cette âme qui met en déroute les démons de l'air qui se portaient à sa rencontre, par la vue de son sang répandu dans le martyre. Bienheureux celui dont les anges disent en le voyant monter vers le ciel : "Quel est celui-là qui monte de Bosra avec ses vêtements teints de pourpre[16] ?" »

« Tels étaient les corps des martyrs, le flot de leur sang les inondant comme des rayons de pourpre et illuminant leurs corps beaucoup plus que le soleil n'illumine le ciel. Les anges contemplaient ce sang avec délices ; les démons frémissaient et le diable lui-même tremblait. Les martyrs montent au ciel, précédés par les anges et entourés par les archanges comme par des gardes. Quand ils sont parvenus au ciel, les saintes puissances d'En Haut accourent, cherchant à voir leurs blessures. Elles les accueillent avec joie et les embrassent. Puis elles forment une immense escorte pour les conduire vers le Roi qui siège sur le trône, plein de gloire au milieu des séraphins et des chérubins. Là, ils s'unissent à leurs chœurs et prennent part aux cantiques mystiques[17]. »

Faut-il préciser que les choses ne se passent pas toujours aussi bien ?

Le martyr est arrivé au ciel purifié de ses fautes, racheté et glorifié. Il n'a rien à redouter du jugement

16. Origène, *Exhortation au martyre.*

17. Saint Jean Chrysostome, *Sermon sur les martyrs.*

de Dieu, ni du témoignage des anges, ni de celui des démons qui n'ont même pas osé l'approcher ou le suivre en le voyant paraître. Mais, pour l'âme des trépassés ordinaires, le jugement individuel demeure la plus redoutable échéance[18].

Dépouillée de toutes ses vanités terrestres, et des illusions qu'elle pouvait nourrir sur ses vertus et ses mérites, l'âme se voit enfin telle qu'elle est, dans sa misère et son outrecuidance. Elle contemple l'indicible grandeur divine et prend, en la contemplant, l'insupportable conscience de ses fautes et de ses manquements envers Dieu. Une âme en état de grâce, mais insuffisamment purifiée, n'aura de cesse d'effacer ce qui, en elle, n'est pas encore conforme à la perfection divine. Une âme en état de péché mortel ne supportera pas la vue de Dieu, ni celle de ses fautes passées et désormais irréparables. Pour satisfaire la justice et l'amour, l'une se précipitera volontairement dans le purgatoire ; l'autre fuira vers l'enfer, comme vers le seul endroit où se cacher.

L'idée s'est très tôt imposée dans le christianisme que ce jugement individuel ressemblait fort à un procès, avec ses acteurs habituels : l'âme y est l'accusée dont le sort se joue, le Christ le juge que nul ne saurait tromper, l'ange gardien y tient la place d'avocat de la défense et le diable celui de procureur. Car, héritée du judaïsme, la certitude s'est imposée de la présence d'un ange de

18. L'Église enseigne qu'il existe deux jugements. Le premier, individuel, a lieu à l'instant de la mort et décide du salut ou de la damnation de chacun. L'autre est le jugement dernier, à la fin des temps. Il concernera l'humanité entière et donnera le bonheur ou le Malheur éternel non seulement aux âmes mais aux corps ressuscités.

ténèbres, jumeau mauvais de l'ange gardien, et qui tient le même rôle, inversé, auprès des nations, des communautés et des individus[19]. Grégoire de Nysse résume cet enseignement lorsqu'il écrit :

« Après que notre nature fut tombée dans le péché, notre chute ne fut pas laissée sans secours par Dieu, mais un ange, parmi les êtres qui ont une nature incorporelle, fut établi pour assister la vie de chacun.

« Le corrupteur de notre nature, de son côté, fit une invention contraire, par un ange mauvais et malfaisant, afin de nuire à la nature humaine.

« Il dépend de l'homme qui se trouve entre les deux qui cherchent à l'entraîner, de faire triompher l'un sur l'autre. Le bon ange présente à son esprit les fruits de la vertu, tout ce que ceux qui font le Bien voient en espérance. L'autre lui présente les plaisirs terrestres dont il n'y a aucun espoir à attendre pour l'avenir, mais dont la vue et la jouissance captivent dans le présent les sens des insensés[20]. »

Les deux anges, le bon et le mauvais, se retrouvent donc au côté de l'âme qu'ils conseillèrent toute sa vie et qui les voit pour la première fois. Ils n'ignorent rien de ses actes et s'en portent caution, l'un pour faire triompher le Bien et la justice, l'autre pour assouvir sa haine envers les hommes. Plaidant pour ou contre l'âme, ils dévoilent tout. C'est contre les surprises pénibles que peut réserver un pareil déballage que mettait en garde saint Hilaire :

---

19. Voir entre autres l'apocryphe du Pseudo-Barnabé, et *Le Pasteur* d'Hermas : « Il y a deux anges pour l'homme, celui de la justice et celui du Mal. »

20. *Vie de Moïse.*

« Si la crainte de voir entrer quelqu'un à l'improviste retient parfois celui qui se préparait à commettre une faute, que conviendra-t-il de faire au chrétien, lui qui se sait investi de toutes parts du témoignage de tant de puissances spirituelles, je ne dis pas seulement dans ses actions mais dans ses vouloirs ? [...] Nous pourrons craindre leurs témoignages [...] et nous devons redouter aussi le diable et tous ses témoins[21]. »

« Les démons sont pharisiens », affirmait le père Lamy. Il entendait par là que, hormis le péché d'orgueil[22], qui est le leur, ils aiment entraîner l'humanité dans les fautes qui leur paraissent ignobles, dégradantes, méprisables. Déchus ou pas, ils sont des anges, et l'idée que l'homme soit assez bête pour sacrifier les trésors spirituels qui lui sont promis en échange de jouissances matérielles, liées aux satisfactions de la chair et de ses instincts, les divertit autant qu'elle les écœure... Ces fautes, qu'ils ont aidé à commettre, ils les savent sur le bout des doigts, et ils les énumèrent complaisamment. C'est une de leurs techniques favorites au chevet des mourants : les faire douter de la clémence divine en leur représentant l'horreur de leurs péchés, afin de les pousser au désespoir, c'est-à-dire droit en enfer. Mais l'âme devant le trône de son Juge ne peut plus rien modifier ni regretter. Elle ne peut plus qu'écouter avec douleur la liste interminable de ses manquements. Car Lucifer s'y entend, en matière de culpabilité... L'ange gardien, de

21. *Commentaire sur le Psaume 118*.

22. C'est pourquoi le péché d'orgueil, le péché de Lucifer, le péché contre l'esprit, le seul qui ne soit pas lié intimement à la faiblesse inhérente à la chair, est le plus grave de tous.

son côté, sait retrouver jusqu'au plus petit fait qui puisse incliner le Juge à l'indulgence.

Cependant, il peut arriver que l'ange n'ait rien à jeter dans le débat, qu'il ne puisse contredire le démon et soit obligé d'abandonner son protégé aux puissances infernales.

Cette dispute cruciale autour de l'âme a été souvent représentée comme la pesée de l'âme[23], dont l'iconographie est très fréquente dans la sculpture romane. Au centre, saint Michel, auquel est échu le rôle de psychostase, tient à la main une balance ; sur chaque plateau, les bonnes et les mauvaises actions du mort, montré nu, petit, misérable et dépouillé de tout. À droite et à gauche, l'ange gardien et le démon, lequel, parfois, tente de tricher et d'incliner la balance à son avantage. Le thème, cher au Moyen Âge, a inspiré nombre d'auteurs de mystères.

Mais Michel n'est pas devenu psychopompe et psychostase par un simple effet du hasard. Dans un texte chrétien antique, le deuxième livre des *Oracles sibyllins*, il n'est pas seul à tenir la balance. Il est assisté des trois autres grands archanges, Gabriel, Raphaël et Uriel.

Le thème est cependant très antérieur au christianisme et répandu un peu partout.

Le judaïsme n'ignorait pas les esprits psychopompes mais les identifiait aux démons, comme le laisse supposer le livre de Job. En Extrême-Orient, c'est Bouddha qui est le psychopompe par excellence, et qui décide ainsi du prochain karma des âmes, en fonction de leur vie

---

23. Saint Augustin connaissait cette croyance et la confirmait.

passée. Dans le monde gréco-latin, Hermès-Mercure est à la fois psychagogue et psychostase. C'est d'ailleurs très vraisemblablement à cause de l'Hermès-Trismégiste des gnostiques, facilement confondu avec Michel, en tout cas dans l'iconographie, que l'archange, d'abord uniquement conducteur des âmes vers le ciel, est devenu non le juge des morts, mais l'intégrissime personnage qui tient égale la balance.

Mais c'est chez les Égyptiens que s'est surtout manifestée la croyance en la pesée des âmes.

Après avoir surmonté plusieurs épreuves dangereuses, le défunt, selon le *Livre des Morts,* parvient dans le royaume d'Osiris et comparaît devant le tribunal présidé par ce dieu. Il est accueilli par Anubis, le dieu à tête de chacal, le cynécéphale[24]. Anubis l'emmène, en le tenant par la main, dans la salle des Deux Maât où se dresse une balance. Sur l'un des plateaux, le cœur du mort, son kâ, est déposé. Sur l'autre, une plume. Anubis veille au bon réglage de la balance, tandis que Thôth, dieu-singe ou dieu-ibis selon les temples, mais toujours divinité de la Lune et magicien[25], s'apprête à prendre note des paroles du mort et du jugement. Commence alors une longue justification devant Osiris, Isis et leurs quarante-deux assesseurs. Après avoir démontré sa grande piété en les invoquant tous sous leurs noms secrets, le mort réfute tous les péchés, proclamant qu'il les déteste et ne les a

24. Il est à noter qu'en Orient saint Christophe, saint passeur de rivière, c'est-à-dire psychagogue lui aussi, est parfois représenté avec une tête de chien, autrement dit sous les traits d'Anubis.

25. Ce n'est pas un hasard si les Grecs assimilaient Thôth à Hermès-Trismégiste, qui sera assimilé à Michel.

point commis sur cette terre. S'il dit vrai, le kâ, sur le plateau, ne frémit pas et reste en parfait équilibre avec la plume de justice. Le défunt est admis au cel. S'il ment, la balance penche. Aussitôt, un monstre horrible, à la fois lion, crocodile et hippopotame, nommé la Dévorante, surgit et avale le kâ, privant le pécheur de la vie éternelle.

Il en va de même, en fait, dans le christianisme, s'il advient que le plateau s'incline du côté du diable. Qu'advient-il alors de l'ange qui vient de perdre son dirigé ? Origène, dont les opinions parfois aventureuses n'ont pas toutes été admises par l'Église, pensait que l'ange avait gravement failli à sa mission et qu'il devait en être puni… Par conséquent, il perdait à jamais la vision béatifique. Terrible sanction, au demeurant parfaitement injustifiée. Cette opinion d'Origène a été condamnée, et pour plus d'une raison : elle allait contre le fait que les anges, passée l'épreuve première, avaient été confirmés en grâce, ce qui entraîne la certitude que plus rien ni personne ne saurait les séparer de Dieu ; elle supposait aussi que l'ange avait tout loisir d'empêcher l'homme de fauter, ce qui contredit la liberté des créatures.

En fait, les anges gardiens sont comme les médecins : ils ne sont pas tenus de réussir. Ils n'ont pas d'obligation de résultat. Dans la mesure où il est assuré qu'un ange gardien fait toujours de son mieux, qu'il n'épargne aucun effort pour sauver l'âme qui lui est confiée, il n'est pas responsable de son éventuel échec.

Mais qu'éprouve l'ange en voyant perdue une âme pour laquelle il s'est si longtemps dévoué ? Ni tristesse ni regret. Les esprits bienheureux, comme leur nom l'indique, sont enracinés dans le bonheur le plus absolu.

Ils n'ont aucune cause de chagrin, pourvu que tout soit disposé selon les plans de Dieu. Et, comme rien n'arrive que Dieu n'ait permis, faisant donc entrer même le Mal dans l'aboutissement final de son plan, rien ne peut altérer le bonheur des anges. La damnation d'une âme criminelle ne fait que réparer les outrages infligés à Dieu au long d'une vie terrestre. Elle est donc accomplissement parfait de la justice divine, et les anges, qui sont les instruments privilégiés de cette justice, ne sauraient en aucun cas y faire obstacle ni s'en scandaliser. Saint Basile pensait que l'ange d'un impie, lassé de longue date des péchés commis, était même prêt à châtier de sa propre main le pécheur endurci…

L'ange laisse donc passer la justice de Dieu. Mais le voilà privé pour l'éternité de la compagnie de cet homme ou de cette femme avec lequel il aurait dû partager le bonheur céleste, comme avec l'ami le plus cher. Afin, donc, qu'ils ne soient pas spoliés, Dieu permet – selon ce que rapportent les révélations de certains mystiques – que les anges des damnés forment la cour de sa mère. Devenus les laudateurs de la Vierge très pure, ils se consolent en la contemplant, des vilenies qu'ils furent contraints de voir en ce monde… Beaucoup plus inquiétante est, en revanche, une autre affirmation du père Lamy et de quelques autres privilégiés : Notre-Dame serait entourée d'une cour très nombreuse, d'une multitude d'anges… De là à conclure que les damnés sont innombrables, il n'y a malheureusement qu'un pas.

Si l'âme bienheureuse est arrivée devant son juge purifiée de toutes ses fautes, rachetée par ses souffrances et ses sacrifices, elle est admise directement en paradis.

L'ange peut laisser éclater sa joie. Tel Raphaël, son exemple, il a su ramener son jeune Tobie à la maison de son Père. Rien ne pourra plus les séparer ni troubler leur bonheur éternel.

Reste la troisième hypothèse et la plus fréquente : l'âme, à l'instant où elle se sépara de son corps, était purifiée de ses péchés mortels et donc préservée des feux de l'enfer. Mais cette purification était demeurée insuffisante, elle laissait subsister des fautes vénielles, ou des pénitences mal accomplies. Le travail n'était pas achevé. Avant de pouvoir pénétrer au ciel, l'âme ressent spontanément le besoin de parfaire ce nettoyage, de retrouver la perfection de son baptême. D'elle-même, elle se précipite en purgatoire.

On a volontiers répété à notre époque que le purgatoire n'existait pas plus que l'enfer, qu'il était une invention des clercs du Moyen Âge, désireux de rassurer des ouailles obsédées par la pensée des fins dernières et la peur du diable…

Le purgatoire est un lieu de purification par le feu, un feu qui, selon saint Thomas d'Aquin, n'a pas grand-chose à envier aux flammes infernales, sinon que les souffrances qui y sont endurées servent à purifier l'âme et qu'elles auront un terme, tôt ou tard, puisque même le pécheur rattrapé de justesse après avoir accumulé les fautes est assuré de ne rester au purgatoire que jusqu'au jour du Jugement… À ce feu qui ne s'éteint pas s'ajoute, comme en enfer, la peine du dam, la privation de Dieu, encore plus douloureuse, car les âmes qui sont privées de la vision béatifique sont des âmes aimantes et qui aspirent à l'éternel tête-à-tête.

Les textes bibliques ne manquent pas pour fonder la doctrine du purgatoire.

L'Ancien Testament invite à prier pour les morts. Après sa victoire sur les Iduméens, Judas Macchabée décide d'offrir un sacrifice pour le repos des âmes de ses soldats tués dans la bataille :

« Ayant recueilli, d'une quête qu'il fit faire, douze mille drachmes d'argent, il les envoya à Jérusalem afin qu'on offrît un sacrifice pour les péchés de ces hommes qui avaient été tués. C'est donc une sainte et salutaire pensée de prier pour les morts afin qu'ils soient délivrés de leurs péchés[26]. »

Or, les élus, au ciel, n'ont pas besoin de prières. Quant aux damnés, elles ne leur servent strictement à rien… Il faut bien en conclure à l'existence d'un état et d'un lieu intermédiaires.

Le Nouveau Testament corrobore abondamment cette croyance. Les théologiens interprètent en ce sens certains passages de saint Matthieu[27] et, plus encore, des citations de saint Paul :

« Au nom de Jésus Christ, tout genou fléchit dans le ciel, sur la terre et dans les enfers[28]. »

« L'œuvre de chacun paraîtra enfin, et le jour du Seigneur fera voir ce qu'elle est, parce que le feu la mettra à l'épreuve. Si l'ouvrage demeure sans être brûlé, celui qui l'a fait en recevra la récompense. Si, au contraire, l'ouvrage de quelqu'un est brûlé, celui-là, néanmoins, ne

---

26. Second Livre des Macchabées 12,43.

27. Entre autres, 12,32.

28. Épître aux Philippiens 2,10.

laissera pas d'être sauvé, mais comme en passant par le feu[29]. »

Paul connaît donc bien quelque chose qui ressemble au purgatoire, et il est évident que personne aux véritables enfers n'est d'humeur à plier spontanément le genou au nom de Jésus Christ. L'enfer paulinien, ici, rejoint le lieu décrit par Jean :

« J'entendis toutes les créatures qui sont dans le ciel, sur la terre et sous la terre, disant : "À celui qui est assis sur le trône et à l'Agneau, bénédiction, honneur, gloire et puissance dans les siècles des siècles[30]. »

Autrement dit, il s'agit du purgatoire.

Établie l'ancienneté de cette doctrine, quelle place peuvent y tenir les anges ?

Un apocryphe en donne une première idée, conforme à celle que devaient s'en faire les chrétiens de l'Antiquité :

« Et voici un fleuve et ses eaux. Je dis à l'ange : "Qu'est ceci ?" Il me dit : "Si quelqu'un est impudique ou impie, mais qu'il se repente, une fois sorti de son corps, il est amené pour honorer Dieu et, par le commandement du Seigneur, il est livré à Michel l'ange et il le baptise dans le fleuve et le conduit aussi dans la cité de Dieu[31]." »

Il y a donc un ange, parfois identifié à Michel, établi gardien de ce fleuve purificateur.

Sainte Françoise Romaine, guidée par Raphaël, avait visité l'enfer et le purgatoire. Françoise enseigne dans

29. Première Épître aux Corinthiens 13,15.

30. Apocalypse 5,13.

31. Apocalypse de Paul.

son traité[32], que les âmes sont conduites en ce séjour par leurs anges gardiens, qui les attendent à la porte et les encouragent à supporter ce séjour pour arriver à la gloire. Pareillement, le démon gardien attend là. Même si l'âme lui a définitivement échappé, même s'il lui est interdit de lui infliger les tourments des damnés, il prend un malin et cruel plaisir à lui rappeler ses fautes et à lui faire regretter le passé.

La vision de Françoise montre le purgatoire séparé en plusieurs zones. Comme en enfer, où les cercles extérieurs sont ceux où s'expient les péchés les moins graves, plus on gagne les bords des cercles concentriques du purgatoire, plus les tourments se font légers. Le feu est remplacé par des lacs soit bouillants, soit glacés[33]. Des pécheurs expient dans ces lacs, sous la surveillance à la fois vigilante et apitoyée de leurs anges, qui tentent de les consoler. Leur seule vision, avant-goût du ciel, est un apaisement des supplices. Ces anges, pour appeler sur les âmes la miséricorde divine la plus prompte, ne cessent de chanter l'hymne pénitentiel : *Parce, Domine, parce populo tuo ! Ne in aeternam irascaris nobis*[34] !

Et, à l'instant de leur délivrance, ils les portent joyeusement vers le séjour de paix qui leur est enfin ouvert.

---

32. *Del Purgatorio*, Armellini edizione.

33. On voit que les cercles de Françoise Romaine rappellent fort ceux de *L'Enfer* de Dante. En revanche, son purgatoire n'est en rien comparable à la haute montagne décrite par le poète et dont le sommet touche au paradis.

34. « Pardonne, Seigneur ! Pardonne à ton peuple ! Ne sois pas irrité contre nous éternellement ! » Cet hymne se chantait autrefois pendant l'Avent et le Carême.

Les anges se préoccupent donc du sort éternel de l'âme séparée de son corps. Mais ce corps, qui fut le temple du Saint-Esprit s'il était celui d'un baptisé, ce corps est lui aussi promis au destin triomphal, à la résurrection et à la gloire.

C'est pourquoi les anges ne se désintéressent pas des cadavres humains. Une très antique tradition juive contait qu'après la mort de Moïse, hors de la Terre promise, sa dépouille avait fait l'objet d'un véritable combat entre Michel et Satan. Ce dernier, en effet, voulait s'en emparer de force, sans doute afin d'inciter le peuple à lui rendre un culte idolâtre[35].

Les chrétiens ont très vite pensé que des anges étaient attachés particulièrement aux cimetières et aux sépultures, au point qu'ils sont parfois signalés, dans certaines épigraphes, comme « les lieux de l'ange ». L'atteste une inscription trouvée sur une pierre tombale à Melos :

« Je vous en prie, au nom de l'ange qui se tient ici debout, que nul n'ose introduire ici un autre cadavre ! »

Le rituel des funérailles catholiques ne disait d'ailleurs pas autre chose : « Que Dieu, par la miséricorde de qui les âmes des fidèles trépassés trouvent le repos, daigne bénir cette tombe et qu'il appelle ses anges pour la garder. »

La coutume s'est conservée longtemps de placer la statue d'un ange éploré sur une tombe. Elle n'est plus guère observée aujourd'hui que pour les sépultures de

---

35. Voir les textes apocryphes vétéro-testamentaires, tels *L'Assomption de Moïse*, et *L'Apocalypse de Moïse*. Voir aussi *L'Épître de saint Jude* qui s'en fait l'écho dans le christianisme.

très jeunes enfants, ceux-là mêmes qui, morts avant l'âge de raison, montent directement en paradis[36].

Ces anges des cimetières, remplaçants des anges gardiens, attendent patiemment l'instant où sonnera la trompette du Jugement, quand la terre et la mer rendront les corps engloutis dans leurs profondeurs.

36. C'est pourquoi la messe d'enterrement des jeunes enfants est dite « Messe des Anges » et pourquoi l'officiant porte des vêtements blancs et non noirs, en signe de joie et non de deuil.

14
L'esprit de la vérité et l'esprit de l'erreur

Si la pensée occidentale, depuis la fin du Moyen Âge, et la foi de l'Église au cours du XXe siècle se sont détournées peu à peu de l'angélologie, d'autres religions, d'autres courants spirituels n'ont jamais cessé de s'y intéresser. Cette tendance fut et demeure beaucoup plus marquée dans les diverses hérésies chrétiennes au cours des temps et dans les mouvements qui, aujourd'hui encore, de manière plus ou moins consciente, de façon plus ou moins ouverte, fondent leurs doctrines sur celles de ces anciennes sectes hérétiques. Les anges, dans ces spéculations, tiennent parfois un rôle tel qu'il oblige à se souvenir des avertissements des apôtres, puis des mises en garde du magistère catholique : tout ange n'est pas fatalement celui qu'il prétend être.

Parmi les sources qui ont alimenté les spéculations de l'angélologie non catholique, outre la gnose, et quelques sectes hérétiques chrétiennes, il faut surtout distinguer l'influence du manichéisme qui, sans être une dérive chrétienne, eut une forte influence dans le monde au IIIe, IVe et Ve siècles, et fut capable de séduire même saint Augustin en sa jeunesse.

Mani naît en Perse en 215. Son père est membre d'une secte chrétienne dissidente, les alexéites. De ces alexéites, on sait peu de chose, sinon qu'ils étaient dualistes[1] et voyaient peut-être en Jésus non le vrai Dieu fait homme et incarné, mais un ange venu sur terre sous une apparence humaine[2].

Mani est plus que brillant. Il est génialement doué pour la spéculation philosophique. Il parle couramment toutes les langues en usage dans l'Empire perse. Il est poète et dessinateur de très grand talent. En 228, tandis qu'il est en méditation, il voit un ange lui apparaître. Il se nomme Aït-Taum, « le Jumeau », et vient lui enseigner « la véritable religion »… En un mot, l'aventure de Mani n'est pas sans ressemblance avec celle de Zarathoustra huit cents ans plus tôt, ni avec celle de Mahomet quatre siècles plus tard.

---

1. Le dualisme est la croyance en l'existence de deux principes divins, un dieu du Bien et de la lumière, créateur du monde spirituel, et un dieu du Mal et des ténèbres, créateur du monde matériel.

2. Ce type de divagation était à la mode. On le retrouve dans le baptisme judéo-chrétien d'Elchassaï vers 100 ; chez les ébionites, plus ou moins inspirés par l'angélologie essénienne et Philon d'Alexandrie, et qui appellent Jésus « l'Ange suprême » ; puis chez les angélistes. Ce sont contre ces erreurs que s'élève saint Augustin, ce sont elles que condamne le concile de Laodicée. Enfin, ce sont elles qui ont entraîné la restriction apportée au culte des anges. Passées par le manichéisme, elles reviendront au Moyen Âge par le biais des bogomiles des Balkans, et par celui des cathares. Elles resurgissent aujourd'hui dans le Nouvel Âge.

De cet enseignement, le jeune homme tirera sa bible, *Les Révélations sur la religion définitive*[3]. En attendant, il voyage en Extrême-Orient, visite l'Inde, le Tibet, la Chine et s'y imprègne de la philosophie asiatique. En fin de compte, le manichéisme sera un mélange détonnant d'hérésies chrétiennes (le dualisme des alexéites et des marcionites), de gnosticisme, de dualisme zoroastrien, et de bouddhisme auquel Mani empruntera sa croyance en la métempsychose.

Les manichéens pensent donc qu'il existe deux principes primordiaux, le Bon et le Mauvais, qui se livrent un impitoyable combat. L'homme ne saurait rester neutre. Le seul moyen de se ranger dans le camp du Bien absolu est de se libérer de la matière, invention du dieu mauvais, et de retourner à l'état angélique le plus vite possible. Pour cela, le vrai croyant doit suivre la loi des trois sceaux; elle interdit de tuer ou de blesser tout être vivant, de souiller ses lèvres par le mensonge et sa bouche par l'absorption de viande, de se faire complice du Mal en aidant à perpétuer la création matérielle en accomplissant l'œuvre de chair.

Comme il était impossible de suivre une telle loi, accomplissement, selon Mani, de la volonté du dieu bon dont l'ange Jésus avait été un messager…, les tolérances les plus larges étaient accordées au vulgaire, qui essaierait

---

3. Les étranges théories du manichéisme entraînèrent des persécutions partout où il se répandit, c'est-à-dire dans tout le monde alors connu, d'est en ouest. Tant et si bien que nous possédons fort peu de documents à son sujet, sinon quelques textes de Mani traduits en chinois, et, surtout, les fulgurantes réfutations de saint Augustin.

de faire mieux la prochaine fois, c'est-à-dire lors de son prochain cycle de réincarnation…

Mani, universellement regardé comme un fauteur de troubles, un destructeur de l'ordre et de la société, et le maître à penser d'une doctrine permissive à l'extrême conduisant aux pires excès, mourut supplicié en Perse en 276. Le manichéisme en tant que tel ne se maintint pas, mais bon nombre de ses idées reparurent ici ou là au cours des siècles.

La plus fameuse de ces résurgences manichéennes est celle du catharisme languedocien au XIIIe siècle.

Les Parfaits enseignaient en effet à leurs adeptes que toute âme humaine est un ange déchu, un pur esprit tombé dans la matière[4]. Pour revenir à l'angélisme perdu, l'homme doit renoncer à toute violence, à tout matérialisme, et même à se marier et à engendrer. Cette chute dans la matière est possible parce que seuls les anges du septième ciel sont impeccables et parfaitement unis à Dieu. L'ange a une triple nature : l'esprit, l'âme et la forme. Seule la réunion de l'esprit et de l'âme, séparés par la chute dans la matière, permet de mettre un terme à ce drame de la désunion. Le sacrement du *consolamentum* assurait cette libération et ce retour au ciel. Mais, la loi cathare étant aussi rigide et désespérante que celle des manichéens dont elle était issue, la plupart des fidèles trouvaient plus simple de n'être associés au groupe des Parfaits et des Parfaites qu'à l'approche de la mort.

4. Ce qui est une théorie platonicienne.

Pour les cathares, Ève est un ange du second ciel, Adam du troisième[5]. L'Esprit Saint, la Vierge, le Christ, parfois confondu avec Michel, sont des anges[6].

D'autres courants s'intéressèrent aux anges en Europe. Du XIVe au XVIe siècle, particulièrement en Bohème et à Prague, se développa la Kabbale chrétienne dont les principaux maîtres furent Reuchlin et le fameux Cornelius Agrippa. Ce kabbalisme chrétien rêvait de la pierre philosophale, d'une magie, d'une science occulte si puissantes qu'elles permettraient de dominer toutes les forces de l'univers. Si l'on se souvient des déviances condamnées au concile de Laodicée, il est aisé de comprendre quelle place tiennent les anges dans cet univers. Il s'agit tout bonnement d'une résurgence de la magie opérante attribuée aux noms angéliques porteurs de vertus secrètes et associés à la numérologie : celle-là même qui fit interdire par l'Église l'usage de noms angéliques autres que ceux de Michel, Gabriel et Raphaël, tous les autres étant susceptibles d'invoquer les démons.

Pour les kabbalistes, les anges ont été tirés du feu primordial. Ils peuvent être purs esprits ; dans ce cas, ils demeurent toujours auprès de Dieu. Ils peuvent être partiellement matériels. Ceux-là ont une forme, une apparence humaine. Ils vivent parmi les hommes et les assistent. Ces anges-là sont nommés métatrons. Quant aux démons, ils ne sont point des révoltés entêtés à faire

---

5. *La Cène secrète.*

6. Il n'est pas peu surprenant de retrouver cette affirmation dans le best-seller américain de la journaliste Sophy Durham, *Le Livre des Anges...*

le Mal, mais les serviteurs de Dieu, les agents de sa colère qui châtient les fautes des pécheurs.

Aux XVIIe et XVIIIe siècles, à travers l'Europe luthérienne, naît une autre théorie également peuplée d'anges, la théosophie de Jakob Boehme, Schaeffler, Swedenborg et Saint-Martin.

Mais c'est en Californie et au début des années 1970 que naît et se développe un mouvement dans lequel les anges tiennent une place considérable, ce qui explique en grande partie l'engouement dont bénéficie actuellement le monde angélique.

L'abbé Jean Vernette, spécialiste de ce courant connu sous l'appellation de *Nouvel Âge*, en donne la définition suivante :

« L'idée essentielle est que l'humanité est en train d'entrer, à la veille de l'an 2000 et du passage de l'ère astrologique des Poissons à celle du Verseau, dans un âge nouveau de prise de conscience spirituelle et planétaire, d'harmonie et de lumière, marqué par des mutations psychiques profondes. Il verrait en particulier le second avènement du Christ[7] dont les "énergies" seraient déjà à l'œuvre parmi nous au cœur du foisonnement des multiples recherches spirituelles et groupes religieux caractéristiques de notre époque[8]. »

7. Il faut savoir que le Christ du Nouvel Âge n'a pas grand-chose à voir avec celui des chrétiens, Jésus n'étant, pour les adeptes, que l'une des figures d'un messie qui revient à chaque passage d'une ère astrologique à l'autre sous un nouvel avatar… Certains protestants américains n'hésitent pas à voir en ce pseudo-Christ l'Antéchrist lui-même.

8. *Le Nouvel Âge : À l'aube de l'ère du Verseau*, Téqui éditeur, 1990.

Les sources du Nouvel Âge sont nombreuses. S'y retrouvent des thèmes empruntés à la gnose et au manichéisme, à Helena Blavatsky, qui voulut remettre à la mode le culte d'Isis[9], mais qui était sataniste ; à Alice Bailey, fondatrice du *Lucifer Trust*, à Éliphas Levi, au mage Papus et à René Guénon, pour ne citer qu'eux.

Les adeptes du Nouvel Âge appellent à l'expérience directe hors des cadres « contraignants » des Églises et de leurs directives dogmatiques perçues comme intolérables. Ce serait afin de conserver leur pouvoir sur les masses que les religions traditionnelles auraient toujours combattu cette forme d'expérience directe… Ce serait pour les mêmes basses raisons qu'elles continueraient aujourd'hui à les dénoncer comme autant de pratiques dangereuses et irresponsables…

L'une des pratiques en question, rebaptisée pour l'occasion *channelling*, relève en fait du spiritisme tel qu'Allan Kardec le mit à la mode au milieu du siècle dernier. Les risques encourus par ceux qui s'y adonnent sont les mêmes.

Le but du channelling, comme celui du spiritisme, est d'établir le contact avec l'au-delà, l'univers invisible et pourtant voisin du nôtre.

Cette communication passe par un canal, en anglais *channel*, ce que les spirites appellent vulgairement un médium. Ce *channel* transmet un message émis par

9. Isis redevient fortement à la mode, comme l'atteste, entre autres, un roman à succès américain, *Dans les griffes du diable*, de Cathy Cash Spellman, où la déesse égyptienne tient un rôle bénéfique qui tend à l'identifier à la Vierge Marie, qui ne serait, selon certaines thèses en vogue, que l'un des avatars de la puissance féminine éternelle et universelle…

une « entité non physique ». Au nombre des entités en question, il y aurait : le Christ, saint Michel, Gabriel et Raphaël, des elfes, des farfadets, lutins et autres korrigans familiers des landes et forêts, des morts entre deux réincarnations, enfin des « maîtres ascensionnés », c'est-à-dire des âmes délivrées des cycles de leur karma et non appelées à se réincarner…

Quant aux *channels* les plus fameux de l'histoire, ce seraient les pythies de Delphes, les sibylles de Cumes, le Christ, saint Jean de la Croix à cause de son ange Lauriel, et Joseph Smith, le père fondateur des Mormons…

Le *channelling* a sa bible, les *Dialogues avec l'ange*, textes dictés pendant quatre-vingt-huit séances hebdomadaires, presque chaque vendredi, entre 1943 et 1944, à un *channel*, en l'occurrence une jeune juive prénommée Hanna, qui se réunissait alors avec trois amis, Joseph, Lili et Gitta. La voix se présentait comme l'ange gardien d'Hanna.

Hanna, Lili et Joseph moururent en camp de concentration. Gitta Mallasz, la seule survivante du cercle, publia les textes laissés par son amie.

Pour le Nouvel Âge, le *channelling* est à la portée de tout le monde et n'importe qui, et même hautement recommandable. Il existe des stages uniquement destinés à s'y préparer[10].

Mais le *channelling* n'est pas la seule occasion de rencontrer des anges. Reprenant les travaux de médecins américains et européens, entre autres le Dr Elisabeth

10. Voir, entre autres, l'article de Henri Tincq dans *Le Monde* du 14 juin 1995 : « Les anges sont de retour ».

Kübler-Ross, fondés sur les témoignages de malades ou d'accidentés restés un bref instant en état de mort clinique et sauvés par les progrès de la réanimation, le Nouvel Âge décrit la mort comme un passage à travers un tunnel débouchant sur un lieu de lumière, de chaleur et d'amour. Dans ces NDE[11], en français expériences au seuil de la mort, les anges sont tour à tour guides et gardiens, qui repoussent vers le monde des vivants ceux dont l'heure n'est pas encore venue.

Le catholicisme n'est pas à l'abri de telles dérives. Tous les avertissements de l'Église l'attestent. L'atteste aussi un curieux mouvement fondé en Autriche et en Allemagne au début des années 1950 : « L'Œuvre des Anges[12]. »

À partir de 1928, une Autrichienne, Gabrielle Bitterlich, alors âgée de trente-deux ans, mariée, mère de trois enfants et en proie à de lourds soucis familiaux, femme très pieuse et dévouée aux œuvres caritatives, confie à son confesseur qu'elle a des visions angéliques. Il l'autorise à prendre des notes après chaque visite.

Le 24 avril 1949, un archange qui se présente sous le nom d'*Œil de Dieu* donne l'ordre à Gabrielle d'écrire sous sa dictée. En moins de trois semaines, il lui confie de quoi composer trois livres, *Le Royaume des Anges, Le Royaume des Démons* et *L'Activité des deux domaines*.

Ces ouvrages inquiètent assez vite l'autorité ecclésiastique par l'influence manifeste qui peut s'y déceler du manichéisme, de la Kabbale, voire des rosicruciens et des francs-maçons. Comme par hasard, M. Bitterlich,

11. *Near Death Experiences.*

12. L'auteur tient à remercier particulièrement Yves Chiron qui lui a communiqué les documents concernant ce mouvement.

avant sa conversion sous l'influence de sa dévote épouse, était extrêmement intéressé par ces différents domaines et possédait sur ces sujets une riche bibliothèque[13].

Les thèses prétendument dictées par Œil de Dieu sont hautement dualistes puisqu'elles opposent les anges et les démons, puissances de forces identiques et aux buts opposés, sous le regard d'un Dieu lointain et quelque peu indifférent. La fin du monde étant proche, le combat prend une nouvelle tournure, plus violente, exigeant, outre la mobilisation de tous les êtres spirituels, celle des humains, obligés de choisir entre les deux camps adverses. Selon ce choix, homme ou communauté s'associe à un ange ou à un démon.

Dans cette doctrine, les anges, malgré tous les avertissements de saint Paul, usurpent la place d'une Trinité devenue invisible et, en tout cas, ignorée, laissée de côté, sinon quand elle est prise à témoin du « mariage mystique » de l'homme et de l'ange...

Popularisés par le biais d'un mouvement reconnu par l'Église, la « Confrérie de l'Ange gardien », les textes de l'Œuvre, notamment des listes de noms angéliques et démoniaques, ont fait l'objet, le 6 juin 1992, d'une mise en garde de l'autorité catholique, sous forme d'un décret de la Congrégation pour la doctrine de la Foi, signé du cardinal Ratzinger.

Ce décret s'inscrit dans la droite ligne de la politique toujours respectée par l'Église s'agissant des dévotions angéliques suspectes. La crainte évidente de l'autorité, on

13. Interrogée à ce sujet, Gabrielle Bitterlich se défendait d'avoir jamais lu un seul de ces livres. Mais combien de fois son mari en avait-il discuté devant elle ?

le sait, n'est pas, comme le prétendent certains adeptes du Nouvel Âge, de voir lui échapper des fidèles libérés de son joug, mais de livrer des imprudents aux jeux des puissances démoniaques. Car tout esprit qui se prétend un ange ne l'est pas toujours.

Lorsque Satan apparaît pour la première fois à sainte Gemma Galgani et lui offre la guérison et le bonheur sur cette terre, il choisit son plus séduisant visage. Tel est son mode d'action favori avec les âmes de bonne foi qui s'essaient à la vie mystique quand elles n'ont pas, pour les guider, les repères nécessaires. Toute tentative d'expérience mystique hors des cadres éprouvés revient à s'aventuer sans préparation ni secours dans un univers différent, empli d'esprits secourables certes, mais aussi de monstres haineux qui n'attendent que l'occasion pour attaquer[14]. En ce domaine, toute imprudence peut s'avérer fatale. Nulle créature humaine n'est de taille à tenir tête toute seule aux forces qu'elle provoque alors.

Aussi, avant de se lancer dans l'entreprise, mieux vaut se souvenir du double avertissement des apôtres Jean et Paul :

« Bien-Aimés, n'ajoutez pas foi à tout esprit. Mais éprouvez les esprits pour savoir s'ils sont de Dieu[15]. »

« Ces gens-là sont de faux apôtres, des ouvriers trompeurs, qui se déguisent en apôtres du Christ. Et rien d'étonnant : Satan lui-même se déguise bien en ange de Lumière. Rien donc de surprenant si ses ministres aussi

---

14. Cf. Première Épître de saint Pierre 5,8 : « Soyez sobres, veillez. Votre adversaire, le diable, comme un lion rugissant, rôde, cherchant qui dévorer. »
15. Première Épître de saint Jean 4,1-3.

se déguisent en ministres de justice. Mais leur fin sera conforme à leurs œuvres[16]. »

Sous le masque de Satan ne se dissimule pas un dieu du Mal tel que l'imaginent les dualistes de toutes les époques, mais une créature créée mieux que bonne : admirable, la plus belle sortie des mains de Dieu à l'exception de la Vierge Marie. Satan est toujours Lucifer, prince des séraphins. Le théologien Ruysbroek peut même écrire :

« Le Démon voit comme à travers une cloison de diamant qu'il ne rompra jamais sa beauté d'archange éternellement subsistante dans la pensée divine ; l'unité de son être est à jamais brisée et il sait que cette splendeur de lui-même, il ne la rejoindra plus. »

Il ne fait pas de doute que la déchéance des anges rebelles est une atroce tragédie, bien qu'ils soient seuls et uniques responsables de leur triste état. Mais il fait encore moins de doute qu'ils sont animés contre l'humanité d'une rancœur effroyable. Leur règne s'appuie sur le mensonge, la haine et l'homicide.

Le but de ces anges tombés est d'empêcher l'homme d'atteindre le bonheur dont ils se sont privés, de tuer, non pas seulement les corps qu'ils détestent et méprisent, mais les âmes. Toutes les hérésies plus ou moins manichéennes qui voient dans le diable le créateur de la matière ne mesurent pas l'ironie de leurs affirmations : faire de Lucifer, chassé du ciel pour avoir refusé d'adorer

16. Saint Paul, Deuxième Épître aux Corinthiens 11,13-15.

Dieu incarné, l'inventeur de cette matière qu'il abhorre de tout son être…

Lucifer est un ange, perverti certes, mais un ange d'abord. Et c'est en ange qu'il aime agir, mettant au service de sa haine et de sa vengeance ses dons magnifiques.

Le père de Tonquédec, qui fut l'exorciste du diocèse de Paris, cernait à merveille le mode d'action diabolique[17]. Selon lui, Satan est tentateur, séducteur, mauvais conseiller, inspirateur de tout acte mauvais, trompeur. Il aveugle, il corrompt, il fait prendre le faux pour le vrai et le Mal pour le Bien.

Il ne force pas, il propose, il suggère, il persuade, il enjôle, il exploite les passions humaines et les instincts, trouvant en nous, par le biais de la nature déchue après le péché originel, un complice naturel, appelé à devenir victime. Car Satan est un mauvais maître. Saint Jean de la Croix et sainte Thérèse de l'Enfant Jésus, lapidaires, le disaient « lâche devant qui lui résiste et cruel avec qui lui cède »…

L'exploitation de la faiblesse humaine suffit habituellement aux démons pour arriver à leurs fins, au moins momentanément.

« Dans la nourriture, il a caché l'hameçon de la gourmandise; dans le travail la paresse; dans la correction l'élan de la colère; dans le commandement l'orgueil. Il éveille dans l'âme les mauvaises pensées. Il place sur les lèvres les mauvaises paroles; il pousse les membres aux actions iniques. Si nous sommes éveillés, il nous pousse au mal. Si nous dormons, il infeste

---

17. *Études carmélitaines*, 1948.

notre sommeil de rêves honteux. En somme, tous les maux qui se commettent dans le monde dérivent de sa malignité[18]. »

Saint Léon précise : « Il sait qui il doit enflammer de cupidité, à qui il doit instiller le venin de la jalousie ; qui il doit allécher par la gourmandise, qui il doit exciter par la luxure. Il sait qui peut être troublé par la tristesse, qui peut être séduit par la joie, qui peut être gagné par le merveilleux. Il étudie les inclinations et les affections de chacun, découvre les soucis et trouve le moyen de nuire là où l'homme est le plus faible[19]. »

Telle est son action ordinaire, permise par Dieu, quotidienne, besogneuse. Mais elle n'est pas, et de loin, la plus dangereuse.

Bien des âmes, en effet, ne sont pas attirées par le Mal. Le visage hideux de Satan leur répugne. Rares sont les hommes et les femmes qui recherchent le péché pour le péché et le crime pour le crime.

Avec celles-là, le diable use d'artifices plus subtils, infiniment plus dignes de lui, de son intelligence et de son origine. Il ne fait que transposer dans le domaine moral une tactique qu'il utilise volontiers dans le domaine matériel : se servir de ce qui est bon pour pousser à ce qui est mal.

Commentant le Psaume 91 : « Tu ne craindras ni les terreurs de la nuit, ni la flèche qui vole le jour, ni la peste qui marche en la ténèbre, ni le démon qui dévaste à midi. Qu'il en tombe mille à ta gauche et dix mille à ta droite,

---

18. Saint Augustin, *La Cité de Dieu*.

19. *Sermon VII sur la Nativité de Notre Seigneur*.

toi, tu restes hors d'atteinte[20] », saint Bernard explique que peu d'hommes se perdent quand ils sont dans l'épreuve (« il en tombera mille à ta gauche », la gauche étant considérée comme le côté néfaste) et beaucoup quand ils vivent dans la paix, le bonheur et la tranquillité d'esprit, état figuré par la droite, le côté positif.

Pareillement, ceux que le diable ne peut atteindre par le biais des tentations ordinaires et charnelles, il les attend sur le terrain spirituel, le sien en vérité, sur lequel il est infiniment plus dangereux.

Poursuivant toujours le même but, qui est de spolier Dieu de ce qui lui appartient : l'adoration de ses créatures ; et de lui arracher les âmes qu'il voulait faire siennes, par le péché mortel, Satan tente d'amener l'homme à pécher contre la foi et contre l'humilité.

Faire pécher contre la foi, c'est, pour Lucifer, parvenir à voiler, ne serait-ce qu'une seconde, la sublime vérité de Dieu.

Faire pécher contre l'humilité, c'est parvenir à voiler à l'homme sa propre vérité de créature misérable, c'est lui donner la terrible illusion qu'il peut se passer de Dieu.

Mais c'est avec la ruse qu'il déploya auprès d'Ève que Satan travaille. Il n'hésite pas, dans son entreprise, à mêler le vrai et le faux, le Bien authentique et le Mal hypocrite. Il peut même contrefaire Dieu pour mieux contrecarrer l'action divine. C'est alors qu'il prend cette figure d'ange de lumière contre laquelle saint Paul mettait en garde.

---

20. Versets 5-7.

Saint Jean de la Croix, dont le Nouvel Âge veut faire un *channel*, fut, au contraire, l'une des âmes les plus prévenues contre les artifices démoniaques déployés lors des expériences mystiques. Dans *La Montée du Carmel*, Jean ne cesse d'avertir : le diable sait simuler dans les âmes des « locutions intérieures, des sentiments savoureux, des visions imaginatives ». En même temps, il éveille une soif grandissante des sensations ainsi procurées. Il trouble le jugement de ses dupes, les dissuadant de se confier à quiconque mieux au fait de ces phénomènes. Il excite un mépris croissant de l'autorité et un grand orgueil de ce que les imbéciles prennent pour d'immenses faveurs divines… Enfin, il les pousse à s'entêter avec complaisance dans leurs imaginations, jusqu'à ce qu'il soit impossible de les détromper.

Aussi Jean de la Croix invite-t-il, ce qui est le conseil de toute l'Église, à ne jamais ni désirer ni chercher à provoquer ces dialogues avec le monde invisible. Quand ils se présentent, il déconseille d'y céder, car il est facile au diable d'y « couler ses erreurs » et de détourner de la foi véritable.

Le seul mot d'ordre ? « Résister aux révélations et autres visions avec autant de force et de soin qu'aux plus dangereuses tentations. »

Si les symptômes persistent, et qu'il faille départager ce qui est du Très-Haut et ce qui est du très-bas, reste à appliquer le discernement des esprits.

S'il appartient à saint Ignace de Loyola d'avoir mis au clair ces principes dans ses *Exercices spirituels,* le discernement des esprits était déjà connu du judaïsme et de la primitive Église, puisque saint Jean y fait expressément allusion. Mais l'évangéliste, dans son Épître, n'édicte pas les règles qui permettent d'éprouver les esprits, les supposant certainement connues de ses correspondants.

C'est saint Paul qui en propose la première approche :

« Or, je vous dis : laissez-vous conduire par l'Esprit et vous ne risquerez pas de satisfaire la convoitise charnelle. Car la chair convoite contre l'esprit et l'esprit contre la chair ; il y a entre eux antagonisme, si bien que vous ne faites pas ce que vous voudriez. Mais si l'Esprit vous anime, vous n'êtes pas sous la Loi. Or on sait bien tout ce que produit la chair : fornication, impureté, débauche, idolâtrie, magie, haine, discorde, jalousie, emportements, disputes, dissensions, scissions, sentiments d'envie, orgies, ripailles et choses semblables – et je vous préviens, comme je l'ai déjà fait, que ceux qui commettent ces fautes-là n'hériteront pas du royaume de Dieu.

« Mais le fruit de l'Esprit est charité, joie, paix, longanimité, serviabilité, bonté, confiance dans les autres, douceur, maîtrise de soi[21]. »

Tout discernement des esprits s'appuiera sur les sentiments excités dans l'âme par l'ange présumé, selon qu'ils seront fruits de la chair ou fruits de l'Esprit. Car ces fruits sont à la semblance de ceux qui les cultivent.

« Il y a deux anges pour l'homme, celui de la justice et celui du Mal. L'un est délicat, réservé et doux, paisible. Quand il entre dans ton cœur, aussitôt, il te parle de justice, de sainteté, de tempérance, de toute œuvre juste. Lorsque ces pensées s'élèvent dans ton cœur, sache que

21. Épître aux Galates 5,16-24.

l'ange juste est en toi. L'ange du Mal, au contraire, est irascible, plein d'aigreur et de démence. Reconnais-le à ses œuvres[22]. »

Mais les choses se compliquent quand l'ange de ténèbres joue à l'ange de lumière, brouillant les cartes, pipant les dés, « en ennemi le plus fort, le plus rusé, le plus difficile à découvrir[23] » qu'il est. Car le diable sait que, « démasquer Satan, c'est le vaincre[24]. »

Catherine de Sienne, dans une révélation du Christ, reçoit une recommandation qui prélude à celles de saint Ignace :

« Lorsqu'on me voit [c'est Jésus qui parle à Catherine] au début, on a peur, puis, petit à petit, on se rassure ; cela commence par une certaine amertume, mais ensuite cela s'adoucit. Le contraire se produit lorsque l'on voit l'Ennemi, à cause de son origine. En apparence, il donne d'abord un certain plaisir, il apparaît presque vraisemblable et il attire ; ensuite, pourtant, il fait naître dans l'âme qui le voit une sensation de peine et de nausée. Mais je veux donner encore un signe infaillible et certain. Puisque je suis la Vérité, tiens pour assuré que, de mes apparitions, l'âme doit tirer une plus grande connaissance de la Vérité. La connaissance de la vérité sur moi et sur l'âme est indispensable à cette dernière. En effet, l'âme doit se connaître et me connaître. Me connaissant et se connaissant, elle se méprise et m'honore, ce qui est le propre de l'humilité. Donc, il faut que, par la force de

---

22. Hermas, *Le Pasteur*.

23. Saint Jean de la Croix.

24. Saint Ignace de Loyola.

mes apparitions, l'âme devienne plus humble et qu'en même temps, elle reconnaisse son néant et se méprise.

« Le contraire se produit dans les apparitions de l'Ennemi. Comme il est le père du mensonge, le roi des enfants de l'orgueil et qu'il ne peut donner que ce qu'il a, il naît dans l'âme, à la suite de ses apparitions, une certaine estime pour soi-même, une présomption qui est le propre de l'orgueil et celle-ci demeure enflée et pleine de vent. »

Saint Ignace, quant à lui, parfait l'analyse de ces états contraires :

« À l'égard des personnes qui vont de péché mortel en péché mortel, la conduite ordinaire de l'ennemi est de leur proposer des plaisirs apparents, leur occupant l'imagination de jouissances et de voluptés sensuelles, afin de les retenir et de les plonger plus avant dans leurs vices et dans leurs péchés.

« Le bon esprit, au contraire, agit en elles d'une manière opposée ; il aiguillonne et mord leur conscience, en leur faisant sentir les reproches de la raison.

« Dans les personnes qui travaillent courageusement à se purifier de leurs péchés, et vont de bien en mieux dans le service de Dieu Notre-Seigneur, le bon et le mauvais esprits opèrent en sens inverse de la règle précédente. Car c'est le propre du mauvais esprit de leur causer de la tristesse et des tourments de conscience, d'élever devant eux des obstacles, de les troubler par des raisonnements faux, afin d'arrêter leurs progrès dans le chemin de la vertu ; au contraire, c'est le propre du bon esprit de leur donner du courage et des forces, de les consoler, de leur faire répandre des larmes, de leur envoyer de bonnes inspirations, et de les établir dans le calme, leur facilitant la voie et levant devant elles tous les obstacles, afin qu'elles avancent de plus en plus dans le Bien. »

Puis saint Ignace propose du diable un portrait quelque peu misogyne dans ses peu flatteuses comparaisons :

« Notre ennemi ressemble à une femme ; il en a la faiblesse et l'opiniâtreté. C'est le propre d'une femme, lorsqu'elle se dispute avec un homme, de perdre courage et de prendre la fuite aussitôt que celui-ci lui montre un visage ferme ; l'homme, au contraire, commence-t-il à craindre et à reculer, la colère, la vengeance et la férocité de cette femme s'accroissent et n'ont plus de mesure. De même, c'est le propre de l'ennemi de faiblir, de perdre courage et de prendre la fuite avec ses tentations, quand la personne qui s'exerce aux choses spirituelles montre beaucoup de fermeté contre le tentateur, et fait diamétralement le contraire de ce qui lui est suggéré.

« Au contraire, si la personne qui est tentée commence à craindre et à supporter l'attaque avec moins de courage, il n'est point de bête féroce sur la terre dont la cruauté égale la malice infernale avec laquelle cet ennemi de la nature humaine s'attache à poursuivre ses perfides desseins. »

La comparaison suivante est heureusement aussi peu flatteuse pour le sexe fort que la précédente l'était pour les filles d'Ève :

« Sa conduite est encore celle d'un séducteur ; il demande le secret et ne redoute rien tant que d'être découvert. Un séducteur qui sollicite la fille d'un père honnête, ou la femme d'un homme d'honneur, veut que ses discours et ses insinuations restent secrets. Il craint vivement, au contraire, que la fille ne découvre à son père, ou la femme à son mari, ses paroles trompeuses et son intention perverse. Il comprend facilement qu'il ne pourrait alors réussir dans ses coupables desseins.

« De même, quand l'ennemi de la nature humaine veut tromper une âme juste par ses ruses et ses artifices, il désire, il veut qu'elle l'écoute et qu'elle garde le secret. Mais si cette âme découvre tout à un confesseur éclairé, ou à une autre personne spirituelle, qui connaisse les tromperies et les ruses de l'ennemi, il en reçoit un grand déplaisir : car il sait que sa malice demeurera impuissante, du moment où ses tentatives seront découvertes et mises au grand jour.

« Enfin, il imite un capitaine qui veut emporter une place où il espère faire un riche butin. Il assoit son camp, il considère les forces et la disposition de cette place, et il l'attaque du côté le plus faible. Il en est ainsi de l'ennemi de la nature humaine. Il rôde sans cesse autour de nous ; il examine de toutes parts chacune de nos vertus théologales, cardinales et morales, et lorsqu'il a découvert en nous l'endroit le plus faible et le moins pourvu des armes du salut, c'est par là qu'il nous attaque et tâche de remporter sur nous une pleine victoire. »

Puis saint Ignace aborde les jeux du diable singeant l'ange qu'il fut en d'autres temps :

« C'est le propre de l'ange mauvais, lorsqu'il se transforme en ange de lumière, d'entrer d'abord dans les sentiments de l'âme pieuse, et de finir par lui inspirer les siens propres. Ainsi, il commence par suggérer à cette âme des pensées bonnes et saintes, conformes à ses dispositions vertueuses ; mais bientôt, peu à peu, il tâche de l'attirer dans ses pièges secrets, et de la faire consentir à ses coupables desseins.

« Nous devons examiner avec grand soin la suite et la marche de nos pensées. Si le commencement, le milieu et la fin, tout est bon en elles, et tendant purement au bien, c'est une preuve qu'elles viennent du bon ange; mais, si, dans la suite des pensées qui nous sont suggérées, il finit par s'y rencontrer quelque chose de moins bon que ce que nous nous étions proposé de faire, ou si ces pensées affaiblissent notre âme, l'inquiètent, la troublent, lui ôtent la paix, la tranquillité dont elle jouissait d'abord, c'est une marque évidente qu'elles sont du mauvais esprit. »

Et saint Ignace de préciser que l'ennemi se reconnaît et se découvre « à sa queue de serpent, c'est-à-dire à la fin pernicieuse à laquelle il nous porte ».

Car le démon n'abuse en définitive que ceux qui ont bien voulu se laisser abuser.

Le but de toute tentative de discernement des esprits est bien évidemment de démasquer l'ennemi avant qu'il lui ait été possible de nuire gravement aux âmes. Mais, s'il ne faut pas sous-estimer la puissance de ces esprits mauvais, il faut encore moins en faire, comme les dualistes, des êtres invincibles, des dieux obscurs contre lesquels l'humanité n'aurait d'autre recours qu'un improbable autant qu'impossible arrachement à notre condition matérielle. « Qui veut faire l'ange fait la bête! », disait Pascal. C'est l'erreur de tout courant dualiste; ce fut aussi celle de Lucifer quand il chuta.

Les démons ne sont que des créatures, très hautes certes malgré leur déchéance, mais des créatures. Si l'homme, réduit à ses propres forces, n'est pas de taille à affronter le séraphin Lucifer, prince de ce monde et roi enchaîné des Enfers, ni le beau et séduisant Asmodée, chérubin devenu ministre de l'impureté et de la luxure, ni le trône Mammon qui inspire la passion de l'or et l'amour exclusif des richesses matérielles, ni la domination Beelzébuth, « le Seigneur des Mouches », qui suscite les cultes idolâtres[25], il a sur eux tous les avantages s'il les combat avec les armes divines. Car, selon la formule de saint Thomas d'Aquin : « Quiconque, homme ou ange, adhère à Dieu, devient spirituellement un avec lui et, par là même, supérieur à toute autre créature[26]. »

Certes, le diable veut à tout prix et par tous les moyens empêcher cette adhésion de l'âme à Dieu, ne serait-ce qu'une seconde, mais ses pouvoirs ont été limités, de telle sorte qu'il est privé de la plus grande partie des avantages naturels de son angélicité, ceux-là qui lui donnaient la supériorité sur la nature humaine.

Depuis le début, les projets de Lucifer sont voués à l'échec, tout ce qu'il entreprend se retourne finalement contre lui. C'est à cette guerre absurde que se réfère le verset de la Genèse, lorsque Joseph pardonne à ses frères qui l'ont jadis vendu comme esclave aux Égyptiens : « Vos desseins contre moi étaient pervers, mais Dieu s'en

25. Les noms des trois grands démons, ministres de Lucifer, figurent dans la Bible. Asmodée est signalé dans le livre de Tobie, Mammon et Beelzébuth dans l'Évangile (saint Matthieu 6,24 ; 12,24-30). Quant à leur appartenance à telle ou telle hiérarchie angélique avant leur chute, elle est empruntée au *Traité de l'Enfer* de sainte Françoise Romaine.

26. *Somme théologique*, I, q 112, art 1, ad 4.

est servi pour le Bien, afin de donner la vie à un peuple immense[27]. »

Lucifer veut faire le mal, mais de ce mal, Dieu tire toujours un bien, et c'est pourquoi il le tolère.

En offrant la pomme interdite à Ève, en la persuadant d'y goûter sous prétexte que l'interdiction de Dieu ne procédait pas de la sagesse et de la bonté, mais de la tyrannie et de l'égoïsme, le Serpent croyait déchaîner contre le couple imprudent une justice aussi sévère que celle dont il avait été l'objet. En effet, le châtiment s'abat sur l'humanité, désormais esclave du maître qu'elle a préféré à Dieu : la vie humaine en rupture avec l'ordre voulu par le Créateur sera une vie de souffrance, de labeur, de sang et de larmes, et elle débouchera sur « le salaire du péché, la mort[28] ». Mais, à peine a-t-il prononcé la sentence de sa justice, Dieu laisse parler son amour et promet le remède aux maux annoncés : « Je mettrai une inimitié entre la femme et toi, entre son lignage et le tien. Il t'écrasera la tête et tu le mordras au talon[29] ! »

Le diable croyait avoir anéanti pour l'homme tout espoir d'accéder au bonheur éternel ; en fait, il a précipité les choses, entraînant la nécessité de la rédemption et la venue du Rédempteur : le lignage de la femme, le Fils de la Vierge Mère, le Christ, Dieu fait homme. Lucifer a provoqué ce qu'il voulait à toute force empêcher.

Et lorsque, au désert, il identifie en Jésus l'incarnation du Verbe, celui qu'il refusa d'adorer au commencement,

---

27. Genèse 50,20.

28. Saint Paul, Épître aux Romains 6,22.

29. Genèse 3,15.

lorsqu'il décide de conjuguer contre lui la haine des pharisiens, l'ambition déçue de Judas, la lâcheté des Apôtres et l'impuissance de Pilate, Satan provoque la mort du Rédempteur, mais il précipite sa propre défaite. Oui, le Serpent a mordu la race de la femme au talon, et cette morsure l'a tuée, l'a clouée sur la croix ; mais, en mourant, celui qui était immortel par essence et n'était pas, dans son Incarnation, assujetti au salaire du péché, engloutit cette mort que le diable avait introduite dans la création[30]. Et, avec la mort, salaire du péché, c'est le péché même qui cesse d'étendre son empire sur ceux que le Christ a rachetés par sa Passion.

Satan sait bien que le combat est perdu. Reste que, dans ses continuelles batailles d'arrière-garde, il obtient l'ultime satisfaction d'arracher, encore et toujours, des âmes humaines à ce bonheur qu'il envie et déteste à la fois. Chaque fois qu'il aide une âme à se damner pour l'éternité, le diable insulte la mort du Rédempteur.

Et vous savez aussi ce que tout homme coûte
Et que l'homme a coûté le sang même d'un Dieu.
Et vous savez ainsi par quelle affreuse route
Un condamné monta jusqu'au dernier haut lieu.
Vous savez aujourd'hui ce que chacun rapporte.
Vous avez établi ce compte redouté.
Ô vainement assise au seuil de l'autre porte :
L'homme rapporte peu pour ce qu'il a coûté[31].

30. Livre de la Sagesse 2,23-24 : « Oui, Dieu a créé l'homme pour l'incorruptibilité, il en a fait une image de sa propre nature. C'est par l'envie du diable que la mort est entrée dans le monde. »

31. Charles PÉGUY, *Ève*.

Mais, pour les chrétiens, s'ils vivent selon leur foi, l'emprise de Satan n'est pas à redouter. La victoire du Christ est leur victoire définitive.

Limitée par sa déchéance de son premier état, soumise à la permission de Dieu et contenue dans les strictes limites de ce que chaque âme est susceptible de supporter avec le secours de la grâce, l'action démoniaque peut être vigoureusement et victorieusement combattue.

« Si Dieu est pour nous, qui sera contre nous ? Lui qui n'a pas épargné son propre Fils mais l'a livré pour nous tous, comment avec lui ne nous accordera-t-il pas toute faveur ? Qui se fera l'accusateur de ceux que Dieu a élus ? C'est Dieu qui justifie. Qui donc condamnera ? Le Christ Jésus, celui qui est mort, que dis-je, ressuscité, qui est à la droite de Dieu, qui intercède pour nous ?

« Qui nous séparera de l'amour du Christ ? La tribulation, l'angoisse, la persécution, la faim, la nudité, les périls, le glaive ? Selon le mot de l'Écriture : à cause de toi, l'on nous met à mort tout le long du jour ; nous avons passé pour des brebis à l'abattoir ? Mais, dans tout cela, nous sommes les grands vainqueurs par celui qui nous a aimés !

« Oui, j'en ai l'assurance, ni mort ni vie, ni anges ni principautés, ni présent ni avenir, ni puissances, ni hauteurs ni profondeurs, ni aucune autre créature, ne pourra nous séparer de l'amour de Dieu manifesté dans le Christ Jésus notre Seigneur[32]. »

---

32. Saint Paul, Épître aux Romains 8,31-39.

15
Quand sonnera le septième ange

En donnant à toutes ses créatures spirituelles, anges et hommes, le plein exercice de leur liberté, Dieu a pris le risque que cette liberté soit retournée contre lui. Il a pris le risque, en cas de révolte, que soit pervertie toute cette création dont il avait vu, au fur et à mesure qu'il la concevait, qu'elle était parfaitement bonne. Mais ce risque, Dieu le connaissait, comme il connaissait les remèdes à y apporter.

Son plan primitif était de donner aux anges et aux hommes le bonheur parfait pour lequel il les avait tirés du néant, bonheur qui ne pouvait être réalisé que par leur complet assentiment à ses projets. Lucifer, puis, à sa suite et sur son conseil perfide, Ève et Adam, avaient empêché qu'il en allât ainsi. Dieu avait alors fait en sorte que ce bonheur redevînt accessible à ceux qui voudraient le reconquérir. Toute l'œuvre de la Rédemption en découla. Mais, de cette Rédemption, Lucifer et les siens demeurent à jamais exclus ; il n'est pas de pardon pour les anges qui n'ont pas l'excuse de l'aveuglement humain. Aussi, incapables de repentir, continuent-ils toujours leur lutte absurde dont le seul but avoué est d'arracher un maximum d'âmes à leur Créateur. C'est la seule victoire dont l'enfer pourra s'enorgueillir. Il y consacre donc d'autant plus d'acharnement.

Au demeurant, Satan, père du mensonge et falsificateur de génie, sait le moyen de dissimuler à ses troupes l'ampleur de ses défaites – qui jalonnent l'Histoire –, et même l'art de les travestir en triomphe.

Dieu invite à voir au-delà des apparences, à ne pas être dupes des illusions dispensées par Satan. Mais, en vertu de cette liberté donnée à l'homme, cette invitation n'est pas péremptoire.

Aussi, bien loin de disparaître, le péché et l'iniquité continuent-ils d'exercer leurs ravages dans le monde, et le Tentateur d'y exercer sa séduction. Selon le mot de Jésus, « le prince de ce monde est jugé[1] », mais le monde n'en a pas pris conscience. Le monde demeure volontairement sous la domination d'un vaincu, et celui-ci, profitant de ce sursis, exhale sa haine :

« Si le monde vous hait, sachez que moi, il m'a pris en haine avant vous. Si vous étiez du monde, le monde aimerait son bien, mais parce que vous n'êtes pas du monde, puisque mon choix vous a tirés du monde, pour cette raison, le monde vous hait[2]. »

Or, comme le Christ a poussé l'épreuve jusqu'à se laisser crucifier, donnant à Satan l'illusion de la victoire, le Mal, à la fin des temps, paraîtra à nouveau l'emporter, dans un paroxysme de perversions, de violences contre l'Église et ses fidèles, la mise en place d'États et de

1. Saint Jean 16,11.

2. Saint Jean 15,18-19.

sociétés dont toute trace de christianisme aura disparu, et l'apparition de l'Antéchrist, l'ultime et le plus terrible des suppôts du Malin.

Cette révélation, Jésus la fait aux disciples qui lui demandent quels seront les signes de la fin du monde et de l'avènement du Christ :

« Jésus leur répondit : Prenez garde qu'on ne vous abuse. Car il en viendra beaucoup sous mon nom qui diront : "C'est moi le Christ", et ils abuseront bien des gens. Vous aurez aussi à entendre parler de guerres et de rumeurs de guerres ; voyez, ne vous alarmez pas : car il faut que cela arrive, mais ce n'est pas encore la fin. On se dressera en effet, nation contre nation, royaume contre royaume. Il y aura par endroits des famines et des tremblements de terre. Et tout cela ne fera que commencer les douleurs de l'enfantement.

« Alors, on vous livrera aux tourments et on vous tuera ; vous serez haïs de toutes les nations à cause de mon nom. Et alors, beaucoup succomberont ; ce seront des trahisons et des haines intestines. Par suite de l'iniquité croissante, l'amour se refroidira chez le plus grand nombre. Mais celui qui aura tenu bon jusqu'au bout, celui-là sera sauvé.

« Cette Bonne Nouvelle du Royaume sera proclamée dans le monde entier, en témoignage à la face de toutes les nations. Et alors viendra la fin[3]. »

---

3. Saint Matthieu 24,4-14.

Saint Paul en dit plus long sur cet Antéchrist dont il croit la venue toute proche[4] :

« Vous vous souvenez, n'est-ce pas, qu'étant encore chez vous, je vous disais cela? Vous savez ce qui le retient[5] maintenant, de sorte qu'il ne se révélera qu'en son temps. Dès maintenant, oui, le mystère de l'impiété est à l'œuvre. Mais, si celui qui le retient est écarté, l'impie se révélera[6].

« Auparavant doit venir l'apostasie, et se révéler l'homme impie, l'être perdu, l'adversaire, celui qui s'élève au-dessus de tout ce qui porte le nom de Dieu ou reçoit un culte, allant jusqu'à s'asseoir en personne dans le sanctuaire de Dieu, se produisant lui-même comme Dieu[7].

« Sa venue à lui, l'impie, aura été marquée, par l'influence de Satan, de toutes espèces d'œuvres de puissance, de signes mensongers, comme de toutes les tromperies du Mal, à l'adresse de ceux qui sont voués à la perdition, pour n'avoir pas accueilli l'amour de la vérité, qui leur aurait valu d'être sauvés. Voilà pourquoi Dieu leur envoie une influence qui les égare, qui les pousse à croire le mensonge, en sorte que soient condamnés tous

4. On sait que les premiers chrétiens pensèrent un moment que Néron pouvait être l'Antéchrist. On considère généralement qu'il y aurait en fait, tout au long de l'Histoire, des antéchrist qui préfigureraient l'ultime ennemi, le véritable Antéchrist.

5. Selon certains commentateurs, ce passage un peu obscur désignerait saint Michel qui retiendrait l'Enfer, empêchant la manifestation trop précoce de l'Antéchrist.

6. Seconde Épître aux Thessaloniciens 2,6-8.

7. *Ibid.* 3-5.

ceux qui auront refusé de croire la vérité et pris parti pour le Mal[8]. »

Le diable croira alors avoir emporté la victoire décisive, comme il l'avait déjà cru une première fois, devant le grand silence de Dieu lorsque Lucifer s'était écrié : « Je serai l'égal de Dieu ! »

Mais cette victoire qui semblait complète et décisive n'est que faux-semblant, mettant le comble à l'audace luciférienne et à celle de ses complices afin que soit bien pleine la coupe de la colère divine.

« Alors, l'impie se révélera, et le Seigneur le fera disparaître par le souffle de sa bouche, l'anéantira par la manifestation de sa venue[9]. »

Corroborant la parole du Christ : « Quand cela commencera d'arriver, redressez-vous et relevez la tête, parce que votre délivrance est proche[10] », saint Paul affirme donc que la venue de l'Antéchrist précédera de peu la fin des temps et le Jugement dernier, qui mettront un terme absolu à l'emprise du péché et du Mal sur la création. Cette fin des temps, qui n'est pas la fin du monde mais son renouvellement dans l'éternité et l'immortalité, sera précédée, outre l'apparition de l'Antéchrist – la persécution qu'il déchaînera contre les rares fidèles restant au christianisme et la fin de tout culte rendu à Dieu –, par des signes terribles et effrayants, destinés à avertir l'humanité pécheresse que le jour de

8. *Ibid.* 9-12.

9. *Ibid.* 8.

10. Saint Luc 21,28.

la colère est tout proche et qu'elle doit et peut encore se repentir[11].

Les puissances du ciel, selon l'angélologie, ce sont les vertus et tous les anges qui veillent à la bonne marche de l'univers et qui, soudain, se feront les ministres terribles de la colère de Dieu.

Saint Jean, dans l'Apocalypse, les montre à l'œuvre[12].

« L'Agneau égorgé », le Christ, brise donc les sept sceaux qui ferment le Livre divin, déchaînant les fléaux d'abord figurés par les cavaliers, qui sont sans doute des anges bien que le texte ne le précise pas. Puis, les sept qui se tiennent toujours devant Dieu se voient remettre sept trompettes.

C'est alors que sonne le septième ange, qui doit annoncer la résurrection des morts et l'imminente venue de leur Juge. Cette annonce entraîne une seconde intervention de Michel, fulgurante :

« Alors le diable, le séducteur, fut jeté dans l'étang de soufre et de feu, y rejoignant la bête[13] et les faux prophètes[14], et leur supplice durera jour et nuit, pour les siècles des siècles[15]. »

---

11. *Ibid.* 25-26.

12. Apocalypse 8,6-13 ; 9,20-21.

13. La bête de l'Apocalypse, pour Jean, c'est la Rome impériale païenne et persécutrice ; dans la suite des temps, il faut entendre par ce nom tout pouvoir politique hostile au Christ et à ses fidèles.

14. Les faux prophètes sont tous ceux qui auront colporté d'autres croyances que celle au Christ et qui, en égarant les hommes, se seront fait les complices volontaires ou non du démon.

15. Apocalypse 19,10.

Sans chercher des interprétations trop humaines de ces images de saint Jean, fidèles au style littéraire de la tradition juive des apocalypses, il faut en retenir que les puissances des ténèbres seront renversées alors même qu'elles se croyaient tout de bon victorieuses et le diable précipité pour jamais dans l'enfer, Michel gagnant la dernière bataille. Alors, avant la Parousie, le retour du Christ sur les nuées, tel que saint Étienne l'avait prophétisé devant le Sanhédrin, qui sera suivi du Jugement définitif, doit avoir lieu la résurrection des morts. Là encore, les anges en seront les artisans.

Certes, aucun ange n'a le pouvoir de rendre la vie à un mort. Tout comme il appartient à Dieu de donner l'existence une première fois à ses créatures, il lui reviendra de les ressusciter, redonnant à des corps depuis longtemps retournés en poussière, soit la beauté et la jeunesse éternelles pour les élus, soit un corps susceptible[16] de souffrir les peines déjà infligées aux âmes coupables, afin de les associer au châtiment, comme le corps des justes sera associé à leur joie.

Ces corps, il aura fallu, cependant, les rassembler, afin que les âmes puissent les rejoindre[17] :

« La résurrection comporte quelque chose de matériel, à savoir, la collection des cendres destinées à

---

16. Saint Thomas d'Aquin ne pense pas que les damnés ressusciteront avec des corps aussi laids que leurs fautes, mais que ces corps seront privés de toute la gloire de ceux des élus. *Somme théologique*, supplément, q 86, art 1, 2, 3.

17. Ce dogme s'appuie essentiellement sur le passage de saint Marc 13,27 : « Et alors, il [le Christ] enverra ses anges pour rassembler les élus, des quatre vents, de l'extrémité de la terre à l'extrémité du ciel. »

la reconstruction des corps humains. Dieu en chargera ses anges. Mais c'est sans leur ministère qu'il réunira à leurs corps les âmes que lui seul aussi a créées, et qu'il glorifiera les corps comme lui seul glorifie les âmes[18]. »

Cette besogne serait celle des anges gardiens, chacun veillant à reconstituer dans son intégralité le corps de l'homme ou de la femme qu'il protégeait. Elle s'effectuera sous la surveillance de saint Michel, en tant que prince de l'Église.

Alors seulement viendra le Christ, entouré de toute sa gloire enfin manifestée à la face du monde[19].

« Ce sera bien l'effet de la justice de Dieu de rendre la tribulation à ceux qui vous l'infligent et à vous, qui la subissez, le repos avec nous, quand le Seigneur Jésus se révélera du haut du ciel, avec les anges de sa puissance, au milieu d'une flamme brûlante, et qu'il tirera vengeance de ceux qui ne connaissent pas Dieu et de ceux qui n'obéissent pas à l'Évangile de notre Seigneur Jésus. Ceux-là seront châtiés d'une perte éternelle, éloignés de la face du Seigneur et de la gloire de sa force, quand il viendra pour être glorifié dans ses saints et admiré en tous ceux qui auront cru[20]. »

Ce jugement terrible, seul saint Matthieu s'en fait l'écho, tel que le Christ le raconta aux disciples :

« Quand le Fils de l'Homme viendra dans sa gloire, escorté de tous ses anges, alors il prendra place sur son

---

18. Saint Thomas d'Aquin, *Somme théologique*, supplément, q 76, art 3.

19. Saint Matthieu 25,31 : « Quand le Fils de l'homme viendra dans sa gloire, escorté de tous les anges, alors il prendra place sur son trône de gloire. »

20. Seconde Épître aux Thessaloniciens 1,6-9.

trône de gloire. Devant lui seront rassemblées toutes les nations, et il séparera les gens les uns des autres, tout comme un berger sépare les brebis des boucs ; il placera les brebis à sa droite et les boucs à sa gauche. Alors, le Roi dira à ceux de droite :

« "Venez, vous tous, les bénis de mon Père, recevez en partage le Royaume qui vous a été préparé depuis la fondation du monde. Car j'ai eu faim et vous m'avez donné à manger ; j'ai eu soif et vous m'avez donné à boire ; j'étais un étranger et vous m'avez accueilli, nu et vous m'avez vêtu, malade et vous m'avez visité, prisonnier et vous êtes venus me voir."

« Alors, les justes lui répondront :

« "Seigneur, quand nous est-il arrivé de vous voir affamé et de vous nourrir, assoiffé et de vous désaltérer, étranger et de vous accueillir, malade ou prisonnier et de venir vous voir ?"

« Et le Roi leur fera cette réponse :

« "En vérité, je vous le dis, chaque fois que vous l'avez fait au plus petit d'entre les miens, c'est à moi que vous l'avez fait."

« Alors, il dira à ceux de gauche :

« "Allez loin de moi, maudits ! Dans le feu éternel qui a été préparé pour le diable et ses anges. Car j'ai eu faim et vous ne m'avez pas donné à manger[21]..." »

Les bons anges, selon la Tradition, sépareront donc les justes des méchants et se feront les ministres de la sentence qui poussera le diable, ses anges et les hommes qu'ils auront séduits en Enfer.

---

21. Saint Matthieu 25,31-41.

Sentence éternelle et sans rémission, malheur absolu, le plus grand, le seul parfaitement irréparable qui puisse frapper une créature de Dieu. Or, si ce malheur satisfait la justice, il ne satisfait pas l'amour. Fruit empoisonné de la liberté des créatures, la damnation est-elle vraiment éternelle ? C'est la question que de nombreux théologiens se sont posée au cours des siècles.

L'Église, dans sa prudence et sa charité, ne tranche jamais de la question de la damnation individuelle des humains, même pas de celle de Judas, considérant que Dieu seul connaît le secret des âmes et l'étendue de ses miséricordes. Comme le disait le curé d'Ars, « entre le pont et l'eau, il y avait place pour le repentir et le pardon ». Aussi ne peut-on jamais préjuger du sort éternel de qui que ce soit, quand bien même les apparences seraient désastreuses. Il n'est pas interdit de penser que Dieu ne damne personne, trouvant moyen d'arracher le pire pécheur à l'enfer, quand même il l'aurait cent mille fois mérité. L'enfer existe, c'est une certitude ; si des âmes humaines s'y débattent ou pas, Dieu seul le sait[22].

Emportés par un même souci de charité et une compassion sans limites, d'autres théologiens[23] se sont

---

22. Qu'il n'y ait pas de damnés, la miséricorde divine et la communion des saints obtenant cette grâce, n'est qu'une hypothèse ; par contre, nombreux sont les passages de l'Évangile qui laissent penser que l'enfer est plein, ce que corroborent aussi les déclarations de Notre-Dame à Fatima en 1917.

23. Origène, saint Grégoire de Nazianze, saint Grégoire de Nysse, le Bienheureux Jean Scot Erigène, Suarez, le cardinal Urs von Balthasar, pour ne citer qu'eux.

demandé si Dieu ne trouverait pas également un moyen pour pardonner à Lucifer et aux siens[24].

Cette hypothèse, si belle soit-elle, ne tient pas compte d'abord de la nature des anges et de l'irréversibilité de leur choix, et pas davantage du fait que le Christ est mort pour les hommes pécheurs, non pour les anges rebelles. Il n'y a pas de rédemption pour eux, car leur volonté est fixée dans le Mal et la révolte et qu'ils ne veulent donc plus en sortir.

Cette réconciliation se nomme l'apocatastase. Le concile de Constantinople, en 453, la condamna à travers les écrits d'Origène dans ses canons 7 et 9 :

« Si quelqu'un dit ou pense que le Seigneur Christ peut être crucifié dans le siècle futur pour les démons comme pour les hommes, qu'il soit anathème !

« Si quelqu'un dit ou pense que le supplice des démons et des impies est temporaire, qu'il aura un jour une fin et qu'il y aura restitution et réintégration des démons et des hommes impies, qu'il soit anathème ! »

Mais, pour les hommes et les anges qui auront choisi la justice et la charité, viendra le temps de la récompense et du bonheur sans fin :

24. Saint Martin disait au diable que, s'il voulait simplement se repentir, il pouvait l'assurer de son pardon. Le père Lamy disait que Dieu voudrait bien pardonner à Lucifer, mais que c'est son orgueil démoniaque qui empêche la miséricorde d'agir…

« Puis je vis un ciel nouveau, une terre nouvelle, car le premier ciel et la première terre auront disparu, et de mer, il n'y en a plus[25].

« Et je vis la Cité Sainte, Jérusalem, qui descendait du Ciel, de chez Dieu ; elle s'est faite belle comme une jeune mariée parée pour son époux. J'entendis alors une voix clamer, du trône :

« "Voici la demeure de Dieu avec les hommes. Il aura sa demeure avec eux ; ils seront son peuple, et lui, Dieu avec eux, sera leur Dieu. Il essuiera toutes larmes de leurs yeux : car il n'y aura plus de mort, de pleurs, de cris ni de peines ; il n'y en aura plus, car l'ancien monde s'en est allé[26]."

« Puis l'ange me montra le fleuve de Vie, limpide comme du cristal, qui jaillissait du trône de Dieu et de l'Agneau. Au milieu de la place, de part et d'autre du fleuve, il y a des arbres de Vie qui fructifient douze fois, une fois chaque mois ; et leurs feuilles peuvent guérir les païens.

« De malédiction, il n'y en aura plus, le trône de Dieu et de l'Agneau sera dressé dans la ville, et les serviteurs de Dieu l'adoreront, ils verront sa face et son nom sera sur leurs fronts. De nuit, il n'y en aura plus ; ils se passeront de lampe ou de soleil pour s'éclairer, car le Seigneur Dieu répandra sur eux sa lumière, et ils régneront pour les siècles des siècles[27]. »

---

25. Saint Thomas d'Aquin dit qu'il faut entendre par là non qu'il n'y aura plus d'océans, ce qui serait effectivement triste, mais que la mer ne sera plus l'élément dangereux et hostile qu'elle est devenue à la suite de la malédiction du Jardin d'Éden.

26. Apocalypse 21,1-4.

27. Apocalypse 22,1-5.

Annexe
Des anges passent

Selon la foi et les dogmes de l'Église catholique, les anges sont partout, bien que demeurant cachés à nos yeux imparfaits. Cette présence invisible, la civilisation chrétienne, longtemps, l'a célébrée. L'ange a été inséparable de l'iconographie religieuse, puis, plus tard, lorsque commença à s'altérer le sens du sacré en Occident, il s'est glissé, sous des traits altérés, dans des scènes moins édifiantes. L'imagerie sulpicienne l'a popularisé en même temps qu'il l'affadissait, jusqu'à le réduire à l'état de personnage mythique, sans plus de réalité que les fées des contes pour enfants.

Cette altération n'a pas été moindre en littérature où l'ange, d'ailleurs, n'avait jamais tenu une grande place, pas plus que dans le folklore, à la différence du langage populaire où il était sujet de maintes locutions et expressions courantes.

De cette double décadence, étroitement parallèle au désintérêt du clergé et des fidèles pour le monde angélique, il était facile de conclure à la disparition du thème dans l'art. Il n'en a rien été.

L'ange n'est pas absent de la littérature contemporaine, mais, paradoxalement, c'est dans le roman policier qu'il est le plus présent. Il n'est pas absent de cette forme de littérature grand public qu'est la chanson, surtout dans le monde anglo-saxon.

Enfin, c'est dans le cinéma, les téléfilms, voire les films publicitaires, qu'il acquiert, mode Nouvel Âge oblige, une nouvelle popularité.

« Tu feras aussi un propitiatoire d'or pur, de deux coudées et demie de long et d'une coudée et demie de large. Tu feras deux chérubins d'or repoussé, tu les feras aux deux extrémités du propitiatoire. Fais l'un des chérubins à une extrémité et l'autre chérubin à l'autre extrémité ; tu feras les chérubins faisant corps avec le propitiatoire, à ses deux extrémités. Les chérubins auront les ailes déployées vers le haut et protégeront le propitiatoire de leurs ailes en se faisant face. Les faces des chérubins seront tournées vers le propitiatoire. Tu mettras le propitiatoire au-dessus de l'arche[1]. »

Ces recommandations mosaïques pour la représentation des deux anges destinés à veiller sur l'Arche d'alliance constituent une exception notable. La tradition juive interdit de représenter des êtres vivants et refuse l'art figuratif. Ce ne sera pas sans entraîner d'innombrables et souvent graves problèmes à l'époque de l'occupation romaine en Palestine, quand les malheureux procurateurs, pour se conformer aux usages de leur charge, voudront installer à Jérusalem des statues de l'empereur, voire, simplement, faire entrer les aigles, insignes des légions,

1. Exode 25,17-21.

dans leur cantonnement de la forteresse Antonia. Aussi ces deux chérubins sont-ils aussi remarquables que l'objet qu'ils protègent de leurs ailes. Mais ce n'est pas là qu'il convient de chercher la source d'inspiration des artistes chrétiens, lorsqu'ils eurent à représenter des anges. Le judaïsme n'intervient pas dans la formation de l'iconographie angélique en Occident.

Le thème et son mode d'interprétation seront d'ailleurs longs à s'imposer, certainement parce que l'Église primitive se veut christo-centriste ; aussi parce qu'elle redoute les dérives idolatriques et les confusions païennes.

La première image d'ange actuellement connue est une illustration de l'histoire de Tobie, où Raphaël guide son jeune protégé ; il s'agit d'une fresque des catacombes romaines de Priscilla, peinte au cours du IIe siècle. Raphaël est peint sous les traits d'un jeune homme que rien ne distingue du commun des mortels.

Lorsque le motif angélique commence à se populariser au IVe siècle, l'usage est établi de montrer le monde des esprits sous l'apparence humaine. L'ange, alors, ne constitue pas le centre d'intérêt des scènes représentées. Il est là parce que acteur ou figurant obligé d'un épisode de l'Ancien ou du Nouveau Testament ; au Ve siècle, il formera, sur les mosaïques ou les fresques des absides, la Cour céleste environnant le Père éternel, le Christ Pantocrator ou la Vierge. Cette habitude ira en s'accentuant tout au long de ces années 400 qui marquent, avec les invasions barbares et la chute de Rome, le retour offensif de l'hérésie arienne, rapportée dans les bagages des envahisseurs wisigoths et ostrogoths. L'arianisme, sorti de l'imagination trop fertile d'un prêtre d'Alexandrie, Arius, au commencement du IVe siècle, combattu et éradiqué une première fois par saint Athanase et saint Hilaire, est une doctrine qui nie la divinité du Christ. Pour les ariens, Jésus n'est pas le Fils de Dieu. En plaçant le Rédempteur et sa mère au centre du monde angélique sur lesquels ils règnent, les artistes catholiques confessent donc leur foi dans la divinité du Fils.

Ces anges sont tous aptères, sans ailes. La crainte évidente de l'Église, en laissant figurer les anges avec des ailes, bien que la Bible l'y invitât, était d'entraîner dans des esprits non évangélisés, ou superficiellement christianisés après que Théodose eut fait du catholicisme la religion d'État de l'empire, une regrettable confusion avec les esprits ailés de la mythologie. Ce souci s'efface au fur et à mesure de l'enracinement du peuple dans sa nouvelle foi. Le Bas-Empire ne peint plus que les anges ailés, alors que les artistes s'inspirent de modèles antiques, nikés grecques et victoires romaines, voire de l'iconographie d'Hermès-Mercure, qui porte ses ailes aux talons, symbole de la vélocité de ce messager de l'Olympe. L'usage s'imposera dans la chrétienté au point que, au Moyen Âge, toute statue d'un génie ailé, fût-il évidemment païen, était perçue comme l'image d'un ange. Le retournement avait été radical en un millénaire.

L'ange est toujours vêtu, à l'exception de l'ange nu et habillé de ses seules ailes (le premier ange ailé de l'histoire de l'art) qui se promène à l'abside de Santa Pudenziana de Rome. Revêtus des ornements sacerdotaux ou d'uniformes, les anges byzantins sont beaux, jeunes, imberbes et hiératiques. Si le costume traditionnel est blanc en Europe, pourpre en Orient, d'autres couleurs sont utilisées dont la signification est précise. L'or, qu'il s'agisse du nimbe ou d'une tunique, symbolise leur appartenance à la lumière divine ; le bleu, le vert et le rouge correspondent aux trois vertus théologales : la foi, l'espérance et la charité.

Constantinople se partagera ensuite entre deux tendances : soit un anthropomorphisme si prononcé qu'il devient impossible, aux ailes près, de différencier un ange de n'importe quel haut dignitaire civil ou militaire de l'empire ; soit, au contraire, sous l'influence des écrits du Pseudo-Denys, le recours à un symbolisme parfois étonnant. L'iconographie grecque se peuple de créatures étranges, tels ces chérubins astrifères dont les ailes couvrent le corps et dont les pieds reposent sur des roues ailées, signe de rapidité et d'activité.

L'Occident, cependant, se détache peu à peu du modèle byzantin. Tandis que l'ange ailé paraît s'être partout imposé comme référence, les moines carolingiens reviennent à la tradition antique et illustrent leurs manuscrits d'anges aptères aux visages juvéniles.

La sculpture romane fixe aux tympans et piliers des églises un peuple d'anges et de démons qui n'ont plus rien de la sévérité de leurs cousins grecs[2]. C'en est fini de l'immobilité hiératique. Le sommet de l'iconographie angélique est atteint avec l'apogée de la sculpture

2. Henri-Irénée Marrou signalait dans l'article qu'il donna aux *Études carmélitaines*, que les premières représentations que nous possédions de Satan le figurent sous les traits d'un archange beau et grave. Cette image du tentateur choqua assez le haut Moyen Âge pour être systématiquement grattée dans les manuscrits, tandis que s'imposait, parallèlement à une peur croissante du démon, son iconographie célèbre de monstre bestial et grimaçant, caricature rassurante de l'ennemi redouté.

gothique où s'unissent, dans le célèbre sourire de l'ange de Reims, toute la grâce et toute la majesté, toute la force et toute la compassion des plus nobles créatures de Dieu. C'est aussi l'époque où triomphe la figure de saint Michel dans son double rôle de généralissime des armées du Seigneur et de justicier soutenant la balance du jugement des âmes. Si la seconde iconographie s'inspire de modèles antiques, qu'il s'agisse du Livre des morts égyptien où Thôth tenait le rôle de l'archange, ou de l'Hermès-Trismégiste des gnostiques, le saint Michel guerrier occidental tranche sur l'imagerie ancienne.

Byzance peignait Michel en officier, comme elle aurait peint Belisaire au temps de ses victoires d'Italie, en lui ajoutant des ailes. Fidèle à la liturgie et se référant aux honneurs royaux conférés à l'archange, elle lui attribuait le sceptre royal et le globe. Parfois, l'associant à la psychostasie, elle mettait en ses mains, non la balance, mais le livre où sont inscrites les actions humaines.

Peut-être inspirés par la vision de saint Grégoire le Grand de Michel remettant son glaive au fourreau au sommet du mausolée d'Hadrien, les artistes médiévaux européens aimeront exalter en Michel l'archétype de toute chevalerie, mais un archétype démonté, combattant en piéton, foulant Satan, figuré sous les traits d'un archange vaincu, sous son talon[3].

3. Peut-être faut-il aussi y voir, au commencement de la guerre de Cent Ans, un souci de différencier nettement Michel, patron de la France, protecteur du royaume et de ses combattants, du protecteur de l'ennemi, saint Georges, patron primitif de toute la chevalerie occidentale, mais saint patron de l'Angleterre. L'iconographie de Georges, empruntée au modèle celtique du grand dieu Taranis-Sucellos, est celle d'un cavalier armé d'une lance et qui transperce un dragon.

Ce triomphe des anges mâles, guerriers et tendres pourtant, ne durera pas. L'ange au sourire n'est pas encore sculpté au portail de Reims que le porche de la cathédrale de Senlis s'orne de la première représentation d'un ange sous la forme d'un enfant, prélude aux *putti* italiens, repris des amours antiques, que Giotto va peindre à l'Avena de Padoue lorsqu'il y travaille, de 1304 à 1306. Encore s'agit-il d'exalter la pureté incorruptible des esprits. Le tournant artistique de la Renaissance, soucieux de retrouver les techniques grecques et de célébrer la beauté des corps, ne pouvait que porter un coup, à terme fatal, à l'iconographie angélique. Comment aurait-il été possible de concilier la beauté spirituelle de l'ange, pour qui le corps humain n'est qu'un emprunt passager, et la splendeur impudique des chairs glorifiées ?

L'ange gothique s'était humanisé, rapproché des créatures terrestres sans se départir de sa noblesse et de son caractère. Les primitifs italiens, les maîtres flamands, et même Raphaël, tout en travaillant à humaniser toujours plus les anges, étaient encore assez pénétrés de religiosité pour mesurer les abîmes qui séparaient notre nature de celle des esprits. Il suffit de regarder avec quelle respectueuse gravité un Fra Angelico peint Gabriel dans ses annonciations, ou quelle puissance émane de l'ange délivrant saint Pierre de ses chaînes, tel que Raphaël le fixe au mur dans les chambres du Vatican, pour comprendre que les artistes étaient imprégnés de théologie. Cette religiosité déclinera tout au long des XVIe, XVIIe et XVIIIe siècles, sans que la nouvelle popularité de la dévotion aux anges gardiens puisse l'enrayer.

Amours, *putti* et anges se confondent, nichés dans les guirlandes de roses, figurants grassouillets et nus de tableaux qui n'ont plus rien de religieux. L'ange devient prétexe à peindre des éphèbes à l'ambiguïté trouble et troublante, avant que l'ange gardien se métamorphose en filles graciles aux œillades en dessous…

Bien loin d'inviter à la prière, à la pénitence et à rêver du ciel, les anges des églises italiennes deviennent objets de tentations et invitation à la luxure et aux plaisirs interdits. En 1726, le concile de Ferno sera obligé de mettre en garde contre « la beauté lascive et trop charnelle de certaines représentations angéliques ».

Mais le mal est fait, et le dernier avatar de l'iconographie angélique sera l'imagerie sulpicienne.

L'image pieuse ne devient un produit courant qu'au XIXe siècle. Pendant cinquante ans, les anges gardiens y abonderont.

Si l'ancêtre de l'image de piété, le canivet découpé au canif, comme son nom l'indique, par de patientes religieuses qui en faisaient de véritables et précieuses dentelles, connaît les anges, c'est sous l'apparence des amours, des *putti*, qui n'ont déjà plus aucune connotation spirituelle. L'ange sulpicien, s'il rompt, sous la Restauration, avec cette représentation infantile, n'essaie pas de renouer avec les grands anges virils de jadis. Bien au contraire !

L'androgynie, l'ambiguïté des anges efféminés dénoncée par le concile de Ferno ne s'est pas corrigée. L'homosexualité latente de ces figures, ou leur ressemblance louche avec les fées et les elfes chers à la littérature romantique, est évidente. Ni les blanches clartés qui les nimbent, ni les profusions de lis, emblème de la pureté virginale, qui les entourent ne dissipent l'impression de malaise qui se dégage de ces vignettes. Plus grave encore est le ridicule de la pose, des expressions, outrées, dramatisées jusqu'à la caricature. L'idée que l'ange gardien puisse être présent auprès des adultes a été évacuée par des imagiers qui ne travaillent que pour un public d'enfants. Anges gardiens des images de première communion qui escortent leur petit protégé vers la sainte table ou se substituent à Jésus pour donner l'hostie concurrencent les anges bonnes d'enfants spécialisés dans la surveillance de marmots désobéissants coincés au-dessus de précipices ou sur des ponts branlants, penchés sur des puits ou emportés par des rivières... Il arrive, apparemment, que l'ange en question survienne trop tard, fournissant à Saint-Sulpice un thème morbide mais très apprécié : une maman en larmes prie devant un petit lit abandonné, tandis que l'ange gardien entraîne en paradis l'enfant mort.

Le cycle des grandes apparitions mariales en France : la rue du Bac en 1830, La Salette en 1846, Lourdes en 1858, Pontmain en 1871, en exaltant la dévotion à Notre-Dame, conduit à un désintérêt évident pour l'ange gardien, supplanté partout par sa Reine. Sur les images de communion, le changement est particulièrement évident.

Le tournant XIXe-XXe siècle ramène timidement quelques anges gardiens, résolument féminisés cette fois, et dotés d'ailes extravagantes. Toutes les espèces de volatiles sont appelées à la rescousse. Il est des anges-papillons et des anges-libellules, des anges-paons et des anges-cygnes… Le dépouillement, la stylisation des images arts-déco ne parviennent même pas à débarrasser le monde angélique de toutes ces plumes superflues.

L'ange sulpicien continue d'ailleurs à perdre du terrain dans un monde, même catholique, qui croit de moins en moins en lui. Sur certaines images, sous les traits d'un petit enfant, il remplace le Père Noël pour distribuer les cadeaux dans les cheminées. Manière insidieuse de lui dénier toute réalité !

Après le concile de Vatican II, l'ange devient à peu près absent de l'imagerie catholique et perd tout caractère propre. Seule l'Italie, depuis quelques années, renoue avec des images pieuses d'une valeur esthétique peut-être douteuse, trop coloriées et trop dorées, mais qui ont le mérite de montrer des anges adultes et facilement identifiables.

Bibliographie

André-Delastre Louise, *Sainte Agnès*, Marne, 1959.

Angsar Kelly Henry, *Le Diable et ses démons*, Le Cerf, 1977.

Anonyme, *La Chanson de Roland*, Mame, 1876.

Antier Jean-Jacques et Guitton Jean, *Les Pouvoirs mystérieux de la foi*, Perrin, 1993.

Arrighini A., *Gli Angeli Buoni e cattivi*, LICE, Turin, 1959.

Augustin d'Hippone, *La Cité de Dieu*, Desclée de Brouwer, 1959.

Barrielle Ludovic-Marie (père), *Règle pour le discernement des esprits d'après les Exercices spirituels de saint Ignace de Loyola*, Éditions Saint-Gabriel, Martigny (Suisse), 1981.

Barthas Casimir (chanoine), *Fatima, merveille du XXe siècle*, Fatima-Éditions, Toulouse, 1957.

Bernard de Clairvaux, *Sermons pour l'année*, Brepols et Taizé, 1990.

Besnard Philippe et Desplanques Guy, *Un prénom pour toujours*, Balland, 1995.

Biver Paul (comte), *Apôtre et mystique, le Père Lamy*, Enault, 1936.

Bosco Teresio, *Don Bosco*, Le Cerf, 1981.

Bottero Jean, *Babylone et la Bible*, Hachette, 1996.

Bruckberger Raymond Léopold (père), *L'Histoire de Jésus-Christ*, Grasset, 1965.

Burnham Sophy, *Le Livre des Anges*, Marabout, 1995.

Cabrol Fernand (dom) et Leclercq Henri (dom), *Dictionnaire d'archéologie chrétienne et de liturgie*, Letouzey et Ané, 1933.

Casta François (abbé), *Saint Michel, patron des parachutistes*, Amicale des parachutistes, 1949.

Champion Pierre, *Le Roi Louis XI*, Flammarion, 1936.

Chateaubriand François-René (de), *Le Génie du Christianisme*, *Les Martyrs*, Bibliothèque de la Pléiade, 1948.

Chiappe Jean-François, *La France et le Roi*, Perrin, 1995.

Chiron Yves, *Padre Pio, le stigmatisé*, Perrin, 1989.

Chiron Yves, *Enquête sur les apparitions de la Vierge*, Perrin, 1995.

Christian Jean-Pierre, *Le Père Lamy et la congrégation des Serviteurs de Jésus et Marie*, Enault. 1952.

Chuvin Pierre, *Chronique des derniers païens*, Les Belles Lettres, 1990.

Cristiani Léon (Mgr), *Actualité de Satan*, Le Centurion, 1954.

Cristiani Léon (Mgr), *Présence de Satan dans le monde moderne*, France-Empire, 1959.

Daniélou Jean, *Les Anges et leur mission*, Chevetogne, 1953.

Daniel-Rops, *Histoire de l'Église*, Fayard, 1949-1960.

Dante, *La Divine Comédie*, Albin Michel, 1995.

Delagneau Alain (abbé), *La Dévotion aux âmes du Purgatoire*, Fideliter, 1987.

Delumeau Jean, *Rassurer et protéger*, Fayard, 1989.

Dermenghem Émile, *Mahomet et la tradition islamique*, Le Seuil, 1955.

Duchet-Suchaux Gaston et Pastoureau Michel, *La Bible et les saints ; guide iconographique*, Flammarion, 1990.

Faure Philippe, *Les Anges*, Le Cerf, 1988.

Garidis Angeliki, *Les Anges du désir*, Albin Michel, 1996.

GASNIER Michel, *Saint Michel Archange*, Lethielleux, 1944.
GERMANO R. P., *La Bienheureuse Gemma Galgani*, Revue de la Passion, 1933.
GIUDICI Maria-Pia, *Qui sont les Anges ?*, Nouvelle Cité, 1985.
GOBRY Ivan, *Saint Martin*, Perrin, 1996.
GOBRY Ivan, *Sainte Marguerite Marie, la messagère du Sacré-Cœur*, Téqui, 1989.
GRÉGOIRE DE TOURS, *Histoire des Francs*, Les Belles Lettres, 1994.
GUILLAUME Sylvie, *La IVe République*, Perrin, 1989.
HEERS Jacques, *Libérer Jérusalem*, Perrin, 1995.
HUBER Georges, *Mon ange marchera devant toi*, Saint-Paul, 1972.
JEAN DE LA CROIX, *Œuvres spirituelles*, Desclée de Brouwer, 1942.
JEAN-PAUL II, *Les Anges*, Fayard, 1994.
JEANNIARD DU DOT Alexandre, *Histoire des Anges*, Bourgeois à Nantes, 1877.
JERPHAGNON Lucien, *Histoire de la pensée*, Tallandier, 1989.
JOUHANDEAU Marcel, *Saint Philippe Neri*, Plon, 1957.
JOVANOVIC Pierre, *Enquête sur l'existence des Anges gardiens*, Filipacchi, 1993.
LAMA Frédéric (von), *Les Anges*, Éditions Christiana, 1987.
LAURENTIN René (abbé), *Le démon : mythe ou réalité ?*, Fayard, 1995.
LAURENTIN René (abbé), *Vie authentique de Jésus Christ*, Fayard, 1996.
LAURENTIN René (abbé), *Vie de Catherine Labouré*, Desclée de Brouwer, 1980.
LA VARENDE Jean (de), *Le Mont-Saint-Michel*, Presses du village, 1992.

La Varende Jean (de), *Guillaume, le Bâtard conquérant*, Union bibliophile de France, 1946.

La Varende Jean (de), *Don Bosco*, Fayard, 1951.

La Varende Jean (de), *Le Centaure de Dieu*, Grasset, 1938.

La Varende Jean (de), *Heureux les Humbles*, Plon, 1951.

Maréchaux Bernard (dom), *Anges et démons*, Bloud, 1903.

Michel de la Sainte Trinité (frère), *Toute la vérité sur Fatima*, Renaissance catholique, 1983.

Milner Max, *Le Diable dans la littérature française*, Librairie José Corti, 1960.

Milton John, *Paradis perdu*, Aubier, 1951.

Minois Georges, *Histoire des Enfers*, Fayard, 1991.

Morand Georges (abbé), *Sors de cet homme, Satan!*, Fayard, 1993.

Moreau Abel, *Sainte Cécile*, Marne, 1962.

Moreau Roland, *Les Saints Anges*, Résiac, 1985.

Nelli René, *Dictionnaire des hérésies méridionales*, Privat, Toulouse, 1968.

Noël Bernard, *Dictionnaire historique des saints*, Société d'éditions de dictionnaires et d'encyclopédies, 1964.

Passerini Giuseppe Lando, *Fioretti del glorioso messerre santo Francesco*, Florence, 1903.

Pernoud Régine, *Jeanne d'Arc, par elle-même et ses témoins*, Le Seuil, 1962.

Platon, *Œuvres complètes*, Bibliothèque de la Pléiade, 1954.

Rachet Guy, *Le Livre des morts des anciens Égyptiens*, Le Rocher, 1996.

Rambuteau Mathilde (de) (comtesse), *Sainte Françoise Romaine*, Lecoffre, 1900.

Ricard Marie-Claire, *Le Puy-en-Velay*, Chamina, Clermont-Ferrand, 1988.

ROBERT André et FEUILLET André, *Introduction à la Bible*, Desclée de Brouwer, 1959.

ROUX Jean-Paul, *Jésus*, Fayard, 1989.

SAINT-ANDRÉ Alix (de), *L'Ange et le réservoir de liquide à frein*, coll. « Série Noire », Gallimard, 1994.

SANTIAGO JUAN DE MARIA (père), *Le Mystère des apparitions de Garabandal*, Résiac, 1984.

SCHREYER Lothar, *Les Anges*, Desclée de Brouwer, Paris, 1955.

SIENA Giovanni, *L'Heure des Anges*, La Colombe, 1959.

SIMOULIN Michel (abbé), *La Messe, Dieu vivant, Dieu présent*, Fideliter, 1981.

SODER-FRAUNHOFEN Henri (von) (Mgr), *L'Œuvre des Anges*, Engelsberg (Allemagne), 1993.

STAPERT Amélia, *L'Ange roman dans la pensée et l'art*, Berg International, 1975.

THIBOUDET (abbé), *Des esprits et de leurs rapports avec le monde visible*, Vivès, 1854.

THOMAS D'AQUIN, *Somme théologique*, Desclée de Brouwer, 1951.

THOREY Lionel (de), *Histoire de la messe*, Perrin, 1994.

TROCHU Francis (Mgr), *Le Curé d'Ars*, Librairie catholique Vitte, 1925.

TURCAN Robert, *Mithra et le mithriacisme*, Les Belles Lettres, 1993.

VAQUIÉ Jean, *Abrégé de démonologie*, Éditions Sainte Jeanne d'Arc, 1988.

VERCEL Roger, *Sous le pied de l'Archange*, Albin Michel, 1937.

VERNETTE Jean (abbé), *Le Nouvel Âge*, Téqui, 1990.

VIGNY Alfred (de), *Poésies complètes*, Éditions de Cluny, 1937.

VIRCONDELET Alain, *Le Monde merveilleux des images pieuses*, Hermé, 1988.

VORAGINE Jacques (de), *La Légende dorée*, Le Seuil, 1964.

Wester Anderson Joan, *Par la grâce des Anges gardiens*, Filipacchi, 1994.
Zerbi Louis (don), *Les Anges : leçons et considérations tirées des œuvres de saint Thomas d'Aquin*, Abry à Annecy, 1897.

Articles

Peterson Erik, « Le problème du nationalisme dans le christianisme des premiers siècles », in *Dieu vivant* n° 22, 1952.
« Saint Michel Archange » in *Dieu est amour*, N° 127-128 (numéro spécial), Téqui, 1990.

Ouvrages collectifs

Bollandistes, *Acta Sanctorum*.
Catéchisme de saint Pie X, Éditions D. Martin Morin, 1988.
Catéchisme de l'Église catholique, Plon, 1993.
Études carmélitaines, *Satan*, Desclée de Brouwer, 1948.
La Bible de Jérusalem, Desclée de Brouwer, 1975.
Le Coran, Garnier-Flammarion, 1977.
Patrologie grecque, Migne.
Patrologie latine, Migne.

Remerciements

Que trouvent ici l'expression des remerciements de l'auteur tous ceux et celles qui ont bien voulu l'aider à écrire ce livre :

D'abord ses éditeurs, Messieurs François-Xavier de Vivie et Xavier de Bartillat, pour s'être intéressés à ce sujet.

Mme Nicole Boyer, qui mit à sa disposition sa bibliothèque.

M. Claude Launay, dont les conseils, l'érudition et la bibliothèque sont toujours infiniment précieux.

Jean Mabire, pour lui avoir communiqué des ouvrages rares et introuvables consacrés à saint Michel. Son inestimable connaissance, tant de la Normandie que de l'histoire militaire, a été d'un grand appui.

M. Hilaire de Crémiers qui, à plusieurs reprises, a bien voulu la faire profiter de sa science d'exégète et de théologien.

M. l'abbé Grégoire Celier, pour l'avoir si sagement orientée vers les écrits de saint Thomas d'Aquin quand les controverses des Pères et des Docteurs commençaient à la désespérer…

Le Dr André Charles, une fois de plus mis à contribution, et qui voulut bien se pencher sur la dévotion michellienne dans sa région.

Enfin, et surtout :

M. Yves Chiron, pour ses conseils et l'abondante documentation si généreusement dispensés.

Les bibliothécaires du diocèse de Laval, si souvent sollicitées, et qui n'hésitèrent pas à fouiller dans le fonds ancien ni à prêter toute leur aide à ses recherches.

Mlle Caroline Bernet, sa sœur, qui ne manqua jamais, au fur et à mesure de sa rédaction, de conseiller et de critiquer, de suggérer aussi des améliorations possibles.

Enfin, l'auteur tient à dire sa reconnaissance toute spéciale aux meilleurs auxiliaires de ce livre :

Son ange gardien, qui fut d'une extrême efficacité, saint Michel et tous les esprits des neuf chœurs angéliques, et, en particulier, les anges gardiens des personnes citées ici.

Table des matières

Achevé d'imprimer par Liberduplex,
en mai 2024,

Dépôt légal : juin 2024

Imprimé en Espagne